# The Folk-Lore Society,

FOR COLLECTING AND PRINTING

## RELICS OF POPULAR ANTIQUITIES, &c.

ESTABLISHED IN

THE YEAR MDCCCLXXVIII.

PUBLICATIONS
OF
THE FOLK-LORE SOCIETY.

## XXVI.

# List of Officers of the Society.

**PRESIDENT.**
ANDREW LANG, M.A.

**VICE-PRESIDENTS.**
EDWARD B. TYLOR, LL.D., F.R.S.
THE RIGHT HON. THE EARL BEAUCHAMP, F.S.A.
THE RIGHT HON. SIR JOHN LUBBOCK, Bart., F.R.S., M.P.
LT.-GEN. PITT-RIVERS, D.C.L., F.R.S., F.S.A., ETC.

**DIRECTOR.**
G. L. GOMME, F.S.A., 1, Beverley Villas, Barnes Common, S.W.

**COUNCIL.**

| | |
|---|---|
| The HON. JOHN ABERCROMBY. | E. SIDNEY HARTLAND, F.S.A. |
| WALTER BESANT, M.A. | A. GRANGER HUTT, F.S.A. |
| EDWARD BRABROOK, F.S.A. | J. JACOBS. |
| Dr. ROBERT BROWN. | W. F. KIRBY. |
| MISS C. S. BURNE. | ALFRED NUTT. |
| MISS ROALFE COX. | T. FAIRMAN ORDISH, F.S.A. |
| J. G. FRAZER, M.A. | PROFESSOR A. H. SAYCE, M.A. |
| Dr. GASTER. | CAPTAIN R. C. TEMPLE. |
| PROFESSOR A. C. HADDON. | HENRY B. WHEATLEY, F.S.A. |

**HON. TREASURER.**
EDWARD CLODD, 19, Carleton Road, Tufnell Park, N.

**AUDITORS.**
G. L. APPERSON.
JOHN TOLHURST, F.S.A.

**LOCAL SECRETARIES.**
IRELAND: G. H. KINAHAN.
SOUTH SCOTLAND: WILLIAM GEORGE BLACK.
NORTH SCOTLAND: REV. WALTER GREGOR.
INDIA: CAPTAIN R. C. TEMPLE.
CHINA: J. STEWART LOCKHART.

**HONORARY SECRETARY.**
J. J. FOSTER, Offa House, Upper Tooting, S.W.

# EXEMPLA OF JACQUES DE VITRY.

# THE EXEMPLA

OR

ILLUSTRATIVE STORIES FROM THE SERMONES
VULGARES

OF

JACQUES DE VITRY.

EDITED, WITH INTRODUCTION, ANALYSIS, AND NOTES,

BY

THOMAS FREDERICK CRANE, M.A.,

*Professor of the Romance Languages in Cornell University.*

LONDON:
PUBLISHED FOR THE FOLK-LORE SOCIETY
BY DAVID NUTT, 270, STRAND, W.C.

1890.

WESTMINSTER
PRINTED BY NICHOLS AND SONS
25, PARLIAMENT STREET.

To

H. L. D. WARD,

IN

GRATEFUL APPRECIATION

OF

HIS PROFOUND KNOWLEDGE

OF

MEDIÆVAL ROMANCE.

# PREFACE.

When this work was undertaken in 1886, I hoped to be able to put upon the title-page "edited for the first time." I then knew of only a few *exempla* which had been printed by Lecoy de la Marche in his edition of *Étienne de Bourbon*, and by others as illustrative material to Molière, etc. I very soon, however, discovered that the selection of Latin stories edited by Mr. T. Wright for the Percy Society (Vol. VIII., 1842) contained a considerable number of Jacques de Vitry's *exempla*, although the name of the author was not mentioned. After the present work, with the exception of the Introduction, was in the hands of the printer, and the text partly in type, I received Cardinal Pitra's *Analecta Novissima Spicilegii Solesmensis* (*Altera continuatio*, Tom. II., 1888), containing selections from Jacques de Vitry's *Sermones Vulgares*, and pp. 443-461, from a MS. in the Vatican library, a *Speculum Exemplorum*, or collection of *exempla* from these sermons. Had this work appeared earlier I should probably not have undertaken the present edition. Still, I trust it may not seem superfluous, since the MS. used by Cardinal Pitra for his selections from the sermons, as he himself confesses: "innumeris scatet vitiis"; and a number of *exempla* are omitted for obvious reasons, while comparative notes are entirely wanting.

Finally, after the present edition was wholly printed, except the Introduction, appeared the *Contes moralisés de Nicole Bozon*

(*Société des anciens textes français*, 1889) also containing a number of *exempla* from the same MS. which I have followed. I have availed myself of this work, as well as of others which have come to my notice since my text and notes were in print, for additional references which will be found in the Introduction.

It remains to say a few words about the object of the present work, and to apologise for certain of its defects. Until recently the importance of the pulpit for the diffusion of popular tales was almost wholly unknown, and no attempt was made to give a general view of the subject until the writer's paper on *Mediæval Sermon-Books and Stories* (American Philosophical Society, 1883). The object of this book is to show the importance in this respect of a single preacher, by exhibiting as fully as possible in the notes the diffusion of his stories; first, among other preachers, and secondly, among the public at large by means of their sermons. I could have made my notes much more extensive by appropriating the labours of Oesterley and others in this field; but I have, unless otherwise stated, confined myself to works and references which I have myself seen and verified. It was impossible in my situation to even attempt to cover the entire subject of *facetiae*, etc., and I have in general contented myself with referring the reader to the sources of information.

Owing to my absence abroad it was impossible for me to correct the proofs of the Latin text, and in order to insure greater accuracy I entrusted this task to M. Couderc of the Bibliothèque Nationale, Paris, who also made the copy for the present work. The proofs were read with the original MS.; but in spite of every care a small number of *exempla* were omitted in their regular order (they are to be found on page 127) and several allusions, not properly *exempla*, were admitted into the text. It is hoped that the annoying mistakes in numbering some of the *exempla* will cause no confusion, since the *exempla* are referred to in the first index by page and folio as well as by number.

I should indeed be ungrateful if I failed to acknowledge publicly the debt I owe Mr. H. L. D. Ward, of the British Museum, for the assistance he has rendered me in the present work, and to Harvard College Library for the generous loan of many indispensable books.

T. F. CRANE.

Ithaca, N.Y., Feb. 22, 1890.

# CONTENTS.

|  | PAGE |
|---|---|
| INTRODUCTION . . . . . . . . . . | XV |
| EXEMPLA . . . . . . . . . . | 1 |
| ANALYSIS AND NOTES . . . . . . . . | 135 |
| INDEX TO EXEMPLA . . . . . . . | 273 |
| INDEX TO NOTES . . . . . . . | 294 |

# INTRODUCTION.

### I.

#### Use of *exempla* in sermons prior to Jacques de Vitry.

Definition of *exemplum*—Gregory's use of *exempla*—References to *exempla* in Bede and Aelfric—*Exempla* prescribed in homiletic works—Revival of preaching in xiiith century by Dominican and Franciscan orders—St. Dominick's use of *exempla*.

### II.

#### Life and works of Jacques de Vitry.

1. Materials for life of Jacques de Vitry—Early life and education—Attracted to Oignies by fame of St. Mary—Becomes a preacher of the crusade against the Albigenses—Death of St. Mary—Jacques de Vitry's activity as a preacher of the crusade against the Saracens—Elected bishop of Acre—Sets out for Rome—Finds Innocent III. dead at Perugia—His successor, Honorius III., consecrates Jacques de Vitry—Journey to Genoa—Embarks for Acre—Arrival at Acre and description of the city—Daily life of Jacques de Vitry as bishop—Journey to the maritime cities of Syria—Arrival of Crusaders—Takes part in the expeditions against the Sultan Malek al Adel—Builds Districtum and reconstructs fortifications of Caesarea—Advocates expedition to Egypt—Sails for Damietta—Capture of that city—Jacques de Vitry writes history—Visit of St. Francis of Assisi—Expedition to Cairo—Surrender of Damietta to the Saracens—Jacques de Vitry's return to Acre—Summoned to Council of Verona—At Acre again—Perilous journey to Rome—Resigns his bishopric at Acre—Returns to Europe and is sent to Belgium to preach crusade against the Albigenses—Consecrates church at Oignies—Created cardinal and bishop of Tusculum—Elected patriarch of Jerusalem—Election not ratified by Pope—Dies at Rome.

2. Historical works—Life of St. Mary of Oignies—*Historia orientalis*—

*Historia occidentalis*—Spurious second book of the *Historia orientalis*—Letters of Jacques de Vitry—*Sermones dominicales*—*Sermones de sanctis*—*Sermones vulgares*—*Sermones communes et quotidiani*.

3. The *exempla* of Jacques de Vitry—Manuscript collections of *exempla* taken from the *Sermones vulgares*—*Exempla* attributed to Jacques de Vitry not in *Sermones vulgares*—History of Jacques de Vitry's *exempla* in modern times.

### III.

The use of *exempla* in sermons posterior to those of Jacques de Vitry.

Brother Peregrinus—Martinus Polonus—Petrus de Palude (*Thesaurus novus*)—St. Vincent of Ferrer—Johannes Herolt (Discipulus)—Meffreth (*Hortulus reginae*)—Johan Gritsch (*Quadragesimale*)—John Felton—*Paratus de tempore et de sanctis*—John of Werden (*Sermones Dormi secure*)—Michael Lochmair—Bernardino da Siena—Gabriel Barletta—Bernardinus de Bustis—Gottschalk Hollen—Later fate of *exempla*.

### IV.

Collections of *exempla* for the use of preachers.

1. Collections containing *exempla* alone—Sources of *exempla*—Form of collections—Alphabetical collections—Étienne de Besançon (*Alphabetum narrationum*)—Anonymous manuscript alphabetical collections—Printed collections—*Speculum exemplorum*—*Magnum speculum exemplorum*—*Promptuarium* of Martinus Polonus—*Promptuarium* of Johannes Herolt (Discipulus)—Miracles of the Virgin by the same author—Later imitations of works above mentioned—*Exempla virtutum et vitiorum* of Herolt—*Promptuarium exemplorum* of Hondorf—*Flores exemplorum* of d'Averoult—*Exempla virtutum et vitiorum* of Rossi (Erythraeus)—Modern collections of stories for the use of preachers.

2. Collections of moralized stories—Moralizing tendency of later Middle Ages—*Speculum sapientiae* of Bishop Cyril—*Dialogus creaturarum* of Nicolaus Pergamenus—*Narrationes* of Odo de Ceritona (Eude de Cheriton)—*Liber moralizationum historiarum* of Holkot—*Gesta Romanorum*—*Scala Celi* of Johannes Gobii—*Bonum universale de Apibus* of Thomas Cantipratanus—*Formicarius* of Johannes Nider—Moralizing tendency extended to entire field of natural history—*De naturis rerum* of Alexander Neckam—*De exemplis et similitudinibus rerum* of Johannes de Sancto Geminiano—*De proprietatibus rerum* of Bartholomaeus Anglicus (Glanville).

3. *Exempla* contained in homiletic treatises—*Liber de septem donis Spiritus Sancti* of Étienne de Bourbon—*Liber de abundantia exemplorum* attributed to Albert the Great—*Summa virtutum ac vitiorum* of Guilelmus Peraldus—*Liber Sapientiae* of Holkot—*Summa praedicantium* of John Bromyard—*Preceptorium* of Gottschalk Hollen.

## V.

Collections of *exempla* not in Latin, but based upon the Latin collections and intended for the edification of the general reader.

Latin collections sometimes translated in their entirety—Spanish collection, *Libro de los Enxemplos*—Catalan collection, *Recull de Eximplis e Miracles*—Last mentioned work a translation of Étienne de Besançon's *Alphabetum narrationum*—Spanish *Libro de los Gatos* a translation of the *Narrationes* of Odo de Ceritona (Eude de Cheriton)—Portuguese collection—Italian manuscript collections—Italian printed collections—*Gli Assempri* of Fra Filippo da Siena—*Exempla* in Italian moral treatises—*Corona de' Monaci*—*Specchio della vera penitenzia* of Jacopo Passavanti—*Fiore di Virtù*—*Fiore di Filosofi e di molti Savi*—French manuscript collections—French printed collections—*Contes moralisés* of Nicole Bozon—*Exempla* in French moral treatises—*Fleur des commandemens de Dieu* and its relation to the *Promptuarium* of Herolt—English translation by Andrew Chertsey—*Manuel des pechiez* by William of Wadington—English translation by Robert of Brunne (*Handlyng Synne*)—*Somme des vices et vertus* of Lorens translated by Dan Michel of Northgate (*Ayenbite of Inwyt*)—English manuscript collections—Survival of *exempla* in later collections of *facetiae*.

## I.

Use of *exempla* in sermons prior to Jacques de Vitry.

The use of apologues for the conveyance of moral doctrine far antedates the introduction of Christianity, and the Founder of that religion in his frequent employment of parables simply followed a method of instruction always popular in the East. The frequency with which apologues (including under this term the various classes of stories capable of use for moral instruction) would be used would depend upon the nature of the audiences addressed by the teacher. The more popular the audience the more frequently the teacher would employ apologues. The systematic use of apologues, or, as they will hereafter be termed, *exempla*, in what we should consider their most appropriate place—sermons—does not extend back to a very early date, partly, perhaps, because such popular sermons have not been preserved, or, if they were, the *exempla* have been omitted.*

The first somewhat systematic use of *exempla* (although taken exclusively from the legends of the saints) is to be found in the homilies "in Evangelia" of Gregory (before 604). These homilies, forty in number, were addressed to the people and pronounced in the various basilicas of Rome. In twelve of them a legend illustrative of the theme is introduced, generally near the end. It should not be forgotten that the *Dialogues* of Gregory furnished later preachers with an abundant store of *exempla*. In the prologue to the *Dialogues* (Migne, *Patrol. Lat.*, vol. LXXVII., p. 153) Gregory says in the person of his interlocutor Peter: "Et sunt nonnulli, quos ad amorem patriae coelestis plus exempla, quam praedicamenta succendunt." The *Dialogues* were later translated into the various languages of Europe, and exercised a powerful influence on later collectors of legends.

Gregory's employment of *exempla* does not seem, however, to have led to their use in sermons.†

---

* The word *exemplum* is employed by the ecclesiastical writers in two meanings, first, our "example" in a general sense; second, an illustrative story. This second meaning of the word is, I think, not earlier than the end of the twelfth or the beginning of the thirteenth century. The two meanings of the word may easily be confused, and give rise to incorrect inferences, as, for instance, where Gregory, in one of his homilies (xxxviii., Migne, *Patrol. Lat.*, vol. lxxvi., p. 1290, sect. 15), says: "Sed quia nonnunquam mentes audientium plus exempla fidelium quam docentium verba convertunt." This passage was later taken as an authority for the use of *exempla* in the restricted sense of illustrative story.

† Étienne de Besançon, in his *Alphabetum narrationum, ad verb. Exemplum* (cited by P. Meyer in the introduction to the *Contes moralisés de Nicole Bozon*, Paris, 1889, p. xi.), says: "Beda, in *Hystoria Anglorum*. Quidam episcopus litteratus et subtilis valde missus fuit ad conversionem Anglorum, et utens subtilitate in sermonibus suis nichil profecit. Missus est alius minoris litterature qui utens narrationibus et exemplis in sermonibus suis, pene totam Angliam convertit." No such statement is found in Bede, but the reference undoubtedly is to the conversion of the Northumbrians through the influence of King Oswald, at whose request Aidan was sent from Iona. Bede says (*Hist. eccles.* ed. Stevenson, iii., 5, p. 166) that before Aidan was sent: "missus fuerit primo alius austerioris animi vir, qui cum aliquandiu genti Anglorum praedicans nihil

It was not until the end of the twelfth or the beginning of the thirteenth century that the practice became common, for reasons which we shall soon see.*

The duty of public preaching, which at first was reserved for the bishop, was later extended to the priests, but for a long time was a privilege jealously guarded and granted to comparatively few. The foundation in the thirteenth century of the two great orders of Franciscans and Dominicans, the latter *par excellence* the *ordo praedicatorum*, gave an enormous impulse to preaching and entirely changed its character.† The monks of these orders

---

proficeret, nec libenter a populo audiretur, redierit patriam, etc." There is no mention of *exempla* in this connection. The spurious passage from Bede was frequently cited as an authority for the use of *exempla*, for example, by Étienne de Bourbon in the prologue to his work, *Liber de septem donis Spiritus Sancti*, and from him by the unknown author of *Liber de abundantia exemplorum* in his prologue. It is also found in the prologue to Meffreth's *Sermones Hortulus Reginae de Sanctis*.

I owe to Prof. Child the following reference to the use of stories, which, while it is too vague to be much value, is worth citing here. It occurs in Aelfric's preface to his translation of the Old Testament (about the year 1000), and may be found in Grein's *Bibliothek der angelsächsischen Prosa*, i., p. 7 : "He (that is Solomon) gesette preó béc þurh his snoternisse. Án ys Parabole þæt ys bigspellbóc, nâ swilce ge seegað, ac visdomes bigspell and warnung, etc."

* Alain de Lille (Alanus de Insulis, died 1202), in his treatise, *Summa de arte praedicatoria*, cap. 1 (Migne, *Patrol. Lat.*, vol. ccx., p. 113), says : "In fine vero, debet uti exemplis, ad probandum quod intendit, quia familiaris est doctrina exemplaris." I have examined all the other similar treatises at my disposal, such as Humbertus de Romanis, *De eruditione praedicatorum;* Petrus Cantor, *Verbum abbreviatum;* and Guibert de Nogent, *Liber quo ordine sermo fieri debeat;* but have found no reference to *exempla* in them, although Lecoy de la Marche, *La chaire française au moyen âge*, Paris, 1886, p. 300, says that Humbertus de Romanis recommends the frequent use of *exempla*. In the later treatises on sermon-writing elaborate directions are given in regard to *exempla*, or *similitudines*, as they are sometimes called, see, for instance, Ulrich Surgant's *Manuale Curatorum* (written 1502-1508), lib. i., *Consideratio* xvi. : "Et iste modus amplificandi sermonum valde utilis est auditoribus et specialiter rudibus et simplicibus." The use of fables he does not approve, although they may be employed : "Quando deprehenderit auditores somnolentos vel attediatos, ad excitandum eos et sublevandum eorum tedium."

† In the preparation of this introduction I have been much aided by the following works : L. Bourgain, *La Chaire française au XIIe Siècle*, Paris, 1879 ;

obeyed literally the words of the Founder of Christianity, and went into all the world and preached the Word to every creature. The popular character of the audiences modified essentially the style of preaching, and it became necessary to interest and even amuse the common people who had gradually become accustomed to an entertaining literature more and more secular in its character, and who possessed, moreover, an innate love for tales. The founder of the *ordo praedicatorum* himself set the example in this respect, and his biographer (Quetif et Echard, *Scriptores ordinis praedicatorum*, i., p. 23, in *Vita edita a Fratre Jordano*, sect. 45) says of him: "Ubicunque versaretur sive in via sive cum sociis, aut in domo cum hospite reliquaque familia, aut inter magnates principes aut praelatos semper aedificatoriis affluebat sermones, abundabat exemplis, quibus ad amorem Christi seculive contemtum audientium animi flecterentur." The same statement is made in almost the same words in the *Altera Vita* (Op. cit., p. 35, sect. 44).\*

A. Lecoy de la Marche, *La Chaire française au moyen âge*, 2ᵉ ed., Paris, 1886; R. Cruel, *Geschichte der deutschen Predigt im Mittelalter*, Detmold, 1879; A. Linsenmeyer, *Geschichte der Predigt in Deutschland von Karl dem Grossen bis zum Ausgang des vierzehnten Jahrhunderts*, Munich, 1886; and V. Le Clerc, *Discours sur l'état des lettres au quatorzième siècle* in *Histoire littéraire de la France*, vol. xxiv., pp. 363–382.

\* The use of *exempla* is generally defended by reference to Jerome's *Vitae Patrum*, Gregory's *Dialogues*, etc. Jacques de Vitry, in the prologue to his life of St. Mary of Oignies (*Acta Sanct.*, June 23, tom. v., p. 547 of Palmé's edition) says, after citing the above authors: "Multi enim incitantur exemplis, qui non moventur praeceptis." Étienne de Besançon in the prologue to his *Alphabetum narrationum* (cited in *Hist. litt. de la France*, xx., p. 273) says: "Antiquorum Patrum exemplo didici nonnullos ad virtutes fuisse inductos narrationibus aedificatoriis et exemplis. Refert enim de se ipso Augustinus, quod, Pontiano vitam beati Antonii coram eo recitante, ad imitandum statim exarsit. Narrationes quidem hujus (modi) et exempla facilius intellectu capiuntur, et memoriae firmius imprimuntur, et a multis libentius audiuntur. Utile igitur et expediens nimis est, viros praedicationis officio deditos, proximorum salutem per terram discurrendo quaerentes, exemplis talibus abundare, quibus modo in praedicationibus communibus, modo in locutionibus familiaribus, ad omne genus hominum salubriter (excitandum) utantur." He also cites the example of Gregory and St. Dominick. Étienne de Bourbon, in his prologue, also relies on the example of Gregory. The unknown author of the *Speculum Exemplorum*, after citing

It will be seen in the course of this introduction that almost all who played an important part in the use of *exempla*, either by employing them in their sermons or by collecting them for other preachers, were Dominicans.*

A notable exception to this rule was the eminent prelate Jacques de Vitry, who by his example gave a powerful impulse to the use of *exempla* in sermons, and thus has played an important part in the diffusion of popular tales. A somewhat detailed account of this distinguished historian and preacher will now be necessary.

Gregory and Christ's use of parables, continues: "Vade igitur, et tu fac similiter, quia exempla mentem efficacius movent, memoriae firmius haerent, intellectui facile lucent, delectant auditum, fovent ... fectum, removent taedium, vitam informant, mores instruunt, et dum sua novitate sensum permulcent, odiosam praedicatori somnolentiam fugant. Tempus me narrante deficiet, si voluero omnes exemplorum dicendorum utilitates retexere." Johannes Gobii, in the prologue to the *Scala Celi*, gives a more philosophical reason for the use of *exempla*. He says: "Cum enim reverendo pater impossibile sit nobis superlucere divinum radium nisi sub velamine similitudinis et figure; ut testatur in angelica ierarchia. Hinc est quod mentis nostre ratio in tam excellenti luce non figitur nisi cam aspiciat per similitudines et exempla. Unde unigenitum dei verbum ut sedentes in tenebris et in umbra mortis ad celestia elevaret in exemplis et parabolis loquebatur eo quod fortius moveant; avidius audiantur; firmius retineantur et a terrenis mentem erigant ad eterna ut Augustinus attestatur. Quia vero noster animus videtur ad celestia inhiare eo quod delectetur narrationibus et sanctorum exemplis." Finally Herolt, in the prologue to his *Promptuarium*, cites, without acknowledgment, a passage from Étienne de Besançon's preface, and refers to the example of St. Dominick.

* Lecoy de la Marche, op. cit. p. 200, gives an enumeration of the preachers of the thirteenth century. Of 318, 91 belonged to the secular and 227 to the regular clergy. Of the latter number 98 were Dominicans and 53 Franciscans. The remaining 76 belonged to the other orders, or their status was unknown.

## II.

### Life and Works of Jacques de Vitry.

1. Materials for the history of the early life of Jacques de Vitry are wholly wanting.* Nothing is known with certainty of the

---

* The sources for a life of Jacques de Vitry will be found enumerated in U. Chevalier, *Répertoire des sources historiques du moyen âge*, Paris, 1877-86, p. 1160. It may be well to pass briefly in review those which I have been able to examine. For convenience I shall divide them into four classes: autobiographical and contemporaneous, independent biographies, literary historians and biographical encyclopædias, and illustrative works.

The autobiographical material (besides unimportant references to himself in the *Historia orientalis et occidentalis, Vita B. M. O.* and sermons) consists of the twelve letters examined later in detail. These letters extend from 1216, when he set out for Rome to be consecrated bishop of Acre, to the capture of Damietta in 1219, and subsequent events down to the spring of 1221 (Damietta was surrendered to the Saracens on the 8th of September of the same year). Although these letters cover but a short time, they give us an excellent idea of the writer's personality.

The contemporaneous accounts (besides references in the various historians of the Crusades, and in such writers as Étienne de Bourbon and Thomas Cantipratanus) consist of a biography in the *Acta Sanctorum*, and the notice in Vincent of Beauvais (*Speculum historiale*, lib. xxxi., cap. 10). The biography (*Acta Sanct.*, June 23, vol. v., June, p. 572, ed. Palmé) is in the nature of a supplement (it bears that title in the *Acta Sanct.*) to Jacques de Vitry's life of St. Mary, and was written by a certain Frater N., a regular canon of the monastery of Chantimpré, near Cambray, after Jacques de Vitry's elevation to the cardinalate (1228), and before his death (1240). The author does not give his name, and Papebroch (*Acta Sanct.*, vol. cit., p. 546) supposes that the initial denotes Nicholas, or some such name. Now, a passage in the *Supplementum* appears in the same words in the *Bonum universale de apibus* of Thomas Cantipratanus, and is evidently copied from the *Supplementum* without acknowledgment. This would naturally be the case were Thomas himself the writer of the *Supplementum*. Were it, on the other hand, by a different writer, Thomas would likely (to judge from other instances) have mentioned and praised the author. Finally the use of the letter N., to conceal the real name, is found as early as the first half of the fourteenth century, and may have arisen earlier. These arguments of Quetif and Echard (*Script. ord. praed.*, i., p. 254) seem to me conclusive as to the authorship of the *Supplementum*, which, after all, is of no value for the early life of Jacques de Vitry, and contains but few details of interest.

place or date of his birth. It is stated in the *Magnum Chronicon Belgicum* (cited by Matzner, p. 1) that he was born at Argenteuil, a town on the Seine, near Paris. This statement was followed by

A second biography entitled, *Appendix de Jacobo Vitriaco scriptore*, is also found in the *Acta Sanctorum*, vol. cit. p. 581, and although not contemporaneous may be examined here. It is by an unknown writer and probably not earlier than the fourteenth century. It contains the following details: time when sermons were written; that Jacques de Vitry was curate of parish of Oignies before elevation to episcopate; intimacy with St. Mary, and eloquence in preaching a gift of her prayers; success in preaching the Crusade; works written by him; two anecdotes (also in Thomas Cantipratanus) illustrating Jacques de Vitry's power in prayer; gifts bestowed upon school at Oignies by him; commands his body to be buried at Oignies; date of death (day of the month only); and apparition after death to several persons. It is clear to me (what has not been noticed before, I think) that the *Appendix* has no original worth, but is simply a combination of Thomas Cantipratanus and Vincent of Beauvais. The two anecdotes above mentioned are taken literally from the *Bonum universale de apibus*, i., 22; ii., 18, and the rest from the *Speculum historiale*, lib. xxxi., cap. x., with the exception of the first sentence in regard to the date of Jacques de Vitry's sermons: "Ea tempestate, qua Romae deguit, illos solennes sermones tam de tempore quam de sanctis confecisse, qui usque hodie in ecclesia de Oignies conservantur."

There remains the account of Vincent of Beauvais. Like similar notices of that day it does not contain a single date, and gives only the vaguest sketch of Jacques de Vitry's life.

The only separate life of Jacques de Vitry is that contained in the inaugural dissertation of F. L. Matzner: *De Jacobi Vitriacensis crucis praedicatoris vita et rebus gestis*, Munich, 1863, an admirable work which I have made the basis of my own sketch.

The notices in the older literary histories (ecclesiastical writers) are unsatisfactory and in many cases utterly worthless. The latter is the case with the notices in Bellarmin-Labbe, *De scriptoribus ecclesiasticis*, Cologne, 1622, p. 246; Paris, 1660, vol. i., pp. 493-495; Coillier, *Histoire générale des auteurs sacrés et ecclésiastiques*, Paris, 1757, vol. xxi., pp. 163-4; Dupin, *Nouvelle bibliothèque des auteurs ecclésiastiques*, Paris, 1693-1755, vol. xiii., p. 223; Henricus Gandavensis, in *Bibliotheca ecclesiastica*, ed. Miraeus, Antwerp, 1639, p. 169; Miraeus, op. cit., p. 249; Trithemius, *De scriptoribus ecclesiasticis*, Cologne, 1546, p. 179. Fabricius, *Bibliotheca latina mediae et infimae aetatis*, Florence, 1858, vol. iii., p. 312, simply recapitulates the statement of the above and others, and Cave, *Scriptorum ecclesiasticorum historia literaria*, Oxford, 1740-43, vol. ii., p. 288 adds nothing. The best of this class of notices is that in Oudin, *Commentarius de scriptoribus ecclesiae*, Frankfort, 1722, vol. iii., p. 46, later writers until recently, when the fact that Jacques is invariably termed "of Vitry" ("a Vitriaco") has led to the supposition that he was born at a town of that name. Of such there are two: Vitry-le-Brulé and Vitry-le-François, the former in the department of the Seine, five miles from Paris, the latter in the department of the Marne, nineteen miles south-east of Chalons. Matsner inclines in favour of the latter, on the ground that there was formerly in that place a monastery of St. James ("Sancti Jacobi de Vitriaco"), and it would be quite in accordance with custom to name a child after the patron saint of his birthplace.

The date of his birth is also a matter of mere conjecture. As he was ordained priest in 1210, and as at that time no one was ordained priest before his thirtieth year, that would make the date of his birth some time before 1180.

Of his family we know nothing. From the fact that he became

who does not, however, do more than bring together conveniently the opinions of earlier writers with a few unimportant additions of his own.

The more recent writers of this class are: Becdelièvre (Bec-de-Lièvre Hamel), *Biographie liégeoise*, Liége, 1836, vol. i., p. 91, whose notice is entirely worthless (he mentions Jacques de Vitry under erroneous date of death, 1244). The same may also be said of Duthillocul, *Bibliographie douaisienne*, Douay, 1842, vol. i., p. 72. This notice is so brief that it may be cited here in its entirety as an example of this kind of work: "Jacques de Vitry naquit à Argenteuil près Paris, dont il fut curé. Gregoire IX. le nomma cardinal et évêque de Tusculum. Il mourut à Rome en 1244." The article in Foppens, *Bibliotheca belgica*, Brussels, 1839, vol. i., p. 542, is also incomplete and incorrect, and that in Graesse, *Lehrbuch einer allgemeinen Literärgeschichte*, ii., ii. Abth, 1<sup>te</sup> Hälfte, p. 160; ii., iii. Abth., 2<sup>te</sup> Hälfte, p. 1058, is the usual compilation.

There remain of this class of notices three excellent articles in the *Histoire littéraire de la France*, vol. xviii., pp. 209-246; *Nouvelle biographie générale*, Paris, Didot, 1853, vol. xxvi., pp. 260-264; and in Ersch and Gruber's *Encyklopädie*, ii. 13, pp. 182-184. The first is by Daunou, the second by Hauréau, and the third by Wachter. The last is especially remarkable for its historical perspective; the other two are good general biographies, in which, as is natural, the stress is laid upon Jacques de Vitry as the historian of the Crusades.

The last class of works illustrative of the life of Jacques de Vitry will be mentioned in the proper place; they are such works as Du Boulay's history of the University of Paris, Hoius's edition of the *Historia orientalis*, Michaud, and other historians of the Crusades, etc.

later a regular canon, it is probable that his family was of some rank, as only the noble or those distinguished for their learning or virtues could be received into that order, and at the time of his reception Jacques de Vitry had not so distinguished himself.

Concerning his early education we are also ignorant. Later he pursued theological studies at the University of Paris (Du Boulay cited by Matzner, p. 4, says in the early years of the reign of Philip Augustus, that is 1180 to 1190). These studies he pursued with great fervour (the author of the *Supplementum*, p. 573, says: " Relictis Theologicis studiis, quibus fervebat immodice ") and took his master's degree. While still engaged in his studies (1208-1210) he is said (*Supplementum*, p. 573) to have heard of the fame of Mary of Oignies, whose life he afterwards wrote, and to have abandoned Paris and his studies for the purpose of visiting her.* A very tender and lasting friendship was formed between the two, and Jacques de Vitry never ceased to have for her the deepest reverence.

After a brief stay at Oignies, Jacques de Vitry, at the instance of Mary, returned to Paris to complete his studies and receive consecration. He was ordained in 1210 and returned to Oignies, where he was received with great honour by Mary and the canons of the monastery (*Supplementum*, I., 2) and celebrated his first mass in their church in the presence of his friend (*Vita B. M.* 86). Shortly after he became a member of their order and curate of the parish of Oignies (*Appendix*, p. 581), and, at the instance of Mary, devoted himself to preaching, in which, by her advice and prayers, he soon attained great eminence.†

---

* Mary was born at Nivelles, in Belgium, about 1177, of a family of rank and wealth. She was married in 1191, but her husband soon died, and she gave her goods to the poor and lived a life of ascetic retirement, first at Willebroc, and from about 1206 at Oignies, where she was a member of the society of Béguines. She died in 1213. Although termed indiscriminately *sancta* and *beata*, she does not seem ever to have been formally canonised, but papal licenses must have been given for the translation of her body, and her name was admitted into various martyrologies.

† The *Supplementum*, I., says: " Compulit ergo ancilla Christi dictum vene-

In 1212, Foulques, Bishop of Toulouse, was expelled from his see by Count Raymond VI., and went to preach the crusade against the Albigenses in the north of France and Belgium. He had intended to visit Liége, but owing to the dissensions between the Emperors Otto IV. and Frederick II., that city had been besieged, captured, and the neighbourhood laid waste. Foulques, therefore, led by the fame of Mary of Oignies, turned aside to that place, where he probably remained all the winter (*Vita B. M.*, p. 547, 2). That he became an intimate friend of Jacques de Vitry is shown by the dedication to him by the latter of his life of St. Mary, and it is also probable that Foulques induced him to devote to the service of the crusade against the Albigenses his remarkable gifts as a preacher. For this purpose he received permission from the Papal legate, Cardinal Robert de Courçon, and prepared himself to discharge his duty (*Vita B. M.*, p. 569, 96); but as his friend Mary was in her last illness, he was unwilling to leave her, and restricted his preaching to the vicinity of Oignies. Mary died on the 23rd June of that year (1213), and Jacques de Vitry was with her in her last moments (*Vita B. M.*, pp. 569-572).

After her death he preached the crusade against the Albigenses in France, especially in the diocese of Rheims, and his preaching was attended with great success. Vincent of Beauvais (*Speculum Historiale*, lib. xxxi., x.) say: "Unde et ipse crucem contra Albigenses in Francia predicans, eloquii suavitate atque dulcedine multos atque innumerabiles ad signum crucis accipiendum provocavit." The following year he led a large army of crusaders to the siege of Toulouse. He was not present at the siege of the city, having set out again upon his preaching. It was during his

rabilem virum praedicare populis, revocare animas quas diabolus conabatur auferre: enituitque in eo illud speciale miraculum, quod precibus et meritis beatissimae feminae in brevi tempore ad tantam eminentiam praedicationis attingeret, ut in exponendis Scripturis et destructione peccaminum vix ei quisquam inter mortales posset aequari." In the life of St. Mary, 79, Jacques relates an interesting anecdote about his early failure as a preacher, owing to his desire to say too much, and how he was corrected of his fault by a parable told him by his friend.

stay in France, as a preacher of the crusade, that Jacques de Vitry wrote, at the request of his friend Foulques, Bishop of Toulouse, the life of Mary of Oignies (*Vita B. M.*, p. 546).

Meanwhile Innocent III. was stirring up the Christian world for a new crusade, and the preaching against the Albigenses was exchanged for preaching against the Saracens. Upon this new crusade Jacques de Vitry entered with great vigour, and achieved even greater success than in the other. The continuer of William of Tyre says: "Il ot en France un clerc, qui avoit nom Jacques de Vitry, cil en croisa mult, là où il estoit en la prédication (Michaud, *Histoire des Croisades*, Paris, 1862, vol. ii., p. 363, n.), and Étienne de Bourbon (Prologue cited in *Histoire litt. de la France*, vol. xviii., p. 215) says of him: " Vir sanctus et litteratus praedicando per regnum Franciae et utens exemplis in sermonibus suis, adeò totam commovit Franciam, quod non putat memoria aliquem ante vel post sic movisse." The practical result of Jacques de Vitry's preaching was that a considerable number of persons from Lower Lorraine and the province of Rheims engaged as crusaders, and were later found in Syria and Egypt.

We are without any details of Jacques de Vitry's life for the next two years. He probably continued his preaching, and his fame spread to the East, for in 1214 the canons of the city of Acre in Palestine elected him bishop to fill the vacancy made by the promotion of the former bishop to the patriarchate of Jerusalem. The approval of the Pope (Innocent III.) was given the following year, and early in 1216 Jacques de Vitry set out for Rome to be consecrated. The details of this journey are given in a letter to his friends at Oignies (No. 7 in the list of letters given later).

He accepted with great unwillingness the onerous office to which he had been called through no effort of his own, and he laments in a pathetic manner his separation from his old friends (Letter VII., p. 29). He was accompanied by a few friends, and reached Lombardy in May. There he came near losing his mule laden with his books and luggage, in a river swollen by the melting snow. He reached Milan in safety, which city he calls "foveam haereticorum" (Letter VII., p. 30), and remained there a few days to preach, apparently without success. From Milan he proceeded over the old *Via Aemilia* to Perugia by way of Piacenza, Parma, Reggio, Modena, Bologna, Faenza, and Rimini, reaching Perugia July 18 (Letter VII., p. 30). On his arrival he learned that the Pope (Innocent III.) had died two days before. His body was not yet buried, and Jacques de Vitry saw it exposed in the church of St. Lawrence, and abandoned by the citizens and cardinals, who were busy with the election of a new pope. The decomposed body was nearly naked, and had been stripped of its rich garments the night before by thieves. Jacques de Vitry says (Letter VII., p. 30): "I entered the church, and saw with my own eyes how brief and vain is the uncertain glory of the world." On the following day the conclave elected Cardinal Savelli, who assumed the title of Honorius III., and was consecrated the following Sunday, July 24. A week from that day the pontiff consecrated Jacques de Vitry bishop of Acre. He tells us in the same letter (p. 31) that he had intended to return to France; but as he was unable to obtain from the pope the office of defender of crusaders or legate of crusades, he determined to proceed at once to Acre, rather than endure the reproaches of those whom he was unable to protect against the oppression of the powerful and of usurers.

At the end of August, when the pope returned to Rome, Jacques de Vitry set out for Genoa, taking with him no very favourable idea of the papal court. He says (Letter VII., p. 31): "Multa inveni spiritui meo contraria, adeo enim circa saecularia et temporalia, circa reges et regna, circa lites et iugia occupati erant, quod vix de spiritualibus aliquid loqui permittebant." While three days' journey from Genoa, on account of the difficult and mountainous road, he took ship at some port, and after a stormy passage reached Genoa in safety (Letter VII., p. 32). He found the Genoese on the eve of attacking a certain castle belonging to the Pisans, and in accordance with their custom they carried off the stranger's horses, although they gave the owner a friendly reception. During the absence of the men, Jacques de Vitry preached the crusade to the women and old men, so that, as he says, if the men took away his horses he took away their wives and daughters. Upon their return many of the warriors also took the cross, greatly to Jacques de Vitry's delight, for the Genoese were a wealthy people engaged in commerce with Syria and Egypt, and were the only mariners who continued their navigation during the winter. After remaining at Genoa the month of September, Jacques de Vitry hired, at his own expense, a ship to take himself and companions to Acre.*

The voyage was a stormy one, and twice the ship was nearly wrecked, but on the 5th of November they safely reached Acre, where Jacques de Vitry was received by the citizens with due solemnity (Letter VIII., p. 36). The new bishop devotes a large part of the letter to Lutgarde, to a gloomy account of the moral condition of his residence, and describes in detail the various sects which divided the city. He endeavoured at once to check the licentiousness which reigned and restore unity in the church. His efforts were crowned with the happiest results (Letter VIII., p. 38).† The following year he undertook a journey to the mari-

* Interesting details are given in the same letter (p. 33) of the hire of the ship, the stock of provisions needed, &c. The account of the journey, which lasted from about Oct. 1 to Nov. 5, is given in Letter VIII., to Lutgarde of St. Trond and the convent of Awirs. See Saint-Genois, op. cit., pp. 33-43.

† In the same letter (p. 39) he gives a most interesting picture of his daily life, and, as it will give a better notion of the man than anything else, it may be well to transcribe it here in his own words.

"Ego vero vitam meam donec veniat exercitus sic ordinavi, quod, summo diliculo, missa celebrata, peccatores recipio usque post meridiem; denique sumpto cibo cum magna difficultate (meam appetitum manducandi et bibendi amisi ex quo terram ultramarinam ingressus sum), infirmos per civitatem oportet me visitare usque ad nonam post vesperas. Post hoc vero causas orphanorum et viduarum et aliorum, quibus in justicia dicere non valeo, cum tumultu et gravamine magno recipio, ita quod dilecte tempus lectionis non habeo nisi ad missam vel ad matutinam vel quum aliquod modicum spacium me abscondo. Tempus autem orationis et considerationis quieti noctis tempore reservavi, quumque tum ita fessus sum vel turbatus, quod nec orationis nec proprie infirmitatis considerationi possum vacare."

time cities of Syria to preach the crusade, and came near falling a victim to an emissary of the Old Man of the Mountain. He was everywhere received with great reverence, and his preaching produced its usual effect, even converting some Saracens whom he baptized (Letter VIII., p. 40). While at Margat, on the point of taking ship to Antioch, he was recalled to Acre by the Patriarch of Jerusalem by the news that the army of crusaders was expected. They arrived in the autumn of 1217, and Jacques de Vitry seems to have taken part in the expedition they made in November and December of that year against the Sultan, Malek al Adel, who was encamped at Beisan, on the Jordan, and against the fortress constructed five years before by the same prince on Mount Thabor (Wilken, *Geschichte der Kreuzzüge*, Leipzig, 1830, vol. vi., pp. 142, 148). In the latter expedition many captives were taken, and Jacques de Vitry ransomed the children by his prayers and money and sent some to Europe and entrusted others to pious women to be educated.

The following year (1218), after the return of the King of Hungary and the failure of the crusade, we find Jacques de Vitry engaged in the building of Districtum (also called Castellum Peregrinorum), a port south of Acre, and in reconstructing the fortifications of Caesarea (Letters I., II., to Honorius III., Martène and Durand, *Thes. nov.* III., pp. 288, 289). He returned to Acre with the crusaders to celebrate Easter, which fell that year on the 13th of April (Letter II., op. cit., p. 290). He was a warm advocate of the plan long cherished of attacking the Saracens in Egypt (Letter II., op. cit., p. 290), and after the arrival at Acre, in May, of the German and Frisian crusaders (Jacques de Vitry, *Historia orientalis* in Bongars, p. 1132, and Wilken, op. cit., vol. vi., pp. 127, 163), it was determined to recover the Holy Land through Egypt. Jacques de Vitry equipped two ships at his own cost (Letter III., op. cit., p. 296) and sailed from the harbour of Districtum the Sunday after the festival of the Ascension (27th of May), arriving at Damietta the 30th of May. The other crusaders reached there a few days later (Letter II., op. cit., p. 290; *Historia orientalis*, Bongars, p. 1132).

It would be foreign to the purpose of this sketch to narrate in detail the events of 1218-1221, including the capture of the tower which was built in the middle of the Nile and connected with the city of Damietta by a bridge and iron chains, which prevented the crusaders from ascending the river (taken by the crusaders August 25th); the capture of Damietta by storm on November 4th, 1219; the ill-starred expedition to Cairo in the summer of 1221; and the inundation of the Nile which compelled the crusaders to surrender Damietta to the Saracens in return for their own deliverance.

Jacques de Vitry bore a prominent part in all of these events. Before the arrival of the legate Pelagius, he appears to have discharged the duties of that office and reported the progress of affairs to the Pope. After the capture of the tower in the Nile he was anxious to attack the city at once, but he was overruled, and the attack was delayed until the arrival of fresh forces of crusaders.*

The privations which he in common with the others suffered during this memorable siege he describes in Letters II. and III. to Honorius III. To these privations were added the dissension between Pelagius and King John and the disheartning delays which prevented the capture of the city. At last, by the advice of Pelagius, the city was taken by storm, Nov. 4th, 1219 (Letter IV., op. cit., p. 301, et seq.). Again, we find Jacques de Vitry ransoming and baptising the children found in the city, and sending

* This statement is Matzner's, op. cit., p. 53. Jacques de Vitry, in the Letter II., op. cit., p. 293, simply says: "Nobis valde periculosus et difficilis est transitus propter fluminis incrementum: unde in festo S. Crucis in Septembri, quando has letteras scripsimus, nondum fluvium transieramus, vel civitatem obsideramus; sed praeparantes naves et alia vasa ad transitum necessaria, novos expectamus peregrinos, qui sunt ex qualibet mundi parte cum multitudine copiosa et innumerabili ad obsidionem civitatis, sicut nuntiatum est nobis, venire festinabunt."

them to his friends to be reared in the Christian faith (Letter IV., op. cit., p. 304).

The winter following the capture of the city was spent by Jacques de Vitry in writing his history (see Prologue to the *Historia Hierosol.* in Bongars, p. 1047, and in Canisius, *Lectiones Antiquae*, vol. vi., pp. 1324, et seq.). It was during this winter also that St. Francis of Assisi made his fruitless journey to Damietta. The crusaders remained at Damietta in shameful inactivity, sometimes cut off by the enemy's fleet from all communication by sea, and sometimes besieged in turn on land (Letter V., D'Achery, *Spicilegium*, Paris, 1668, vol. viii., p. 373).

The legate Pelagius in vain attempted to arouse the crusaders to undertake an expedition against Cairo. It was not until the following summer (1221) when fresh forces arrived that the ill-starred expedition was undertaken. The responsibility for it has usually been thrown upon Pelagius, but it seems that owing to the lateness of the season he feared the rising of the Nile, and advised that Alexandria should be the object of attack (Matzner, op. cit., p. 57). Jacques de Vitry, on the other hand, was strenuous in favour of Cairo, on account of his hope of a union with the fabulous Christian king of the Tartars. The expedition started the 8th or 9th of July, Jacques de Vitry remaining in charge of the garrison of Damietta. The lamentable result of the expedition is well known; and on the 8th of September, 1221, Damietta was surrendered to the Saracens.

Jacques de Vitry returned disheartened to Acre, and henceforth made every effort to be released from the burden of his bishopric and to return to his beloved friends at Oignies.

The following year he was summoned by the pope to the council at Verona, which came to naught owing to the pope's illness, nor did Jacques de Vitry succeed in being released from his bishopric. In 1224 he was in Acre again, for the pope wrote him to be of good cheer for a fresh band of crusaders was soon to sail for Syria (Baronius, *Annales ecclesiastici*, ed. A. Theiner, Anno 1224, 11).

In the autumn of 1226, Jacques de Vitry seems to have been again at Rome, and it was on this journey that he came so near shipwreck and believed he was saved by the intervention of St. Mary of Oignies (*Supplementum*, cap. iv. 20, 21). It is not certain whether Jacques de Vitry was at this time relieved of his bishopric as the author of the *Supplementum* declares, or somewhat later.

Matzner (p. 61) himself thinks that he was relieved of his bishopric by Gregory IX., who succeeded Honorius III. (March 19th, 1227), and was sent by him back to Syria there to resign his office.

After his resignation had been duly carried out, he returned to Rome the same year, and was at once sent by the pope to Belgium to preach the crusade against the Albigenses (Baronius op. cit. 1228, 23). He returned to Oignies to consecrate the church built by Prior Aegidius, and for the adorning of which he had already sent gifts from the East (*Supplementum*, cap. ii., 13), and where he deposited the remains of St. Mary (*Supplementum*, cap. iv., 21).†

Jacques de Vitry continued to preach the crusade diligently in the province of Rheims (*Supplementum*, cap. iv., 21), and seems to have had the spiritual charge of the entire diocese of Liége (*Supplementum*, cap. iv., 26). At the end of 1228, Gregory IX. created Jacques de Vitry cardinal and bishop of Tusculum.

Little is known of the remainder of Jacques de Vitry's life. In the strife between the pope and the emperor, Jacques de Vitry acted as mediator between the two. We also find his name appended to various papal documents, dated 1231 and 1237. Pro-

---

* *Supplementum*, cap. iv., 21 : " Non multo autem post (*i.e.*, the journey just mentioned) Romam perveniens, a Domno Honorio, hujus nominis Papa tertio, Episcopatu absolvi se petiit: quem multarum precum instantia devictus absolvit." Hauréau, in his article in the *Nouvelle biographie générale*, vol. xxvi., p. 261, puts it a little later, in 1229.

† For Jacques de Vitry's generosity towards the monastery of Oignies, see Saint-Genois, op. cit., p. 9, and document in Martène and Durand, *Amplissima Coll.*, Vol. I., pp. 1278-1280.

bably in 1239 he was elected by the clergy of the Orient patriarch of Jerusalem. The pope did not approve their choice, as he was unwilling to allow Jacques de Vitry to leave him.*

The date of Jacques de Vitry's death is given variously from 1240 to 1260. That he was dead in 1240 is shown clearly by the letter of Gregory IX. just cited, and which is dated the 14th of May, 1240. In it Jacques de Vitry is spoken of as "bonae memoriae," which proves that he must have died before that time, probably at Rome. In accordance with his own wish (*Appendix*, 4), his body was transported to Oignies and buried in the church, which he himself had consecrated, and where were interred Mary and other friends of his.†

2. Jacques de Vitry's works may be divided into two classes—historical and concionatory. The first class embraces *Vita Beatae Mariae Oigniacensis*, *Historia orientalis*, *Historia occidentalis*, and *Letters*. The second class comprises: *Sermones dominicales*, *Sermones de sanctis*, *Sermones vulgares*, and *Sermones communes vel quotidiani*.‡ These works will now be briefly examined in order.

---

* His words are: "Vacante dudum Hierosolymitana Ecclesia, dilecti filii capitulum ipsius Ecclesiae bonae memoriae Tusculanum episcopum ad ipsius regimen postularant. Sed cum episcopi ejusdem praesentia non solum Romanae, sed etiam Ecclesiae generali apud Sedem Apostolicam utilis haberetur, eum ipsorum postulationi merito non duximus concedendum" (Baronius, op. cit., 1240, 47).

† Mention is made in the *Acta Sanctorum*, June, vol. v., p. 582, of a portrait supposed to be painted from life which was preserved at Oignies, and a cut is given of the image upon his tomb. Du Chesne in his *Histoire de tous les cardinaux français de naissance*, vol. ii., p. 176 (cited by Matzner, p. 66), gives the following epitaph:

    Vitriacus jacet hic Romana columna Jacobus,
    Quem vivum coluit, colit orbis uterque sepultum.

‡ The work *De arte praedicandi*, sometimes attributed to Jacques de Vitry, is probably only the prologue to the *Sermones vulgares*; and the *Speculum exemplorum* cited under his name is nothing but the *exempla* collected from the same sermons either by the author himself or by some other hand. Finally, the *Liber de sanctis mulieribus Leodiensibus* is the prologue to the *Vita Beatae Mariae Oigniacensis*.

We have already seen from Jacques de Vitry's life his relations with St. Mary of Oignies, and the profound affection and veneration which he felt for her. He undertook an account of her life a few years after her death (which occurred June 23rd, 1213), and while the author was preaching the Albigensian Crusade before his departure in 1216 for Palestine (*Acta Sanctorum*, vol. cit. p. 546). The work is in two books, the first containing in thirteen chapters the history of her outer life and conversion; the second, in the same number of chapters, the history of her inner life and holy end.* The work is of little historical interest, and is merely the record of a life of asceticism, and its accompanying recompense of ecstatic vision.

The second historical work of Jacques de Vitry is usually cited as *Historia orientalis Libri* iii. One of the three books, however, does not belong to Jacques de Vitry, and of the other two one is devoted to a history of the West. A better division then is: *Historia orientalis*, that is book i. of the *Historia orientalis Libri* iii.;† and *Historia occidentalis*, that is book iii. of the work just mentioned.‡ Jacques de Vitry did intend to write a book iii., that is a second book of the *Historia orientalis*, describing events from the Lateran Council, 1214, to the capture of Damietta, 1221.§ Book

---

Several other works are mentioned by Daunou in his article in the *Hist. litt.*, vol. xviii., p. 220. Two are of a polemical nature, a book against the Saracens and a dialogue between a Christian and a Jew. Five others are of a miscellaneous character, *Moralizationes* (probably a collection of *exempla*), *De confessione*, *Summa de conversione peccatoris*, *De gratiâ speciali quibusdam datâ*, and proverbs or religious maxims. In regard to these I have been unable to obtain any further information.

\* The life of St. Mary is in the *Acta Sanctorum*, ed. cit., June 23, vol. v., pp. 542-572. Potthast, *Bibliotheca historica*, p. 802, cites a French translation, Nivelles, 1822, which I have not seen.

† Edited by Fr. Moschus, Douay, 1597, also in Bongars, *Gesta Dei per Francos*, Hanover, 1611, p. 1047.

‡ To be found only in the edition of Moschus cited above.

§ See preface to *Historia orientalis*, in Bongars, op. cit., p. 1047, and Canisius, *Lectiones Antiquae*, vol. vi., p. 1324.

iii., attributed to Jacques de Vitry,* is not by him, but is a mere compilation from Oliverus Scholasticus, *Historia Damiatina*, and two other sources: a description of the Holy Land, and a historical sketch of the fate of that country down to 1200.† Jacques de Vitry, as he himself tells us in the preface to his work, began his history during his sojourn at Damietta (winter of 1219-20), but probably did not complete the two books until after his return to Europe.‡ The second book was not finished in accordance with the plan announced by the author, and, as we have just seen, the third book, which was to continue the first, was never written.§ The place of the lacking third book of Jacques de Vitry's history is taken, as has already been said, by the same author's letters, of which twelve are extant.

It may be convenient to give here a list of the letters of Jacques de Vitry, with the place where they are to be found, and a statement of their relation to each other.

---

* Printed in Bongars, op. cit., pp. 1125-45, and in Martène and Durand, *Thesaurus novus*, Paris, 1717, vol. iii., pp. 268-287.

† See G. Zacher, *Die Historia orientalis des Jacob von Vitry. Ein quellenkritischer Beitrag zur Geschichte der Kreuzzüge.* Inaugural Dissertation, Königsberg, 1885, pp. 10-13. The author says, p. 9: "Der Verlust dieses dritten Buches, wenn Jacob ein solches überhaupt geschrieben hat, ist aber leicht zu ertragen, da die uns erhaltenen Briefe Jacobs an Pabst Honorius III., seine Freunde u. s. w. einen vollständigen Ersatz dafür bieten."

‡ M. Barroux, *Positions des Thèses*, etc., Paris, 1885, p. 25, places the composition of Book I. between 1219-23, and of Book II. between 1223-26.

§ The second book was to contain the recent history of the Occident, with an examination of the secular and religious orders, together with a consideration of the religion of the Crusaders and the advantages of the Crusades. This latter topic is not discussed in the finished work, but its place is taken by a liturgical disquisition. It is to be regretted that the second book is so difficult of access, having been printed but once, in Moschus's edition. It is, however, disappointing in the entire absence of historical anecdotes which one might have expected of an author who avows that his object in writing his work is to facilitate the understanding of the Scriptures and to furnish material for preachers. See preface to *Historia orientalis*, in Bongars, op. cit., p. 1047, and Zacher, op. cit., pp. 8, 9.

1. To Pope Honorius III.
    Martène and Durand, *Thesaurus novus*, vol. iii., pp. 288-289.

2. To Pope Honorius III.
    Martène and Durand, op. cit., vol. iii., pp. 289-294.

3. To Pope Honorius III.
    Martène and Durand, op. cit., vol. iii., pp. 294-300.

4. To Pope Honorius III.
    Martène and Durand, op. cit., vol. iii., pp. 301-306.

5. To Pope Honorius III.
    D'Achery, *Spicilegium*, Paris, 1668, vol. viii., pp. 373-383; *Nova editio*, Paris, 1723, vol. iii., p. 801.

6. To Foulques, Bishop of Toulouse.
    This is the prologue to the *Vita B. M. Oign.*, *Acta Sanct.*, ed. cit., June 23, vol. v., p. 547.

7. To his Friends.
    *Memoires de l'Académie royale des sciences, des lettres, et des beaux-arts de Belgique*, xxiii., Brussels, 1849: "Sur des lettres inédites de Jacques de Vitry, évêque de St. Jean d' Acre, etc., écrites en 1216, par M. le Baron Jules de Saint-Genois," pp. 29-33.

8. To Lutgarde of St. Trond and to the Convent d'Awirs.
    Saint-Genois, op. cit., pp. 33-43.

9. To the Monks, Friends, and Acquaintances of his in Lorraine, touching the capture of Damietta.
    Bongars, p. cit., pp. 1146-1149.
    This is the same as 4. Saint-Genois, op. cit., p. 13, says that in some MSS. it is addressed to Jean de Nivelle, hence the opinion (*Hist. Litt. de la France*, vol. xviii., p. 216) that it was a new letter.

10. To his Friends.
    Saint-Genois, op. cit., p. 15 (MSS. de la ville et de l'université de Gand, No. 554).

Saint-Genois says that this is the same as 2, with some unimportant differences. The version in Saint-Genois was probably a copy sent by Jacques de Vitry to his friends in Belgium.

11. To Lutgarde and the Convent of Awirs.
Saint-Genois, op. cit., p. 16 (MS. cit.).
Saint-Genois says that this letter is the same as 9.

12. To Leopold of Austria.
Saint-Genois, op. cit., p. 17 (MS. cit.).
Saint-Genois says that this is the same as 5, with the addition of a long passage upon "David rex Judaeorum, qui presbyter Johannes a vulgo appelatus." This passage is given in full in Saint-Genois, op. cit., pp. 19-26, and in Eccard, *Corpus historicum medii aevi*, vol. ii., pp. 1451-54 ("Relatio de David, rege Tartarorum Christiano").

The contents of these letters and their biographical worth have been sufficiently dwelt upon in the sketch of Jacques de Vitry's life.

The second class of Jacques de Vitry's works consists of four collections of sermons.

1. *Sermones in Epistolas et Evangelia Dominicalia totius anni.*[*]

These are the usual *sermones dominicales*, with three sermons for each Sunday and feast day, the texts being taken respectively from the introit of the mass, the epistle and gospel for the day. This use of the introit of the mass as a text was, I believe, an innovation by Jacques de Vitry. The author intended this work for the first part of the usual collection *de tempore et de sanctis*, with the addition of a collection of *sermones vulgares*, or,

---

[*] Antwerp, 1575, fol., pp. 931, besides 14, not numbered, of prefatory matter. Cardinal Pitra, *Analecta novissima Spicilegii Solesmensis altera continuatio*, vol. ii., p. xxi, says that this edition was reproduced at Venice in 1578, in 4to, pp. 1405, and remarks that both editions are very incorrect.

as they were sometimes called, *ad status*, or *ad omne hominum genus*.\*

Although the *sermones dominicales* belong to the class of sermons intended for the laity,† they are very disappointing, so far as materials for the history of the culture of the people is concerned, *exempla* of all kinds (including historical anecdotes) being entirely wanting. This is probably due to the fact that the author had already determined to write the *sermones vulgares*, for which he wished to reserve such material.

It is impossible to give the exact date of this or of the following collections of sermons. They are supposed to have been written late in Jacques de Vitry's life.‡

---

\* Jacques de Vitry expresses this intention in the *proœmium* to the *sermones dominicales*, which was to serve as a general introduction to the entire work. This work he fancifully divided into six parts according to the division of the ecclesiastical year into five parts, adding to these the *sermones vulgares*. The five divisions are: "Tempus revocationis, quod est Prophetiae et doctrinae, à principio Adventus Domini usque ad Nativitatem : tempus deviationis, quod est culpae et poenae, à Septuagesima usque ad Octavas Paschae : tempus reconciliationis, quod est dilectionis, à Pascha usque ad Octavas Pentecostis : tempus peregrinationis, quod est luctae et pugnae, ab Octavis Pentecostis usque ad Adventum Domini. Quinta pars (*i.e.*, division of the ecclesiastical year) ad Sanctorum solemnitates pertinet, qui nobis sunt exempla justitiae." To these the author purposes to add a sixth part : "sextam in Sermonibus nostris addidimus partem, secundum diversitatem personarum à se invicem diversis officiis, et moribus differentium, proprios et speciales Sermones subjungendo : Ad Praelatos, ad Sacerdotes in Synodo, ad Monachos et Moniales, et alias Regulares personas, ad Scholares, ad Peregrinos et Cruce-signatos, ad Milites, ad Mercatores, ad Agricolas et Mercenarios, ad Servos et Ancillas, ad Virgines et Viduas et Conjugatas. Secundum enim varietatem personarum oportet non solùm variare Sermones, sed et sententias, et plerumque loquendi modum et scribendi stylum. Non enim competit omnibus morbis unum emplastrum." The *Sermones dominicales* correspond to the first four divisions, the *sermones de sanctis* to the fifth, and the *sermones vulgares* to the sixth.

† *Proœmium*, p. 1 : "Quando verò in conventu et congregatione sapientum Latino idiomate loquimur, tunc plura dicere possumus, eò quod ad singularia non oportet descendere : laicis autem oportet quasi ad oculum, et sensibiliter omnia demonstrare."

‡ The anonymous writer of the brief life of Jaques de Vitry known as

## 2. *Sermones de Sanctis.*

The only part of Jacques de Vitry's collection which has been printed is the first (or, as he considered it, the first four parts), mentioned in the preceding paragraph. The rest have remained in manuscripts of rare occurrence. The fifth (really second) part which, as we have seen, Jacques de Vitry purposed writing was the *sermones de sanctis.* These I have been unable to examine, and cannot pronounce upon their character.*

## 3. *Sermones vulgares.*

Of far greater interest are the *sermones vulgares*, from which the *exempla* in the present work are taken. These sermons belong to the class of sermons for the clergy and laity, and are arranged to meet the wants of the various divisions or conditions of these classes, hence the names applied to these collections: *sermones*

---

*Appendix de Jacobo a Vitriaco scriptore* in *Acta Sanctorum*, June, vol. v., ed. cit., p. 581, says: "Interea vir sanctus creditur ea tempestate, qua Romae deguit, illos solennes sermones tam de tempore quam de sanctis confecisse, qui usque hodie in ecclesia de Oignies conservantur." As Jacques de Vitry took up his residence in Rome after he had been named cardinal in 1228, the sermons would be posterior to that date, and before 1240 the year of the author's death. M. Barroux, op. cit., p. 24, places the composition of the sermons after 1226. Lecoy de la Marche, op. cit., p. 55, assigns the same date. P. Meyer in his introduction to the *Contes moralisés de Nicole Bozon*, Paris, 1889, p. xii., says the *sermones vulgares* appear to have been preached before Jacques de Vitry's election to the bishopric of Acre, which took place in 1217. No ground is given for this statement.

* The *Hist. litt. de la France*, vol. xviii., p. 220, indicates where the MSS. of these sermons may be found. I am indebted to my friend Prof. Burr, of Cornell, for the following reference. The printed catalogue (1875) of the University library of Liége contains the title " Jacobi de Vitriaco, Sermones de Sanctis per totum annum," and adds that they have never been printed, and are different from those in the Antwerp edition of 1575. The MS. which came from the Convent des Croisiers, at Huy on the Meuse, contains 328 (334) ff., and is dated, "Expliciunt sermones Magistri Jacobi de Vitriaco de festivitatibus Sanctorum, finiti per fratrem Christianum Conventus Huyensis, anno Domini 1475."

*vulgares, ad status*, or *ad omne hominum genus.** This work, as has already been stated in the preface, has been printed only in the extracts contained in Cardinal Pitra's *Analecta novissima Spicilegii Solesmensis*.†

The *sermones vulgares* begin with an extensive prologue (fo. 2ro-3ro) which has been printed in full by Cardinal Pitra (op. cit. pp. 189-193).‡ The sermons are seventy-four in number, and the

---

* Saint-Genois, op., cit. p. 21, makes the mistake of supposing that they were so called because, " il employait non pas le latin, mais la langue parlée, c'est-à-dire en France et dans la partie de la Belgique qu'il fréquentait habituellement, l'idiome roman alors en usage. Aussi ses sermons sont-ils désignés sous le nom de *sermones vulgares*."

† The MSS. of the *Sermones vulgares* are enumerated by Lecoy de la Marche, op. cit., p. 514. But two of them, as he says, are complete: Paris, Bib. Nat. MSS., Lat. 17,509, and Bib. Sainte-Geneviève, D.L. 26. The MS. Bib. Nat., MSS. Lat. 3284 ("finiti ultimo die Februarii anno domini M. quingentesimo tricesimo septimo") appears to me also complete. The MS. used for the present work is the one above cited, Bib. Nat. MSS., Lat. 17,509, thirteenth century, parchment; containing 153 fols., minus fols. 1, 97. On the inside of the cover is written, " Cl. Joly, J'ay eu ce MSS. à Chaumont en Bassigni en 1655," and lower down, " A la bibliothèque de l'église de Paris." The other MSS., except the Bib. Nat. 3284, I have been unable to examine.

To the MSS., mentioned by Lecoy de la Marche, must now be added the one used by Cardinal Pitra, and in regard to which he gives no details, except that it is of the thirteenth or beginning of the fourteenth century.

‡ It is proper to give here only that portion of the prologue referring to the use of *exempla*, MS. 17,509, fo. 2ro: " Relictis enim verbis curiosis et politis, convertere debemus ingenium nostrum ad edificationem rudium et agrestim eruditionem, quibus quasi corporalia et palpabilia et talia que per experientiam norunt frequentius sunt proponenda. Magis enim moventur exterioribus exemplis quam auctoritatibus vel profundis sententiis. De Joseph quidem legimus quod tantam tritici multitudinem congregavit, ut coequaretur arene maris. Verba enim sacre Scripture coequanda sunt auditoribus infirmis et rudibus juxta capacitatem eorum ; et in III. Reg. X. dicitur, quia Salomon fecit ut tanta esset abundantia argenti in Hierusalem quantam lapidum et cedrorum prebuit multitudinem, quasi sicomori qui nascuntur in campestribus. Per lapides et sicomoros simplices et laici rudes designantur, quibus coequari et commensurari debet verbum Dei, ut rota sacre Scripture ex una parte elevetur, quantum ad majores, et ex alia parte deprimatur, quantum ad minores. In Ezechiel autem legitur quod cum ambulabant animalia, ambulabant pariter et rote juxta ea : nam sine

following is a list of the classes addressed and the texts of the sermons.

I. [fo. 3<sup>ro</sup>] To prelates and priests. Acts xx., 28 : Take heed therefore unto yourselves and to all the flock.

II. [fo. 4<sup>ro</sup>] Same. Isaiah vi., 2 : Above it stood the seraphims; each one had six wings.

---

scientia scripturarum nec pedem movere debemus. Quibus tamen plerique vulgaria exempla ad laicorum excitationem et recreationem sunt interserenda, que tamen aliquam habeant edificationem, ne forte illud propheticum nobis objiciatur: "Narraverunt mihi iniqui fabulationes, sed non ut lex tua." Dum enim contra diabolum pugnaturi, civitatem obsidemus, secundum legis mandatum, infructuosa ligna scindere debemus et non fructuosa. Infructuosas enim fabulas et curiosa poetarum carmina a sermonibus nostris debemus relegare. Sententias philosophorum in quibus est utilitas, possumus interserere, sicut apostolus ex verbis gentilium ait: "Cretenses male bestie, pigri ventres."

Sed etiam fabulas ex quibus veritatem edificationis dicimus interserere aliquando valemus. Sicut in libro Judicum XX. legimus de rampno et lignis silvarum et de situ vite et olivae que lignis silvarum prefici renuerunt. Similiter et IV. Reg. XIV. legimus quod Joas rex Israel dixit ad Amasiam regem Juda : "Cardnus Lybani misit ad cedrum que est in Lybano, dicens : Da filiam tuam, filio meo uxorem, transieruntque bestie saltus et conculcaverunt cardnum." Licet hec sunt secundum litteram fabulosa, non tamen fabuloso dicta, sed ad reprehensionem elationis Amasie, qui de viribus suis presumens provocabat regem Israel ad prelium sine causa, volens se potentiori coequare.

Haec diximus contra quosdam neophytos, qui sibi videntur scioli, nec reprehendere formidant illos qui per experientiam noverunt quantus fructus proveniat ex hujusmodi fabulosis exemplis laicis et simplicibus personis, non solum ad edificationem, sed ad recreationem, maxime quando fatigati et tedio affecti incipiunt dormitare. Dicunt tamen predicti reprehensores: "Musica in luctu importuna narratio." Ad luctum non ad risum movendi sunt auditores, sicut in Exodo X. dicitur quod tubis ululantibus convocata est populi multitudo. [fo. 3<sup>ro</sup>] Objiciunt insuper illud quod in Ecclesiastes X. Salomon ait : "In risu faciunt panem et vinum." Quis dubitat quin ad luctum incitandi sint auditores ? Qui tamen ne nimio merore confundantur, vel nimia fatigatione torpere incipiant, aliquando sunt quibusdam jocundis exemplis recreandi et expedit quod eis proponatur fabulosa, ut postmodum evigilent ad audiendum seria et utilia verba. "Omne tulit punctum qui miscuit utile dulci." Experto credite : cum aliquando protraherem sermonem, et viderem populi multitudinem affectam tedio et dormitantem, uno modico verbo, omnes incitati sunt et innovati ad audiendum. Exempli gratia, aliquando memini me dixisse : "Ille qui in loco illo dormitat,

III. [fo. 6ᵛᵒ] Same. Genesis xliii., 11 : Take of the best fruits in the land.

IV. [fo. 8ᵛᵒ] To prelates. Proverbs vi., 1 : If thou be surety for thy friend, if thou hast stricken thy hand with a stranger.

V. [fo. 10] To prelates and priests. St. Luke xvi., 2 : How is it that I hear this of thee ? give an account of thy stewardship.

VI. [fo. 11ᵛᵒ] Same. Isaiah lxi., 6 : But ye shall be named the priests of the Lord.

VII. [fo. 14] Same. Ezekiel xxxiv., 15 : I will feed my flock, and I will cause them to lie down.

VIII. [fo. 15ᵛᵒ] Same. Isaiah lxii., 10 : Go through, go through the gates.

IX. [fo. 17] To secular canons and other clergy. Numbers xviii., 20 : Thou shalt have no inheritance in their land.

X. [fo. 18ᵛᵒ] To canons and secular clergy. Numbers xviii., 5 : And ye shall keep the charge of the sanctuary.

XI. [fo. 20ᵛᵒ] Same. Lamentations v., 18 : Because of the mountain of Zion, which is desolate, the foxes walk upon it.

XII. [fo. 23] To secular canons on elections. Numbers xxvii. 16 : Let the Lord, the God of the spirits.

XIII. [fo. 24ᵛᵒ] On orders, or on the ordaining of clergy. 1 Kings x., 4 : And when the queen of Sheba had seen all Solomon's wisdom.

XIV. [fo. 27ᵛᵒ] On the ordaining of clergy. Daniel iii. 88 : Benedicite Anania, Azaria, Misaël Domino (Vulgate).

XV. [fo. 28ᵛᵒ] That we should refresh ourselves in the treasury of the Scriptures before refreshing others. Ecclesiasticus vi., 36 : Et si videris sensatum, evigila ad eum (Vulgate).

XVI. [fo. 31] To scholars. Exodus iii., 21 : When ye go, ye shall not go empty.

XVII. [fo. 33] To judges and lawyers. Proverbs xxvi., 10 : Judicium determinat causas (Vulgate).

---

secreta mea vel consilium meum non revelabit." Unusquisque autem pro se dictum credens oculos aperiebat, et facto strepitu, postmodum in silentio utilia et seria verba attente audiebant : " Sapientia igitur justificata est a suis filiis." Quamvis de intentione eorum qui talia interserunt, quidam audacter nimis judicare presumant, dicentes : Deus non indiget mendaciis nostris.

Scurrilia tamen aut obscena verba vel turpis sermo ex ore predicatoris non procedant. Illud insuper in hujusmodi proverbiis similitudinibus et vulgaribus exemplis adtendendum est, quod non possunt ita exprimi scripto, sicut gestu et verbo atque pronuntiandi modo, nec ita movent vel incitant auditores in ore unius, sicut in ore alterius, nec in uno idiomate, sicut in alio. Aliquando quidem cum audiuntur, placent ; cum scripta leguntur, non delectant. Expedit tamen ut scribantur, ut habeant materiam hii quibus Deus dat gratiam auditores incitandi ex modo pronuntiandi."

XVIII. [fo. 34ᵛ°] Same. 1 Corinthians vi., 4: If then ye have judgements of things pertaining to this life, set them to judge who are least esteemed in the church.

XIX. [fo. 36ᵛ°] To theologians and preachers. Ezekiel iii., 1: Eat this roll.

XX. [fo. 38ᵛ°] Same. Song of Solomon vii., 13. All manner of pleasant fruits, new and old, which I have laid up for thee, O my beloved.

XXI. [fo. 40] Same. Jeremiah xxix., 5: Build ye houses and dwell in them.

XXII. [fo. 42ᵛ°] To the Benedictines. Ezekiel xli., 21: The posts of the temple were squared.

XXIII. [fo. 44ᵛ°] Same. Song of Solomon v., 11: His locks are bushy (Comae ejus sicut elatae palmarum. Vulgate).

XXIV. [fo. 46ʳ°] To the Cistercians. Numbers xxiv., 5: How goodly are thy tents O Jacob.

XXV. [fo. 46ᵛ°] Same. Isaiah lviii., 13: If thou turn away thy foot from the sabbath.

XXVI. [fo. 50ʳ°] To the Benedictine nuns. Jeremiah ii, 32: Can a maid forget her ornaments.

XXVII. [fo. 51ᵛ°] Same. Exodus xxxv., 25: And all the women that were wise hearted did spin with their hands and brought that which they had spun.

XXVIII. [fo. 53ᵛ°] To the white nuns of the Cistercian order, to the gray and others. Esther ii., 2: Let there be fair young virgins sought for the king.

XXIX. [fo. 55ᵛ°] Same. 2 Kings iv., 9: I perceive that this is an holy man of God.

XXX. [fo. 57ᵛ°] To regular canons. Isaiah xi., 15: And shall smite it in the seven streams.

XXXI. [fo. 59ᵛ°] Same. Numbers vi., 2: When either man or woman shall separate themselves to vow a vow.

XXXII. [fo. 62] Same. Ecclesiastes ii., 4: I made me great works; I builded me houses.

XXXIII. [fo. 63ᵛ°] To hermits and recluses. Job xxxix., 5: Who hath sent out the wild ass free?

XXXIV. [fo. 65ᵛ°] Same. Ezekiel viii., 1: As I sat in mine house.

XXXV. [fo. 67] To the Franciscans. Proverbs xxx., 24: There be four things which are little upon the earth.

XXXVI. [fo. 69] Same. Jeremiah xxxv., 6: Jonadab the son of Rechab our father.

XXXVII. [fo. 71] To the military orders. Zechariah ix., 8: And I will encamp about mine house.

XXXVIII. [fo. 73ᵛ°] Same. Song of Solomon i., 9: I have compared thee, O my love, to a company of horses in Pharaoh's chariots.

XXXIX. [fo. 75ʳ°] To the hospitalers and nurses of the sick. Psalms xli., 1: Blessed is he that considereth the poor (or sick).

XL. [77ᵛᵒ] Same. Proverbs xvi., 6 : By mercy and truth iniquity is purged.

XLI. [fo. 80] To lepers and other sick. James v., 11 : Ye have heard of the patience of Job.

XLII. [fo. 82ᵛᵒ] Same. Ecclesiasticus, xxxviii. 9 : My son, in thy sickness be not negligent.

XLIII. [fo. 84] To the poor and afflicted. Wisdom of Solomon iii., 5 : And having been a little chastised, they shall be greatly rewarded.

XLIV. [fo. 86ᵛᵒ] Same. Isaiah xxxviii., 14 : O Lord, I am oppressed; undertake for me.

XLV. [fo. 88ᵛᵒ] To those grieving for the death of relatives or friends. 1 Thessalonians iv., 13 : But I would not have you to be ignorant.

XLVI. [fo. 90ᵛᵒ] To those grieving for the death of relatives. St. John xi., 25 : I am the resurrection and the life.

XLVII. [fo. 93] To crusaders, or those about to be crusaders. Revelation vii., 2 : And I saw another angel ascending.

XLVIII. [fo. 94ᵛᵒ] Same. Jeremiah iv., 6 : Set up the standard toward Zion.

XLIX. [fo. 98] To pilgrims. Galatians iii., 16 : Now to Abraham and his seed were the promises made.

L. [fo. 100] Same. Zechariah, xiv., 18 : There shall be the plague, wherewith the Lord will smite the heathen.

LI. [fo. 102ᵛᵒ] To the mighty and to soldiers. Psalms ii., 10 : Be wise now, therefore, O ye kings.

LII. [fo. 104ᵛᵒ] Same. St. Luke iii., 14 : And the soldiers likewise demanded of him.

LIII. [fo. 107] Same. Ecclesiastes x., 17 : Blessed art thou, O land, when thy king is the son of nobles.

LIV. [fo. 109] Citizens and burghers. Psalms iv., 2 : O ye sons of men, how long will ye turn my glory into shame?

LV. [fo. 111] Same. Revelation xviii., 4 : Come out of her (Babylon).

LVI. [fo. 113ᵛᵒ] To merchants and money-changers. St. Luke xix., 13 Occupy till I come.

LVII. [fo. 115ᵛᵒ] Same. Ecclesiasticus xxvi., 28 : A merchant shall hardly keep himself from doing wrong.

LVIII. [fo. 117ᵛᵒ] Same. Psalms xxxvii., 21 : The wicked borroweth and payeth not again.

LIX. [fo. 120] Same. Psalms lxxii., 14 : He shall redeem their soul from deceit and violence.

LX. [fo. 122] To husbandmen, vinedressers, and other labourers. Zechariah xiii., 5 : I am an husbandman.

LXI. [fo. 124] To husbandmen and other labourers. Proverbs xxiv. 27 : Prepare thy work without.

LXII. [126ᵛᵒ] To artificers. Psalms cxxviii., 2 : For thou shalt eat the labour of thine hands.

LXIII. [fo. 128vo] To sailors and mariners. Psalms cvii., 23 : They that go down to the sea in ships.
LXIV. [fo. 130ro] To manservants and maidservants. Psalms cxxiii., 2 : Behold, as the eyes of servants look unto the hand of their masters.
LXV. [fo. 132ro] Same. Proverbs xxx., 21 : For three things the earth is disquieted.
LXVI. [fo. 135] To the married. Genesis ii., 18 : It is not good that the man should be alone.
LXVII. [fo. 137vo] Same. Psalms xlix., 12 : Nevertheless man being in honour abideth not.
LXVIII. [fo. 139] Same. Song of Solomon vii., 1 : The joints of thy thighs are like jewels.
LXIX. [fo. 141] To widows and the continent. 1 Timothy v., 5 : Now she that is a widow indeed, and is desolate.
LXX. [fo. 142] Same. Song of Solomon i., 10 : Thy cheeks are comely.
LXXI. [fo. 145ro] To virgins and young girls. Song of Solomon ii., 1 : I am the rose of Sharon and the lily of the valleys.
LXXII. [fo. 147ro] Same. Wisdom of Solomon iv., 1 : O quam pulchra est casta generatio (Vulgato).
LXXIII. [fo. 149ro] To boys and young men. Proverbs xxii., 6 : Train up a child in the way he should go; and when he is old, he will not depart from it.
LXXIV. [fo. 151ro] Same. Revelation xvi., 15 : Blessed is he that watcheth.[*]

4. *Sermones communes vel quotidiani.*

These sermons, intended for general use as their title indicates, I know only from the references in Barroux, op. cit., p. 26, and Lecoy de la Marche, op. cit., p. 514, who states that MSS. of the work are to be found at Liège and Brussels.

3. The fame of Jacques de Vitry as a preacher, and the attractive character of the illustrative stories employed in his sermons, must

---

[*] In Cardinal Pitra's list, op. cit., p. 347, there is a seventy-fifth sermon: On confirming ecclesiastical elections, 1 Timothy, v., 22 : Lay hands suddenly on no man. Cardinal Pitra says of this sermon : "Appendix est addititia, brevis et imperfecta." The *explicit* of MS. Bib. Nat. 17,509 [fo. 153] is : "Expliciunt sermones ad status, qui sunt numero lx. et xiiii. in volumine isto. Amen."

soon have led to a demand for some convenient edition of the *exempla* alone. Probably the first form was a collection of *exempla* accompanying the sermons, as was later the case with the *promptuaria* of Herolt and Martinus Polonus. Such an edition occurs in the MS. Bib. Nat. anc. fonds, 3283 (xivth cent.), where in the same hand are sermons and *exempla*. There is no table of contents, or index, and no references from sermons to *exempla*, or *vice versâ*.

Whether Jacques de Vitry himself made a collection of the *exempla* used by him in the *sermones vulgares* is doubtful, and the existing collections are so irregular in their form and contents that it seems more likely that they were made by other preachers for their own use. The *exempla* in the MS. just cited are given in the baldest form, a line or two for each story, and were undoubtedly mere memoranda to be expanded at the preacher's will. This same collection of *exempla* is apparently reproduced alone in Bib. Nat. MS. Lat. 16, 529 (xiiith cent.), fols. 137-161. Usually the *exempla* in the independent collections are given as in the sermons. The number and choice of the *exempla* vary with the taste and object of the different collectors. Sometimes moral reflexions, etc., are considered *exempla*, and sometimes mere references to biographical or historical fact are so treated. The order of the *exempla* in the sermons is usually followed unless fresh material is interpolated. The MS. Bib. Nat. 16,515 Lat. (xiiith cent.) contains, beginning with fo. 66$^{vo}$, one hundred and twenty *exempla;* the beginning is as follows, the corresponding stories in the present edition being in brackets: i. (viii.), ii. (ix.), iii., De quatuor osculis sacerdotum, iv. (xi.), v. (xvii.), vi. (xviii.), vii. (xix.), viii. (xx.), ix. (xxii.), x. (xxv.), xi. (xxvii.), xii. (xxviii.), xiii. De Hieronimo verberato ab angelo (for reading Cicero), xiv. (xxxi.), etc.

Still closer is the extensive collection of Jacques de Vitry's *exempla* (with the exception of the Harl. MS. 463, and the Vatican MS. to be mentioned later, the most extensive which I have yet seen) contained in the Bib. Nat. MS. Lat. 15, 661 (about

1300), fols. 129-162. The work is entered in the catalogue as "Exempla Archiepiscopi Tyrensis (Jacobo de Vit.)". There is no indication of author or source of *exempla* at either beginning or end. The *exempla* follow exactly the order in the sermons. The first sixteen, for instance, are the same as the first sixteen in the present edition, except that xii., which, properly speaking, is not an *exemplum*, is omitted.

Of a similar nature is the collection in the Brit. Mus. MS. Harl. 463 (xivth cent.), the source of which is not indicated.* The order is as follows, it being evident that the beginning of the collection has been lost: i.—lxxxi. (lxxiii.—cliii.), xci.—xciv.—ccxix. (cliv.—ccxcvi.), lxxxii.—lxxxv. (ccxlvii.—ccc.), lxxxvii.—xc. (ccci.—ccciii.)†

---

\* From this MS. Mr. Thomas Wright took thirty-six *exempla* for his *Latin Stories* (*Percy Society*, vol. viii.), but was unaware of their source.

† Some of the *exempla* of the Harl. MS. are not found in the present edition, consisting in moral sentences or in interpolations peculiar to this collection. I am indebted to Mr. Ward's notes for the following list of such differences. Harl. iv. (fo. 1, b), Devil only appears to the very good or very bad; xiv. (fol. 3, b, col. 2), Joseph in prison in Egypt and the Macabees; xxiii. (fo. 5, b.), St Paulinus of Milan sells himself to redeem a widow's son (Gregory, *Dialogues*, iii., 1); xxvi., A Hermit is asked who has stripped him half naked and he answers: "The Gospel"; xxxviii. (an insertion on the upper margin of fols. 8, b, 9, and 9, b), A chaplain in Sussex named Godfrey sees his dead mother appear in church telling him that it is only worse torment to have mass said for her; xlviii., A moral sentence relative to the first-born son of a king, imprisoned by the subjects whom he comes to protect: inserted in the upper margin of the page: and an incident from a vision of hell, introducing two lovers, half-buried face to face, introduced on the lower margin of fo. 10, b; li., Confessing sins compared to currying a horse, a moral sentence inserted in the upper margin of fo. 11; lii. (fo. 11), Christ rescuing sinners from the devil compared to a tigress pursuing the hunter who has stolen her cubs and rushing upon the hunting spear for their sake; lxxxvi. (fo. 14, col. 2), Note on the fawning dog that bites; xcii. (fo. 14, b), Note on four animals symbolical of sinners; xciii. (fo. 14, b, col. 2), Note on the three chief teachers: Fear, Shame and Love; ciii. (fo. 15, col. 2), The horse-dealer who used to wink at his customers (Wright, No. 90, and cccix. of present edition, added later); civ. (fo. 15, col. 2), is cccx. of present edition, added later; cxx. (fo. 16, b), A jongleur in danger of drowning

The most extensive collection of Jacques de Vitry's *exempla* is that contained in the Vatican MS. 9352, parch., xivth cent., fols. 1-88, which contains practically all the *exempla* of the sermons. As an analysis of this MS. has been given by Cardinal Pitra in his *Analecta novissima Spicilegii Solesmensis*, ii., p. 443, it is unnecessary to dwell upon it here.

Other thirteenth century collections are contained in the Bib. Nat. MS. Lat. 16,515, fols. 66$^{vo}$-91$^{vo}$; same collection, MS. 2042, anc. fonds, fols. 165-182.* There is also a collection of Jacques de Vitry's *exempla* in the library of Troyes, MS. 1750, xiiith cent., 128 in number, which I have been unable to examine. There is a brief collection in the Brit. Mus. MS. 26,770, fols. 75-80, *Exempla magistri Jacobi de Vitriaco* (begins: "De profundis clamavi," and ends "mutuans participes sunt lucri"). It contains 23 *exempla*, and is the briefest collection I have seen. Several of the *exempla* in it are not in the present edition.

The collections thus far examined have consisted of *exempla*

---

says to a lord: "To-day we must both drink of the same cup and wash in the same bath;" cxlix. (fo. 19), St. Germanus tracks a horrible serpent to the tomb of a wanton; cli. (fo. 19), Lion always kills an adulterer when he meets one, part of ccxxxiv. of present edition; clv. (fo. 19, b), the author professes to be ready to speak well of women; clvii. (fo. 19, b), the wife who took the place of a maid servant, with whom her husband used to commit adultery; clxi. (fo. 19, b, col. 2), a saying that those priests may be supposed to have concubines who have "manicas ad cubitum perforatas"; clxviii. (fo. 20, col. 2), the woman who stored up the knives of her lovers, as reminders when they should be grown old; clxx. (fo. 20, b), sentence relative to procuresses; clxxxviii. (fo. 22), sentence against those who assert that only near relations will recognise each other at the day of judgment; cxci. (fo. 22, col. 2), the woman who placed the holy wafer in a hollow tree and forgot it for some time, and who then found it closed up with honeycombs in the forms of a pixis and capsula; cii. (fo. 22, b, col. 2), a detractor compared to an ape that befouls an image of the cross.

* Lecoy de la Marche, op. cit., p. 59, cites Bib. Nat. MS. Lat., 15,972, which seems, however, to be a collection of extracts from sermons, not of *exempla*. The same author also cites MS. 581 (fo. 174) of the library of the Arsenal at Paris. I was unable to find this MS. in the catalogue, but I noticed there MS. 540 (595, T.L.), *Sermones vulgares magistri Jacobi de Vitriaco*, fifteenth century.

taken from the sermons of Jacques de Vitry, more or less extensive, and following more or less closely the order of the *exempla* in the sermons themselves. In these collections the *exempla* are in the same form as in the sermons, although in some of the collections already noticed the *exempla* are given in a condensed shape. It would not be surprising if, under the literary conditions of the times, there should soon be attributed to Jacques de Vitry stories which he had never related, or at all events had not related in the *sermones vulgares*. That this was later the case we shall see when we come to examine the great collections of *exempla* made in the xivth century. This false attribution of stories began, however, in the same century in which Jacques de Vitry lived, and is found to a remarkable extent in a collection of *exempla* purporting to be taken from his sermons. The collection in question is found in the Bib. Nat. MS. Lat. 18,134 (xiiith cent.). The table of contents, "Incipiunt capita exemplorum magistri Jacobi de Vitriaco que narrat in sermonibus suis," begins at fo. 173ro and extends to end of fo. 175, giving titles of 137 *exempla*. The first 39 are not found in Jacques de Vitry's *sermones vulgares*; the xl. is Jacques de Vitry's cclxxii.; the two following *exempla* are not in the sermons, and with the xliv. begin, properly speaking, the extracts from Jacques de Vitry.* This collection seems to have

---

* The correspondence is as follows, the *exempla* of Jacques de Vitry in brackets: xliv. (xix.), xlv. (xiv.), xlvi. (xxxi.), xlvii. (xxxix.), xlviii. (xliii.), xlix. (xlvii.), l. (li.), li. (lii.), lii. (liii.), liii. (lvii.), liv. (lvii.), lv. (lix.), lvi. (lxi.), lvii. (lxiv.), lviii. (cccvii.), lix. (lxx.), lx. (lxvi.), lxi. (lxvii.), lxii. (lxviii.), lxiii. (lvi.), lxiv. (lxxii.), lxv. (lxxv.), lxvi. (lxxvi.), lxvii. (lxxviii.), lxviii. (lxxxii.), lxix. (xciii.), lxx. (xciv.), lxxi. (xcv.), lxxii. (xcvii.), lxxiii. (xcix.), lxxiv. (ciii.), lxxv. (civ.), lxxvi. (cvii.), lxxvii. (cix.), lxxviii. (cxiv.), lxxix. (cxvi.), lxxx. (cxix.), lxxxi. (cxxi.), lxxxii. (cxxviii.), lxxxiii. (cxxxiii.), lxxxiv. (clv.), lxxxvi. (clxviii.), lxxxvi. (clxix.), lxxxvii. (clxx.), lxxxviii. (clxxvi.), lxxxix. (clxxvi.), xc. (clxxxi.), xci. (ccxxxvii.), xcii. (ccxx.), xciii. (ccxxi.), xciv. (ccxxii.), xcv. (ccxxxviii.), xcvi. (ccxxxi.), xcvii. (ccxxxii.), xcviii. (ccl.), xcix. (ccxxxi.), c. (ccxxxiv.), ci. (ccxxxvi.), cii. (ccxlv.), ciii. (ccxlvi.), civ. cclxxxii.), cv. (ccci.), cvi. (cclxxxviii.), cvii. (ccxlvii.), cviii. (cxcvi.), cix. (cc.), cx. (ccii.), cxiv. (ccxii.), cxv. (cclxxiii.), cxxviii. (cclxxxix.) cxxxv (ix.), cxxxvi. (cxxxiv.), cxxxvii. (cclxix.).

been made by some preacher for his own use and to have been put together with little system. The stories in it, not found in Jacques de Vitry's sermons, are the usual monkish stories taken from Gregory, Caesar of Heisterbach, etc. There was undoubtedly, as we shall see later, a large mass of stories in circulation attributed to Jacques de Vitry, and some of them may have been told by him in his sermons while preaching the Crusade in France, and have been noted or remembered by his hearers.*

The above are all the independent collections of Jacques de Vitry's *exempla* which I have seen, and I do not find any mention of such collections in the catalogues of the library of Munich or Berlin, and I have myself searched in vain the British Museum, Bodleian, Cambridge University Library, all the Florentine libraries, and the ducal library at Wolfenbüttel.

It will be the object of the following pages to trace the influence of Jacques de Vitry's use of *exempla* upon the preachers of his own and succeeding ages; for the sake of completeness I shall

* This is not the place to examine in detail the stories not contained in Jacques de Vitry. Among them are : i., De abbate et monachis quibus demones illuserunt, " Convent of Demons," see *Étienne de Bourbon*, 79, p. 75, where Jacques de Vitry is cited as authority ; v., Exemplum de Aristotile et uxore Alexandri, " Aristotile saddled and ridden by queen," see Dunlop-Liebrecht, and Benfey, *Pantschatantra*, i., p. 462. The same story is given by Herolt (Discipulus) *Promptuarium*, M. 67, where Jacques de Vitry is cited as authority; vii., Exemplum de heremita cui diabolus in specie hominis ministrabat et quomodo decipit eum, " Devil gives hermit cock and hen, and so leads him to sin carnally," see Legrand d'Aussy, v., p. 179, and *Contes moralisés de Nicole Bozon*, pp. 186, 297 ; xvii., De diavolo qui duxit uxorem cujus litigium non potuit sustinere, " Belphegor," see Dunlop-Liebrecht, p. 273 ; xxx., De symia que denarios projectit in mare, " Ape steals purse and throws money unjustly acquired into the sea," see La Fontaine, xii. 8, Pauli, *Schimpf und Ernst*, 375 ; xlii., De duobus burgensibus et de rustico, " Bread to be eaten by one who has the most remarkable dream," see Petrus Alphonsi, xx., ed. Schmidt, p. 63 ; cxi. De duobus amicis, Petrus Alphonsi, ed. cit., p. 35, etc.

These *exempla extravagantia* will be mentioned from time to time when we come to speak of the various printed collections in which they are found. A certain number of these *exempla* are discussed by K. Gödeke in an article in *Orient und Occident*, vol. i., p. 530, which we shall have occasion to mention again.

here briefly refer to the history of the recent interest in his *exempla*.

Aside from the references to Jacques de Vitry in the class of works containing stories for the use of preachers, no mention of him, except as a historian, is to be found until a very recent date.[*] None of the writers like Wright (*Latin Stories*, pp. vii.-viii.), Douce (*Illustrations of Shakespeare*, ii., p. 335) or Warton (*Dissertation on the Gesta Romanorum*, in the third volume of his *History of English Poetry*) allude to Jacques de Vitry, and it was not until 1861 that K. Gödeke, in an article (*Asinus vulgi*) in *Orient und Occident*, vol. i., p. 531, first called attention to the *exempla*. Gödeke himself had never heard of the *sermones vulgares*, or seen any of the collections of Jacques de Vitry's *exempla*, which are to be found in Paris and elsewhere. He only knew that the author of the *Scala Celi* had used a *Speculum exemplorum Jacobi de Vitriaco*, and he also learned from the catalogues that a MS. in Troyes contained: " cxxviii. exempla sumpta ex sermonibus Jacobi de Vitriaco," and a Paris MS. 3283 (xivth cent.) contained: " sermones et exempla Jacobi de Vitriaco." From a comparison of the stories in the *Scala Celi* attributed to Jacques de Vitry with those in Wright's *Latin Stories*, Gödeke inferred that of the 225 *exempla* of the Harl. MS. 463 many were by Jacques de Vitry.[†] Gödeke's valuable article does not seem to have aroused any interest in Jacques de Vitry's *exempla*, and it was not until 1868 that scholars were finally enlightened in regard to the mysterious *exempla* and their whereabouts. In the first edition of his admirable work on the French pulpit in the Middle Ages (*La Chaire française au moyen âge*, Paris, 1868), Lecoy de la Marche

---

[*] The articles in the various biographical and bibliographical dictionaries refer, of course, to his sermons also. In the *Biographie universelle* (Michaud) there is no reference to sermons or *exempla*, in the *Nouvelle biographie générale* the sermons and extracted *exempla* are briefly mentioned, and in Ersch and Gruber the printed sermons alone are named.

[†] In fact, thirty-six of Wright's stories are by Jacques de Vitry, although Wright was unaware of it.

gave for the first time a satisfactory account of the *exempla* of Jacques de Vitry, showing that they were originally contained in the *sermones vulgares*, and were afterwards, by various hands, gathered into partial collections.*

A few years later the same writer edited a work of almost equal value for the history of mediæval fiction and culture, *Anecdotes historiques, légendes et apologues tirés du recueil inédit d'Étienne de Bourbon* (*Société de l'histoire de France*), Paris, 1877. In this work Jacques de Vitry is constantly cited by the author, and the learned editor has occasionally printed in a note the original story by Jacques de Vitry.

Since Lecoy de la Marche all that has been said about Jacques de Vitry has been based upon the two works just mentioned.†

Such is a brief sketch of the fate of Jacques de Vitry's illustrative stories in modern times; their vicissitudes during a more remote period, and the use made of them by mediæval collectors of anecdotes, will be described in the following pages.

### III.

#### The use of *exempla* in sermons posterior to those of Jacques de Vitry.

It is impossible within the limits of this article to give a complete history of the use of *exempla* in sermons succeeding those of Jacques de Vitry, and it is also difficult to distinguish between sermons intended for the use of preachers and independent collections. The latter difficulty is, however, not one of great moment, as it is probable that all collections of sermons by well-known preachers were used as magazines, from which less competent

---

\* A second edition of this invaluable book, *corrigée et augmentée*, has since appeared, Paris, 1886, which is the one cited in the present work.

† I have been unable to see the thesis of M. Barroux on the subject of Jacques de Vitry, presented to the *École des Chartes* in 1885. An analysis of it is given in the *Positions des thèses* for 1885.

preachers drew. The illustrations for this section are largely taken from German sources. This class of works was especially popular in that country, and the collections of sermons by preachers of other lands were often first printed in Germany.*

The earliest complete course of Latin sermons for Sundays and festivals of the whole year (usually denominated "sermones de tempore et de sanctis") is that of Brother Peregrinus, a Dominican and provincial of the order in Poland.† He was prior of the monasteries of Ratisbon and Breslau, where he probably preached and composed his work at the end of the xiiith century. The sermons are, properly speaking, mere sketches, and the *exempla* are not reserved for the end of the sermon, but are sparingly employed wherever the preacher sees fit.‡

The legends in the *Sermones de sanctis*, so far as I have compared them, seem to follow very closely the *Legenda aurea* of Voragine.

An extensive collection of sermons was left by the celebrated Dominican chronicler, Martin of Troppau (in Bohemia), generally known as Martinus Polonus, because the Bohemian Dominicans belonged to the Polish province of the order. He was of a noble

---

\* The presses of Hagenau, Strassburg, Nuremburg, etc., fairly teemed with such works; see Cruel, op. cit., p. 468.

† Quetif and Echard, p. 551; Cruel, p. 336; Linsenmeyer, p. 372; Fabricius, *Bibliotheca latina mediae et infimae aetatis*, Florence, 1858, vol. v., p. 215. Hain cites seven editions before 1500; my copy is without date, place, or printer (Hain, 12,580, " Typis Ryserianis "), fol.

‡ The following are all the *exempla* I have noted: fo. 4ʳᵒ, Phaedrus, ii., 6, see Kirchof ed. Oesterley, 7, 173; fo. 16ʳᵒ, Jacques de Vitry, cclxxxvii.; fo. 18ʳᵒ, *Gesta Romanorum*, 33 ; fo. 20ʳᵒ., fo. 24ʳᵒ, *Vitae Pat.* ed. Lyons, 1616, p. 286 ; fo. 25ʳᵒ, fo. 41ʳᵒ, fo. 42ʳᵒ, fo. 43ʳᵒ, fo. 51ʳᵒ, fo. 55ʳᵒ, Jacques de Vitry, cxxxv.; fo. 60ʳᵒ, Jacques de Vitry, xcvi., or rather Étienne de Bourbon, 144, not mentioned by oversight in my notes, p. 175; fo. 61ʳᵒ, Jacques de Vitry, cclxxxviii., fo. 61ʳᵒ, fo. 63ʳᵒ, fo. 65ʳᵒ, Jacques de Vitry, cclvii.; fo. 66ʳᵒ, Pauli ed. Oesterley, 435 ; fo. 67ʳᵒ, Jacques de Vitry, ix.; fo. 68ʳᵒ ; fo. 69ʳᵒ, *Vitae Pat.*, given as authority ; fo. 75ʳᵒ ; fo. 78ʳᵒ, Jacques de Vitry, cxx.; fo. 80ʳᵒ ; fo. 81ʳᵒ; fo. 82ʳᵒ; fo. 87ʳᵒ. The *exempla* for which I have found no parallels are the usual monkish stories and possess little value or interest.

family of the name of Strepus, and was distinguished as a preacher and became papal chaplain and penitentiary. In 1278 he was made Archbishop of Gnesen, but died (1279) on the way to his see, and was buried at Bologna. Martinus Polonus is chiefly known for his historical work, *Chronica summorum pontificum imperatorumque*, which, although possessing no independent worth, was for centuries the chief source of historical knowledge.\* The first edition of the sermons appeared at Strassburg in 1480.† In the edition of 1484 the sermons are 321 in number, and constitute the usual course known as *De tempore et de sanctis*. Each Sunday and feast day, however, has at least two sermons devoted to it, one taken from the Epistle, the other from the Gospel for the day (in some cases there are two sermons from the Epistle and one from the Gospel), and there are two or more sermons for each saint. As the work is provided with a storehouse of *exempla*, reference is made in the sermons to the *Promptuarium* (not *vice versâ*), where the suitable *exemplum* may be found. The sermons of Martinus Polonus were not very popular, and had but a slight influence on the diffusion of *exempla*.

A more popular collection is that known as "Thesaurus novus sive Sermones de tempore per totum annum in tres partes divisi, hyemalem, aestivalem, et quadragesimalem."‡ The author is

---

\* For life of Martinus Polonus see Quetif and Echard, i., p. 361; for history see Potthast, *Bib. hist.*, p. 435, and Wattenbach, *Deutschland's Geschichtsquellen im Mittelalter*, 2ᵈ ed. Berlin, 1874, ii., p. 326.

† Hain registers four editions before 1500, two of which are clearly accompanied by the *Promptuarium* to be mentioned later. It is impossible to tell from Hain whether the editions of Strassburg, 1480 (the first) and 1486 (the third) contain the *Promptuarium*, but I am inclined to think they do. My copy is Strassburg, 1484 (Hain, 10,854).

‡ Graesse, *Literärgeschichte*, ii., ii., i., p. 165, cites editions of Antwerp, 1571, Venice, 1584, and Cologne, 1608. I have noted the following: *Sermones quadragesimales*, Nuremburg, A. Koberger, 1496 (Panzer, ii., p. 222, No. 275); Strassburg, 1485 (in Bib. Naz. Florence), ibid., 1487, 1488, 1493 (all in Wolfenbüttel); *De Sanctis*, Nuremburg, 1496 (Bib. Naz., Florence); *De tempore*, Nuremburg, 1496 (Bib. Naz. Florence). I have myself the *Sermones quadragesimales*, Nuremburg, A. Koberger, 1496, and *De Sanctis*, an incomplete copy, probably same place and date.

supposed to be Pierre de la Palu, or Petrus Paludanus of Burgundy or, according to others, of Bresso, in France, a Dominican, licentiate of theology at Paris in 1314, and Patriarch of Jerusalem from 1329 to his death in 1342.*

The *Sermones de sanctis* contain a number of *exempla*, e.g., xxx., A, from Étienne de Bourbon; lxiv., U, from Vincent of Beauvais, *Spec. hist.*; cxix., K, from Pliny's *Hist. nat.*; cxx., G.; ibid. K., anecdote of Queen Theodosia from Paulus Diaconus; ibid. L, from Gregory's *Dialogues*. *Exempla* are also very sparingly introduced into the *sermones quadragesimales* (lxxxvi., the story of Solomon and the worm, the blood of which cracked glass, with allegorical explanation); they are usually historical or taken from the common ecclesiastical sources, Gregory, etc.

One of the most famous preachers of his order was St. Vincent Ferrer, a Spanish Dominican, born at Valencia in 1355, and died at Vannes, in France, in 1419, leaving sermons, letters, and several treatises.† The sermons are the usual *de tempore et de sanctis*. I have seen only the first part, the *hyemales*, in the edition of Lyons, 1539. *Exempla* are very sparingly used by St. Vincent, only twenty-six are given in the *Tabula*, to which may properly be added some sixteen others mentioned under the heading *historia*. These are of little interest, and are usually given in a very bald and concise form; among them are: fo. 41ᵛᵒ, "King for a year," Jacques de Vitry, ix.; fo. 104, man hung on spot where he had once beaten his mother; fo. 183, story of the woman who was a sinner who expired in church from contrition, etc.

The most popular, perhaps, of all the preachers whom we shall consider in this connection is John Herolt, a Dominican monk of

---

* Quetif and Echard, vol. i., p. 603, do not accept the *Sermones thesauri novi* as Pierre de la Palu's, for various reasons, among them the facts that the authorities cited are later than Pierre, and Franciscan writers are cited more frequently than Dominicans.

† Quetif and Echard, i., p. 763, ii., pp. 338, 812, and Graesse, op. cit. p. 85. The most popular of his works after the sermons is the *Opusculum de fine mundi*. See Hain for early editions of this and of sermons.

Basel, who flourished during the first half of the xvth century.\* The date of the composition of his sermons is given in *Sermo* lxxxv. (*de tempore et de sanctis*), "a Christo autem transacti sunt mille quadrigenti decem et octo anni;" but in *Sermo* vi. of the *de sanctis* he mentions as heretics Huss, Jerome, and Procopius, the latter of whom did not assume the leadership of the Hussites until 1424, and was not killed until 1434, in the battle of Boemischbrod. This discrepancy can easily be explained, on the supposition that Herolt inserted in his collection his earlier sermons, and either forgot to change the first date or purposely left it.† The collection was probably published between 1435–40, and this will also be the date of the *Promptuarium* (to be described later), as constant reference is made in it to the sermons, and *vice versâ*, and its object was undoubtedly to afford the preachers who used the sermons a wider range of *exempla*.‡ The author modestly styles himself "Discipulus," and his work is usually cited under that name. He himself explains it as

\* Scanty notices of him will be found in Fabricius, op. cit., Graesse, op. cit., ii., ii., 1, p. 169; Cruel, p. 480, and Val. Schmidt in his edition of the *Disciplina clericalis*, Berlin, 1827, p. 99, note 3.

† Cruel, p. 480.

‡ The enormous popularity of the *Sermones de tempore et de sanctis*, including the *Promptuarium*, may be seen by a glance at Hain and Panzer; the former registering twenty-nine editions with place and date, and seven without, before 1500, the latter, fifteen editions after the above date. The edition cited in this work is Strassburg, 1495, M. Flach, fol. (Hain, 8505). It contains the above mentioned sermons, the *Promptuarium*, and a collection of miracles of the Virgin filling thirty-one pages. I have also a very convenient edition, Venice, 1606, 4to., which besides the above works of Herolt contains also *Sermones Discipuli in quadragesima*. The latest edition of Herolt's sermons seems to be that edited by another Dominican, B. Elers, Augsburg, 1728, 4to. In spite of the " Divisio et series operis " on p. ii., in which the editor announces all the above mentioned sermons of Herolt and the *Promptuarium* and miracles of the Virgin, he has reprinted only the *sermones de tempore*, omitting all the others. The editorial work consists in a *Directorium* and some indexes, with marginal references. The reprint so far as I have compared it follows the original exactly, and is valuable only as showing how long Herolt's influence lasted.

follows, at the end of the *Sermones de tempore*: "Finiunt sermones collecti ex diversis sanctorum dictis et ex pluribus libris, qui intitulantur sermones discipuli; quia in istis sermonibus non subtilia per modum magistri, sed simplicia per modum discipuli conscripsi et collegi." Nothing is known of Herolt's life; besides the works above mentioned, he left a collection of *sermones super epistolas*, and a treatise entitled *Liber de eruditione Christi fidelium*.\*

The most important of Herolt's works is the collection of *sermones de tempore et de sanctis*, to which the *Promptuarium* (to be examined later) is appended. The *sermones de tempore* are 164 in number, the *de sanctis* 48, in all 212. As is usually the case, two sermons are given to each Sunday or festival, but one, however, is devoted to each saint. The *exempla* are regularly introduced at the end of the sermon, although they are occasionally found elsewhere also. Sometimes more than one is given at the end, and in a few cases none at all is employed. The *Promptuarium* is to be regarded as a storehouse containing an extra supply of *exempla*. We have seen in the sermons of Martinus Polonus that the *exempla* were contained entirely in the *Promptuarium* also appended to them, and that reference was made in the sermons to the *Promptuarium*. This is not the case with Herolt, whose *Promptuarium* registers all the stories in the sermons, but is not referred to in the sermons. The sermons are preceded by an elaborate table of the *exempla* in the sermons, 283 in number. They are of the same character as those in the *Promptuarium*, and will be examined in detail when that work is later examined.

The *Sermones in quadragesima* are 47 in number, containing 52 *exempla* of the same character as those in the other sermons.

---

\* There is a copy of the *sermones super epistolas*, without date or place, in the Astor Library, New York. It is of no interest in this connection. The second work I have not seen. To Herolt is also ascribed a history of the Albigensian war, but no such work has been found by Potthast, Monod, or Franklin, and its existence was earlier doubted by Quetif and Echard (i., p. 762).

## INTRODUCTION.

One of the most extensive collections of sermons which we shall encounter is that of Meffreth, a priest of Meissen, of whom nothing is known except that he finished the *sermones de sanctis* in 1443, and began at once the *sermones de tempore*, on which he was working until 1447.[*] He calls his work *Hortulus Reginae*, in honour of the church represented by the Queen of Sheba,[†] and was led to compose it because it is the duty of priests to teach the faithful, and this he was prevented from doing in the pulpit.[‡] His work consists of the usual *sermones de tempore et de sanctis*, arranged, however, in three parts, one containing the *de tempore, pars aestivalis;* the second, the *de tempore, pars hyemalis;* and the third, the *de sanctis*. Cruel (op. cit. p. 486) says that three or four sermons are given to each Sunday in the *de tempore;* in the *de sanctis* two or more are given to each saint. Cruel gives an elaborate account of the *de tempore* and the wide range of the author's citations. He does not expressly mention the *exempla*, but I presume they are of frequent occurrence. This is the case at least with the *de sanctis*, of which alone I can speak of my own knowledge. Here *exempla* (*i.e.*, stories, properly speaking, and not mere extracts

---

[*] Cruel, p. 486. Fabricius says he was living in 1476. Hain registers ten editions before 1500. I have been able to use only the *de sanctis*, without place or date (Hain, 11,000).

[†] The author says in a verse at the end of the *de sanctis*:

"Hortulus iste quidem de cujus gramine pascit
Se regina Saba, sponsaque sancta Dei."

In the prologue the author makes the usual statement in regard to the value of *exempla:* "Insuper in his hujus operis sermonibus exempla aliqua inserui legendarum quae ab auditoribus audientur et magis memoriae commendentur, quod secundum Augustinum, lib. vi., De doctrina Christiana: Plus docent exempla quam verba subtilia. . . . . Quare et ego hoc perpendens exemplis hinc inde repertis hanc materiam pro profectu pauperum studentium exornavi subtilia evitando."

[‡] What the cause was we do not know. He says: "Et cum omnium ego abortivus sum et indignus Christi sacerdotum, ne nomen subirem quod debet officium perdi et inciderem in dictam hujus doctoris gloriosissimi, hujus operis onus suscepi docens collectione quod non potui sermone."

from works on natural history, etc.) are of constant occurrence.* Meffreth's work is of considerable importance and deserves further study.

We have already had occasion to notice the *sermones quadragesimales* of Herolt. These sermons for Lent arose from the custom of daily preaching during that season which prevailed in Italy from the beginning of the thirteenth century. This custom extended into Germany in the following century, and in the fifteenth century had become so prevalent that it was necessary to make provision for it in the collections of sermons for the use of preachers, which now often consisted of three parts, *de tempore et de sanctis*, and *quadragesimale*, the latter frequently appearing as a separate work.† The most popular of these independent collections is the *Quadragesimale* of Johan Gritsch, a Franciscan, of whom we know nothing but that he was a native of Basel and famous as a pulpit orator during the Council held in that city (1431-1449).‡ He left *sermones quadragesimales* and *de passione Domini*. The former alone have been printed, and were written shortly before 1440. The work contains forty-eight sermons, the themes for which are taken from the gospel for the day. In order to make the work serviceable for the whole year (for which its extent and variety of contents fitted it), the author added at the end a set of outline sermons for the whole year, with references

---

* Among these are *Serm.* xxxvii., B. miracle of St. Appolonia; xxxix., C., miracle of St. Matthew; xlii., B., story of Armenius from the *Vitae Patrum*; xlv., K., what happened to one who took the Host unworthily; xciii., F., story of Theophilus on the authority of Voragine and Vincent and Sigibertus; xcv., L., story of the thief miraculously supported on the gallows from Vincent; cxiii., L., story from Jacques de Vitry's prologue to life of St. Mary; cxiii., L., certain relics of one of the virgin martyrs of Cologne returns to that city, because the abbot to whom they were sent neglects to enclose them in a proper shrine; cxv., B., story of Monk Felix in Longfellow's *Golden Legend*, etc.

† See Cruel, p. 556, Linsenmeyer, pp. 131, 134, 166, and Lecoy de la Marche, p. 220.

‡ A brief notice of him may be found in the *Allgemeine deutsche Biographie* by Kellner. See also Cruel, p. 558. For editions of the *Quadragesimale* see Hain, who registers 26 before 1500. My copy is the second (Hain, 8058).

to the place in the *Quadragesimale* where the material proper for the expansion of the outline could be found. The *sermones quadragesimales* themselves are of unusual length, and divided into three parts, each of which may be still further sub-divided. Our interest in the work is solely from the standpoint of illustrative stories, and it is indeed rich in these. A pecularity of the work is the extensive use of Ovid's *Metamorphoses*, with moralizations (see iv., 2, of this introduction), and at times euhomeristic explanations.* *Exempla* are also found frequently, 34 are registered in the index, but a much larger number is to be found in the sermons. A comparatively small number of Jacques de Vitry's *exempla* is to be found in Gritsch (for these see Index to Notes of present work), but a considerable number of the most popular stories of the middle ages is to be found in the *Quadragesimale*.† Gritsch's work, in short, is one of the most original and entertaining of its kind, and from its enormous popularity contributed largely to the diffusion of stories.

Our attention is next attracted by an Englishman, John Felton, a fellow of St. Mary Magdalen College, Oxford, and vicar of the church of St. Mary Magdalen-without-the-walls, Oxford. He flourished about 1430, and was so famous for his preaching that he gained the name of "homiliarius," or "concionator."‡ He left several works: *Alphabetum theologicum ex opusculis Robt. Grostête collectum*; *Lecturae Sacrae Scripturae*; *Pera Peregrini*, and

---

* These are entered in the index under *Fabula*; among them are: "Fabula Castoris et Polucis et amore Christi;" "Fabula Laomedontis promittente et fovente et non solvente;" "Fabula Priami amoris et compassione Christi;" "Fabula Cassandre de incredulitate;" "Fabula Lichanois in lupum conversi de pietate Christi, et ingratitudine et dolositate;" "Fabula Phebi et Clytie et facti amoris," etc. Cruel, pp. 559-60, gives several examples in full.

† The following stories in the three great collections are also in Gritsch: *Gesta Romanorum*, 9, 11, 17, 35, 36, 41, 42, 45, 48, 50, 60, 61, 67, 71, 77, 97, 108, 112, 126, 137, 138, 174, 231, 253 : Pauli's *Schimpf und Ernst*, 7, 26, 32, 84, 116, 135, 169, 226, 359, 392, 412, 433, 481, 487, 531, 625, 617; Kirchhof's *Wendunmuth*, 1, 57 ; 3, 203 ; 5, 121 ; 5, 124 ; 6, 73 ; 7, 39 ; 7, 73.

‡ See *Dictionary of English Biography* and sources there cited (Pits, Bale, Tanner, and Leland), to which may be added Oudin and Fabricius.

sermons, in which alone we are at present interested. The *sermones dominicales* (I have not seen the "two other volumes of sermones" referred to in the *Dictionary of English Biography*) are frequently found in English libraries.* They are the usual *sermones dominicales*, 58 in number, and at the end is the table of contents, sometimes of sermons, sometimes of texts. The *exempla* are gathered together under the letter N. (*Narracio*) in the index and are about 67 in number, and others are doubtless to be found scattered through the sermons in other places. Among these exempla are: The angel who stopped his nose at sight of sinful youth (Jacques de Vitry, civ.); Man fleeing from unicorn (Jacques de Vitry, cxxxiv.); True son refuses to shoot at father's body (*Gesta Rom.* 44); Guy of Warwick in Constantinople and the lion; Jew in the temple of Apollo, and temptation of Andrew, bishop of Fundi (Jacques de Vitry, cxxxi.); Atlanta; Codrus, king of Athens; Alexander bearing thirst; Death of Alexander and vanity of the world; Titus and Pilate; Darius fleeing from Alexander; Xerxes weeping at sight of his army, etc. Besides these Oesterley in his notes to the *Gesta Romanorum* cites the following: Enmity between two brothers and their reconciliation (*Gesta Rom.*, 39); Socrates marries emperor's daughter (*Gesta Rom.*, 61); Princess hangs up in chamber weapons of knight who restored her to her kingdom but dies in so doing (*Gesta Rom.*, 66); King gives kingdom to most indolent one of his three sons (*Gesta Rom.*, 91); King gives to rich and noble temporal gifts, to the poor his dominion over the rich and noble; these buy it and give it back to the king (*Gesta Rom.*, 131).

One of the most popular collections of the time we are now considering (the middle of the xvth century) is the anonymous

---

* I have consulted the following in the Brit. Mus., 20,727; 22,572; Harl. 238; 868. There is a copy also in Corpus Christi library, Cambridge, Parker collection, ccclx. (cod. memb. in 4to., sec. xv. script). The prologue found in all of these is as follows: "Penuria studencium in materia morali, paupertasque juvenum qui copia privantur librorum, ac importuna sociorum meorum instancia,

one known as *Paratus de tempore et de sanctis*.* The name comes from the first word of the opening texts of each part: "Paratus est judicare vivos et mortuos" I. Peter, iv., 5) and "Paratus sum et non sum turbatus ut custodiam mandata tua" (Psalms, cxviii., 60, Vulgate; cxix., 60, Authorised Version.) There are 157 *sermones de tempore*, and 78 *de sanctis*. Two sermons are usually given for each day, and these two sermons consist of three parts: a sermon on the epistle, a commentary (*expositio textualis*) on the gospel, and a sermon on the same. The sermons are short and practical, and owed their great popularity to this fact and also to the frequent use of *exempla*. One is generally given in each sermon, sometimes two or more (in the cxxxii. no less than fourteen are given, but this is an exceptional case). I have counted 50 *exempla*, properly so called, in the first hundred sermons, besides other illustrative stories not introduced by the word *exemplum*.†

Still more popular although less valuable for our purpose, was the collection of sermons by another German, John of Werden, a

non temeritatis audacia, induxerunt me ut de singulis evangeliis dominicalibus quae per anni circulum leguntur aliquam facerem compilacionem sermonum. Hinc est quod de micis quas collegi que cadebant de mensa dominorum meorum, scilicet Januensis, Parisiensis, Lugdunensis, Odonis et ceterorum, quorum nomina scribuntur in margine libri, unum opusculum compilavi ad laudem Dei et gloriose Virginis Marie et Sancte Marie Magdalene, omniumque sanctorum et ad legentium utilitatem et mihi adjuvamentum. Amen."

* Hain registers 17 editions before 1500. My edition is not in Hain, and is without year, place, or printer, 4to.

† The majority of the *exempla* are the usual monkish tales devoid of interest. The *exempla* in the *de sanctis* are miracles of the saints (in xxiii. is story of Theophilus). Of the *exempla* in the *de tempore* the following are the most popular: ii. (*Gesta Rom.*, 224); x. (variant of Jacques de Vitry, lxvi.); xxv. (*Gesta Rom.*, 66); xxviii., Cock comes to life to refute blasphemers who said that neither Peter nor Christ could restore it to life (for extensive literature of this story see F. J. Child, *English and Scottish Popular Ballads*, i. pp. 238, 505); xxxiv., Philosopher prefers to give daughter to man needing money rather than to money needing a man; lxiv. (Pauli, 647); lxxix. (Jacques de Vitry, ccxlvi.); lxxx. (Jacques de Vitry, cxxviii.); cix. (Jacques de Vitry, cxx.); cxxii. (Jacques de Vitry, clxxiv.); cxxxii. (Jacques de Vitry, cii.); cxlv. (*Gesta Rom.*, 143).

Franciscan, of Cologne, who flourished about the middle of the xvth century. They are usually known as the *Sermones Dormi secure*, from the words in the introduction: "Sermones dominicales cum expositionibus evangeliorum per annum, satis notabiles et utiles omnibus sacerdotibus, pastoribus et capellanis, qui alio nomine Dormi secure vel dormi sine cura sunt nuncupati, eo quod absque magno studio faciliter possint incorporari et populo praedicari, incipiunt feliciter."* The sermons (71 in number) are the usual *dominicales* with the theme taken from the Gospel. The author makes the common renunciation of originality at the end: "Expliciunt sermones Dormi secure, ex variis diversorum doctorum sermonibus collecti et in unum compilati." In one case (*De Passione Domini sermo* xxiv.) an entire sermon from Jacobus de Voragine is inserted.† John of Werden's sermons are remarkable for the allegorical or figurative exposition of the Scriptures, and the frequent use of the material found in the mediæval works on natural history (see iv., 2, of this introduction). *Exempla* properly speaking are seldom used, and the work is not of much importance for the diffusion of stories.

In this connection may be briefly mentioned the sermons of Michael Lochmair, canon of Passau, who flourished about 1430, and left among other works *sermones de tempore et de sanctis*. I have been able to see only the latter.‡ *Exempla* are sparingly used, 26 being cited in the index, and are of little interest.§

* Hain registers 25 editions before 1500; my copy is Hain, 15,969 (without year, place, or printer, but Ulm, J. Zainer). For John of Werden see Cruel, p. 478, and *Hist. litt. de la France*, vol. xxiv., p. 373; xxv., p. 81; and xxix., p. 614. In a recent catalogue of *incunabula* belonging to M. Madden the *Sermones Dormi secure* are attributed to a certain Matthew Heer, a German Franciscan, about whom I can find nothing.

† Cruel, p. 478, mentions other cases of wholesale borrowing; but with the exception of the one mentioned above they are not acknowledged.

‡ My copy is Hagenau, John Rynman, 1507, fol. The sermons are 114 in number, 23 of them written by Lochmair's colleague Paul Wann, himself a famous preacher (see Cruel, p. 517).

§ Among them is the fable of the wolf and the lamb (Jacques de Vitry, cxxxv.).

Our attention is next attracted by a group of famous Italian preachers, the earliest of whom, San Bernardino da Siena, was born in 1380 and was renowned for his charitable work during the pestilence of 1400. Two years later he assumed the habit of St. Francis, and was conspicuous as a reformer of that order and the founder of an enormous number (300) of convents. He died at Aquila in 1444, and was canonised by Pope Nicholas V. in 1450. He left a number of sermons, religious treatises, and commentaries upon the Apocalypse. Forty sermons in Italian preached at Siena in 1426 have been preserved.* The *exempla* are 39 in number (one is omitted in the printed edition), and are mostly local anecdotes or monkish tales of no value.†

The most famous preacher of the xvth centry in Italy, and one of the most famous in Europe, was Gabriel Barletta or Bareleta or Bareletta, an Italian Dominican, who either took his name from the city of Barletta, or, as Quetif (i. p. 844) thinks, was born at Aquino from a family by the name of Barletta. He preached with great applause in several cities in the kingdom of Naples during the second half of the xvth century, and probably lived until 1480 (until 1470, according to Quetif). His popularity was so great that it gave rise to the proverb, "Nescit praedicare, qui nescit barlettare." He preached in Italian, but his sermons have reached us only in a Latin translation.‡ Barletta has achieved an unfor-

---

* The illustrative stories contained in these sermons have been collected and published by F. Zambrini in the *Scelta di curiosità letterarie*, Disp., xcvii., under the title: *Novellette, esempi morali e apologhi di San Bernardino da Siena*, Bologna, 1868.

† Besides those in Jacques de Vitry, the following are of general interest: iii. (La Fontaine, iii., 1, the famous apologue of the miller, his son, and the ass); vi. (La Fontaine, xi., 6, the wolf and the fox in the well); ix. (Lion hearing confessions of other animals and pronouncing judgment, see Voigt, *Kleinere lateinische Denkmäler der Thiersage*, Strassburg, 1878, pp. 81, 138); xiv. (Étienne de Bourbon, p. 393, No. 456).

‡ Quetif (i., p. 844) says his sermons were taken down by an amanuensis and afterwards interpolated, etc., in the editing. Hain mentions but two editions of his *Sermones quadragesimales et de sanctis* before 1500. My copy is Lyons, 1505, small 4to. In this edition the frequent citations from Dante, which apparently were in Italian in the earlier editions, have been translated into Latin.

tunate reputation by his apparent levity and fondness for jesting in the pulpit. His printed sermons, however, do not differ materially from those already examined in regard to the *exempla* which they contain. These are not as numerous as in some collections, and do not occur in the regular place—at the end of the sermon—but are introduced at the will of the preacher, who sometime relates several in one sermon and omits them altogether in others.* It may be said in conclusion that the *exempla* of Barletta are neither numerous nor original, and possess little value for comparative storiology.

Another Italian preacher who enjoys a reputation of somewhat the same character as that of Barletta is Bernardinus de Bustis, a Franciscan of Milan, who flourished at the end of the fifteenth century (Fabricius puts his death after 1550), and left a large number of edifying works. He was famous for his preaching and for the share he took in establishing the Festival of the Holy Name of Jesus, and founding the Italian monts-de-piété. Of his many sermons we are here interested only in the *Rosarium sermonum praedicabilium*.† The author says in the introduction that if any one wishes to preach the whole year with few books he

---

* The usual sources are cited (quite often the *sermones Thesauri Novi* attributed to Pierre de Palu, and the *Chronica ordinis*, i.e., the Dominican order), and the stories are given in the concise form common to the collections of sermons, where they undoubtedly were intended as memoranda for the use of preachers, to be developed at will. Besides the *exempla* found in Jacques de Vitry, the following are a few of the most interesting stories in Barletta's sermons: fo. xii vo., story of Thais from the *Vitae Patrum*; fo. xv., story of Midas; fo. xvii., story of St. Martin bestowing half his cloak on the beggar; fo. xli., Ass punished for trivial cause, wolf allowed to go free, Pauli, 350; fo. lii vo., Murderer thinks it time to repent when his child finds grey hairs in his head, Pauli, 292; *Sermones de sanctis*, fo. lxxxii., Diogenes at Alexander's tomb, *Gesta Rom.* 31; fo. lxxxii., Jacques de Vitry is cited as authority for story found in Pauli, 388, persons who danced at Christmas miraculously compelled to dance the whole of following year; fo. lxxxiv vo., Damon and Pythias, *Gesta Rom.*, 108.

† Hain registers two editions before 1500. My copy is the first (Hain, 4163), Venice. 1498, 2 parts in 1 vol., 4to.

should have the author's *Mariale* and both parts of the *Rosarium*, together with the *Defence of the Monts-de-piété*, and then he can preach not only one year but three or four in the same place. Then follows a table for the whole year, with directions for using the above-mentioned work. The sermons are of inordinate length and crammed with every species of authorities. *Exempla* are frequently used, among them many local anecdotes from the preacher's own experience. A curious feature of the work is the copious quotation in the second part (Sermons xv.-xxx.) of Italian hymns (sometimes a Latin one, the "Stabat Mater," Sermon xv.), and passages from Dante, Ovid, etc. The *exempla* are in many cases of general interest, and the work of Bernardinus must have had considerable influence on the diffusion of tales.\*

I shall close this very unsatisfactory review of sermons containing *exempla* with a notice of the most remarkable production in the entire field. I allude to the *Sermones super Epistolas Pauli* of Gottschalk Hollen (or Holem or Hollem).† He was born at Corvey at the end of the fourteenth century, and took the habit at Herford (he was a member of the order of the Hermits of St. Augustine). He was educated in Italy, and after his return to Germany distinguished himself as a preacher, and was present at the Council of Osnabrück, where he died in 1481. He left a number of edifying works, of which have been printed: Sermons on the Virgin Mary (Hagenau, 1517, 1520), *Sermones dominicales super Epistola Pauli*,‡ and *Preceptorium* (to be mentioned later, iv., 3, of this Introduction).§

---

\* It is impossible to enter into detail here in regard to the *exempla* of Bernardinus de Bustis. It may be said, however, that 21 of his *exempla* are found in the *Gesta Romanorum*, 39 in Pauli, and 5 in Kirchhof.

† See *Allgemeine deutsche Biographie*, and Cruel, p. 502.

‡ My copy is Hagenau, Henry Gran, 1517, fol. There is an edition of the *pars hyemalis*, 1519, same place and printer, and of the *pars aestivalis*, 1520, same place and printer.

§ The *Allgemeine deutsche Biog.* says that a work, *De Festis mobilibus et astronomia clericali*, is said to have been printed at Florence in 1514.

The sermons in question are the usual *dominicales*, the texts, however, being confined to the Epistles of St. Paul. The work is divided into the usual two parts—*hyemalis* and *aestivalis*, the former containing 73 sermons (besides three by Johannes de Sancto Geminiano, see iv., 2, of this Introduction), the latter, 107 (besides 16, *de dedicatione ecclesiarum*). The number of *exempla* contained in these 199 sermons is simply enormous, and exceeds all other works, with the possible exception of Bromyard's *Summa Praedicantium* (see iv., 3, of this Introduction). Every possible source is drawn upon, and in addition to the hackneyed stories of the earlier collectors, Hollen gives countless anecdotes from his own experience. Besides *exempla* properly so called, Hollen's work is a perfect mine for the study of mediæval superstitions.* It is impossible to give here even a brief selection from Hollen's innumerable *exempla*, or to do more than direct the attention of students of Folk-Lore to the unusual importance of Hollen's sermons for their investigations.

This is the proper place perhaps to allude briefly to the later fate of *exempla* in sermons. There was always a great temptation for certain preachers to amuse their congregations by the recital of stories unsuited to the sanctity of the place and occasion. As early as the beginning of the fourteenth century we find in Dante a passionate outbreak against the preaching of his day.† The abuses which must have arisen everywhere in

---

* I can call attention here to but a few points. Sermon xv. for Christmas is full of superstitions and customs connected with that night: gamesters think that if lucky then they will be so all the year, use of disguises (*ludus larvarum*), etc. Sermon xlvii. is devoted to the use of charms written in secret characters; some seventeen cases are given in which they are wont to be employed. Sermon liii. contains much curious lore concerning physicians and medicines. Abuses in dress, colouring the hair, &c., are mentioned in Sermon iv.; prejudices of various classes of persons concerning times and seasons in Sermon ix.; condition of infants after death in Sermon xix., etc.

† Paradiso, xxix., 103-120 (Longfellow's translation):

> "Florence has not so many Lapi and Bindi
> As fables such as these, that every year
> Are shouted from the pulpit back and forth,

this respect attracted the attention of the church, and we find allusions to the matter in various councils, although the word *exempla* is not specifically mentioned. At the Council of Sens, 1528 (cap. xxxvi. in J. Harduin, *Acta Conciliarum*, Paris, 1714), it was decreed: "Quod si secus fecerint, aut si populum more scurrarum vilissimorum, dum rediculas et aniles fabulas recitant, ad risus cachinnationesque excitaverint, .... nos volumus tales tam ineptos et perniciosos concinnatores ab officio praedicationis suspendi," etc.*

The decrees of the councils were aimed at the improper use of illustrative stories, and probably checked to some degree the abuses which had arisen in this regard. That *exempla* continued to be used to a late date (in fact are still employed) will be

> In such wise that the lambs, who do not know,
> Come back from pasture fed upon the wind,
> And not to see the harm doth not excuse them.
> Christ did not to his first disciples say,
> ' Go forth, and to the world preach idle tales,'
> But unto them a true foundation gave ;
> And this so loudly sounded from their lips,
> That, in the warfare to enkindle Faith,
> They made of the Evangel shields and lances.
> Now men go forth with jests and drolleries
> To preach, and if but well the people laugh,
> The hood puffs out, and nothing more is asked.
> But in the cowl there nestles such a bird,
> That, if the common people were to see it,
> They would perceive what pardons they confide in."

* At the first Council of Milan, 1565 (Harduin, x., p. 641, cap. vi., De praedicatione verbi Dei) similar expressions are used : "Ne historias ex apocryphis scriptoribus populo narrent. Neve miracula, quae probate scriptoris fide non commendentur. Si quae tamen auditoribus salutaria judicarint, ita commemorent, ut a certa affirmatione abstineant. Ne ineptas et ridiculas fabulas recenseant ; nevo supervanea et parum fructuosa." In Spain the same prohibition was necessary, as is seen by the provisions of the Council of Burgos, 1624 (Harduin, vol. xi., p. 95, cap. viii.) : "Quae autem concinatori sunt fugienda, multa esse norunt omnes, sed haec dumtaxat praescribamus. Ne igitur certum tempus Antichristi extremi judicii, apocrypha, falsa miracula, fabulas, profana, ambigua, obscura, dubia, dificilia, ac supra plebis captum afferat concionator."

shown when we examine in the following section (iv., 1) the collections of *exempla* made for the use of preachers.

## IV.

### Collections of *exempla* for the use of preachers.

1. The demand for *exempla* soon led to the preparation of collections varying in size and contents. Although there is a general resemblance between the manuscript collections now to be mentioned, there does not seem to have been any model; but each monkish compiler followed his own caprice. Some of the collections, as we shall soon see, became popular and were frequently reproduced.

The sources of these collections are to be found in a prodigious number of works.* In reality, however, a comparatively small number were in constant use. These were: the *Vitae Patrum*, the *Dialogues* of Gregory, the *Dialogus Miraculorum* of Caesar of Heisterbach, and various collections of legends of the saints (later Voragine's *Legenda aurea*). For historical anecdotes Valerius Maximus was frequently cited, as well as the various historical compends of the middle ages. This material is of little worth, except so far as it shows what the popular literature of the day was, and did the collections of *exempla* contain no more they would be of slight value. They do, however, contain in addition

---

* See list of Étienne de Bourbon's authorities, ed. cit., p. xiii.; Johannes Major gives a long list of his sources in his edition of the *Speculum Exemplorum*; Holkot's are given in the prefatory matter of Ryter's edition. See also Cruel, pp. 244, 451, and Linsenmayer, p. 168. A classification of the *exempla* is given by Lecoy de la Marche in *La Chaire française*, p. 302 (see also the same author's *L'esprit de nos aïeux*, Paris, p. vii.), as follows: *exempla* drawn from history or legend, especially from the ancient historians, chronicles of France, lives of the saints, historical books of the Bible; *exempla* taken from contemporary events, anecdotes which were public property or recollections of the writer; fables; and, finally, *exempla* taken from mediæval works on natural history.

a certain amount of historical anecdote not found elsewhere, and an enormous mass of material concerning the popular beliefs and superstitions of the middle ages.

The form of these collections is usually alphabetical (although there are many exceptions), and they are designated as *Alphabetum exemplorum* or *narrationum*. The arrangement is by topics. The following beginning of the Brit. Mus. MSS. Add. 11,284 will give an idea of the topics usually treated: *Abstinentia, adquisicio, advocatus injustus, adulterium, amandus est deus, amor mundi, amor carnalis, amicitia, adulator, apostasia, araricia; Balivus*, etc. The choice of topic varies, as has been said above, and some of the collections are of enormous length. The Brit. Mus. MS. just cited has 572 *exempla*, and the Harl. MS. 268 contains 792.

These collections are anonymous; the author of one, however, is known, and as his compilation is frequently found in European libraries, I shall briefly mention him here. Étienne de Besançon was born about the middle of the xiiith century, at Besançon. He studied at Paris, and became, in 1291, provincial of the Dominican order in France, and a year later was elected general of the entire order. During a visit to Italy he died at Lucca, the 22nd of November, 1294. He was the author of a commentary on Ecclesiastes and the Apocalypse, an *Alphabetum auctoritatum*, sermons, and the work in question, the *Alphabetum narrationum*.* This extensive work occupies in the Harl. MS., fols. 45-201vo, and contains 320 chapters or titles, and 792 *exempla*. The arrangement differs from the usual one in that the stories are frequently

* For Étienne de Besançon see Quetif and Echard, i., p. 429, and *Histoire littéraire de la France*, xx., p. 266. The prologue to the *Alphabetum narrationum* may be found in Quetif and Echard, vol. cit. p 430, and partially in the *Hist. litt.*, vol. cit. p. 273. I have seen the following MSS. of this work: Paris, Bib. Nat. MS., 15,255 (thirteenth century), 12,402 (fourteenth century); London, Brit. Mus., MS. Harl. 268, Arund., 378, both of the fifteenth century. There are also copies of this collection at Oxford, Coll. Universitatis, lxvii., 1 (fourteenth century); Munich, Royal Lib., 7,995 (Knish. 95), 14,752 (Em. b. 5), both of the fourteenth century; and Florence, Bib. Naz. Cat. sup. monast., 1269, A. 7; Laurenz, 188, Cod. cxcvi.

not grouped under a general heading, but constitute separate groups by themselves. The sources are mentioned by the compiler.* This collection, one of the most extensive and varied, was translated into English and Catalan in the xvth century.†

The most interesting of the anonymous alphabetical collections is the MS. 11,284 of the Brit. Mus., mentioned above. It bears in the catalogue the title: "Fabularum anecdotorumque collectio ad usum Praedicantium, in seriem alphabeticam digestam," and is a small folio volume of the xivth century, parchment, containing 91 folios.‡ The extensive character of this collection may be seen by the fact that it contains 572 stories arranged under 91 headings. The value of the collection, however, consists in the fact that the compiler was undoubtedly an Englishman, and put into his work, besides the hackneyed monkish tales from the usual sources, a large number of anecdotes of a local character, and often imparted a local colour to one of the old stories. The work is also rich in allusions to English mediæval superstitions. This collection is one of the most interesting I have examined, and deserves to be more widely known.§

---

* The principal ones are: Cæsar of Heisterbach, *Vitae Patrum*, Jacques de Vitry, Gregory, Étienne de Bourbon, Petrus Damianus, Valerius Maximus, Petrus Alphonsi, Jacobus de Voragine and Helinandus.

† These translations are described in the following section (v.) of this Introduction.

‡ This MS. formerly belonged to Mr. W. J. Thoms, and was purchased from him by the British Museum in 1837. Mr. Thoms sent 19 of the *exempla* in the volume to M. Haupt and A. W. Hoffman, who published them in their *Altdeutsche Blätter*, Leipzig, 1840, vol. ii., pp. 74-82 (story 16 is Jacques de Vitry, cclxxxviii, and 19 is Jacques de Vitry, clviii.). The same collection is found in Brit. Mus. MS. Add. 17,723 (fifteenth century), and, according to Mr. Ward, an apparent abridgment in Harl. MS. 665, and MS. Add. 16, 167.

§ The British Museum possesses other alphabetical collections: MS. Add. 21, 144, "Summula secundum ordinem alphabeti que dicitur habundantia exemplorum" (fourteenth century). The *exempla* fill fols. 1-146, and consist almost entirely of moral sayings. A similar collection is in MS. Add. 10, 381, "Exempla de habundantia exemplorum" (a copy also in Wolfenbüttel, MSS. Helmst., fifteenth century; the works just cited are not to be confused with the *Tractatus*

The collections for the use of preachers would naturally be more convenient when arranged in alphabetical order by topics, and that we shall see is the usual arrangement of the later printed collections. There are, however, many collections of *exempla* not alphabetical, and these will be briefly described now. One of the most extensive collections in the British Museum is the Harl. MS. 463, which, as has already been shown, is a collection of Jacques de Vitry's *exempla*. Another important collection is Brit. Mus. MS. Add. 27,336 (xvth century), containing 375 *exempla*, the sources of which are seldom mentioned (in the first twelve folios Gregory is quoted once, *Vitae Patrum* four times, *Infantia Salvatoris*, Josephus, Ambrose, Augustine, Cassianus, Abbot Peter, *Liber translatus de greco in latino*, each once). Other shorter collections in the same library are: Harl. 3244 (xivth century), 158 stories; Add. 18,364, fols. 1-88$^{vo}$, 307 stories; Add. 15,883, fols. 81-176$^{vo}$, 166 stories; Arund. 506, 249 stories; Add. 21,147 (xvth century), 133 stories. Besides these there is a multitude of shorter collections.

It is impossible to describe here even briefly the great number of similar collections in Paris, Munich, and elsewhere. Most of

---

*de abundantia exemplorum, i.e.* the compend of Étienne de Bourbon's work, to be mentioned later, which I have in print, and which exists in manuscript in Brit. Mus. Sloane, 3102).

It is not my purpose to give here a bibliography of the alphabetical collections of *exempla* existing in manuscript form. I shall mention here only those which I have seen or noted for some particular purpose: Oxford, Bod. Rawl. MS. C. 899, fols. 127-218 (fifteenth century), 145 *exempla*; the MSS. of Étienne de Besançon's collection in the Brit. Mus., Bib. Nat., and elsewhere have already been mentioned; the Munich Royal Library is very rich in collections of *exempla*, and among them are a number of alphabetical collections, see Halm and Laubmann, *Cat. cod. manu scriptorum Bib. Regiae Monacensis*, Munich, 1868, Cod. Lat. (Cod. vet. bib. Elect.), 587, *Alphabetum narrationum A. tantum letteram complectitur*; 3232, *Alphabetarius (Abstinentia-Zelus)*; 9598, *Exempla ord. alph.*; finally, I may add the two collections of mediæval moralized tales in the Diocesan library of Derry, described in a paper read before the Royal Irish Academy, April 10, 1882, by J. K. Ingram, Vice-President R.I.A., both of which are arranged in alphabetical order.

these, as has been said, have little value, drawing always from the same sources. Occasionally a collection like that in the Brit Mus. Add. 11,284 has a local character and contains historical or quasi-historical anecdotes. Such a collection is that in the library of Tours (205, xvth century), probably made in the second half of the xiiith century by a Dominican well acquainted with Touraine, Maine, and Anjou. The work is divided into nine parts, and deals with the various classes of the community as does Jacques de Vitry in his *Sermones vulgares*.\*

With the invention of printing the variety which had prevailed in this department of literature, as in all others, disappeared, and the numerous older manuscript collections were replaced by a few printed ones which enjoyed enormous popularity, and the influence of which is still felt. These printed collections were fresh compilations and not reprints of the earlier manuscript ones. Their sources were the same, and that the printed collections drew from the manuscript ones is beyond doubt (among the sources cited in the prologue to the *Scala Celi* is an *Alphabetum narrationum*). I shall divide the printed works into two classes: those containing *exempla* pure and simple, and those containing *exempla* moralised, or particular classes of *exempla* (moralised natural history, etc.).†

The first collection of the former class which I shall mention is the *Speculum Exemplorum*, an anonymous work.‡ The author

---

\* A description of this MS. is given in the *Bibliothèque de l'École des Chartes*, série vi., tome iv. (1868), pp. 598-608, and a number of the *exempla* contained in it have been published in a French translation by Lecoy de la Marche in *L'esprit de nos aïeux*.

† Some of the works about to be mentioned undoubtedly existed in manuscript from before the invention of printing (this is the case with the *Scala Celi*, etc.), but as they survive in print alone I have classed them here.

‡ The editor of the enlarged edition to be mentioned presently, Johannes Major, did not know who the collector of the original edition was. It is sometimes attributed to a Carthusian monk, Aegidius Aurifaber, who died in 1466. The author was probably a Belgian, or from the adjacent German provinces, and flourished about 1480 (this is the opinion of Quetif and Echard, i., p. 907, who do not think him a Dominican, although his work is largely compiled from

explains in the prologue the title of his book: "Et hunc librum non abs re, ut arbitror, Speculum exemplorum statui nominare, eo quòd facilè quicunque in eo legere contenderit, tanquam in purissimo speculo, aut decorem suum poterit, aut deformitatem conspicere," and wonders that although the art of printing was so widely spread no one had thought of collecting in one work *exempla* from the writings of various authors. It did not occur to him to arrange his material alphabetically (except in one chapter); but like Caesar of Heisterbach he divided it into *distinctiones*, of which there are ten, each taken from but one source (except in the cases mentioned below) named under each *distinctio*.\* The only original material in the book is found in the last *distinctio*, but the thirty *exempla* there cited are all monkish tales, worthless for comparative storiology.

A new lease of life was given to the *Speculum Exemplorum* by the revision it underwent in 1603 at the hands of Johannes Major, a Jesuit of Douay (born at Arras in 1542, died at Douay in 1608), who added 160 *exempla* to the 1215 of the original work and arranged the whole in alphabetical order, placing at the end of each *exemplum* the source from which it was taken.† The revision

works by Dominicans). The first edition was printed at Deventer by Richard Paefroed in 1481 (Hain, 14,915). This was followed by editions at Cologne, 1485, Strassburg, 1487, 1490, 1495, 1497, and Hagenau, 1512, 1519. My own copy is Strassburg, 1487 (Hain, 14,917), and I have also used the first edition at the Bib. Nat., Paris.

\* These sources are: (i.) Gregory's *Dialogues*; (ii.) *Vitae Patrum*; (iii.) Bede, *Chronicle of the Cistercian Order*; (iv.) Vincent of Beauvais, *Speculum Historiale*; Helinandus, *Historia scholastica*; (v.) Thomas Cantipratanus, *Liber de apibus*; (vi.) Caesar of Heisterbach; (vii.) Life of St. Francis and various legendaries; (viii.) various legendaries; (ix.) 218 *exempla* from various writers arranged alphabetically by topics; (x.) 80 *exempla* "que aut verissima relatione didici, aut in libris theutonicis scripta inveni, vel ipse facta cognovi," arranged in five categories.

† For Johannes Major and bibliography of his work see A. de Backer, *Bibliothèque des Écrivains de la Compagnie de Jésus*, Liége, 1869, vol. ii., p. 1013. Seventeen editions (and one Polish translation), the last in 1718, are there enumerated. My edition is Douay, 1610. The editor gives a long list of his authorities and an interesting bibliography of those who "ex professo exemplorum libros scripserunt, vel suis operibus crebra exempla interpserserunt."

was entitled *Magnum Speculum Exemplorum*, and was deservedly popular on account of the convenience of its arrangement and the variety of its contents.

Besides such independent collections as those just mentioned, several preachers took the trouble to append to their collected sermons a *promptuarium* or repository of *exempla*, the object of which was partly to enable the user of the sermons to vary the stories contained in them, and partly to afford preachers in general a magazine of illustrations. The earliest of these appendixes is that of the Dominican, Martin of Troppau (Martinus Polonus), whose sermons have already been examined (in Section iii. of this Introduction). The *Promptuarium* follows the *sermones de tempore et de sanctis*, and is brief in extent, occupying 42 pages, and is without any table of contents. This work, like the famous Chronicle of the same author, has no original worth, being merely an abstract of Étienne de Bourbon's *Tractatus de diversis materiis praedicabilibus* (described in detail in the third division of this section of the Introduction).[*] The work of Martin apparently enjoyed little popularity and deserves but a brief mention here for its influence, not great in truth, in diffusing a certain number of *exempla*.

The most famous *Promptuarium* is that of Herolt (Discipulus), whose sermons have been described in the preceding section.[†] Herolt's work, in the edition cited below, fills folios 315a-387b, *i.e.*,

---

[*] The correspondence is as follows, Étienne de Bourbon's work in brackets: i. (i., Tit. iii.); ii. (Tit. iv.); iii. (Tit. v.); iv. (Tit. vi.); v. (Tit. vii.); vi. (Tit. viii.); vii. (Tit. x.); viii. (ii., Tit. i.); ix. (Tit. ii); x. (Tit. iii.); xi. (Tit. iv.); xii. (Tit. v.); xiii. (Tit. vi.); xiv. (Tit. vi.) Then follow four short chapters: *De annunciatione, de gloria eterna, de virginibus,* and *quod bonum sit missas audire*, probably based also upon Tit. vi. of Étienne de Bourbon.

[†] The enormous vogue of Herolt's *Promptuarium* may be seen from the fact that Hain registers 34 editions before 1500, and Panzer, 14 down to 1520. My copy is Strassburg, 1495 (Hain, 8505). So far as I can learn, the *Promptuarium* was never printed separately. The sermons, on the other hand, were sometimes printed without the *Promptuarium* (see Hain, 8478-9).

143 pages. The arrangement is the usual alphabetical one by topics, and the work contains 114 chapters, under 20 letters, embracing 917 *exempla*, of which 283 are found in the sermons and only referred to in the *Promptuarium*. The authorities most frequently cited are, Arnoldus Geilhoven de Roterodamis, *Gnotosolitus sive Speculum conscientiae*, Caesar of Heisterbach, Gregory, Thomas Cantipratanus, and the *Vitae Patrum*. A large number of other authorities are cited, or at least drawn upon. Jacques de Vitry is mentioned three times, and twice the story is not found in the present collection (M. 67, "Aristotle and the queen;" V. 11, "A preacher saw a demon in church and asked him what he was doing; the demon replied, closing people's ears, and said that he had with him three companions closing hearts, lips, and purses.") *Barlaam and Josaphat* is cited once, the *Disciplina clericalis* once, and one story ("Weeping dog") is from the *Seven Wise Masters*. A large number of stories is given without any authority, but they are mostly monkish tales, and the collection as a whole has little value for the history of mediæval culture or for comparative storiology.\*

Before considering another class of collections of *exempla*, it may be well, for the sake of completeness, to notice briefly here the later imitations of the class just passed in review.

In 1555, John Herold, the great scholar and editor of Basel, collected and published what might be called a *corpus* of historical *exempla* under the title: *Exempla virtutum et vitiorum, atque etiam aliarum rerum maxime memorabilium, futura lectori supra modum magnus Thesaurus*, Basel, 1555, 3 vols., fol. The contents of this vast work are the following: Nicolaus Hanapus; Valerius Maximus; Aelianus, *de varia historia, graece et latine*; Marcus Antonius Coccius Sabellicus; Aristoteles, *Oeconomicorum dispen-*

---

\* Herolt's *Promptuarium* is followed by a sort of appendix, entitled *Promptuarium Discipuli de miraculis Beate Marie Virginis*, which contains 100 miracles from the usual sources: Vincent of Beauvais, *Speculum historiale*, Caesar of Heisterbach, etc.

*sationum liber;* Baptista Campofulgosis; Parthenius Niconsis *graece et latine;* Guido Bituricensis; M Marulus Spalatonsis; Heraclides *graece et latine;* and Sextus Julius Frontinus.

Another extensive historical collection is the *Promptuarium Exemplorum* of Andreas Hondorff (also written Hondorf and Hohndorff), a Lutheran pastor at Cüstritz from 1563, and at Droissig, near Weissenfels, from 1572. He died in 1572. He was the author of a history of the martyrs (Frankfort, 1575), which was translated into French and Dutch, of the *Theatrum historicum* (Frankfort, 1575), translated into German, and of the *Promptuarium Exemplorum* (Leipzig, 1580).\*

This great collection is in the form of a commentary upon the Decalogue, and from its subject would properly belong to the class of systematic treatises (see third division of the present section). It is, however, merely a collection of *exempla* of a historical nature (a long list of the principal authorities is given at the beginning), with many local anecdotes, and is of considerable value for the history of the culture of the time.

Of even vaster extent is the *Fleurs des Exemples ou Catéchisme historial* of Antoine d'Averoult, born at Aire in Artois about 1554, and rector of the "Collége du Faucon," at Louvain, until his entrance into the order of Jesuits in 1600. The rest of his life was consumed in the duties of his order until his death at Tournay in 1614.† The gigantic work above mentioned, occupying 1,405

---

\* See article in Ersch and Gruber's *Encyklopädie*. The *Promptuarium* appears to have been originally written in German; at least, I can find no trace of a Latin edition earlier than the German one cited above and printed eight years after the author's death. That it was not the first edition is shown by the words on the title page: "Nun aber mit vielen Historien vermehrt, und in eine newe richtige Ordnung bracht. Auch mit schönen Figuren geziert. Durch Vincentium Sturmium, etc."

† For life and bibliography of d'Averoult, see De Backer, op. cit., i., col. 337. The *Fleurs des Exemples*, first printed at Douay, 1603, 2 vols. 8vo., was translated by the author himself into Latin under the title, *Flores Exemplorum sive Catechismus historialis* (Douay, 1614, Cologne, 1616, 4 vols. 4to., and frequently). I have the edition of Cologne, 1685, 4to., with a Part V., "hactenus

pages in the edition cited below, is, as the sub-title indicates, an exposition of the Romish Catechism, and the *exempla* are arranged to illustrate its various precepts. These *exempla* are purely historical, or quasi-historical, in character, and are of no interest for the purpose of the present work.

The same may be said of a brief collection of *exempla* (177 in number), made by Janus Nicius Erythraeus, the Latinised name of Giovanni Vittorio Rossi, a Roman scholar, born in 1577, and who died in 1647. He occupied a high place among modern Latinists, and left a number of orations, dialogues, epistles, homilies, and the work in question, *Exempla virtutum et vitiorum.*[*]

It remains to say a word in regard to modern collections of stories for the use of preachers. The only one bearing the old title is: *The Preacher's Promptuary of Anecdote*, by Rev. W. F. Shaw, London, 1884. It contains 100 stories, and differs from its prototypes in being arranged neither alphabetically nor topically. Curiously enough it contains at least six stories which are found in the older collections.[†]

Similar works are: *Things new and old, or a Storehouse of Illustrations* by John Spencer, to which is added a treasury of similes by Robert Candry, London, 1880, 4th ed.; *Dictionary of*

---

nunquam edita." There are also German and Polish translations, and a Latin compend in two vols. 8vo., Cologne, 1614. De Backer says the *Flores Exemplorum* was partly reprinted in Major's *Magnum Speculum Exemplorum*, and thence translated into Polish. I think this must be a mistake. I find no trace of d'Averoult's work in Major's collection; on the contrary, my edition of the *Flores Exemplorum* says on the title page: "Aucta ex Magno Speculo Exemplorum Joannis Majoris excerptis selectioribus."

[*] I have the second edition, Cologne, 1645, 8vo. The *exempla* fill 235 pages, and are, for the most part, edifying anecdotes collected by the author.

[†] These are: No. 43, "The wife that would gossip" (*Scala Celi*, 50); 47, "The man and his three friends" (*Scala Celi*, 9, *Speculum Exemplorum*, 4, 17); 50, "Oh, Adam!" (*Scala Celi*, 136ᵛᵒ, Herolt, *Sermones de tempore*, 50, F.); 51, "The murderer and his mother" (*Liber de abundantia exemplorum*, 34); and 73, "The dog and his shadow" (*Scala Celi*, 19). Story, No. 42, "The three black crows," is found in the *Gesta Romanorum*.

*Religious Anecdote* by Rev. W. Baxendale, London, 1888; *Clerical Library*, New York, 1886, vol. vii., " Platform and Pulpit Aids ... To this is added a selection of pithy and striking anecdotes," vol. viii., "Anecdotes illustrative of Old Testament texts."

The task of studying the use of stories in modern sermons I shall leave to another, and content myself with this brief mention of the survival of a time-honoured custom.

2. The *exempla* which we have thus far examined have been illustrative stories intended for insertion in sermons. The moral lesson to be drawn from them was left entirely to the judgment of the preacher. In other words, the *exemplum* was a story which had no independent value, and, as we have seen, was usually given in a very concise form to be expanded at the preacher's will. We have now to consider an entirely different class of *exempla* in which the story has appended to it a moral conclusion, or an explanation of the hidden or allegorical meaning of the story. The Christian Church has always made extensive use of allegory and symbolism, which was greatly fostered by the attempt to explain Old Testament customs and events as types and symbols of Christ. As early as the second century of the Christian era this tendency produced the *Physiologus*, the influence of which will be later examined. Just when the allegorising propensity of the middle ages seized the class of stories now under consideration it is difficult to say. The *Physiologus* was enormously popular throughout the whole period, and it was easy enough to apply the same principle of symbolical interpretation to stories in which animals were introduced as actors. As a matter of fact this system of interpretation was first applied, so far as I know, to fables, towards the end of the twelfth century, and rapidly extended to other classes of *exempla*. The result of this method was to render the *exemplum* more independent by appending to it an allegorical or symbolical explanation, and thus investing the story with a certain interest of its own. From this time more care is taken with the form of the *exemplum*; it is given in a less

concise shape, and the great collections gradually assume the appearance of collections of entertaining stories.

The first person who seems to have applied this method to fables and other *exempla* was an English Cistercian monk, Odo de Ceritona (Eude de Cheriton), who flourished in the last quarter of the xiith century, and left a collection of moralised fables and parables most industriously copied by later writers in this field.* The value of Odo's work consists in the large number of fables which it aided most powerfully to diffuse through later collectors and preachers. Although his work was not made specifically for the use of the latter class, its didatic tendency and allegorical character made it enormously popular.† Although Odo's work consists chiefly of fables,

---

\* The few details of Odo's life are collected, and the authorities given in Oesterley's edition of the *Narrationes* in the *Jahrbuch für romanische und englische Litteratur*, ix., p. 121; xii., p. 129; and in Voigt's *Kleinere lateinische Denkmäler der Thiersage aus dem xii. bis xiv. Jahrhundert*, Strassburg, 1878, p. 45. Paul Meyer, in his introduction to the *Contes moralisés de Bozon*, p. xii., says that he took his surname (incorrectly written Shirton, Sherston, Cherrington, Sherington), from Cheriton in Kent. The *Narrationes* of Odo (45 in number), from the Brit. Mus. MS. Arund., 292, were first printed by Oesterley in the *Jahrbuch* just cited; to these he added (*Jahrbuch*, xii., p. 129), 47, contained in an Italian MS. (now in the library at Wolfenbüttel). Later Voigt, in the work cited above, gave 30 parables of Odo (ten of them doubtful, in the opinion of the editor), with critical text, and a comparative table containing the 76 fables, etc., attributed to Odo, according to their manuscript sources. Thirty-seven additional fables from MSS. in Munich were also published by Voigt in *Zeitschrift für deutsches Alterthum*, xxiii., p. 283 ("Odo de Ciringtonia und seine Quellen"). A valuable review of Voigt's first mentioned work may be found in the *Anzeiger für deutsches Alterthum und deutsche Litteratur*, v., 2, April, 1879, p. 99. Finally Hervieux, in *Les Fabulistes Latins*, vol. i., pp. 644-689, has re-examined the whole field, and printed in vol. ii., pp. 587-713, the first complete edition of Odo's fables and parables.

† Odo says in his prologue (Hervieux, op. cit. ii., p. 588), "Et quoniam, ut dicit Gregorius, plus quam subtili dogmate sive typo [verba, compungunt exempla], aperiam in parabolis os meum et similitudines et exempla quae libentius audiuntur, proponam, quibus intellectis sapiens sapientior erit." The allegorical explanation is usually introduced by the word *mistice* (the verb *mysticare* was used during the Middle Ages with the meaning to symbolise), sometimes *constructio*, and *expositio*, once *moralitas*. The last word was the

many interesting *exempla* are scattered through it: among these may be mentioned the curious story (Hervieux, op. cit., p. 592) of Theodosius, Bishop of Sion (Switzerland), who went to the Rhône to see his fishermen. They drew in a large block of ice instead of a fish, whereat the bishop rejoiced, as he suffered from heat in his feet. As he rested his feet upon the block of ice a voice issued from it, saying that the soul of a sinner was tormented within it, and could only be liberated if the bishop would say mass for it thirty days in succession. The bishop begins his task, but is interrupted twice by riot within the city and war without, and is compelled to begin over again. The last day the whole city seemed to be in flames, and the bishop's servants besought him to fly. He answered that he would not cease even if the whole city should be consumed. When the mass was finished the ice melted, the soul was freed, and the flames disappeared, having done no harm.*

Other interesting *exempla* are: (Hervieux, op. cit., p. 595) "Le Lai de l'Oiselet" (p. 596); "Man and Unicorn," from Barlaam and Josaphat (p. 614); "True and Untrue" (p. 675); Parnel's "Hermit."†

one employed by later writers, and we have *moralisatio* for a moralised story, and the verb *moralizare*.

* This interesting legend is also found in Brit. Mus. MS. Harl. 3244, fo. 85, col. 2; MS. 11,284, fo. 22, b; and in *Libro de los Enxemplos* in *Romania*, vii., p. 502, No. 28. A similar story, so far as the interrupted service is concerned, is that of the "Knight in the Chapel," see Köhler's article in *Jahrbuch für romanische und englische Lit.*, vi., p. 326 (and ix., p. 351).

† Although it is the purpose of this introduction to examine only such works as have a bearing upon the use of stories in sermons, still, for the sake of completeness, it may be well to mention here two curious productions which belong to the class of moralised tales. They are the *Speculum Sapientiae* attributed to a certain Bishop Cyril, and the *Dialogus Creaturarum* (the authorship of which will be considered in a moment), accessible to the student in the recent edition by Dr. J. C. Th. Graesse, under the very misleading title, *Die beiden ältesten lateinischen Fabelbücher des Mittelalters*. Bibliothek des litterarischen Vereins in Stuttgart, Bd. 148, 1880. The author of the *Speculum Sapientiae* is, according to the printed editions (I possess the rare one of the fifteenth century, without place, year, or printer (Hain, 5904), but said by Ebert, i., 432, to be printed at Strassburg by Eggesteyn), Bishop Cyril, but what bishop of that name

A short but important collection of moralised stories was made by Robert Holcot (or Holcoth, Holkott, Olchot, as the name is variously spelled), an English Dominican, born at Northampton,

is intended we do not know. In a manuscript of the university of Prague the attribution is, "Editus a Cirillo episcopo alias Gwidenon laureato poeta," and Graesse, for some unaccountable reason, sees in this ground for stating that the author was a certain Cyrillus de Quidenon, a Neapolitan from Quidone, a small town of the province of Capitanata, in the kingdom of Naples. The author was probably an Italian ecclesiastic of the fourteenth century, or one who had there received his training (see E. Voight, *Kleinere lateinische Denkmäler der Thiersage*, p. 57, and P. Rajna in the *Giornale storico della litteratura italiana*, iii., p. 2). The author, whoever he was, was a learned man. He cites anecdotes from Sallust and Valerius Maximus, and quotes Virgil and Horace. Graesse has taken the trouble to note the numerous passages from the Bible cited by the author, who was an acute scholastic philosopher, as well as a learned theologian. He was not acquainted with Aesop, and from a remark which he makes in Bk. i., cap. 18, it is evident he knew no Greek. His work is of little importance for the history of mediaeval fiction, for it did not exert the slightest influence. Graesse says, p. 291, "Im Mittelalter selbst kann er von seinen Zeitgenossen nicht benutzt worden sein, denn ich habe nirgends wo in den aus dem 13-16 Jahrhundert erhaltenen Schriften sein Werk citert oder benutzt gefunden." It is, however, interesting in itself, and was translated into German, Spanish, and Bohemian. The author in the prologue makes the usual apology for the form of his work: "Secundum Aristotelis sententiam in Problematibus suis quamquam in exemplis in discendo gaudeant omnes, in disciplinis moralibus hoc tamen amplius placet, quoniam structura morum cen ymagine picta rerum similitudinibus paulatim virtutis ostenditur, eo quod ex rebus naturalibus, animalibus, moribus et proprietatibus rerum quasi de vivis imaginibus humanae vitae qualitas exemplatur. Totus enim mundus visibilis est schola et rationibus sapientiae plena sunt omnia." A glance at the contents of the book will show that the author was more concerned with the moral of his fables than with the fables themselves. No attention, except in a few rare cases, is paid to the nature of the animals brought upon the scene, and they are made to utter the most arbitrary and incongruous lessons. Scarcely a thing to which the adjective fabulous will apply is to be found in the work. Graesse mentions only the story of Gyges (iii., 4), the Indian gold mountains (iii., 10), and the death of the viper (iii., 23; iv., 8, 10), which is found in all the *Bestiaires*. There are also some fox-fables (*e.g.* i., 24), which resemble some of the episodes of the *Roman du Renart*, and a number of the fables have a certain similarity to those in well-known collections.

Of much greater literary interest, although by no means so profound or original, and professor of theology at Oxford, where he died of the plague in 1349, leaving a large number of commentaries on various books of the Bible, the best known one on the Wisdom of Solomon, which will be soon examined. The work in question is variously entitled: *Liber de moralizationibus*, or *de moralitatibus*, or *Moralitates*, or *Liber moralizationum historiarum*.* The *exempla* are 47 in number (in the edition of 1586), and each is followed by an

---

is the *Dialogus Creaturarum*, attributed by Graesse, on the strength of an *explicit* in a Paris MS., to Nicolaus Pergamenus, an otherwise entirely unknown author. The subject of the authorship of this work is elaborately discussed by Pio Rajna in a learned article in the *Giornale storico della litteratura italiana*, iii., 1, x., 42 (since published separately under the title, *Intorno al cosiddetto Dialogus Creaturarum ed al suo autore*, Turin, 1888), in which it is shown with reasonable certainty that the author was an Italian physician of Milan named Mayno de' Mayneri, born between 1290 and 1295. The form of this work closely resembles that of the *Speculum Sapientiae*; there is the same apologetic prologue (not found in the MSS., and probably not by the author of the book), and the same arbitrary treatment of the subject; but already the desire to interest has assumed prominence, and the fable proper is followed by a mass of sentences, anecdotes, etc. The work contains 122 dialogues not divided into books. The author was familiar with the whole range of mediæval literature, including the classic authors popular at that time. He does not seem any more acquainted than Cyril with the great Oriental collections of fables as such, although separate fables from the *Pantschatantra* may have reached him through Occidental channels, as Graesse remarks, p. 304. Instead of the half-dozen fables in Cyril's work which may be compared with those of other collections, the *Dialogus Creaturarum* offers rich material for the student of comparative storiology. An English translation of this work was published under the title *The Dialogues of Creatures Moralysed*, without place, date, or name of printer. Lowndes supposes it to have been printed, if not translated, by John Rastell. The Huth catalogue says it was probably printed at Paris, and later than 1520, the date assigned to the work in the catalogue of the British Museum. There is a reprint of this edition, London, 1816, also very scarce, as about half of the limited edition (90 copies) was destroyed by fire.

* The work occurs frequently in MS., see Oesterley's edition of the *Gesta Romanorum*, p. 246, where the bearing of Holcot's work on the *Gesta Romanorum* is considered. I have noticed the following MSS. in the Brit. Mus.: Reg. 6, E. iii., 55; Add. 27,583; Eg. 2258 (incomplete, fifteenth century). The work has been printed often: Venice, 1505; Paris, 1507, 1510, 1513, and at the end of the *Liber Sapientiae*, Basel, 1586, ed. Ryter, which I possess.

elaborate *expositio moralis*, or *tropologia*.* The *exempla* themselves are of little interest, and are taken largely from classical sources (Ovid, Pliny, Valerius, ancient history, etc.).

To the class of moralised stories belongs also the most famous of all mediæval collections, the *Gesta Romanorum*, which is too well known to be examined here in detail, and which I shall briefly mention for the sake of completeness. No new light has been thrown on the question of the time and place of this remarkable collection since Oesterley's edition of 1872. The results of this editor's painstaking investigations are chiefly negative.† This is not surprising to those who are acquainted with this kind of literature, and who know how impersonal and vague it is. It is nowhere stated that the *Gesta Romanorum* was compiled for the use of preachers, but it was probably intended for that purpose, although its arrangement is exceedingly inconvenient, and I do not know of any MS. or printed edition provided with a topical index. It is doubtful whether at the probable date of the compilation (end of the xiiith or beginning of the xivth century) such a work could have been designed for the general reader. The *Gesta Romanorum* does, however, reveal a distinct tendency in that direction. The form of the stories has entirely changed from the bald versions in the older collections, and we have interesting stories, often of considerable length and narrated with no slight skill. More than this, the character of the stories has totally changed also, monkish tales are almost wholly lacking, Gregory and Caesar of Heisterbach are not once cited, the *Vitae Patrum* but twice. Over 90 of the 283 stories in Oesterley's edition are from pagan (classical) sources.‡

* The number of the *exempla* varies in the different MSS. and printed editions. In the *Cod. Chafluent*, 116, cited by Oesterley, op. cit., p. 248, there are 75 *exempla*; in the Paris edition, 1510, there are 52.

† They may be conveniently found by the English reader in Herrtage's introduction to the *Early English Versions of the Gesta Romanorum* (*Early English Text Society*, Extra Series, xxxiii., 1879).

‡ It should be remembered that it was at the close of the thirteenth or

The connecting link, however, between the earlier collections and the class we are now examining is a work in which the *exempla* are arranged alphabetically according to topics, and frequently accompanied by a brief moralisation. The author names himself, in his prologue, "Frater Johannes Junior, ordinis fratrum predicatorum."* He flourished about the middle of the fourteenth century, and composed a work entitled *Scala Celi* (I have followed the mediæval spelling of the word as it appears in all the printed editions), which he dedicated to Hugo de Coluberiis, provost of the church of Aix ("sancte Aquensis ecclesie proposito").†

This "Ladder to Heaven," the author says in the prologue, he composed so that by means of it, " Postposito alio studio terreno et curioso ascendamus ad contemplanda aliqua de eternis." The sides of the ladder are two, " Cognitio supernorum et amor eorum ex quibus excluduntur diversa peccata et secundantur virtutes." The rounds of the ladder are, " Diverse materie que secundum alphabeti ordinem contexuntur." Then follows the list of the books from which the author drew his material: *Vitae Patrum Dialogues* of Gregory, *Legenda aurea*, *Historia scholastica*, Jacques de Vitry's *Speculum exemplorum*, Jerome's Comment on the Bible, Vincent of Beauvais, Étienne de Bourbon, *Mariale Magnum*, *Liber de vita et perfectione fratrum praedicatorum*, and *Alphabetum narrationum* (Étienne de Besançon's ?). He adds, " Verum aliquid interdum

---

beginning of the fourteenth century that purely secular collections of stories were made. This is the date assigned to the Italian *Novellino* by D'Ancona (*Studj di Critica e storia letteraria*, Bologna, 1880, p. 252), who assumes the influence of the Latin collections, especially of the work of which we are now speaking.

\* His surname was Gobii, and he was of a family from Alais, in the south of France, see Quetif and Echard, i., p. 633.

† The name of this dignitary is omitted in the *Gallia Christiana*, according to Quetif and Echard, who place him between 1320 and 1363. Hain cites editions of Lübeck, 1476; Ulm, 1480; Strassburg, 1483; Louvain, 1485; and Seville, 1496. My copy, cited in the text, is the edition of Ulm (Hain, 9406), a reprint of the first.

inserui applicando ad mores vel recitando quo ita conscripta non reperi; sed in predicationibus aliorum audivi."*

The work contains 122 chapters arranged alphabetically, according to topics, e.g., *abstinentia, accidia, adulatio, adulterium,* etc. The *exempla* are not given independently, as in the earlier collections, but are connected by a very slender thread of discourse, too slender to make the book one of the class of systematic treatises to be treated presently. The moralisation (omitted in a great number of cases) is not formally introduced by such words as *mistice,* as in Odo de Ceritona, or *moralizatio,* as in the *Gesta Romanorum,* and is usually very brief.† The stories are usually given in an interesting form, and, in some cases, are taken from works now unknown.‡

A considerable number (47) of *exempla* in the *Scala Celi* are attributed to Jacques de Vitry, which are not to be found in the present edition. Some of these are contained in the MS. collection of Jacques de Vitry's *exempla* in the Bib. Nat., Paris, 18,134 (*Scala Celi,* fo. 37$^{vo}$ = fo. 182$^{ro}$). Others are anecdotes attributed to

---

* Many other authorities are cited in the course of the work, although not mentioned in the prologue, among them Valerius Maximus, Petrus Alphonsi, Cæsar of Heisterbach, Helinand, Petrus Damianus, Bede, etc. A large number of *exempla* are introduced by a simple "legitur."

† The following (fo. 6) is the explanation of the fable of the fox, crow, and the cheese (Jacques de Vitry, xci.): "Corvus est nobilis, vulpis est hystrio et adulator, pocia carnis (vel caseum) sont bona temporalia ad que habenda fingunt dolos et mendacia."

‡ This is the case with the curious version of the *Seven Wise Masters* found under *Femina* (fols. 87$^{ro}$-96); see Goedeke in *Orient und Occident,* iii., p. 385, where the version is reprinted from the edition of Lübeck, 1476. Still more interesting is that fact (which I first pointed out in 1885 in the *Germania,* vol. xviii. (N.F.), p. 203) that the *Scala Celi* contains fragments of several fairy tales; these are: fo. 54 (cited from Étienne de Bourbon), and fo. 99$^{ro}$, the latter an incomplete version of Grimm, *Household Tales,* No. 97, "The Water of Life." Another story of Grimm's, No. 124, "The Three Brothers" (comp. N:. 129, "The Four Skilful Brothers") is also in the *Scala Celi,* fo. 99. So far as I know, this is the first appearance of the Fairy Tale in modern European literature.

Jacques de Vitry, of which large numbers must have been in circulation in the last half of the thirteenth century, and many of which, as has already been said, may have been told by him in sermons preached in various parts of France and elsewhere, which have not been preserved.*

* A number of these *exempla extravagantia* have been examined by K. Goedeke in *Orient und Occident*, i., 543. It may be well to pass in review here all the stories in the *Scala Celi* attributed to Jacques de Vitry, and not found in the present edition. *Scala Celi*, fo. 33$^{ro}$, from *Vita B. M. Oign., Prolog*. cap. v., fo. 37$^{ro}$, priest unable to say a single paternoster without thinking of horse promised him if he can control his thoughts, see Goedeke, in *Orient und Occident*, vol. cit., p. 543, no. 5; fo. 49, husband disguised as priest hears wife's confession, see Goedeke, loc. cit., no. 7, Kirchhof, *Wendunmuth*, 3245; fo. 49$^{ro}$, sick man allowed to drink wine mixed with water; takes wine first, does not care for water then, see Lecoy de la Marche, *L'Esprit de nos Aïeux*, p. 84; fo. 55, woman dies in church from contrition, great light seen ascending to heaven; fo. 55$^{ro}$, father commits incest with daughter, and kills wife; is in turn killed by daughter, who, later, dies of contrition, see Étienne de Bourbon, 174, Gering, *Islendzk Aeventyri*, ii., p. 395, *Recull de Eximplis*, clxxvii., Passavanti, i., 133; fo. 57, a clerk of unclean life sees in a vision his name written often in the Book of Life, and as often blotted out on account of his sins; fo. 62$^{ro}$, two stories illustrating the sinfulness of dancing; fo. 63$^{ro}$, bees build a tabernacle of wax about a pyx lost by careless priest, a similar story is in Caesar of Heist., ix., 8, see also *Prompt. Exemp.*, E., 36, Étienne de Bourbon, p. 265, no. 317, and Thomas Cantipratanus, *Bonum universale de apibus*, 2, 40, 1; fo. 83, king extorts money from merchant, is advised by queen to bestow an equal amount upon the poor during a famine; fo. 84, bishop in purgatory can only be released when his relatives give from his estate as much in alms as he had expended in vanities; fo. 84$^{ro}$, woman tempted to hang herself delivered by sound of bell at elevation of the Host; fo. 85, executors likened to a black dog which carried food to a child; fols. 100$^{ro}$-101, seven stories of thieves and robbers, one of which is found in Pauli, *Anhang*, 17; fo. 103$^{ro}$, a heretic feigns madness to escape the Inquisition and is chained in the church, other madmen break their chains and burn the pretended one; fo. 104$^{ro}$, priest gets rid of minstrel, whose vigils the saint does not need; fo. 104$^{ro}$, thieves visit at night house of minstrel, who says he does not know what they can find there at night when he can find nothing by day; this old joke is found also in Bebelius, bk. i.; fo. 107$^{ro}$, a certain wrathful count refused to forgive his humble servants and was destroyed by a thunderbolt; fo. 126, three stories of physicians who cure their patients of gluttony; fo. 126$^{ro}$, a knight tells his squire to exaggerate what he says at court; when asked why he does not take off cap, knight says his head is somewhat

Some idea of the popular character of the contents of the *Scala Cœli* may be formed from the fact that of the *exempla* contained in it 40 are found in the *Gesta Romanorum*, 59 in Pauli's, and 17 in Kirchhof's collections. The *Scali Celi* is after the *Gesta Romanorum* the most interesting of all the mediæval story books, and a selection of the stories not duplicated in the above-mentioned collections would be a valuable contribution to popular tales.

In the works thus far considered the story has been the important thing, the morality something adventitious and perfunctory. In some cases the collector did not trouble himself to add the moralisation, but simply remarked at the end of his story: "Moraliza, sicut vis" (Odo de Ceritona, in Hervieux, op. cit. ii., p. 708). We have now to consider a class of works in which the allegory assumes greater importance and the stories are introduced only by way of illustration. These works all belong to the domain of moralized natural history and are derived from the *Physiologus* mentioned above.* The earliest of these is the *Bonum universale*

---

sore, the squire says his whole head is scabby; fo. 126ᵛᵒ, a man whose house was burned down asked a neighbour to give him shelter, and then refuses to leave or rebuild his house; fo. 127, horse jockey lies about his horse, see Pauli, 112, and Kirchhof, 1, 185; fos. 127-127ᵛᵒ, five stories of knights, one is in Pauli, 93, another in *Dialogus creaturarum*, 75, Bromyard, D. 12, 15, and *Enxemplos*, 25; fo. 130, a father forgives the reaper who innocently killed his son, and the image of Christ in the Church embraces and kisses the father, a variant of the legend of St. John Gualberto, the founder of the order of Vallombrosa; fo. 133ᵛᵒ, a story found also in *Gesammtabentheuer*, 85; fos. 134-134ᵛᵒ, four stories of women, one of which occurs also in Pauli, 657; fo. 135, a story found also in Pauli, 577; fo. 137, a dying monk drives away demons by his prayers; fo. 166ᵛᵒ, a woman gives away all she has in charity: a hare miraculously brings her money; fo. 166ᵛᵒ, a story found also in Étienne de Bourbon, 79, *Islendzk Æventyri*, p. 124, Martinus Polonus, *Prompt*, viii., l.; fo. 168, two eagles carry off body of usurer who did not make restitution at death.

* The history of the *Physiologus* has recently been written by Dr. Friedrich Lauchert, *Geschichte des Physiologus*, Strassburg, 1889. His treatment of that branch of the subject we are now considering is unsatisfactory, and the student must supplement it by the admirable work of J. V. Carus, *Geschichte der Zoologie*, Munich, 1872, and the special treatises soon to be mentioned.

*de apibus* by Thomas Cantipratanus, a Belgian Dominican.* He was born at Leeuw-St.-Pierre, near Liége, about 1210, and entered as canon the monastery of Augustinian monks at Cantimpré, near Cambray, whence the name by which he is usually known. His first writings were of a hagiographical character, consisting of lives of St. Christine (written in 1232) and St. Lutgarde (written in 1247 or 1248).† He is, however, better known by his work *De Naturis rerum*, of which only the chapter on bees has been published in the form of the *Bonum universale* (the date of the composition of which is doubtful, it was between 1245-1263). Thomas spent, he says, fifteen years on the work *De Naturis rerum* (1233-1248), attended the lectures of Albert the Great at Cologne, and visited Paris. The contents of his great work are given in Carus (op. cit. p. 213), and need not be repeated here. The portion published is only a moralised paraphrase of a small part of the original work, and has no value whatever for natural history. It is, however, of the greatest importance for the history of the culture of the times.

The work is divided into two books (containing respectively 25 and 57 chapters), the first devoted to the prelates of the church, the second to the laity. Each chapter is headed by a statement

---

* Material for the life and works of Thomas Cantipratanus may be found (besides the usual ecclesiastical historians, notably Quetif and Echard, i., p. 250) in the notice by George Colvener prefixed to his edition of the *Bonum universale*, Douay, 1605; in Carus, op. cit., p. 211; Bormans, *Bulletin de l'Académie royale de Belgique*, xix., 1ᵉ Partie, 1852, pp. 132-159; P. Kirsch, *Des Thomas von Chantimpré Buch der Wunder und denkwürdigen Vorbilder*, Gleiwitz, 1875; and *Hist. litt. de la France*, xxx., p. 365 (L. Delisle, *Traités divers sur les propriétés des choses*). The *Bonum universale* is a rare book. Hain registers but one edition (a copy of which is in the library at Wolfenbüttel). I have used an edition unknown to Hain at the Bib. Nat., Paris (Réservé D. 5685), printed at Paris evidently in the fifteenth century, but with no place, date, or printer. Quetif and Echard cite editions of Deventer, 1478; edition without year, place, or printer, perhaps German; Paris about same time; edition of Colvener, Douay, 1597, 1605, 1627. The second of the Colvener editions I possess and cite in text.

† He is possibly the author also of the *Supplementum ad vitam S. Mariae Oigniac.*, which has been examined above among the material for the life of Jacques de Vitry.

concerning the natural history of the bee, which then is referred to some quality or duty of clergy or laity. An example or two will show this: Book i., chap. i. (ed. cit. p. 3), "Quod Praelatus debet esse bonae vitae et bonae famae. Cap. primum, quod in quinque partes dividitur. Rex apum mellei coloris est, ex electo flore, et ex omni copia factus." Then follows a disquisition upon the character of the prelate in general, in the midst of which is inserted the story of the wonderful election of Mauritius, bishop of Le Mans in France. Some other headings are: "Rex apum nullum habet aculeum, majestate tantum armatus. Quod Praelatus debet esse clemens" (i. 4); "Apes quae aculeum perdunt, mella de cetero facere non possunt. De periculo carentium zelo correctionis" (ii. 17), etc. The number of illustrative stories is very great and their value consists in the fact that they are almost wholly of the nature of historical anecdotes—the commonplaces of the older collectors of *exempla* being few in number (the *exemplum de duobus amicis*, p. 228, for example, is taken from Petrus Alphonsi's *Disciplina clericalis*, ed. Schmidt, p. 36). The *exempla* cover almost every condition of society and contain precious material for the history of superstitions.*

The work of Thomas Cantipratanus called forth a century later a similar book, in which the ant takes the place of the bee. The author, Johannes Nider (or Nyder), was born at Isny, in Swabia, between 1380-90.† He was educated at the school of the Benedictine monastery of his native place, and later entered the Domi-

* A convenient analysis of the contents of the work in relation to the history of society may be found in the work of Paul Kirsch cited above.

† Material for Nider's life may be found in the ecclesiastical biographers, and especially in the extensive work of K. Schieler, *Magister Johannes Nider aus dem Orden der Prediger-Brüder*, Mainz, 1885. Nider's own work, the *Formicarius*, contains many biographical details, and the life in Quetif and Echard, i., p. 792, is made up almost exclusively from this source. The bibliography of the *Formicarius* may be found in Schieler, p. 373. I own the Strassburg edition of 1517, 4to, edited by J. Wympfeling, which seems to be the best of the older editions; and the last edition by Hardt, Helmstädt, 1692. I have also used at Paris an edition apparently of the fifteenth century, without date, place, or printer, not cited by Hain.

nican order at Colmar. His philosophical and theological studies were made at Vienna and Cologne, at which latter place he was consecrated priest. At some unknown date he visited the Council of Constance, and made a journey to the north of Italy. He then returned to Vienna, where he took his academic degree (in 1425-26) and taught theology until called to Nuremburg as prior in 1427. Four years later he was chosen prior at Basel, where the general council was held. He played an important part in this assembly, and undertook at its instance several legations. He abandoned the Council in disgust at the difficulties which arose in consequence of its reformatory tendency and opposition to the Pope (Eugene IV.), and gladly obeyed the call of his superiors to return to Vienna and resume his professorship of theology at the university. He died at Nuremburg in 1438, while on a journey for the affairs of his order. His life, although a short one, was unusually busy, and he played an important part in the reformation of the order to which he belonged. He was celebrated as a preacher, and wrote a number of works which enjoyed the greatest popularity. Among these were the *Formicarius;* a work on the Decalogue; *Consolatorium timoratae conscientiae;* a work of ascetic nature in German, "Vier und zwanzig Guldin Harfen halten den nächsten Weg zum Himmel," and many sermons. The author, in the prologue, says that during his travels, especially in Germany, he has heard complaints that God did not fortify his church with miracles or revelations as formerly. These murmurs the author proposes to subdue by relating what miracles and revelations he has seen or heard during the present time or shortly before. The work which follows does not differ materially from the *Bcrum universale de apibus* of Thomas Cantipratanus. It is in five books instead of two, and is thrown into the form of a dialogue between *Piger* (the "sluggard" of Proverbs vi., 6) and his master *Theologus.** The latter, in the first chapter, explains that there are

* The subjects of the five books are: the extraordinary examples and works of good men; of genuine good revelations; of false and deceptive visions; of the good works of the perfect; of sorcerers and their deceits.

sixty qualities or properties possessed by the ant, and proposes to discuss twelve of these in each book. The *exempla* are introduced from time to time to illustrate the master's precepts, and, like those in the *Bonum universale*, are historical anecdotes, and throw much light upon the history of mediaeval superstitions. This is especially true of book v.*

The books of Thomas Cantipratanus and Nider are constantly cited as typical examples of the mediaeval passion for allegory. They are not, and the nature of the two works is constantly misunderstood. They are quasi-historical works, and the moralisation does not at all affect the story, but serves simply as a framework in which to enclose it. Their relation to other works derived from the *Physiologus* is also peculiar, for while the latter embrace usually the whole field of natural history, or some one extensive division of it (as zoology, etc.), the former are confined to a single example each from the particular branch of natural history selected by the authors. This is not the place to examine the remarkable series of works which, starting with the *Physiologus*, ended with such works of pure entertainment as Richard de Fournival's *Bestiaire d'Amour*. Two compilations of an allegorical nature should, however, be mentioned briefly, as they were the storehouses from which preachers drew this class of material.

The author of the first work to be mentioned was an Englishman, Alexander Neckam, born at St. Albans in 1157.† He was educated at Paris, and became Abbot of Cirencester in 1213. He died at Kempsey, near Worcester, in 1217. His most important work is the *De Naturis rerum*, and a Latin poem in ten *distinc-*

---

* The whole of this book is published in the *Malleus Maleficarum*, ed. L. Zetzner, Frankfort, 1588, 2 vols. 8vo., vol. i., pp. 694-806. It has lately been translated into Spanish and published in the *Biblioteca de las Tradiciones populares españolas*, Madrid, 1884, in vols. ii., iii., iv.

† The few details of his life may be found in the preface to Thomas Wright's edition of the *De Naturis rerum* and *De laudibus divinae Sapientiae* in the Rolls series, London, 1863. Neckam's fables in Latin verse may best be found in Hervieux, op. cit. ii., pp. 787-812.

*tiones, De laudibus divinae sapientiae*, which is a paraphrase of the prose work. As Neckam's work is easily accessible in Wright's edition, and as the editor has given an elaborate analysis of the whole work in the preface, it is not necessary to dwell upon it here. I may say, however, that in Neckam's work the allegorical tendency is subordinate, and the stress is laid upon the supposed scientific value of the contents. Mingled with the usual scraps of natural history borrowed from earlier writers are many interesting stories and references to contemporary superstitions.*

Of more extensive range is a work by an Italian Dominican, Johannes de Sancto Geminiano, who flourished in the first half of the xivth century, and left a book entitled: *Summa Magistri Johannes de Sancto Geminiano ordinis fratrum predicatorum de exemplis et similitudinibus rerum.*† This work was distinctly intended for the use of preachers, as is shown by the *incipit*: "Incipit summa insignis ac perutilis predicatoribus de quacumque materia dicturis." It is encyclopædiac in its character, and discusses, in ten books, Heaven and the elements, metals and stones, vegetables and plants, fish and fowls, land animals, man and his members, visions and dreams related by the scriptures, canons and laws, artificers and things artificial, and human acts and manners. An illustration or two will show the character of the work. In Book III., 33, the just man is likened to the palm tree, and then follow five reasons: ibid. 34, the tears of the penitent are like the juice of the aloe, then follow the various properties of the aloe.

The two works just mentioned belong, as has been seen, to the class of allegorical or moralised works dealing with natural his-

---

* Neckam's work *De Naturis rerum* contains, for example, the earliest reference to the Man in the Moon (ed. cit. p. xviii.). The great importance of the same work in the diffusion of the Virgil legend is too well known to dwell upon it here (see Tunison's *Master Virgil*, Cincinnati, 1890, p. 10).

† In some of the earlier editions the work is attributed to a certain Helwicus Teutonicus, but even in these the author's true name is revealed in the course of the work (see Quetif and Echard, i., p. 528). The work was very popular. Hain registers six editions before 1500. My copy is Basel, 1499 (Hain, 7546).

tory. It remains to notice briefly a work on natural history, in which the allegorical tendency is lacking. The book is mentioned here because, although not avowedly composed for the use of preachers, it was constantly cited by them. I refer to the *De proprietatibus rerum* of Bartholomaeus Anglicus, generally, but incorrectly, called Bartholomew Glanville. He was a Franciscan, born probably in England, as his surname would seem to show, but who lived in France and flourished between 1226 and 1248.*
The work is divided into nineteen books, and embraces, besides natural history, geography, phenomena of nature, the angelic hierarchy, etc. Although it has no real scientific worth, merely repeating the ideas of earlier writers, it is an advance over the works just mentioned.†

3. Besides the above collections of *exempla*, with or without moralisations, there are certain systematic treatises for the use of preachers which also contain large numbers of *exempla*. The earliest and most interesting (from the author's connection with Jacques de Vitry) is the work of Étienne de Bourbon, a Dominican of the thirteenth century, whose treatise, for reasons soon to be mentioned, is generally known as the *Liber de septem donis Spiritus sancti*.‡ The real title is: *Tractatus de diversis materiis predicabilibus ordinatis et distinctis in septem partes, secundum septem dona*

---

\* Nothing was known with certainty of Bartholomew until L. Delisle established the facts mentioned above in his article in the *Hist. litt. de la France*, xxx., p. 355 ("Traités divers sur les propriétés des choses"). The work was exceedingly popular (Hain registers twenty-six editions before 1500, including the various translations) and was early translated into French, English, Dutch, and Spanish. My copy is Strassburg, 1505, 4to.

† If space permitted I should like to show the influence of the works mentioned in the last section upon works composed in the modern languages of Europe. The field is too extensive, however, and I must pass over without a mention the long series of *Bestiaires* and *Lapidaires*, and such works as the *Poème moralisé sur les propriétés des choses* (see Delisle's article just cited, p. 388, and *Romania*, xiv., p. 442).

‡ Étienne's work has been partially edited by A. Lecoy de la Marche for the *Société de l'histoire de France* under the title: *Anecdotes historiques, légendes et apologues tirés du recueil inédit d'Étienne de Bourbon*. Paris, 1887. The

*Spiritus sancti*, etc.* The work unhappily is incomplete, the author having been arrested, probably by death, in the midst of the fifth division. So we have (in the inverse order in which they are given in the Vulgate) the divisions concerning the gifts of fear, piety, knowledge, might, and about the half of counsel; the gifts of understanding and wisdom are lacking. The *exempla* are connected by a running comment, which sometimes is merely accessory, and sometimes assumes the proportions of an independent treatise. Étienne de Bourbon, himself an inquisitor and preacher of the crusade against the Albigenses, was naturally brought into contact with Jacques de Vitry, whom he constantly cites as one from whom he had heard many of his *exempla*.† What, however, distinguishes Étienne de Bourbon's work, and imparts to it a great and peculiar value, is the large number of *exempla* drawn, not from the usual magazines, but from the writer's own experience. Many deal with the superstitions of the day, and are thus a precious source for the history of this branch of mediæval folk-lore. As they are now accessible in Lecoy de la Marche's edition, I shall dwell no longer on this most interesting and valuable work.

Étienne de Bourbon's treatise was extremely popular and is constantly cited (as *Liber de septem donis Spiritus sancti*, or, more commonly, from the subject of the first division, *Liber de dono timoris*) in all later collections, and was the medium through which Jacques de Vitry's stories obtained a wide circulation. It also called forth an imitation known as *Liber de abundantia*

---

editor has included (with rare exceptions) only the *exempla* which Étienne relates *de visu* or *de auditu*. A sufficient life of Étienne de Bourbon will be found in the edition just cited, see also Quetif and Echard, i., pp. 184-194, where are given the prologue (partly) and copious extracts from the work.

\* See Isaiah, xi., 2, 3. In the Authorized Version the sixth gift, *spiritus pietatis*, is omitted.

† The large number of Jacques de Vitry's *exempla*, cited by Étienne, may be seen from the second index of this work, and others are, probably, to be found in the portion of Étienne's work not edited by Lecoy de la Marche.

*exemplorum*, attributed, without cause, to Albert the Great.\*
This work is based upon the first division of Étienne de Bourbon's
treatise, *de dono timoris*, which it closely follows.† A widespread
influence was exerted by the work of another French Dominican,
William Perrault, or Pérauld, or Guilelmus Peraldus (or
Paraldus), as he is usually termed, who died about 1275.‡ He
was administrator of the diocese of Lyons during the absence of
the archbishop, Philip of Savoy, whence Peraldus is supposed by
some to have been suffragan bishop or co-bishop. He wrote a
number of sermons and treatises, the best known of which is the
one entitled: *Summa virtutum ac vitiorum*.§ The work, as the
title indicates, is a treatise upon the virtues and vices, and is
divided into two parts. The first part is subdivided into five
treatises: of virtue in general; of the three theological virtues
(faith, hope, charity); of the four cardinal virtues; of gifts; and
of the beatitudes. Each of these treatises is still further divided
into a multitude of sections treating of forty virtues, or related topics. The second part consists of nine treatises on vice
in general, gluttony, sensuality, avarice, sloth, pride, envy, wrath,

---

\* There is but one edition of this work, of which I possess a copy, without place, year, or printer (Hain, 484, Ulm, J. Zainer). The question of the authorship of the work is discussed by B. Hauréau in the *Hist. litt. de la France*, xxix. 546 (see note by writer of this Introduction in *The Academy*, Feb. 20, 1886). The work is also attributed with greater reason to Humbertus de Romanis, see Quétif and Echard, i., pp. 147, 186.

† It is impossible from the nature of Lecoy de la Marche's edition to compare the two works exactly; but apparently the *Liber de abundantia exemplorum* has no independent value, and has borrowed its materials almost entirely from Étienne de Bourbon. This is also the case with the *Promptuarium* of Martinus Polonus mentioned above (iv., i).

‡ For life of Peraldus see *Hist. litt. de la France*, xix., 307. An elaborate article is to be found in Quétif and Echard, i., pp. 131-136, especially valuable for the bibliographical notice which it contains.

§ Contemporary MSS. are very common (Quétif and Echard, i., p. 132: "Summae integrae innumera prostant in Bibliothecis MS. exempla." The first printed edition with a date is Cologne, H. Quentell, 1479 (Hain, 12, 387). My copy is Cologne, 1629, and is provided with excellent indexes.

and sinful speech. Forty-one vices, or kindred subjects, are treated in the second part. The author's method is the one generally followed in such works and in their later imitations (examples of which will be mentioned in the following section), and consists in stringing together sententious extracts from Christian and pagan authorities. The use of *exempla* is not so frequent as in later writers, and the chief sources are the *Vitae Patrum* and *Gregory's Dialogues*.\* The work of Peraldus is also of value for the history of mediaeval culture, see, for example, in the second part (*De superbia*, p. 213) many interesting details in regard to women's dress, use of rouge, false hair, etc.†

We have already examined the *Liber moralizationum historiarum* of Robert Holkot, whose treatise or commentary on the *Wisdom of Solomon* (*Opus super sapientiam Salomonis*, or *Praelectiones ccxiii. in librum sapientiae regis Salomonis*) deserves mention here.‡ The

---

\* A few *exempla* not in these two works may be mentioned here: Part i, p. 108, legend of Theophilus; p. 213, apes tears off woman's false hair (see Bourgoin, *La chaire française*, etc., p. 12, n. 4; the same story is in Étienne de Bourbon, p. 228); p. 227, scholar at Paris ashamed of his father, who in return refuses to give him any money, Pauli, 643; p. 307, true son refuses to shoot at father's body, *Gesta Rom.*, 45.

† For the extensive use of Peraldus's work by Brunetto Latini (in his *Tresor*) see Sundby, *Brunetto Latinos Levnet og Skrifter*, Copenhagen, 1869, p. 187. The influence of the *Summa* may also be seen in the work of Nicolaus de Hanapis (or Hanapus): *Virtutum vitiorumque exempla ex universae divinae scripturae promptuario desumpta*. The author was also a French Dominican, who became bishop of Acre (1288) and patriarch of Jerusalem, dying at Acre in 1291. For details of his life see Quetif and Echard, i., p. 422, and *Hist. litt. de la France*, xx., pp. 51-78, 785-786. The work abounds in MS., and was frequently printed. I have the edition of Antwerp, 1535. An elaborate analysis and bibliography of the work may be found in the *Hist. litt. de la France*, vol. cit., pp. 64-78. As the title indicates, the work consists of the events of the Scriptures arranged under various headings for convenience of reference. The events are given in the baldest form, and the author seldom adds a remark of his own.

‡ Hain registers eight editions before 1500. I have the third mentioned by him (8757), Spires, Peter Drach, 1483, and also the edition of Basel, 1586, ed. J. Ryter, referred to earlier, containing the *Liber moralizationum historiarum*. I shall cite the last-named edition as the more accessible.

work consists of 213 *lectiones* (*postillas*), as they were earlier called, remarkable for the extraordinary number of citations from pagan authorities, especially the poets. The work is a vast repertory of *exempla* and historical anecdotes embedded in the most elaborate metaphors. A good example of Holkot's method may be found in the *Lectio* lxiv., where he discusses chap. v., v. 9-10 of his text: "All these things are passed away like a shadow, and as a post that hasteth by; and as a ship that passeth over the waves, which, when it is gone by, the trace thereof cannot be found, neither the pathway of the keel in the waves." As there are three kinds of sin, original, venial, and mortal, so there are three kinds of shadows corresponding in shape to the cylinder, cone and inverted cone (*chilindroydes*, *conoydes* and *caluthoydes*). In speaking of the simile of the ship, Holkot quotes from Jerome's epistles, cxv., the story of Xerxes weeping because none of those he beheld at a review of his army would be alive in a hundred years. He then compares penitence to a ship on account of its figure, capacity for carrying, and possibility of wreck. This affords Holkot an opportunity, after citing Job, Boethius, and Gregory, to describe the Sirens and Ulysses' adventure with them. His sources are, as he states, Alexander *in scintillario poesis* (this is Alexander Neckham, see Loyser, *Hist. poetarum et poematum medii aevi*, Halle, 1721, p. 993), and Boethius, *de Consolat*, iii., 3. In the third *lectio*, Holkot mentions Alexander and the pirate (*Gesta Rom.*, 146); in the ninth occurs the fable of Jupiter and the farmer (La Fontaine, vi., 4); in the fourteenth, the story of Atalanta (*Gesta Rom.*, 60), cited from Ovid; in the forty-fifth, the story of the two snakes (*Gesta Rom.*, 92), cited from Valerius Maximus, 4, 6, 1; in the seventieth, the sword of Damocles (*Gesta Rom.*, 143), cited from Macrobius, *Somn. Scip.*, i., 10; in the eighty-second, the poisoned wine (*Gesta Rom.*, 88), cited from Frontinus, *Stratey.* 2, 5, 12; in the eighty-sixth, the judge flayed (*Gesta Rom.*, 29), cited from Helinandus, Bk. xv.; in the one hundred and thirteenth, the ring of forgetfulness and memory (*Gesta Rom.*, 10, of the Emperor

Vespasian), cited from "magister in historiis super Exodus," the story is told of Moses; in the one hundred and thirty-seventh, story of Merlin; in the one hundred and forty-first, the story of Phalaris and the brazen bull (*Gesta Rom.*, 48), cited from Ovid; in the one hundred and fifty-sixth, story of Narcissus (from Ovid) and Paris; in the one hundred and seventy-fifth, the story of Coriolanus (*Gesta Rom.*, 137), cited from Val. Max., 5, 4, 1; in the one hundred and eighty-eighth, the fable of the animals and the plague (La Fontaine, vii, 1); in the one hundred and ninetieth, the legend of Silvester II. (Gerbert); *ibid.*, wax image of husband shot at by wife's lover (*Gesta Rom.*, 102). I have mentioned but a few of the stories most popular during the Middle Ages, and the above citations can give only a feeble idea of the mass of historical and mythological references to be found in this work of Holkot.

The most extensive and important work of the class we are now considering is without doubt the *Summa Praedicantium* of John Bromyard.\* The author was an English Dominican, who took his name from his birthplace in Herefordshire.† He was educated at Oxford, where he was celebrated as both jurist and theologian, and later was professor of theology at Cambridge. He was an ardent opponent of Wyclif, and is said to have opposed him at the fourth Council of London (1382). His name, however, does not appear in the lists of those present. He died in 1418, leaving besides the *Summa* some writings against Wyclif, theological treatises, and a work entitled *Opus trivium sive tractatus juris civilis*

---

\* The first edition, of which I have a copy, is without year, place, or printer (probably 1485, Basel, see Hain, 3993). Other editions are: Nuremburg, 1485, 1518, 1578; Paris, 1518; Lyons, 1522; Venice, 1586; and Antwerp, 1614. I have also a copy of the last-named edition, to which, for greater convenience, reference is here made.

† The most recent account of Bromyard will be found in the *Dictionary of National Biography* under *John de Bromyarde*, where the various ecclesiastical historians are cited, see also Goedeke in *Orient und Occident*, i. p. 537, and Wright in the preface to *Latin Stories*, p. viii. A list of Bromyard's other works will be found in Quetif and Echard, i., p. 701, and a few additional ones in Pits.

*et canonici ad moralem sensum applicati secundum ordinem alphabeti* (ascribed in the earlier editions to Philip de Bronnerde, but in the Paris edition of 1500 to Joannes Bromyard).

Some idea of the extent of the *Summa Praedicantium* may be formed, from the fact that the edition of 1614 consists of two parts containing 971 folio pages, exclusive of the indexes. The arrangement is the usual one by topic in alphabetical order. There are nineteen letters (or twenty-one, distinguishing *j* and *v*) comprising 189 topics in as many chapters. The author says in the prologue: "In hoc etiam opusculo non videtur vanum dicta et exempla inserere de diversis facultatibus .... Nam de fabularum Gentilium moralitate forma quandoque eruditionis elicitur, et fas etiam est ab hoste doceri, et ditare Hebraeos de spoliis Aegyptiorum etc." (ed. cit., p. 2). Bromyard's *exempla* are culled from every imaginable source, profane and sacred, and belong to every class of fiction from fables to jests. They are, as is usual in works of this order, given in brief and dry versions, to be expanded undoubtedly at the will of the preacher. The sources are not cited, unless the *exemplum* belongs to the class of historical anecdotes.

It is impossible here to give even a brief selection from the enormous number of *exempla* contained in Bromyard.* Those cited by Wright in his *Latin Stories* will give those who do not have access to the original some idea of its varied contents, and a glance through Oesterley's references to his editions of Pauli, Kirchhof, and the *Gesta Romanorum*, will show that Bromyard has absorbed into his vast encyclopædia most of the popular stories of his day.† As Wright (op. cit. p. viii.) well says:

---

* Goedeke, op. cit., p. 538, says their number is over a thousand, and remarks: "Kaum irgend ein anderes Werk des Mittelalters ist so reich an Fabeln und Geschichten als das seinige, und kaum ein anderes von dieser Bedeutung so wenig bekannt."

† About one hundred and fifty of Bromyard's stories are found in these collections, and of the one hundred and fifty-nine stories given by Wright, over fifty are taken from Bromyard, and eleven from the *Promptuarium Exemplorum* of Herolt.

"Perhaps no work is more worthy the attention of those who are interested in the popular literature and history of England in the fourteenth century."

Finally may be mentioned a treatise by Gottschalk Hollen (whose sermons have already been examined in the third section of this Introduction) on the Decalogue, under the title: *Preceptorium novum et perutile cum suo registro clero et vulgo deserviens studiosissime collectum.*\* *Exempla* are rather sparingly used by Hollen (especially in the second part, which contains commandments iv-x), and the most interesting and valuable part of the work is the portion treating of the first commandment, which contains some material of importance for the study of necromancy. Caesar of Heisterbach, Gregory, Valerius Maximus, and Vincent of Beauvais are cited, and I have found one fable (fo. lxxxvi.), "Ass caressing master" (Jacques de Vitry, xv.).† This work of Hollen does not, however, compare in value and interest with his sermons.

## V.

Collections of *exempla* not in Latin, but based upon the Latin collections and intended for the edification of the general reader.

Although the work of Valerius Maximus, the *Vitae Patrum* and the *Dialogues* of Gregory offered earlier models of collections of historical anecdotes and edifying stories, still the arrangement of the great Latin collections, described in section ivth. was so

---

\* The *Preceptorium* was the most popular of Hollen's works. Hain registers six editions before 1500. The *Allgemeine deutsche Biog.* cites, on the authority of Ossinger, two later ones, 1503, 1521; the Bodleian has the one of Nuremburg, 1521, 4to. My copy is Cologne, 1481, Johan Guldenschaef (Hain, 8766), without the index, which some editions possess.

† Of the *exempla* in the *Preceptorium*, fifteen are in the *Gesta Romanorum*, twenty-five in Pauli, and two in Kirchhof.

convenient, and their vogue so enormous, that they must have led at an early date to the formation of similar collections in the vernacular, not for the use of preachers exclusively, but for the edification of the general reader. We shall see in the course of the present section that the Latin collections were sometimes translated in their entirety; but most of the works which we are about to examine are imitations and not translations.

The best and most extensive of these collections in the vernacular are found in Spain, a land early distinguished for its fondness for moral stories and the important rôle it played in introducing Oriental fiction into Europe.* The first Spanish collection is known as *El Libro de los Enxemplos*, and was first published by Don Pascual de Gayangos in Rivadeneyra's *Biblioteca de Autores Españoles*, vol. li., pp. 443-542 (Madrid, 1860). It contains 395 stories alphabetically arranged; but as the first begins with the letter e it was evident that the collection was incomplete. The missing stories as well as the name of the compiler were discovered in 1878 by M. Morel-Fatio in a MS. of the Bib. Nat. of Paris (No. 432, Fonds espagnol), and published in the *Romania*, vol., vii. (1878), pp. 481-526. The stories lacking in the Madrid edition are 71 in number, and the compiler proved to be Climente Sanchez, archdeacon of Valderas in the diocese of

---

* The scope of this Introduction permits of only a passing allusion to the oldest of Occidental story-books, the *Disciplina clericalis* of Petrus Alphonsi (or perhaps, more correctly, Alfonsi), a Spanish Jew, converted to Christianity in 1106. The *Disciplina clericalis* has been edited three times (see p. 144 of present work, to which may be added the reprint of the edition of the *Société des Bib. français* in Migne's *Patrol. Lat.*, vol. clvii., p. 671); but is now hard to find, and worthy of a new and more perfect edition. The stories it contains are among the most popular of the Middle Ages and are found in numberless other collections. A brief analysis may be found in Ellis, *Specimens of Early English Metrical Romances*, i., p. 133.

Other Spanish Jews also acted as intermediaries between Oriental and Occidental fiction, and to them are due the important translations of the *Pantschatuntra* (*Calila ó Dymna*) and of the *Seven Wise Masters* (*Libro de los Engannos*).

Leon, who was born about 1370, and made his collection between 1400-1421. The work is alphabetical, and each story bears a Latin title followed by a Spanish metrical translation (usually in rhyme) of the same. In the brief prologue Sanchez says: "Proponia de copilar un libro de *exemplos por a, b, c,* o despues redusirle en romance, porque non solamente a ti mas ahun a los que no saben latin fuese solaz, por ende con ayuda de Dios comienço la obra que prometi: In nomine patris et filii et spiritus sancti. Amen. Exempla enim ponimus, eciam exemplis utimur in docendo et predicando ut facilius intelligatur quod dicitur." It will be seen how closely these words connect this collection with the Latin *Alphabeta exemplorum* examined in section iv., 1, and of one of which Morel-Fatio supposes it a translation, although he has found no original with which it exactly agrees.[*]

The sources of a considerable number of stories in the *Libro de los Enxemplos* are mentioned, many are introduced merely by the words, "we read" (*leyesse*), or "it is said" (*dizen*). About one quarter of the whole number are taken from four works, as follows: Petrus Alphonsi, *Disciplina clericalis*, 26; *Vitae Patrum*, 18; Gregory, *Dialogues*, 35; Valerius Maximus, 27. Many for which no source is cited are also from the same authors, and 20 are found in the *Gesta Romanorum*. The remaining stories are from the usual sources, the mediæval chronicles and legendaries, Isidor of Seville, Barlaam and Josaphat, etc., and 57 occur in Jacques de Vitry. How many of these were taken directly from Jacques de Vitry, whose name is never mentioned, it is difficult to say. In some cases where the same story is found in Étienne de Bourbon, his version is used. In general the story is more developed than in

---

[*] Morel-Fatio's reasons for supposing it to be a translation are: the absence of extracts from national writers, and the author's failure to impart a local colour to his stories. This supposition is undoubtedly true in view of my discovery of the source of the similar Catalan collection, to be mentioned presently. For notices of the *Libro de los Enxemplos*, see Puymaigre, *Les vieux auteurs castillans*, ii., p. 444, Amador de los Rios, *Hist. crit. de la lit. española*, iv., p. 305, and H. Knust in *Jahrbuch für rom. und eng. Lit.*, vi., p. 128.

Jacques de Vitry, and an effort is evidently made to give it an entertaining form. A certain number (for which see Notes) are undoubtedly from Jacques de Vitry. The collection, as a whole, is extremely entertaining, and is distinguished by the substitution of classical and historical anecdotes for the monkish tales which form such a large part of the earlier collections.

The second collection from Spain is even more extensive and interesting. It is contained in the *Biblioteca catalana* of D. Mariano Aguiló y Fuster, and bears the title, *Recull de eximplis e miracles, gestes e faules e altres ligendes ordenades per A, B, C, tretes de un manuscrit en pergami del començament del segle xv., ara per la primera volta estampades.*\* The number of stories in this collection is 709, and they do not differ in character from those in the work last examined, but are generally given in somewhat more condensed versions. The arrangement is alphabetical, each story is headed by a title in Catalan, in which the source of the story is usually mentioned (e.g., "seguns que recompta Jacme de Vitriaco;" "seguns ques recompta en la vida dels sancts Pares," etc.). This title is followed by a briefer one in Latin, which gives the alphabetical arrangement (e.g., "Abbas quantum potest debet petitiones revocare," etc.). The bulk of the contents is taken from the following works: Jacques de Vitry, 55; *Vitae Patrum*, 80; Caesar of Heisterbach, 137; Helinandus, 13; Valerius Maximus, 19; Petrus Alphonsi, 12; Étienne de Bourbon, 38; *Legenda aurea*, 28; Gregory, 39. Other sources are: Petrus Damianus, Bede, Seneca, Barlaam, and Josaphat, Cassiodorus, Peter of Cluny, etc. The stories from Jacques de Vitry are taken directly from him as will be seen presently. Nine are from his

\* There is no title page or introduction; the publisher, however, is A. Verdaguer, Barcelona, 1881. The date of the second volume is, I believe, 1888. All that I know of the MS. from which the work is printed is the statement in the title that it is a parchment one of the fifteenth century. M. Morel-Fatio, in a brief review of the work in the *Romania*, x., p. 277, says that, judging by the language, the date of the compilation of the collection is about the same as that of the MS. used by the editor.

life of St. Mary of Oignies; eight are not in the present edition of Jacques de Vitry, and are as follows (see stories attributed to Jacques de Vitry in the *Scala Celi*, page lxxxviii., of this Introduction): lxxi., "A preacher saw a devil in church and asked him what he was doing there; he answered he was keeping sinners' hearts from repenting, their lips from confessing, and their purses from almsgiving;" lxxii., "When a man, who would not hear sermons while alive, is buried, the figure of Christ on the crucifix stopped its ears so as not to hear prayers offered for him (this story is cited from J. de V. by the *Magnum Speculum Exemplorum*, "Verbum Dei," viii.); clxxvii., "Daughter commits incest with father," etc., see *Scala Celi*, fo. 55$^{vo}$; ccxxi., "Some are so devout that they are ill for many years from the intensity of their contemplations;" ccxxxi., "A learned man said he had three masters: fear, shame, and love;" cclxix., "Hog refuses to eat bread of excommunicated man," see *Scala Celi*, fo. 85$^{vo}$; dxl., "Monk thought that since man could not live without sin, he could not be saved;" dlxxxiv., "A man prefers a long illness to passing two days in purgatory."

We have seen that M. Morel-Fatio supposed the *Libro de los Enxemplos* to be a translation of one of the Latin collections, although he could not point out the original. This supposition is, as has already been said, strengthened by the fact that the *Recull de eximplis* is such a translation, and that I have been fortunate enough to discover the original.

Among the various Latin collections examined in section iv., 1, none seems to have been so popular, and justly so, as the *Alphabetum narrationum* of Étienne de Besançon, and this is the work which some unknown translator turned into Catalan in the xvth century. His version follows the original, so far as I can judge, with great fidelity. The few variations in order and number of stories from the MSS. of Étienne de Besançon's work which I have been able to examine (Brit. Mus., Harl. 268; Paris, Bib. Nat., 12,402, 15,255) are probably due to variations in the MS. used by the Catalan translator. As the work of Étienne de

Besançon is not likely ever to be edited, the Catalan translation offers a faithful reproduction of one of the most extensive and interesting of the great Latin collections of *exempla*.

Before leaving Spain it may be well to mention briefly the *Libro de los Gatos*, in Rivadeneyra's *Biblioteca de autores españoles*, li., pp. 543-560, a short (58) collection of edifying tales, mostly fables, of about the same date as the two works mentioned above, and which is a Spanish translation of the *Narrationes* of Odo de Ceritona, described in section iv., 2.*

There is a short collection of edifying stories in Portuguese contained in a MS. formerly of the monastery of Alcobaça, now in the Torre do Tombo.† Twenty-four have been published by Cornu in the *Romania*, xi., pp. 381-390. They are taken from the Scriptures, Gregory, *Vitae Patrum*, life of St. Bernard, etc. Several are found also in Jacques de Vitry (7=ccci., 9=cxxxiv., 16= civ., 24=ccxii.). The word used to signify story is *exemplo*, which thus connects this compilation with the earlier Latin ones.

Italy was especially prolific in legends, and other devotional literature in the vernacular, during the xiiith and xivth centuries.‡ The traces, however, of the influence of the Latin collections of *exempla* are very slight. The most extensive collection with which I am acquainted is that contained in the Brit. Mus. MS. Add. 22,557, of the first half of the xivth century, published by Ulrich in the *Romania*, xiii., pp. 27-57.§ It contains 56 ex-

---

* For analysis of the *Libro de los Gatos*, see Knust in *Jahrb. für rom. und eng. Lit.*, vi., pp. 1, 119; and for proof of identity with Odo de Ceritona, see Oesterley in same periodical, vol. ix., p. 126.

† For description of the MS. of the fourteenth century, see Cornu in the *Romania*, x., p. 334. The stories in question occupy fols. 137$^{ro}$-169$^{ro}$, and are divided into five chapters: On the hour of death, of carnal sin, of chastity, of the day of judgment, and of hell.

‡ For bibliography of these, see F. Zambrini, *Le opere volgari a stampa dei secoli xiii. e xiv.* I have used the fifth edition, Bologna, 1878.

§ The language of the *esempi* is old Venetian, and has been made the subject of an inaugural dissertation by L. Donati, Halle, 1889, reviewed in the *Giornale storico della lett. ital.*, vol. xv., p. 257.

*empli*, arranged in no particular order. Nine are found in Jacques de Vitry, as follows: 10=cxcvi., 16=cxiv. (this story first occurs in Turpin's *Historia Karoli Magni*, ed. Castets, Paris, 1880, cap. p. 10, and is cited by Helinandus in his *Chronicon*, An. 807, ed. vii., Migne, p. 850, thus obtaining a still wider circulation), 26= cclxxxix., 32=xxxi., 36=ccxlix., 39=cxxxv., 44=lxxxii., 47=xxv., 53=cxci. (add to references in text *Hist. litt. de la France*, xxiii., p. 206). There is no reason to suppose that these *exempla* were taken from Jacques de Vitry, but more likely from a common source. The other stories are the usual monkish tales from Gregory, *Vitae Patrum*, etc.*

The collection of Italian *esempi*, published under the title *Gli assempri di Fra Filippo da Siena*, Siena, 1864, offers little interest. The author was an Augustinian monk and prior of the convent of Lecceto, where he died in 1422. His *assempri* are 62 in number, and are almost exclusively monkish legends in the style of Caesar of Heisterbach, and are remarkable chiefly for the number of variations of the Theophilus legend, which they contain. Usurers

---

* I have examined the Florentine libraries for collections of *exempla* in Italian with the following meagre results: Riccardiana, MS. K. iii., xxviii. [352], a brief collection, in four folios; P. III. xxxiv. [26-24], a brief collection, among the stories that of Jacques de Vitry, cxcvi.; MS. 2735, a few *esempi* from various sources, Valerius Maximus, etc., of no importance; MS. 2894 (dated 1460), fo. 115, a more extensive collection of *esempi*; MS. 1700 (fifteenth century), fols. 1-70, an extensive collection of *esempi*, beginning defective: there are about 30 stories in this collection, among them "the convent of demons," attributed to J. de V. by Étienne de Bourbon, 79, and *Scala Celi*, 166<sup>vo</sup>; "St. Andrew delivers bishop from wiles of the devil," from *Legenda aurea* (ed. Graesse, p. 19); "two companions go on a pilgrimage to St. James, and one slew the other;" "three monks were two hundred years in Paradise, and it did not seem to them that they had been there a week." In the same MS. fols. 103-113, there is another brief collection of *esempi*.

A few Sicilian *exempli* (of the fourteenth century) are given in the *Propugnatore*, vol. ix., p. 197, among them (p. 198) the fable of ass wishing to caress master (Jacques de Vitry, xv.). Three other Sicilian *exempli* are to be found in Di Giovanni, *Filologia e letteratura siciliana*, Palermo, 1871, i. p. 120, and five additional ones in the same work, vol. iii., p. 54.

are bitterly attacked, as are also women who paint their faces. The only story of general interest is that of the monkey which threw usurer's gold into the sea (Pauli, 375), and the only trace of poetry is the legend of the Flight into Egypt, where the touch of Jesus' foot causes a spring of water to gush forth to refresh the thirsty family.

A very considerable number of *exempla* are found in the class of treatises, the Latin forms of which have already been examined. Only a few of the most important can be mentioned here.

At some time in the xivth century an unknown monk of the Camaldolite monastery Degli Angeli compiled a treatise entitled *Corona de' Monaci*, based upon the Latin *Diadema Monachorum*, attributed to the Abbot Smaragdus, a celebrated French Benedictine of the ixth century.\* The Italian version follows the original (which may be found in Migne's *Patrol. Lat.*, vol. cii., p. 593) exactly in the number and titles of the chapters, and the contents, except *exempla*, are in the main a close translation of the original, somewhat condensed, to which are added the *exempla*, a feature peculiar to the Italian version. The work was primarily intended for the edification of monks and recluses (*romiti*), and is divided into one hundred chapters, containing, according to the rubric, one hundred and thirty *exempla*. In reality there are many more, for sometimes under one heading *esemplo* are narrated several. These are drawn mostly from the *Vitae Patrum*, and offer a very restricted interest. Nine occur in Jacques de Vitry, and may be referred to in Index II.

Of much greater interest is the *Specchio della vera penitenzia*, by Frate Jacopo Passavanti, a Dominican, born in Florence at the end of the xiiith century. He studied at Paris, became lecturer on philosophy at Pisa, professor of theology at Siena and Rome, and prior of Santa Maria Novella at Florence, where at the age of thirteen he had taken the habit of St. Dominick, and where he was

\* There is but one edition of the *Corona de' Monaci*, that by D. Casimiro Stolfi, Prato, 1862.

buried in 1357.* He wrote the work mentioned above first in Latin, and then translated it himself into Italian.† It is, as the name indicates, a treatise on penitence, and is divided into five chapters (*distinzioni*), with two separate treatises on pride and humility. The work is distinguished by the author's copious references, not only to ecclesiastical authorities, but also to the classical writers. *Exempla* (the word *esemplo* is occasionally used) properly speaking are not very frequent, but 44 occur in the two volumes, of which 12 are from Caesar of Heisterbach, 11 from the *Vitae Patrum*, 2 each from Bede, Étienne de Bourbon, Gregory, Helinandus, and Petrus Damianus, 1 from Sulpitius Severus, and 10 from various lives of the saints, etc. Jacques de Vitry is mentioned but once (i., p. 133), and has attributed to him the story already mentioned in connection with the *Scala Celi* and *Recull de Eximplis* of the daughter who commits incest with father, kills him and mother, and afterwards dies of contrition.

The last work of this class which I shall mention belongs to the compilations so common in Italy in the xiiith and xivth centuries, under the name of *fiore, fiori, fiorità*, or *fioretti*. The most famous of these (excepting always the *Fioretti di San Francesco*) is the anonymous *Fiore di Virtù*, of the xivth century.‡ This interesting little work is divided into forty chapters, containing various virtues and vices, most of which are compared to some animal.§ Sometimes the comparison ends with the title of the chapter, as (cap. iv.) "Dell' allegrezza appropriata al gallo;" sometimes the

* See Quetif and Echard, i., p. 645.
† The great popularity of the work is attested by the large number of editions, for which see Zambrini, op. cit. I have used the one in the *Classici italiani*, Milan, 1808, 2 vols.
‡ For the numerous editions see Zambrini, op. cit. I have used the edition of Naples, 1870, with annotations by B. Fabricatore.
§ The work is thus a connecting link between Peraldus's *Summa virtutum ac vitiorum* (see iv., 3 of this Introduction) and the *Bestiairs* (see iv., 3 of this Introduction). A *Somma de' Vizii* (probably the work of Peraldus) is frequently cited.

comparison is expanded in the chapter which follows. The work is remarkable for the extraordinary number of citations from the classical writers, especially the philosophers and historians. The word *exempla* is not used; but mingled with the sententious extracts from Christian and pagan authorities are fables and stories of every kind. Nine are found in Jacques de Vitry, whose name is not mentioned.*

Although the use of *exempla* originated in France that country does not afford such extensive collections in the vernacular as we have found in Spain, for instance. That there are similar French collections remaining inedited in various libraries is probable.† A collection of *exempla* with moralisations in Anglo-Norman French was made in the xivth century by Nicholas Bozon, an English Franciscan.‡ The form does not differ essentially from other works of this class already examined. The author states some moral truth, or the property of some animal, plant, or stone, which he moralises

---

* A somewhat similar work is the earlier (thirteenth century) *Fiore di Filosofi e di molti Savi*. It is attributed with some reason to Brunetto Latini, and consists chiefly in sententious extracts from the pagan philosophers, with an occasional story (e.g., p. 16 of the edition of Bologna, 1865, "Papirio," see *Gesta Romanorum*, 126, p. 58, "Trajan," see G. Paris, *La Légende de Trajan* Paris, 1878. p. 265).

† There are several MSS. in the Bib. Nat. at Paris, containing the same collection: No. 435, français (Béthune), "Recueil d' exemples moraux . . . Cy commencent les exemples moraux à divers propos assemblez et extraitz de plusieurs escriptures, qui moult peuvent valloir pour bonnes meurs" (fo. 25). The authorities cited in the second part are: Jacques de Vitry, Hubert (Humbert de Romanis ?), Césaire (of Heisterbach), Aubert (Albert the Great), Pierre Damien, Pierre Alphonse, Ysopet, Pierre de Cervaux, le chantre de Paris (Petrus Cantor), etc. The MS. is a paper one, of the fifteenth century. The same collection is found also in MSS. français, 911 (fifteenth century); 1834 (Colbert, fifteenth century, paper). There are also French collections in the English libraries, e.g., Brit. Mus., Harl. 4403 (fifteenth century), which I cannot now describe.

‡ Bozon is known only through his prose stories and poetry, which were discovered by M. Paul Meyer. The former have been edited by Miss L. T. Smith and M. Meyer for the Old-French Text Society, under the title *Les contes moralisés de Nicole Bozon*, Paris, 1889. The stories were probably written after 1320, and the author seems to have been from the north of England.

with texts from the Scriptures, and appends as illustration and confirmation an *exemplum*. These *exempla* consist largely of fables taken from some Anglo-Norman collection now lost. For his natural history Bozon consulted some work resembling that of Bartholomaeus Anglicus examined above (iv. 3). The *exempla*, properly so called, are from the usual sources, Jacques de Vitry, Bede, *Vitae Patrum*, Petrus Alphonsi, etc.* The following stories of Bozon occur also in Jacques de Vitry, 19=vii., 29=cxxxiv., 31=cix., 42=xxv. (overlooked by the editor of Bozon here, but mentioned on p. 250, n.), 44=ccxxxvii., 82=cxiv., 84=xlvii. (overlooked by the editor of Bozon), 86=cclxiii. (overlooked by the editor of Bozon), 93=i. (M. Meyer cites the *Giornale storico della litteratura Italiana*, i. 400; Thomas Cantipratanus, i., 20, 8; *Hist. litt. de la France*, xxi., 358; and Vincent of Beauvais, *Speculum hist.*, xxv., 89; but has overlooked the version in Jacques de Vitry), 97=ccxlvi., 112=cxcvi. (add to my references *Hist. litt. de la France*, xxiii., 237-8, cited by M. Meyer), 117=xx., 122=cciv., 138=ccl., 139=ccxci. (add to my notes *Gesta Romanorum*, 72, cited by M. Meyer), 140=cxvi. (M. Meyer gives version from the collection of Jacques de Vitry's *exempla* contained in Bib. Nat. MS. 18,134), 145=clxxiv.† The work of Bozon is properly a treatise, but from the large number of *exempla* which it contains it undoubtedly served as material for amplifying sermons, and its value has been well stated by M. Meyer, who says (p. xxviii.): "Il n'y a pas, dans toute la littérature Anglo-Normande, un second ouvrage qui puisse nous donner une idée aussi complète de ce qu'était en Angleterre et au commencement du xive siècle, la prédication populaire. Non

---

* M. Meyer has given, in his introduction and notes to the *Contes* of Bozon, such a detailed account of the sources that it is not necessary to dwell upon them here. I shall refer only to the stories found also in Jacques de Vitry, since I was unable to use the work of Bozon in compiling the notes to the present work.

† Two other stories of Bozon, 141, 145, are found in the collection of Jacques de Vitry's *exempla* mentioned above. The first story is from the *Disciplina clericalis*, ed. Schmidt, p. 63; the second is found in the *Vie des Pères*, Méon, *Nouveau recueil de fabliaux*, ii., 362.

que le livre de Bozon soit proprement un recueil de sermons ; mais on peut légitimement le considérer comme formé des éléments qui faisaient le fonds des sermons prêchés au peuple par les prédicateurs de l'ordre auquel appartenait Bozon."

Two other works of the class of treatises containing *exempla* deserve notice here. The first is the *Fleur des commandemens de Dieu*,\* a treatise upon the Decalogue of the kind already described in section iv., 3, of this Introduction. The *Fleur des commandemens*, properly speaking, ends on p. xliv., where begins an *exemplaire*, or collection of *exempla*, to illustrate the first part of the work. The compiler says they have been translated from Latin into French in order that simple folk, who know no Latin, may understand them. Some of the *exempla*, he adds, are not from the Holy Scriptures, but are visions or miracles which credible persons have seen, and if many are given from the book of the Disciple (Herolt), it is not saying that they are like Holy Scripture, but because he was a great clerk who found the said *exempla* in books which the compiler had not studied. The *exempla* which follow fill pages xliv.-cxxiv.; but the pagination is so extraordinary that this gives no idea of the extent of the collection, since every chapter or division has the same pagination, so that there may be four or five pages bearing the same number. In fact, the *exempla* fill 170 pages. The first part of the work, to which the second bears exactly the same relation as the *Promptuarium* of Herolt to the preceding sermons, is a general treatise on the Decalogue, with illustrations, *exempla*, etc., scattered through it, as in the sermons of Herolt. The title only of the *exempla* is given and reference is made to the second part, the reverse of Herolt's

---

\* The full title of the edition which I have used (Bib. Nat. Paris, Réservé, D. 1614 invent.) is : *La Fleur des commandemens de Dieu avec plusieurs Exemples et Auctoritez extraictes tant des sainctes escriptures que d'autres Docteurs bon pères.* Lequel est moult utile et prouffitable à toutes Gens. Mil. D. xlviii. It was printed at Paris by Jehan Real, and is in folio. The Brit. Mus. has editions of Paris, 1510 and 1536, also in folio, and Hain, 7131, cites an edition of Paris, 1499, fol., by Ant. Verard.

*h*

method In the *exemplaire* the stories are arranged not alphabetically, but under the ten commandments, *e.g.*, " Primum preceptum. Exempla. Exemplo de ydolatrie. De apostasie. D'heretiques. De gens hors de la foy. De gens en la foy. De orgueil. De humilitate contre orgueil." The source of each *exemple* is given, and those taken from Herolt are introduced with such expressions as: " Le disciple recite en ses sermons ; Le disciple recite au livre de son promptuaire, etc." Herolt is quoted 214 times, including sermons and *promptuarium*, the latter more frequently of course. The remainder of the *exemples* are taken from the usual sources, and some are given at great length, *e.g.*, the story of Tundal filling five pages.*

The second French treatise is also upon the Decalogue, with the addition of the Seven Deadly Sins (an eighth, the sin of sacrilege, is added), the Seven Sacraments of the Church, Confession and Prayer. The author was an English priest, William of Wadington, of whom nothing is known except that he lived in the latter part of the thirteenth century.† His work closely re-

---

* There is an English translation of this work, which is among the rarest productions of Wynkyn de Worde's press. The Cambridge University Library has two copies, one of which I have used. The colophon, fo. cclxi., is as follows: " Here endeth the booke intytuled the floure of the commandementes of god with many examples and auctorytes extracte as wel of the holy scryptures as of other doctours and good auncyent faders the whych is moche prouffytable and utyle unto all people. Lately translated out of Frensshe into Englysshe in the yere of our lorde mcccccix. Enpryuted at London in Flete strete at the sygne of the sonne by Wynkyn de Worde. The seconde yere of ye reygne of our most naturell souerayne lorde kynge Henry the eyght of that name. Fynysshed the yere of oure Lorde mcccccx. the xiiii. daye of Septem."

The treatise upon the commandments fills fols. i.—cxxvii.: the *exemplayre*, fols. cxxvii.—cclxi. The translator (whose name and coat of arms are given at the end of the book) was Andrew Chertsey, of whom the *Dictionary of National Biography* says he flourished between 1508—1532, and undertook the translation from French into English of several devotional books for Wynkyn de Worde.

† See Mr. Furnivall's preface to Robert of Brunnè's *Handlyng Synne, with the French treatise on which it is founded, Le Manuel des Pechiez, by William of Wadington*, Roxburghe Club, 1862 ; and article by G. Paris (who names his author William) in the *Hist. litt. de la France*, xxviii., pp. 179-207.

sembles in disposition the *Somme des vices et virtus* of Lorens, a French Dominican, confessor of Philip III., who died about 1285, and whose work has nothing to do with the similarly named work of Peraldus, examined in section iv., 3, of this Introduction.*

William of Wadington's work is remarkable for the use of *exempla*, no less than 53 occurring in the book. Of these 12 are from the *Dialogues* of Gregory, and four from the *Vitae Patrum*, the others are from various legendaries and from hearsay.†

The popularity of William of Wadington's work is shown by the numerous MSS. of the xiiith, xivth, and xvth centuries still preserved,‡ and by an English translation made in 1303 by Robert of Brunne, of whom also nothing is known except that he flourished in the first half of the fourteenth century.§ His translation is a free one, the purely theological part of the original being generally omitted. Six of William's stories are replaced by twelve of Robert's, who has also added two long tales from Bede (vision of Fursey, and story of Jumna and Tumna), only one of which (Fursey's vision) is very briefly mentioned by William. These additions by Robert are very interesting, as they do not belong to the class of monkish tales, but are mostly local anecdotes and drawn from Robert's own experience, or at least he had heard them told.

Besides the two translations just mentioned, I know of no collection of *exempla* in English, except the translation of the collection in the Harl. MS. 268, contained in Brit. Mus. MS.

---

* For Lorens, see *Hist. litt. de la France*, xix. p. 397. There is an English translation in the Kentish dialect (1340), by Dan Michel of Northgate, under the title *Ayenbite of Inwyt* (edited by R. Morris for the Early English Text Society, 1866).

† These *exempla* are carefully studied by G. Paris in the article already cited in the *Hist. litt. de la France*, vol. xxviii., pp. 193-206.

‡ A list of these by P. Meyer may be found in the *Romania*, viii., p. 333.

§ The only edition of the work is that by Mr. Furnivall for the Roxburghe Club, mentioned above.

25,719, of the xvth century. As has already been shown in describing the *Recull de exemplis*, the Harl. MS. 268 is a copy of Étienne de Besançon's *Alphabetum narrationum*.

I have now brought to a conclusion, although in an incomplete and imperfect manner, the task which I undertook of tracing the history of the use of illustrative stories in sermons, and the influence this use exerted upon various forms of literature. I have accomplished my labour in a bungling way indeed if I have failed to show the great importance of this custom for the history of mediæval culture, and especially for the diffusion of popular tales. It was no part of my design to pursue the history of *exempla* beyond the limits of the Middle Ages, and through the great collections of *facetiae* of the xvith and xviith centuries. This interesting and valuable field of study I leave to one more happily situated than I am in respect to leisure and to sources of information.

# EXEMPLA EX SERMONIBUS VULGARIBUS JACOBI VITRIACENSIS.

I. [fo. 4ro] Audivi quod quidam de hiis parvulus, postquam a quodam episcopo avunculo suo in stallo locum archidiaconi accepit, sedem suam fedavit, sicut gremium nutricis suo consueverat fedare.

II. [fo. 4vo] Audivi quod demones quibusdam negligentibus prelatis Sicilie quondam litteras miserunt in hunc modum: "Principes tenebrarum principibus ecclesiarum, salutem. Gratias vobis referimus, quia quot vobis commissi tot sunt nobis missi."

III. Hii igitur qui curam animarum recipiunt et aliis ducatum promittunt, ipsi autem nec sibi nec universo gregi attendunt, merito assimilantur rane que, per medium stagnum, muri promisit ducatum, ligans quodam filo pedem muris pedi suo, sed miluo rapiente murem, simul traxit et ranam, quia si cecus ceco ducatum prebet, ambo in foveam cadunt.

IV. [fo. 6vo] De sacerdote pessimo dicit Ysaias: Asportari te faciet Dominus sicut asportatur gallus gallinaceus qui gallinas non defendit. Hujusmodi gallus portari solet ad forum, ligatis pedibus et capite ad terram inclinato, et isti qui caput et oculos mentis statuerunt declinare in terram, ligatis manibus et pedibus, projicientur in gehennam. Lepusculi autem et pusillanimes prelati, dum ignavie sue excusationem querunt, dicentes:

"Redimamus tempus quoniam dies mali sunt," dum pravae consuetudini innitentes (?) nichil novum attemptare audent, merito buboni assimilantur, quem alaude sibi regem profecerunt, ut eas ab importunis avibus deffenderet eo quod fortis et proceri corporis esse videretur. Cum autem, quadam die, volarent, capta est alauda illa que in extremo exercitus alias sequebatur et delata est querimonia ad regem qui respondit: "Quare in extremo et periculoso loco ibat?" Postmodum capta est alia que in prima parte volabat, et respondit bubo: "Quia in prima parte se posuit?" Tandem, capta quadam alauda, que in medio volabat, respondit bubo: "Quare inquietatis me? quid vultis ut faciam vobis? semper consuetudo fuit ut a nisis caperentur alaude."

V. [fo. 8ʳᵒ] Prelati, apparentia sine existentia, similes cuidam statue, quam quidam in agro suo posuit, tenentem arcum ad torrendas aves. Videntes autem volucres statuam primo timuerunt, sed videntes quod nunquam traheret vel sagittas emitteret, ceperunt minus timere et propius accedere. Tandem vero attendentes quod nullam ex avibus lederet, volaverunt super eam et ipsam stercoribus fedaverunt.

VI. [fo. 10ʳᵒ] Audivi de quodam presbytero qui coquo episcopi satisfacere non poterat, eo quod innumera fercula petebat ut ad opus episcopi prepararet, quod tandem tedio affectus et dolore stimulatus, ait: "Jam non habeo quod possim dare nisi latera crucifixi," et illa assata fecit ante episcopum in mensa deferri. Sit prelatus sicut dammula ut festinet discurrat et omnia impedimentorum obstacula transeat.

VII. Legimus autem de tygride quod, raptis fetibus, dum veloci cursu venatores insequitur, ipsi timentes sibi de crudelitate bestie, speculum vitreum amplum in via projiciunt. Tygris vero dum imaginem suam in speculo cernit, a cursu suo subsistit, estimans fetum suum reperisse. Dum autem imaginem illam amplectitur et ibidem commoratur, venatores evadunt.

Ipsa autem, tandem pede fracto speculo, nichil reperit et ita fetus suos amittit. Sic venator infernalis multos prelatos, objecta imagine rerum temporalium, curiositate detinet et transitoria vanitate retardat ut non discurrant et festinent.

VIII. [fo. 11ᵛᵒ] Timeat igitur prelatus semper de talento sibi commisso et proprium periculum attendat, exemplo cujusdam regis divitis et potentis valde quem, cum quidam miraretur et felicem diceret, rex sapiens illum sedere fecit in loco valde eminenti, super cathedram que minabatur ruinam, magnumque ignem subtus cathedram accendi fecit et gladium cum filo tenui super caput sedentis suspendi. Cumque fecisset apponi copiosa et delicata cibaria, dixit ei ut comederet. At ille: "Quomodo comedere possem, cum in summo periculo sim constitutus et semper timeam ruinam?" Cui rex ait: "Et ego in majori periculo sum constitutus, in cathedra ruinosa residens, timens gladium divine sententie et ignem gehenne. Quare ergo tu dixisti me felicem?"

IX. Faciat igitur prelatus, qui ad tempus constitutus est rex super Syon montem sanctum ejus etiam super ecclesiam, illud quod de quodam sapiente legimus. Qui cum esset rex constitutus in civitate cujus talis erat consuetudo quod, per annum unum tamen regnaret, et tempore regni sui, cunctis juramento obedientibus, quecumque vellet faceret, anno autem preterito, in exilium mitteretur ut non posset redire vel jure hereditario regnum possidere, ipse, dum potestatem habuit, aurum, argentum, lapides preciosos, pannos sericos et cibaria copiosa cum multis servientibus in insulam maris, ad quam in exilium predicti reges mitti solebant, premisit et ita de exilio locum amenum constituit, et nos, qui post mortem non poterimus villicare, premittamus ante faciem nostram opera sancta conversationis et misericordie . . . .

X. [fo. 13ᵛᵒ] . . . Alioquin, quicquid ministrando acquirunt (sacerdotes) per superbiam amittunt, similes cuidam fatuo qui, cum dolium semiplenum haberet et illud implere vellet, vinum ab inferiori foramine trahebat et per foramen superius infundebat et sic in vanum laborabat . . . . . .

XI. Alioquin, qui malos archidiaconos vel rurales decanos constituunt similes sunt cuidam fatuo qui, cum caseum quem in archa reconderat a muribus corrosum inspiceret, posuit in archa murilegum ut a muribus defenderet caseum. Murilegus autem non solum mures devoravit sed totum caseum comedit. Sic raptores et avari officiales, qui a malis sacerdotibus simplicem populum defendere deberent, tam sacerdotes quam laicos pecuniis spoliant et devorare non cessant.

XII. [fo. 15$^{vo}$] Ita dicti prelati, cum vitam et scientiam non habeant, coacervant sibi divitias, ut magni habeantur et honorentur. Talis pastor derelinquit gregem et recipit lac et lanam derelinquens in adversis et sequens in prosperis, more testudinis que in hyeme infra testam se contrahit et in estate cornua ostendit et ideo gladius divine ultionis super brachium ejus, quia fortis est ad malum sed ad bonum debilis et super oculum dextrum ejus etiam super scientiam, qua male utitur . . . .

XIII. Presumptuosi autem et arrogantes, dum de viribus suis confidunt, compassionis viscera non noverunt. Unde cum quidam eremita valde reprehenderet Adam et illi indignaretur, eo quod tam leve mandatum transgressus fuisset, cum potius compati debuisset, socius ejus volens eum castigare inter duas scutellas murem ponens dixit illi: " Frater, ne videas, donec reversus fuero, quid sit inter has duas scutellas." Quo recedente, cepit ille cogitare quare tale mandatum mihi fecit, certe videre volo quid inter duas scutellas posuerit et elevans superiorem scutellam mus aufugit. Redeunte autem socio, cum murem non inveniret, dixit ei: " Tu redarguebas Adam, eo quod tam leve mandatum fuisset transgressus, et tu mandatum levius preteriisti." Quo audito, ille a presumptione cessavit et indignationem in compassionem mutavit.

XIV. De quodam abbate legimus quod cum monachus ejus valde temptaretur, ut carnes comederet, occidit pavonem et coxit atque in dolio vacuo se abscondens manducare cepit. Quod abbas ejus, dum varias officinas monasterii visitaret, percepit. At ille erubescens cogitabat quod fugeret et numquam ad monasterium rediret. Abbas vero, compassionis motus, dixit fratri: " Noli timere, fili, quia et ego valde temptatus sum ut comedam carnes;" et ducens eum ad cellarium cum eo manducavit et bibit et condescendendo illi, ipsum in monasterio retinuit. Infirmi quidem, ut vulgariter dicitur, non furca sed linteo sunt vertendi.

XV. [fo. 17ro] Qui autem non habentes vestem nuptialem, polluti ad altare accedunt et bonis sacerdotibus ad nuptias residentes se admiscent, similes sunt asino qui, videns quod catelli occurrebant domino venienti, et amplexabantur eum ludentes cum eo, et ad mensam domini panem manducabant, credens domino placere et majorem ejus gratiam habere, si ad imitationem catelli ad mensam ejus accederet et dominum suum amplexaretur, dum pedes ad collum domini sui poneret vestes ejus laceravit et pedibus illum lesit. Servi autem concurrentes asinum fustigaverunt et a mensa domini ejecerunt.

XVI. [fo. 17vo] Non solum sacerdotibus sed et laicis commessationes noxie sunt qui festivos et sollempnes dies non aliter se digne celebrare putant nisi commessationibus deserviant . . . Talium corpora asino leprosi merito comparantur qui, cum bene de elemosinis, que leproso conferuntur, nutritus et inpinguatus fuerit, recalcitrat precipitando leprosum; ita anima misera et leprosa, recalcitrante corpore precipitatur, primo in peccatum et tandem in infernum.

XVI. [fo. 18ro] Cum autem per Ezechielem, Dominus de laicis et clericis, sub specie duarum meretricum, loquatur, id est Olla et Ooliba, magis conqueritur de Ooliba que minor erat quam de sorore sua, id est de clericis, qui pauciores sunt numero quam de populo laicorum. Per has utique duas sorores intelligere voluit effeminatos in utroque populo et idcirco nomine femineo appellantur. De Ooliba quidem dominus ait quod plusquam soror ejus libidine insanivit et quod aperte peccare non erubuit. "Denudavit inquit fornicationem suam et discooperuit ignominiam suam et recessit anima mea ab eo."

XVII. [fo. 18ro] Hii igitur falso nomine clerici nec sunt clerici . . . . qui deliciis carnalibus dediti projecerunt Christum, carnis voluptates amplexando . . . . qui merito assimulantur cuidam preposito domus regie cui rex, cum ad remotiores regiones pergeret, filiam suam custodiendam commisit, ille vero neglecta regis filia canem quem habebat pavit et inpinguavit, adeo quod canis laciviens vel potius insaniens, regis filiam, quo fame et inedia torquebatur, invasit occidit et laniavit.

XVIII. [fo. 18ro] Quam miseri qui pro umbra veritatem deserunt, pro transitoriis eterna relinqunt, qui Deum et mundum simul se posse habere credunt, similes cani qui caseum in ore portabat juxta aquam et videns umbram casei in aqua, cum utrumque vellet habere, aperto ore amisit utrumque.

XIX. [fo. 20ro] Audivi quod quidam sanctus homo, dum esset in choro, vidit diabolum quasi sacco pleno valde oneratum. Dum autem adjuraret dyabolum ut diceret ei quid portaret ait : "Hec sunt sillabe et dictiones syncopate et versus psalmodie, que isti clerici in hiis matutinis furati sunt Deo ; hec utique ad eorum accusationem diligenter reservo." Excubate igitur diligenter in mysterio altaris ne super populum oriatur indignatio.

XX. [fo. 20ro] Qui igitur preve consuetudinis corruptela et multitudinis exemplo decipiuntur, similes sunt cuidam rustico qui, dum agnum portaret ad vendendum, quidam truphator ait sociis suis : "Facite quod dicam vobis et gratis habebimus agnum illum." Et posuit eos in diversis locis separatim, unum post unum. Transeunte autem rustico, primus ait: "Homo, vis vendere canem illum?" At ille pro minimo reputavit et processit. Cum autem veniret ubi alius stabat, dixit ille: "Frater, vis mihi vendere canem illum?" "Domine, volite me irridere, non fero canem sed agnum." Cum autem idem tercius dixisset, cepit rusticus amirari et erubescere. Quarto autem et quinto idem dicentibus, cogitavit inter se quid hoc esse posset quod tot homines in hoc concordabant quod canem et non agnum portaret, et tandem opinionibus multorum acquiescens, ait: "Novit Deus quia credebam quod esset agnus, sed quia canis est de cetero non portabo illum;" et, projecto agno, recessit. At illi tulerunt cum et comederunt.

XX. [fo. 22ʳᵒ] Audivi de vulpe, quam vulgariter renardum appellant, quod pacifice salutavit volucrem que gallico *masange* nominatur cui illa dixit: "Unde venis?" At ille: "De colloquio regis in quo jurata est pax cum cunctis bestiis et volucribus observanda. Unde rogo te ut pacis osculum mihi tribuas." Cui illa: "Timeo ne me capias." Cui renardus: "Accede secure ecce oculos claudam ut te capere non valeam." Volucre autem accedente et ante vulpem volitante, cum ore aperto vellet eam capere, velociter evolavit irridens vulpem que, contra pacis juramentum, ipsam ledere voluisset. Huic similes sunt quidam fraudulenti clerici et sacerdotes pessimi qui, pacem et religionem simulantes, mulierculas seducunt."

XXI. [fo. 22ʳᵒ] Hii seductores animarum similes sunt lupo qui, cum lingeret juga boum, mirabatur bubulcus nesciens quod aliud simularet et aliud intenderet querens oportunitatem ut bovem strangularet.

XXII. [fo. 24ʳᵒ] Si enim propter odium vel indignationem [prelatus] subtrahat populo predicationem, similis est cuidam stulto et malicioso homini qui, in odio uxoris sue, genitalia sibi abscidit et ita prius sibi quam aliis nocuit, et prelatus, qui populum in errore relinquit, plus omnibus aliis punietur, quia sanguis omnium de manu ejus requiretur . . . . . .

XXXIII. Diabolus autem quandoque procurat delicias et prosperitatem ut subtrahat utilitatem. De hiis vero diabolus ludit, sicut quidam scolares, ut dicitur, Parisius de murilego ludebant. Decium quidem illi in pede ponebant et quando plura puncta prohiciebat quam scolares, ad manducandum illi dabant, tandem, cum pauciora puncta catus projecisset, excoriaverunt ipsum et pellem vendiderunt. Ita diabolus prosperari permittit predictos delicatos prelatos et ipsos protrahit et sustinet ut lucrentur et suam faciant voluntatem, sed tandem in morte quasi paucis punctis provenientibus cuncta perdunt, tunc enim excoriabuntur . . . .

XXIV. [fo. 27ro] . . Quam miseri qui sub tanto rege in libertate militare renuunt et crudeli tyranno se subiciunt, similes ranis, que cum in pace sub solo Jove viverent nec alium regem haberent nec aliqua rana super aliam se extolleret vel alie dominari vellet, petierunt regem a Jove qui dixit eis: "Sufficiat vobis quod in pace vivitis." Que responderunt: "Immo volumus super nos habere regem." Ille vero nolens eas terrere et a stulticia compescere projecit lignum in lacum ubi erant rane. At ille pavefacte valde timuerunt et se in lutum submerserunt credentes quod rex illis datus esset; tandem videntes quod lignum immobile permanebat nec aliquid illis imperabat, iterum accesserunt ad Jovem petentes sibi dari regem. Qui, valde indignatur contra ranarum stulticiam et importunitatem, dedit eis regem serpentem enim qui ydrus dicitur. Dedit eis regem in ira sua qui ranas vorare cepit. Idcirco in proverbio dicitur. Capra tantum scalpit quod male jacet; maneat unusquisque in vocatione in qua vocatus est, alioquin qui militare nolunt sub rege benigno nec adversitatibus aut egritudinibus, quas Deus immittit eis ad terrorem, nolunt cessare a malo proposito, Deus ex indignatione et ita permittit eos subici diabolo vel etiam seculari potestati . . . .

XXV. [fo. 28ʳᵒ] Ecce quot monstris hiis diebus ecclesia Dei occupatur, quot sordibus imprimatur, quot fetoribus inficitur ut quocumque te vertas fetorem sentias, sicut dicitur de symia que jacebat inter scrophas et, dum ex parte una sentiret fetorem, convertebatur ad aliam et nichilominus intollerabilem fetorem sentiebat. Isti tamen, quia fetidi sunt et in fetoribus nutriti, fetorem suum non sentiunt, immo more porci fetore delectantur et carnales delicias quas diligunt amplectuntur, juxta illud: " Qui nutriti sunt in croceis amplexati sunt stercora," similes symie que, dum a venatoribus fugatur, fetum quem magis diligit inter brachia stringit et alium post dorsum proicit. Cum autem venatores appropinquant, instante periculo, dilectum quem amplexabatur cogitur proicere, illum autem quem minus diligebat, dum firmiter humeris ejus adheret, abicere non valet, verum onere pergravata capitur et detinetur. Pari modo predicti reprobi, qui nunc delicias et divitias quas diligunt amplectuntur, peccata post dorsum habentes et illa respicere vel confiteri nolentes, imminente mortis periculo, dum appropinquabunt venatores infernales, delicias quas nunc amplexantur derelinquent, peccatis que post dorsum posuerant ipsos aggravantibus ut a venatoribus capiantur et in infernum deducantur.

XXVI. [fo. 30ʳᵒ] Memini quodam tempore, cum in terra que dicitur Albigensium coram multis militibus contra quosdam hereticos disputaremus, et eos contra nos conclamantes auctoritatibus aperte, ut intelligere possent laici, convincere non possemus, quidam ex nostris dixit heretico ut se crucis signo signaret. Vulpecula illa, volens amfractuose in apparentia ambulare, signum crucis inchoans non perficiebat, licet a principio facere videretur, quod advertentes milites christiani insurrexerunt in eos visibili et manifesto errore deprehensos. Talia igitur propter circumstantes proponenda sunt hereticis quibus error eorum ab omnibus valeat reprehendi, velut si dicatur eis, qui asserunt quod omnia visibilia et corporalia creavit diabolus, quomodo per impositionem manus nostre datur Spiritus Sanctus, cum eum creavit diabolus.

XXVII. [fo. 30ro] De hiis autem qui de aliorum successibus invidendo torquentur, Seneca ait: "Vellem oculos invidorum esse ubique ut omnium felicitatibus torquerentur." Ex hiis oriuntur dissensiones et jurgia et contentiones, dum quidam, quia per scientiam et doctrinam suam innotescere non possunt, conviciando aliis quoquo modo apparere et famam sibi acquirere querunt, similes cuidam homini desperato qui, cum edes Diane incendisset, querentibus ab eo cur fecisset, respondit: "Cum non possem bene, volui innotescere vel malo et quia ignotus eram, feci ut multi loquerentur de me" . . . . .

XXVIII. Vani sunt [magistri] et singulares qui nova et inaudita adinvenire nituntur, probatos et antiquos magistros sequi nolentes, cum tamen Ecclesiastes dicat, xxxi[x].: "Antiquorum exquiret sapiens." Isti autem in magnis ambulant et in mirabilibus super se. In magnis ambulant qui cogitant quomodo in hoc seculo magni habeantur et dignitatibus attollantur. In mirabilibus super se ambulant qui cogitant qualiter facere possint vel dicere utrum homines ammirentur. Verum plerumque nova et inaudita fingunt, quibus, licet incredibilia sint, fidem adhibent curiosi et stolidi auditores, similes cuidam homini qui, cum cepisset phylomenam, dixit ei phylomena: "Tu vides quam valde sum parva, si me occidas et commedas non multum comedum assequeris, si autem [fo. 31ro] abire me permisseris, docebo te sapientiam que prodesse tibi multum poterit." At illo: "Doce me et permittam te abire." Cui phylomena ait: "Numquam apprehendere coneris que apprehendere non possis et numquam de re perdita doleas, quam recuperare nequeas, et verbo incredibili numquam fidem adhibeas." Hiis auditis, eam avolare permisit. Tunc phylomena volens eum probare ait: "O miser, quid fecisti quia me dimittere voluisti, habeo in visceribus meis margaritam que ovi structionis excedit magnitudinem." Hoc audiens contristatus est valde et eam apprehendere conabatur. At illa: "Nunc cognovi fatuitatem tuam ex quod et doctrina mea nichil profecisti; conaris me comprehendere cum itineri meo non possis pergere, dolos de re perdita quam recuperare non potes. Credis in visceribus meis esse margaritam ventris mei excedentem mensuram, cum ego tuta ad mensuram ovi structionis pertingere non possim." Sic fatui et decepti scolares quibusdam fantasiis et incredibilibus fidem adhibent que, tanquam frivola irrisione digna, statim respuere debuissent.

XXIX. Quidam autem ad tantam venerunt insaniam ut in fonte caloris, id est in sole, calorem esse negarent. Alii mendaciter asseruerunt constellationes libero arbitrio inferre necessitatem, et multa talia jactanter dixerunt ut aliquid magnum discere putarentur et summis doctoribus equari viderentur, similes cuidam rane que, cum videret bovem pulcrum et magnum, cepit illi invidere et volens adequari bovi cepit se inflare. Alia rana eam increpans, ait: "Desiste ab hac stulticia, quid enim es respectu bovis nunquam illi poteris coequari." At illa indignata cepit intumescere. Cui alia rana: "Nec si te ruperis," inquit, "ad quantitatem bovis pervenire valebis." At illa valde irata cum magno conamine amplius intumescens se ipsam disrupit. Hujusmodi igitur vani et infruniti doctores fugiendi sunt qui novis et inauditis aures curiosas pascunt et incautos auditores subvertunt.

XXX. [fo. 31ᵛᵒ] Patet igitur quod, licet expediat artem grammaticam adiscere, non tamen contempnendi sunt viri religiosi qui in arte grammatica non multum sunt exercitati. Legimus autem quod, cum quidam phylosophi, audita sancti Antonii fama, ad ipsum in heremo venissent et ipsum illiteratum cognovissent in corde suo ipsum contempserunt. Quod sanctum non latuit, verum et ab ipsis querere cepit quod horum prius fuerit scientia vel littera. Illi attendentes quod scientia litteras adinvenit responderunt quia scientia prius fuit. At ille: "Ergo sine litteratura potest esse scientia. Littere autem ad hoc invente sunt ut per illas scientia acquiratur. Igitur qui scientiam, inquit, habet litteris non indiget, sicut qui ad locum destinatum vehiculo quadrige pervenit jam non indiget quadriga." Quod audientes phylosophi amirari et laudare ceperunt sapientiam ejus quam prius contempserant. Litterati igitur et eloquentes simplicium fratrum ruditatem non spernant quos unctio docet de omnibus que sunt necessaria ad salutem.

XXXI. [fo. 32ʳᵒ] Scientia pietatis est nosse, legere scripturas, intelligere prophetas, in evangelio credere, apostolos non ignorare. Grammaticorum vero doctrina potest proficere et ad vitam dum fuerit in meliores usus apta. Licet autem triviales artes addiscere concesserit Iero[nymus] ipse tamen ab angelo verberatus est et correptus, eo quod libros legeret Ciceronis. Verum et dictum est ei: "Ciceronianus es, non Christianus." Hoc autem factum esse credimus eo quod circa talia nimis esset occupatus et, magis in libris Tullianis quam in theologicis, quadam curiositate detineretur. Similiter et Parisius accidit quod quidam discipulus post mortem magistro suo de die apparuit, qui indutus videbatur cappa ex pargameno minutis litteris conscripta. Cumque magister Sella, sic enim magister vocabatur, a discipulo quereret quid cappa illa et littere sibi vellent, respondit: "Quelibet harum litterarum magis me gravat pondere suo quam si turrem hujus ecclesie super collum portarem," ostensa sibi ecclesia Sancti Germani Parisiensis in cujus prato discipulus ejus apparuit illi. "Hec," inquit, "littere sunt sophysmata et curiositates in quibus dies meos consumpsi," et addidit: "Non possem tibi exprimere quanto ardore crucior sub hac cappa sed per unam guttam sudoris aliquo modo possem tibi ostendere." Cumque magister extenderet palmam ut sudoris exciperet guttam, perforata est manus ejus a ferventi gutta velud acutissima sagitta. Mox ille magister scolas logice reliquit et ad ordinem Cysterciencium se transferens ait: "Linquo coax ranis, cra corvis, vanaque vanis, ad logicam pergo que mortis non timet ergo." Quamdiu autem in ordine vixit manum perforatam habuit et usque ad tempora nostra, dum Parisius essemus, in scolis vixit manus suo foramen cunctis ostendens.

XXXII. Non igitur in talibus nimia occupatione dies nostros consumere debemus, licet aliqua ad comodum nostrum et usum bono vivendi retorquere valeamus, exemplo sancti Bernardi qui, cum scolas logice Parisius ingressus fuisset, aliquos scolares Deo lucraturus, post disputationem rogavit eum magister ut determinaret, cum tamen in scolis logycam nunquam audisset, respondit : "Audite, qualiter Deus contra nos argumentatur. Ipse quidem proponit nobis legem, assumit transgressionem, concludet penam eternam argumentando per hunc modum. 'Lex quam dedi tibi dicit non peccabis, tu autem hujus precepti prevaricator es, ergo tu dampnaberis.' Hec est miserabilis conclusio de qua Eze[chiel] ait : 'Fac conclusionem quia terra plena est judicio sanguinum et civitas plena est iniquitate,' et Psalmus ait : 'Effundo frameam et concludo id est manifesta vindictam et concludo penam eternam,'" et iterum Bernardus, cum audisset quia frequenter in disputatione dixerant : "Homo est animal rationale mortale," ait : "Consideranti duo hec rationale mortale is fructus occurrit quia mortale rationale humiliat et rationale mortale confortat." . . . .

XXXIII. [fo. 33ro] Cito quidem homo moritur, non potest diu vivere et quando morietur ignorat, verum oportet eum multis intermissis ad necessaria festinare. Curiosi autem perscrutatores et qui ea, que ad se non pertinent, stulto inquirunt, similes sunt vulpi qui veniens ad mulum dixit illi : "Cujusmodi es animal, esne equus vel asinus?" Respondit illi : "Quid ad te? ego sum creatura Dei." Cui vulpecula : "Volo scire de qua parentela sis." Instante autem vulpe et in questione persistente, dixit mulus : "Ego sum nepos magni dextrarii regis Yspanie." Cui vulpes : "Quis fuit pater tuus et que mater tua?" Mulus autem indignatus et iratus ait : "Ecce in ferro dextri pedis mei scriptam invenies totam seriem cognationis mee." Accedente autem vulpe ut litteras legeret mulus pedem elevans percussit vulpem et occidit. Ita perscrutator majestatis opprimetur a gloria. . . . . .

XXXIV. Pertransibunt multi et multiplex erit scientia, verum multa pertransire oportet et non de omnibus inquirere, ne similes simus cuidam rustico de cujus manu securus cecidit in aquam, qui cepit super pontem expectare, donec tota transiret aqua. Rusticus expectat, dum defluat amnis, at ille labitur et labetur in omne volubile evum. Ita sciencia sciencie, opiniones opinionibus, et libri libris semper succedunt. . . . .

XXXV. [fo. 33$^{vo}$] Audivimus autem quod, in quibusdam regionibus et maxime in Lotharingia, sint judices quorum statera adeo est iniqua et desolata et ita in unam partem inclinatur quod parti adverse locum assignant sub nomine equivoco, verum si is qui citatur ad unum locum venerit vel miserit dicit judex impius: " Citavi te ut ad illum alium locum venires;" et statim sententiam excomunicationis fulminat in ipsum tanquam contumacem et multa talia faciunt, propter que ab omni officio et beneficio in perpetuum privari deberent et condempnari in dampnis et expensis illis quos ita iniquo affligere non formidant. Gratis autem debent judices officium suum exercere. . . . .

XXXVI. [fo. 34$^{vo}$] Legitur autem in tragedia quadam Senece quod visum est cuidam quod videret Neronem apud inferos balneantem ministrosque circa eum aurum fervens infundere dicentemque cum videret chorum advocatorum ad se venientem: " Huc," inquit, " venale genus hominum, advocati, amici mei accedite ut mecum in hoc vase balneetis, adhuc enim superest locus in eo quem vobis reservavi." Caveant igitur advocati ne animas suas diabolo vendant. . . . .

XXXVII. Caveant ne per injusticiam plus potendi totum amittant, sicut dicitur de camelo quod non contentus jure suo, id est bonis naturalibus que Dominus illi dederat, petiit a Domino ut cornua sibi darentur. Dominus autem indignatus non solum cornua non dedit sed et aures illi abstulit. Multo fortius omnem venalitatem a se debent relegare cum propter justiciam faciendam suas habeant dignitates et redditus . . . . . .

XXXVIII. Audivi de quodam judice iniquo et venali, cum pauper muliercula jus suum ab ipso optinere non valeret, dixit quidam mulieri: "Judex iste talis est quod, nisi manus ejus unguantur, nunquam ab ipso justicia optinetur." Mulier autem simpliciter, et ad litteram quod ille dixerat intelligens, cum sagimine seu uncto porcino ad consistorium judicis accedens, cunctis videntibus, manum ejus ungere cepit. Cum autem quereret judex: "Mulier quid facis?" Respondit: "Domine, dictum est mihi quia, nisi manus vestras unxissem, justiciam a vobis consequi non possem." At ille confusus erubuit eo quod ab omnibus notaretur et irrideretur. Vos autem, fratres karissimi, sive in judicando sive in advocando taliter vos habeatis quod de talento vobis commisso secure rationem reddere valeatis coram summo judice Domino nostro . . . .

XXXIX. [fo. 36<sup>vo</sup>] De quodam etiam reprobo et maledicto advocato audivi, qui gallice *avant parliers et plaideres* appellatur, quod, cum in lecto aegritudinis affertur ei eucharistia, ipso secundum quod consueverat dicere cum esset sanus, ait: "Volo quod judicetur prius utrum recipere debeam an non." Cui cum astantes dicerent: "Justum est ut recipias et hoc judicamus;" ipse respondit. "Cum non sitis pares mihi non habetis me judicare." Cumque appellaret quasi ab iniqua sententia, spiritum in latrinam infernalem egessit.

XL. Audivi de quodam qui timore pene compulsus, cum videret demones ante se, cepit petere a Domino inducias, sed quia frequenter in causis inducias in fraudem postulaverat ut causam protraheret et adversarium gravaret non potuit optinere.

XLI. Hic autem assimilatur miluo qui frequenter fedaverat Deorum sacrificia et rapuerat que sacrificata erant in honore Deorum. Cum autem infirmaretur usque ad mortem rogavit columbam ut pro ipso Deos deprecaretur. Cui columba: "Sera est et non spontanea penitentia tua, tociens Deos offendisti, cum esses sanus, quod preces coactas modo non exaudirent, ipsi enim noverunt quod si sanitatem recuperares a consuetis rapinis non cessares;" et ita miluus, id est rapax advocatus, nec inducias optinuit nec sanitatem recuperavit verum et illam tristem et lacrimabilem cantilenam dampnatorum cantare potuit.

XLII. [fo. 38ro] Legimus de quodam rege sapiente qui semper, quando curiam tenebat, aliis gaudentibus ipse semper tristis apparebat; verum et milites ejus murmurabant sed ei dicere non audebant. Tandem quidam frater ejus, ex fiducia magna quam habebat ad regem, quesivit ab eo quare in magnis sollompnitatibus, in quibus cum aliis gaudere debuisset, tristis et nescio qualia cogitans incedebat, multosque ex tali gestu scandalizabat. Cui rex ait: "Que facio tu modo nescis, scies autem postea." Recedente illo ad hospicium suum servos suos cum bucinis misit rex post eum. Erat autem consuetudo in regno quod quando homo adjudicatus esset morti ante hostium domus ejus cum tubis ministri clangebant. Buccinantibus igitur servis regis frater ejus vehementer expavit et se mortem non posse evadere pro certo credidit. Statim autem, sicut rex jusserat, ligatus ad regis palacium est ductus; tunc jussit expoliari eum et tria spicula acuta applicari ventri ejus et lateribus et ecce, sicut rex ordinaverat, mimi et joculatores astiterunt et alii cantantes et choreas dicentes. Frater autem regis inter letantes contristabatur et lugebat. Cui rex ait: "Quare cum istis gaudentibus non gaudes?" At ille: "Domine, quomodo gauderem cum mortis sentenciam statim expectem?" Tunc rex precepit eum solvi et vestiri et ait: "Nunc ad ea que quesisti respondebo tibi, si tu timuisti et contristatus es, quando bucinatores meos audivisti, et ego cum audio buccinatores summi regis et tubam divine predicationis et sonum tube terribilis judicii recolo, merito magis espavesco, presertim cum tria spicula acutissima quibus continue pungor circa me sentiam, quorum unus est timor peccatorum meorum, alius metus mortis incerte que omni die imminet mihi, tercius timor gehenne et pene interminabilis, nam ista pena quam tu modo formidabas cito terminatur, illa autem nunquam finitur; verum non mireris si, aliis inaniter gaudentibus, ego appareo tristis semper formidans inflexibilem justiciam districti judicis qui pro uno peccato superbio angelum de paradyso ejecit." Iste igitur rex veram habuit sapientiam et qui addidit illi scientiam addidit et dolorem dominus noster Jesus Christus qui vivit et regnat per omnia secula seculorum.

XLIII. [fo. 40ro] Dum autem cecus doctor cecum id est peccatorem vult pascere, cibus in terram cadit, quia doctrinam suam ad terrena convertit. Est autem in quibusdam locis consuetudo quod, in festis diebus, cecis conceditur porcus ut ipsum occidant et partes suas omnes accipiant. Dum autem cecus porcum vult occidere sepe accidit quod seipsum vulnerat vel socium percutit et occidit. Pari modo isti doctores ceci, dum predicando deberent occidere peccatorem, per avariciam se ipsos vulnerant et alios malo exemplo scandalizando ledunt et aliquando occidunt. Vulgo autem dici solet quod nullum animal audacius est equo ceco; hii sunt doctores qui avaricia et muneribus excecantur.

XLIV. [fo. 42ro] Ecce quot laqueos diabolus tendit litteratis et maxime theologis et predicatoribus, nam subplantatis et dejectis doctoribus facile deiciuntur discipuli; verum dicitur quod cuidam querenti a cancro cur non incederet recte sed retrograde, respondit cancer: " Ita didici a parentibus meis."

XLV. [fo. 42vo] Legimus autem quod pastores et lupi inter se magnam habebant discordiam, eo quod lupi oves devorare volebant sed pastores prohibebant. Post longam disceptationem dixerunt lupi: " Faciamus pacem hac conditione, habeatis oves tantum date nobis canes." Sciunt utique lupi infernales quod si canes, id est predicatores, possent sibi subjugare de facili possent oves strangulare.

XLVI. [fo. 43ʳᵒ] Hii igitur habitum sumunt, non ut Deo serviant sed ut comessationibus deliciis et ocio vacent . . . . . Sic legimus de quodam qui habitum suscepit monachalem, ut majorem haberet oportunitatem calices furandi et monasterium spoliandi, qui postea penitens et ad cor reversus factus est valde religiosus.

XLVII. [fo. 44ʳᵒ] Licet autem seculares et potentes in hoc seculo in honore habeantur et delicate pascantur, in morte tamen tanquam vilia cadavera relinquuntur. Sic accipiter et nisus qui ponuntur in perticis super pugnum portantur et carnibus pascuntur, in morte autem in sterquilinium prohiciuntur. Gallina autem que non adeo honoratur sed pastum siccum unde sustentatur querit et sepe percutitur et fugatur; in morte ad mensam divitis honorifice defertur. Ita est de bonis claustralibus juxta illud: "Preciosa est in conspectu Domini mors sanctorum ejus." Verum de quodam rege sapiente legimus quod, obvians duobus viris religiosis attritis et sordidis vestibus indutis, procidens in terra adoravit et amplexatus est eos. Milites autem regis videntes hoc indignati sunt valde et ceperunt contra regem murmurare. Rex autem, ut obstrueret ora loquentium iniqua, fecit fieri duas archas auro et argento exterius decoratas, interius autem plenas fetoribus et ossibus mortuorum. Alias vero duas fecit fieri de ligno putrido viles valde et quasi nullius valoris in apparencia, et eas cilicinis texit et funibus cilicinis astrinxit, quas implevit inestimabilibus margaritis et odoriferis atque preciosis unguentis. Quo facto, reprehensiores suos vocari fecit et posuit ante illos predictas arcellas ut estimarent que preciosores essent. Qui arcellas deauratas multum commendantes dixerunt quod in ipsis diademata regalia reponi deberent, alias vero tanquam vilissimas spreverunt. Ad quos rex: "Sciebam vos talia dicturos qui secundum visum et superficialiter de rebus judicatis." Tunc precepit aperiri arcellas deauratas et exivit intollerabilis fetor, ita quod omnes fugerent et oculos adverterent. Tunc rex ait: "Iste est typus eorum qui pompae seculari et mundi gloria attolluntur exterius, intrinsecus autem viles sunt et pleni fetoribus ac sordibus peccatorum." Postmodum apertis aliis, cunctos odoro suavissimo respersit et eorum que intus posita erant odore et splendore letificavit. "Tales sunt," inquit, "viri illi exterius abjecti, interius autem pleni gratia et virtutibus quos adorans onoravi;" et ita docuit omnes, qui insipienter murmuraverant, ut attenderent interiora et in exterioribus non errarent. Verum et sapientes mercatores dicere solent quod malunt lucrari in saccis et vilibus pannis quam perdere in scarletis et pannis preciosis.

XLVIII. [fo. 46ro] Audivi de quibusdam monachis, cum interdiceretur eis quod silentium tenerent nec etiam manibus signa facerent, eo quod vana et curiosa per signa sociis cum manibus nunciabant, cum alio modo non auderant, pedibus invicem loquebantur, regum prelia et gesta pugnatorum et fere omnia nova et rumores de toto mundo sociis intimantes.

XLIX. Verum et de duobus germanis pueris audivi, cum unus positus esset in claustro et alius in seculo remansisset, et ad annos discretionis pervenissent, plures cavillationes et dolos scivit claustralis et multo magis maliciosus fuit quam qui in seculo remansit. Sicut autem nigredo, aliquando in bono aliquando in malo, sumitur, ita corvus quandoque accipitur in bono quandoque vero in malo propter malas ejus proprietates. Corvus enim avis est rapax, ecce avaricia clamosa, ecce superbia et ira cadaveribus amica, ecce luxuria; corvus de archa missus est et non est reversus. Hii sunt qui de claustris per apostasiam exiliunt sidera errancia, nebule turbinibus exagitate.

L. [fo. 46vo] De quibusdam autem monachis audivi quod, dissipatis fere omnibus bonis monasterii quando cenare vellent splendido, dicebat eis monasterii procurator: "Verum hoc habere poterimus, quomodo tantas expensas et tot debita persolvemus." Respondebant monachi: "Tace, miser, affer, affer, hoc anno fodiemus et mittemus stercora ut inpinguemus agros nostros et terris nostris marlam apponemus et tandem vendemus de grano quod divites erimus et omnia debita nostra persolvemus."

LI. In mane autem omnia [monachi] tradebant oblivioni similes cuidam vetule que, dum in urceo terreo ad forum lac portaret, cepit cogitare in via quomodo posset fieri dives. Attendens autem quod de suo lacte tres obolos habere posset, cepit cogitare quod de illis tribus obolis emeret pullum galline et nutriret ita quod fieret gallina, ex cujus ovis multos pullos acquireret; quibus venditis, emeret porcum; quo nutrito et inpinguato, venderet illum ut inde emeret pullum equinum, et tam diu nutriret ipsum quod aptus esset ad equitandum, et cepit intra se dicere: "Equitabo equum illum, et ducam ad pascua, et dicam ei, io, io." Cum autem hec cogitaret, cepit movere pedes, et, quasi calcaria in pedibus haberet, cepit talos movere et præ gaudio manibus plaudere; ita quod motu pedum et plausu manuum urceum fregit, et lacte in terra effuso, in manibus suis nichil invenit; et sicut prius pauper fuerat, ita postea pauperior fuit. Multi enim multa proponunt et nichil faciunt.

LII. [fo. 48ro] Audivi de quodam magno clerico qui fuerat advocatus in seculo et fere in omnibus causis obtinebat, cum [fo. 48vo] suscepisset habitum monachorum frequenter mittebatur ad causas procurandas, et in omni causa succumbebat. Verum abbas et monachi indignati dixerunt ei: "Quomodo in causis nostris semper succumbis qui cum esses in seculo semper obtinebas in causis alienis." At ille respondit: "Cum essem secularis mentiri non timebam, sed per mendatia et fraudes adversarios superabam; nunc autem, quia non audeo dicere nisi verum, semper accidit mihi contrarium." Et ita permissus est in claustri pace quiescere nec amplius missus est ad litigandum.

LIII. Audivi etiam de quodam nobili milite quod relictis magnis possessionibus quas habebat, factus est monachus, ut in pace et humilitate Deo serviret. Attendens autem abbas quod fuisset industrius in seculo, misit eum ad forum ut asinos et asinas monasterii, que jam senes erant, venderet et emeret juniores. Licet autem viro nobili displiceret voluit obedire. Illis vero qui emere volebant interrogantibus si bone essent asine et juvenes, noluit abscondere veritatem sed respondebat: "Creditis quod monasterium nostrum ad tantam inopiam devenerit quod asinos juvenes et domui utiles vendere voluerit?" Cum autem quereretur ab eo quare asini ita caudas haberent depilatas respondit: "Quia frequenter sub onere decidunt et ideo, dum per caudas eos sublevamus, depilantur caude eorum." Cum autem nichil vendidisset et ad claustrum fuisset reversus conversus quidam, qui cum eo abierat, accusavit eum in capitulo. Abbas autem et monachi incandescentes in eum, quasi pro gravi culpa, ipsum disciplinare ceperunt. Quibus ille ait: "Ego multos asinos et magnas possessiones in seculo reliqui, nolui pro asinabus vestris mentiri et ledere animam meam circumveniendo proximos." Et ita postmodum ad exteriora et secularia negocia non miserunt eum. Miles iste nobilis genere sed moribus nobilior noluit lapides preciosos pro ligno putrido relinquere, id est claustri quietem pro tumultu seculari, ne assimilaretur asino qui rosis et violis spretis ad carduum cucurrit, et rana si ponatur super culcitram pictam prosilit et quam citius potest luto se immergit.

LIV. Et gallus quidam lapidem preciosum reperit in fimo de quo nichil prorsus curavit sed ad granum putridum quod juxta margaritam jacebat cucurrit stolide; nil sapit illa seges.

LV. [fo. 50$^{vo}$] Audivi de quodam qui, ut faceret penitentiam, sicut assimilatus fuerat bestiis in peccando ita assimilari voluit bestiis in edendo, et mane surgens sine manibus herbam pascebat et frequenter in die taliter comedebat. Cumque diu hoc fecessit cepit cogitare in mente de quo ordine angelorum esse deberet qui tantam faciebat penitentiam et responsum est ei per angelum: " Tali vita non meruisti esse de ordine angelorum sed potius de ordine asinorum." Teste utique B[ernardo]: Qui non vixerit ut homo vivet ut bestia. Hic igitur indiscretione cecidit in presumptionem.

LVI. Proprium quidem est presumptuosi credere de se supra se et ea que non habet putare se habere. Audivi de quodam sacerdote qui vocem asinariam et horribilem habebat et tamen se bene cantare putabat. Cum autem quadam die cantaret, mulier quidam audiens eum plorabat. Presbiter ver. credens quod suavitate vocis sue ad devotionem et lacrimas mulier incitaretur, cepit adhuc altius clamare. At illa cepit magis flere. Tunc sacerdos quesivit a muliere quare fleret, credens audire quod libenter audiebat. At illa dixit: " Domine, ego sum illa infelix mulier cujus asinum lupus illa die devoravit, et quando vos audio cantare, statim ad memoriam reduco quod asinus meus ita cantare solebat." Quo audito, sacerdos erubuit et unde putavit se reportare laudem confusionem reportavit.

LVII. [fo. 51$^{vo}$] Audivi de quodam sanctimoniali virgine cum esset pulcra facie et videret eam quidam princeps potens et dives, in cujus terra fundatum erat monasterium, valde eam concupivit. Cumque precibus vel muneribus eam superare non posset, misit qui violenter eam raperent et a monasterio extraherent. Illa autem tremens et dolens cepit querere a circumstantibus quare illam pocius invaderet quam aliam de monasterio. Quibus respondentibus propter hoc quod pulchros valde habebat oculos, quos intuitus est tyrannus ille, et idcirco te desiderat habere. Quo audito, illa gavisa est supra modum et statim eruens sibi oculos, ait: " Ecce occuli quos desiderat, ferte illi ut me in pace dimittat et animam mihi non auferat;" et ita perditis oculis carnalibus, spirituales oculos servavit.

LVIII. Quam dissimilis fuit hec sapiens et castissima virgo cuidam misere moniali que cum quereretur a quodam nobili milite ut ei commisceretur, abbatissa ejus abscondit eam in quodam loco monasterii secretissimo. Cumque miles ille per omnes officinas et angulos monasterii eam quesisset et nullo modo invenire potuisset, tandem fatiguatus et tedio affectus, cepit recedere. At illa videns quod querere desisset, eo quod non inveniri potuisset, cepit clamare, "cucu," sicut solent pueri dicere, quando absconditi sunt et inveniri nolunt. Miles autem hoc audito cucurrit et, expleta libidine, miseram deridens abscessit. Sicut vero sagum nigrum, ex fervore tincture adustum, postquam rumpi et lacerari ceperit, semper amplius laceratur, ita hujusmodi nigre postquam in tinctura diaboli adusto fuerint, vix aut nunquam possunt resistere aut continere, sed semper magis laniantur et corrumpuntur ad modum veteris vestimenti.

LIX. [fo. 53ʳᵒ] Pro pilis igitur caprarum habent [moniales] mollitiem lecti et vestium et delicatius viscre volunt in claustro quam mulieres seculares vivant in seculo; unde exemplariter dici solet de pulice et febre quod mutuo loquebantur de hospiciis que nocte precedente habuerant conquerendo. Dicebat pullex: "Ego hospitata fui in lecto cujusdam abbatisse inter duo lintheamina alba et subtilia super culcitram optimam et valde mollem et credebam optimum habere hospitium, quia valde pingues et teneras abbatissa carnes habebat quibus saciari sperabam. Primo autem morsu cepit clamare et vocare ancillas ut veniret cum candalis et ceperunt querere me. At ego me abscondi, quibus recedentibus, reversa sum ad abbatissam. At illa quociens accessi totiens cum luminaribus faciebat me queri et ita hac nocte quiescere non potui et vix cum magno periculo evasi." Febris autem dixit: "Et ego hospitata sum in domo cujusdam pauperis mulieris, cumque eam arripuissem ipsa surgebat et facto lixivio pannos fortiter percutiendo abluebat et super humeros pannos in fluvium portabat ita quod valde afflicta frigore et fere suffocata in flumine vix evasi." Tunc pulex respondit: "Mutemus hac nocte hospicia et videbimus qualiter nobis erit." Quibus mutatis mane rediens pulex ait: "Optimum hospicium hac nocte habui. Nam mulierem illam, quo hospita tua fuerat, ita fatigatam et dormitantem inveni, quod quievi securo apud eam et quantum volui comedi." Cui febris ait: "Optimum consilium dedisti mihi, nam abbatissa illa sub grisio coopertorio et lintheaminibus delicatis tota nocte me calefaciens fovebat, et licet stimularem eam ipsam in lecto molli abscondita nunquam me turbabat. Unde ab hospicio ejus, quamdiu ita amicabiliter me tractaverit, nunquam volo recedere." Patet igitur qualiter affligebatur delicata et in pace post laborem dormiebat super stramen pauper muliercula. . . . . .

LX. [fo. 53ʳᵒ] Audivi de quadam moniali quo temptata amore cujusdam juvenis, voluit nocte a claustro recedere, quod facere non poterat nisi per ecclesiam transiret et ostium ecclesie aperiret. Erat autem transitus ante altare beate Virginis, cui semper consueverat inclinare et salutare beatam Virginem, transeundo ante ejus ymaginem. Cum igitur transiret, cepit more solito inclinari et dicere, "Ave Maria," coram ymagini, et statim tantus timor illam invasit quod procedere non potuit. Sequenti autem nocte, idem illi accidit et multis noctibus suo frustrata proposito ad dormitorium revertebatur. Tandem vehementi temptatione agitata cogitare cepit quod ita transiret ut non inclinaret vel beatam Virginem salutaret, et sic transeundo diabolus accepit potestatem in eam et tantam audaciam immisit quod aperto ostio ad seculum transiret et post concupiscentias suas abiret. In omnibus igitur temptationibus vestris ab beatam Virginem recurratis.

LXI. [fo. 55ʳᵒ] Legimus de quadam virgine christiana, cum nollet ydolis sacrificare, traxerunt eam pagani ad prostibulum, ut ab omnibus illuderetur ei, qui suam vellent cum ea libidinem explere. Quidam autem ex nobilibus illius loci civibus compatiens virgini, dixit quod prior volebat ei commisceri et tunc alii ad ipsam possent intrare. Cum autem ingressus est lupanar, invenit Christi columbam valde trepidantem; valde enim ancipitres infernales metuebat et dixit ei vir nobilis : " Noli timere quia ego liberabo te. Induo capam meam et, exiens capite inclinato, festina transire per illos qui extra expectant et ipsi credentes quod ego sim dimittent te abire." Cum autem illa sub habitu militis evasisset, illi intrantes et non invenientes nisi solum militem, confusi recesserunt. Verum merito tanti beneficii et tante pietatis dominus paganum illum postea visitavit. Hec est digna recompensatio ut qui animas Deo abstulit animas illi restituere pro posse suo procuret. Igitur cum omni diligentia et sollicitudine debemus nos ab omni peccato mortali custodire ; qui enim in uno offendit multa bona perdit.

LXII. Demones siquidem assimilantur satellitibus viri potentis qui, cum ducerent hominem ad suspendium, venientes ad silvam dixerunt illi : " Oportet quod suspendamus te sicut injunctum est nobis, sed hanc facimus gratiam ut, ex omnibus arboribus hujus silve, eligas tibi aliquam quam malueris ut in illa suspendaris, multas enim pulcras et proceras invenies, que te bene sustentabunt et poteris honorifice suspendi." Cum autem ducerent illum per diversas arbores dicebant: " Placet tibi arbor ista ?" At ille : "Non placet mihi, in ista nolo suspendi." Et cum per omnes transisset numquam invenire potuit quam acceptaret.

LXIII. [fo. 56ᵛᵒ] Infirmi et imperfecti consolatione indigent ne habundantiori tristicia absorbeantur, et leniter sunt tractandi, juxta illud Ysaie : " Calamum quassatum non conteret;" non sicut quidam confessor qui, audiens peccata cujusdam, nares obturabat et peccator amplius noluit ei aliquod peccatum revelare, sed dixit confessori: " Si tu obturas nasum pro illis peccatis que dixi tibi, quomodo sustineres majora que feci, forte si audires fetor te suffocaret." Et ita scandalizatus recessit. De quodam alio audivi qui confitentibus peccata solebat in faciem conspuere et abhominari peccatores quos compatiendo attrahere debuisset ; verum cum infirmis dispensare solent perfectiores.

LXIV. [fo. 57ro] Audivi de quibusdam qui carnes non comedebant, nichilominus totum bachonem suum in frixuris consumebant. E contra de parentibus Samsonis legimus quod non solum carnes sed et jus sacrificaverunt Deo. Non solum autem carnem exterius sed cogitationes interiores mortificare debemus et Deo sacrificare, ut sit virgo casta spiritu et corpore. Dominus enim semper paratus est adjuvare si cooperari vult virgo et pugnare. Verum et sanctus Ambrosius narrat de quadam virgine quam pagani ad prostibulum traxerunt, quia ydolis sacrificare nolebat, et quia cum gaudio martyrium suscipere volebat, nolebant occidere sed libidine maculare. Cum autem quidam eam jam teneret et ipsa pro posse suo repugnaret, facta oratione, leo per mediam transiens civitatem ad prostibulum cucurrit et, arrepto homine illo, ad virginem respiciens non statim laniabat sed mandatum virginis expectabat. At ille cepit virgini supplicare ut leoni preciperet ne ipsum occideret. Illa vero volens pro malo reddere bonum de dentibus leonis juvenem liberavit et, cunctis perterritis, virgo intacta evasit.

LXV. Verum ibidem Ambrosius narrat de quadam religiosa matrona, que rogavit quamdam abbatissam ut unam de monialibus suis illi concederet, que cum ea aliquanto tempore maneret. Cum autem quamdam secum duxisset illa, in omnibus que faciebat ei matrona gratias agebat et ita mitis erat et benigna quod neminem offendebat, sed omnibus servire cupiebat, nec unum malum verbum procedebat ex ore ejus. Procedente autem tempore, cum abbatissa matronam et monialem suam visitaret, dixit ei matrona: " Rogo vos ut reducatis monialem istam et concedatis mihi aliam ex cujus convictu lucrum valeam reportare, ista enim non permittit quod serviatur ei sed omnibus vult servire, concedatis mihi illam que magis gravat vos et domum vestram." At illa concessit ei quandam virginem valde litigiosam et iracundam, que semper murmurabat contra matronam et ejus familiam, et nichil illi poterat fieri quod placeret ei, et cum multis conviciis improperabat matrone, quod eam de monasteris extraxerat in quo longe melius pascebatur et competentius tractabatur. Evoluto autem anno, venit abbatissa matronam et monialem visitatura; valde enim de nequitia monialis timebat ne forte dominam illam offendisset. Tunc matrona dixit abbatisse: " Dominus vobis retribuat quod optimam sociam mihi concessistis, numquam enim in vita mea tantum lucrata sum patientia exhibendo, quantum lucrata sum hoc anno; nolo quod umquam recedat ista a me que nunquam laudat me pro aliquo beneficio sicut me laudabat alia quam mihi concessistis." Istud attendere debent moniales et virgines religiose ut malis et discolis patienciam exhibeant.

LXVI. [fo. 59vo] Audivi de quodam paupere laico qui, propriis manibus laborando, victum tenuem omni die sibi acquirebat, nec ei plusquam cenaret quicquam remanebat. Omni nocte priusquam dormiret multum cantabat et letabatur in tugurio suo cum uxore sua, et post modum letus et securus dormiebat. Cantabit vacuus coram latrone viator. Vicini autem ejus, qui divites erant, nunquam cantabant sed semper in curis et sollicitudinibus in timore et angustia permanebant. Cum autem de tanto gaudio illius pauperis mirarentur et quidam murmurarent et conquererentur quod pauper ille, dum cantaret, non sineret eos dormire, dixit quidam valde dives vicinis suis: " Vos nescitis quicquam nec cogitatis, ego reddam eum talem quod nec gaudebit nec cantandi habebit voluntatem." Tunc, presentibus vicinis quos absconderat in quodam loco ut viderent et testes essent, projecit sacculum cum pecunia ante ostium pauperis, illa hora qua solebat exire ut victum quereret ex labore. Inventa autem pecunia, reversus est in domum suam et abscondit illam. Imminente autem nocte, cepit anxius esse et sollicitus, ex una parte metuens ne latrones pecuniam furarentur, ex alia parte formidans si de pecunia possessiones emeret et melius solito se induceret ab illo qui amiserat pecuniam vel a domino terre deprehenderetur et furti argueretur. In hac ergo cogitatione et mentis anxietate permanens, non gaudebat, nec cantabat more solito cum uxore. Tunc dives ille et alii vicini ejus post aliquantum tempus ceperunt querere ab eo cur ita macilentus et tristis factus esset. Cumque ille veritatem fateri non auderet, ait dives ille: "Ego scio veritatem, non potes abscondere, tu tali die et in tali loco pecuniam meam invenisti et, videntibus his omnibus qui presentes sunt, in domum tuam detulisti." At ille timens et erubescens, ait: "Maledicta sit ista pecunia que me tantum afflixit quod, postquam illam inveni, gaudium non habui et longe magis fatigatus sum animo quam prius tota die manibus propriis laborando, fatigatus fuerim corpore; tolle pecuniam tuam ut letari et cantare valeam, sicut consuevi."

LXVII. Audivi de quibusdam monasteriis que in principio fundationis sue, cum modicas possessiones haberent, fratres valde hospitales erant transeuntibus et benigni pauperibus et cum gaudio absque sollicitudine Domino serviebant. Postquam autem facti fuerunt divites et amplas habuerunt possessiones totum contrarium faciebant. Unde et quidam abbas, cum valde durus esset et inhumanus, semper sibi similes nequiores quam invenire poterat in hospicio et ad portam abatie et in aliis obedientiis ponebat. Accidit autem quod joculator quidam, cum iter faceret, nocte compellente ad monasterium hospitaturus diverteret, qui nec vultum hylarem nec aliquam invenit pietatem, sed vix panem nigerrimum et legumina cum sale et aqua et lectum durum et sordidum potuit obtinere. Mane autem valde offensus recedens, cogitare cepit quomodo de illo nequissimo procuratore, qui preerat hospicio, posset se vindicare et, cum aliquantulum processisset, occurrit illi abbas qui pro quibusdam negociis exierat et ad abbatiam redibat. Cui joculator ait: "Bene veniat dominus meus bonus abbas et liberalis, gratias vobis refero et toti conventui quia frater ille, qui preest hospicio, hac nocte splendide me procuravit, preparans mihi pisces optimos cum vino precioso et igne magno, et tot alia fercula mihi apposuit quod numerum scire non possum et in recessu meo calciamenta mihi dedit cum corrigia et cultello." Audiens hec abbas iratus valde pro gravi crimine dure verberavit et, eo projecto ab officio, alium quem credidit nequiorem loco illius constituit, et ita joculator de cane illo nequissimo se vindicavit.

LXVIII. [fo. 61ro] Unde de quodam abbate valde religioso audivi quod, cum quidam latro pessimus, quasi homo desperatus et princeps latronum, regionem in quam habitabat predaretur, multos spolians et jugulans, abbas ille equum ascendens ivit ad locum ubi latro cum sociis suis morabatur. Videntes autem illum a longe concurrerunt ut equum illi auferrent et vestibus spoliarent. Cumque abbas quereret a principe latronum quid vellet: "Volo, inquit, equum illum et omnia vestimenta tua." Cui abbas: "Aliquanto tempore equum istum equitavi et vestibus istis usus sum, non est justum ut bona Dei solus habeam, sed tibi et sociis tuis si indigetis volo communicare." Ait latro: "Hodie equum et vestes vendemus ut panem et vinum et carnes emamus." [fo. 62ro] Cui abbas: "Fili, quare tamen laboras pro victu tuo et exponis te periculo, veni mecum ad monasterium et ego quamdiu volueris melius procurabo te et omnia necessaria tibi dabo." Cui latro: "Non possem manducare fabas vestras et olera, nec bibere vinum corruptum aut cervisiam vestram." Cui abbas: "Dabo tibi panem album et vinum optimum et tot fercula carnium et piscium quot desiderat anima tua." Cumque vix ille acquiesceret ut aliquanto tempore probaret quid ei facere vellet abbas, postquam veniret ad monasterium, duxit eum abbas in cameram valde pulchram et fecit fieri magnum ignem et lectum pulchrum et suavem coopertoriis preciosis, assignans ei monachum, qui omnia quecumque desideraret sibi prepararet, precepitque abbas monacho ut omni die, postquam latro splendide comedisset, ipse coram eo non nisi panem et aquam comederet. Cumque latro pluribus diebus monachum artam dietam observantem vidisset, cepit cogitare quod monachus ille multa mala fecisset, qui tam duram faciebat ponitenciam et quadam die quesivit ab eo: "Frater, quid fecisti qui te omni die ita affligis, si homines interfecisti?" Cui monachus: "Absit, domine, quod unquam hominem constristaverim, nedum occiderim; ego enim a puericia mea hoc monasterium intravi."

Cui latro: " Si fornicationem vel adulterium vel sacrilegium fecisti?" Cui ille, pre ammiratione se signando ait. "Domine, quid est quod dixistis, Deus tantam iniquitatem avortat a me, ego nec unquam feminam tetigi." " Quid igitur fecisti quod ita corpus tuum affligis?" Ait monachus: " Domine, propter Dominum hec facio ut jejunando, orando, alia opera penitencie faciendo, Dominum mihi propitium reddam." Audiens latro valde compunctus est et cepit intra se cogitare: Quam miser sum et infelix qui tot mala, tot furta, tot homicidia, tot adulteria et sacrilegia semper feci et nunquam vel una die jejunavi et isto monachus innocens tantam penitenciam omni die facit et, vocato abbate, cecidit ad pedes ejus rogans eum ut in collegio fratrum reciperet ipsum. Qui postea diu in monasterio adeo se afflixit quod omnes alios abstinentia et religione superavit, et ita abbas exemplo monachi qui ministrabat latroni non solum animam ejus lucratus est Deo sed multos a morte liberavit, quos latro ille spoliasset et jugulasset. Ecce quantum prodest exemplum bonum, e contrario valde nocet exemplum malum.

LXIX. Unde legimus quod quidam miles quemdam pauperem servientem ceperat in guera, cumque illum incarcerasset, rogavit illum ut permitteretur abire et quereret redemptionem suam. Misertus miles ait: " Quam securitatem dabis mihi?" At ille: "Do tibi fidejussorem Dominum et insuper juratoriam cautionem, aliud tibi facere non possum." Cum igitur homo ille totum patrimonium vendidisset, ut militi pecuniam afferret, non potuit ad diem prefixum venire, unde miles iratus cum quodam die equitaret, vidit quemdam monachum valde pinguem et rubicundum qui optimum palefridum equitabat et more secularium pompose incedebat. At miles cepit armigeris dicere: " Ecce monachus iste qui debuisset equitare asinum, meliorem habet equum quam ego." Et accedens tenuit equum monachi per frenum et dixit monacho: " Cujus estis?" Et ille: "Non habeo dominum nisi Deum." Cui miles: " Dominus tuus, de cujus familia es, et cujus te dicis famulum, est fidejussor meus, volo ut satisfacias pro ipso." Et abstulit ei equum. Non multum autem post venit homo ille qui vendiderat quicquid habebat et petebat veniam a milite quod ad terminum prefixum non potuisset venire, obtulit illi pecuniam redemptionis sue. Cui miles ait: " Amice, tolle pecuniam tuam et vade nam fidejussor tuus bene liberavit te. Dominum enim mihi fidejussorem dedisti, et ego a quodam de familia ejus hunc equum pro liberatione tua accepi." Ille vero pauper homo gaudens et Deo gratias agens pecuniam suam reportavit. Ecce quomodo monachus ille exemplo malo militem provocavit quia, humilitate monachali a se relegata, moribus se exhibebat secularem.

LXX. [fo. 62$^{vo}$] Hii sunt ypocrite et falsi religiosi qui ad tempus religionem simulant ut proficiantur et abbates fiant, sicut de quodam abbate audivi quod multum ante promotionem suam in pane et aqua jejunabat, et nec carnes nec pisces nisi modicos manducare volebat. Cum autem factus est abbas, cepit magnos pisces comedere et cum quereretur ab eo de tam repentina mutatione, respondit: " Diu jejunavi vigiliam hujus sollempnitatis idcirco enim parvos pisciculos manducabam ut aliquando magnos manducare possem." Qui igitur religionem simulant, postquam quod desiderabant optinent, apparent quales fuerant.

LXXI. [fo. 63$^{vo}$] Audivi autem quod quidam ratus, quem glyrem nominant, in voluntate habuit religionem seu claustrum intrare in quo se posset salvare. Cumque venisset ad quemdam locum vidit magnum ratum in balista pendentem et dixit illi: " Quid hic facis ?" At ille: " Nonne vides quod ego pendeo in cruce et hic meam facio penitenciam." Ratus autem respondit: " Non mihi placet istud claustrum, nimis durum videtur et austerum." Cumque ad alium locum processisset, vidit alium ratum in decipula ferrea inclusum. Cumque quereret quid illic ageret respondit: " Nonne vides quod in claustro isto penitenciam meam facio ?" At ille: " Nimis artum est claustrum istud, non possem talem penitenciam facere nec ita strictam religionem sustinere." Cumque modicum processisset, vidit ratos multos in lardario quodam discurrentes et de carnibus quantum vellent comedentes. Quibus ait: "Quid in hoc loco facitis?" At illi responderunt: "Claustrum istud intravimus ut religiose viventes penitentiam faciamus." At ille: "Optimum claustrum invenistis pro salvandis corporibus vestris. Volo vobiscum manere et penitenciam meam facere, alia enim claustra reperi sed vita ista pre aliis placet mihi." Audiant igitur et attendant qui arta monasteria et congregationes claustralium in veritate Christo militantium orando, jejunando et carnem propriam mortificando, fugiunt et dissolutos conventus querunt ubi deliciis vacent et carnes suas ignibus gehenne cremendas inpinguent, qui in siccitate spiritus malunt remanere quam irrigari piscinis quas extruxit verus Salomon Dominus noster.

LXXII. [fo. 65ro] Que nimis apparent retia vitat avis, verum diabolus sub specie boni quandoque aves et religiosos decipit ut se ipsos nimis affligendo inutiles reddant vel etiam aliis despectis, de se presumant, unde legimus de quodam heremita, qui valde asperam longo tempore fecerat penitenciam, quod, cum ad eum quidam latro venisset, qui multos spoliaverat et jugulaverat, facta confessione, nullam ab heremita volebat penitenciam recipere; semper enim de latrocinio et rapina vixerat et jejunare vel aliquam penitenciam facere non consueverat. Tandem heremita ab illo accepit quod potuit, et injunxit ei ut, quociens juxta viam aliquam crucem videret, flexo genu orationem dominicam diceret. Cumque latro hanc solam penitenciam suscepisset, remotus paululum a cella heremite videns hostes suos, quorum consanguineos occiderat, fugere cepit. Quo fugiente, crux super viam erecta illi occurrit et statim, flexo genu, cepit orationem dominicam dicere et crucem adorare et cum evasisse potuisset, si continue cucurrisset, maluit mori quam penitenciam sibi injunctam preterire. Cum ergo ab hostibus fuisset peremptus, vidit dictus heremita angelos Dei cum gaudio portantes animam latronis vel potius martyris, et cepit cogitare ex magna presumptione et valde indignari et dolere quod, per multos annos, penitenciam durissimam fecisset et tamen latro ille et homicida, qui nunquam penitenciam fecerat, cum in gloriam precessisset, et spiritu nequam agitari copit relicto heremo ad seculum ire et quia per apostasiam dedit locum diabolo, accepta in eum potestate, timens diabolus ne aliquando ad penitentiam deberet redire, posito in via obstaculo corruit et, collo confracto, sepultus est in inferno. Finis non pugnam coronat; ubi te invenero, ibi te judicabo. Alio virtutes in stadio currunt sed sola perseverantia bravium accipit et reportat . . . .

LXXIII. Exemplariter autem dici solet contra indiscrete corpora sua affligentes, quod tota familia membrorum, pedes scilicet, manus et caput et cetera membra habuerunt inter se colloquium et valde conquerebantur de ventre. Quicquid enim acquirebant manus operando et pedes ambulando, et alia membra laborando, ille divus exactor, id est venter, consumebat, et propter ipsum pascendum, diebus ac noctibus, variis fatigarentur laboribus. Post magnam autem deliberationem, communi assensu statuerunt quod a ventris dominio se eximerent, et eum de cetero non pascerent. Cum uno die jejunassent, ut se de ventre vindicarent, aliquantulum ceperunt debilitari [fo. 65$^{vo}$]; die autem sequenti, amplius die tercio vix sustinere potuerunt. Cepit autem caput exinaniri et dolere, oculi obtenebrescere; manus vix poterant se movere, pedes non poterant ambulare et omnia membra ceperunt languere et tandem, necessitate compellente, coacta sunt ad priorem dominum redire, et de tanto excessu postulata venia, ventri satisfacere, de temeritate sua arguendo seipsa, et cum verecundia et rubore confitentia quod nullo modo possent subsistere, nisi tantus paterfamilias eis necessaria ministraret. Oportet igitur in omnibus modum tenere, quod est valde necessarium viris sollitariis qui plerumque non habent qui illos intueantur vel a quibus arguantur . . . .

LXXIV. [fo. 66$^{vo}$] Necesse est ut senes coram nobis sedeant, ut scilicet ante mentis oculos sanctorum exempla habeamus, et insuper quod corporaliter laborando honestis occupationibus intendamus. Unde legimus de sancto Antonio quod, cum aliquando tedio afficeretur in heremo, vidit angelum aliquando orantem, aliquando operantem et dicentem sibi: "Sic fac et salvus eris." Propterea in evangelio dicitur: "Videte ne fiat fuga vestra in hyeme vel in sabbato ........." Sicut hi qui dum creduntur inveniri in Sychem et in labore inveniuntur in Dothaym id est in defectu, pigri scilicet et ociosi, sicut autem vestis reposita quo non est in usu, tinea consumitur, ita corpus ociosum, quod est vestis anime, tinea parvorum desideriorum vastatur ...

LXXV. [fo. 67ro] Magis offendit religiosus post votum quam homo secularis, et magis subicitur diabolo, postquam corruere incipit. Unde legimus quod sanctus Macharius in heremo vidit diabolum quasi indutum tunica, que tota phyalis erat circumdata et operta. Qui interrogatus a viro sancto quo pergeret, respondit: "Vado ad heremum visitare fratres." Cui sanctus: "Et quid sibi volunt phyale ille?" Demon respondit: "Variis sunt potionibus plene ut qui de una bibere noluerit de alia bibat. In una quidem est potus carnalis concupiscentie, in alia potus superbie et ita de ceteris viciis." Cum igitur demon adjuratus per sanctum Macharium rediret, vidit omnes phyalas vacuas et flere cepit et tandem, comperta veritate, cognovit quod unus solus omnes phyalas exhauserat, aliis fortiter resistentibus temptationibus inimici.

LXXVI. Valde autem cavere debet vir religiosus ab inimici reductionibus, qui transfigurat se in angelum lucis et reducere temptat sub specie justi consilii. Unde legimus quod pater carnalis cujusdam solitarii veniebat visitaturus filium suum. Quem demon preveniens in specie boni angeli dixit solitario: "Cave tibi a diabolo nam ipse valde subtiliter te decipere querit. Cras enim venturus est ad te, in specie patris tui, tu vero vindica te de illo et habeas securim paratam ut cum venerit, ita fortiter eum percutias ut alia vice venire non presumat." Credidit ille quod esset angelus a Deo missus qui consilium dederat illi. Sequenti die, cum in rei veritate pater ejus ad eum venit, securi ipsum occidit. Ecce quam miserabiliter deceptus est ille qui debui[sse]t spiritus probare et non facile acquiescere.

LXXVII. [fo. 68ʳᵒ] Multos enim vidimus magis proficere, licet tardi ingenii, quam qui de viribus et subtilitate ingenii presumebant et ab aliis audire nolebant. Audivi autem de duobus quorum unus humilis pauper erat, alius pauper superbus. Pauper quidem humilis ubi segetes triturabantur in [fol. 69ʳᵒ] areis cum cyrotheca, frumentum in elemosinam postulabat, nec inveniebat aliquem qui plenam modicam cyrothecam frumenti illi negaret, et quia a multis recepit, licet ab quoque modicum recepisset, cito factus est dives. Ex multis minimis grandis acervus erit. Pauper autem superbus nolebat parvam elemosinam recipere, sed magnum saccum secum ferebat, quem videntes hii a quibus petebat, nichil volebant ei dare, quasi perterriti sacci magnitudine, et quia paucos invenit qui darent ei, accidit quod magis lucratus est pauper humilis cum cyrotheca quam pauper superbus cum sacco. Unde in parabola : melior est pauper sibi sufficiens quam gloriosus indigens pane . . . . .

LXXVIII. Legimus de quodam rege qui dixit cuidam militi suo : " Eamus nocte per civitatem et videamus que fiant in ea." Cum autem ad quendam locum devenissent, viderunt lumen per foramen in quodam subterraneo habitaculo, in quo sedebat homo pauper, cum sordidis et laceratis vestibus, cum uxore sua pauperrima, que coram viro suo saltabat et cantabat et laudibus eum extollebat. Tunc rex mirari cepit quod hi, qui tanta gravati erant inopia et vestimentis carebant, nec domum habebant, ita letam et securam et quasi locupletem vitam ducebant, et ait militi suo : " Valde mirabile est quod nunquam mihi et tibi ita placuit vita nostra, que tantis deliciis et tanta refulget gloria, sicut hos stultos letificat miserrima vita sua, que dulcis et suavis videtur eis, cum sit aspera et amara." Cui miles sapienter respondit : " Multo amplius miseram et stultam nostram reputant vitam vere vite et eterno glorie dilectores, qui splendida palatia nostra et vestes et divitias tanquam stercora reputant, respectu celestium divitiarum et gloriam nostram tanquam ventum et inane estimant, respectu inenarrabilis pulchritudinis et glorie sanctorum que est in celis; nam quemadmodum desipere nobis isti ubi sunt, eodem modo et amplius nos qui in hoc mundo erramus et sufficientiam nobis esse putamus, in ista falsa gloria lamentationibus digni sumus in oculis eorum qui gustaverunt dulcedinem eternorum bonorum."

LXXIX. [fo. 69ro] De celeri obedientia legitur in vita patrum quod frater quidam, cum scriberet, vocatus a preposito suo litteram inchoatam reliquit imperfectam. . . . .

LXXX. [fo. 71ro] Novi quosdam ex predicatoribus qui valde religiosi dicebantur et zelum videbantur habere, sed non secundum scientiam, cum venissent ad partes illas in quibus floret religio pre ceteris locis, maxime in monialibus et ceteris virginibus simul in diversis collegiis habitantibus, coperunt predicare et confessiones audire. Quedam autem ex dictis mulieribus infirmitates et temptationes suas et fragilis nature lapsum sub confessionis sigillo ostenderunt illis tanquam viris religiosis, ut eorum orationibus specialius juvarentur. Illi vero temerarie non solum suspicati sunt alias esse tales, sed in diversis tam clericorum quam laicorum congregationibus, qui predicte religioni moribus suis valde dissimili detrahunt, predicaverunt memoratas sanctarum virginum congregationes potius esse prostibula quam conventus religiosos et ita paucarum defectus in omnes diffundentes, quantum in ipsis fuit religionem Deo et Deum timentibus approbatam infamantes, multos scandalizaverunt.

LXXXI. Hi igitur qui compati nesciunt sed magis indignari, similes sunt cuidam seni, de quo in vita patrum dicitur quod, ex magna indignatione, nimis austere increpavit juvenem quemdam qui spiritu fornicationis temptabatur. Cumque ille desperans iret ad seculum, obviam habuit abbatem valde religiosum, cumque interrogasset quo iret retulit ei totam veritatem. Abbas vero consolans eum et pro ipso orans reduxit et oravit Dominum ut temptationes illas converteret in senem et statim vidit Ethiopem stantem juxta senem et mittentem sagittas contra illum. Quibus perforatus senex huc illucque ferebatur et non valens sustinere, egressus ibat ad seculum. Cui abbas: "Quo vadis?" Qui pre verecundia nil respondit. Dixit autem abbas : " Cognosce infirmitatem tuam et vade in cellam tuam et cogita quod, ignoratus a diabolo aut contemptus, non metuisti habere luctam ob defectum virium tuarum qui nec uno die pugnare potuisti; hoc autem tibi contingit eo quod fratri infirmo non condescendisti sed extinxisti lignum fumigans et calamum quassatum contrivisti." Et dum oraret pro eo liberatus est senex. De his autem incantis et presumptuosis dicit Greg[orius] quod locuntur per impacienciam elationis et idem loqui se credunt per libertatem rectitudinis. . . . .

LXXXII. Legimus de quodam rege qui, cum filios mares non haberet tristabatur valde. Cui natus est filius masculus et gavisus est gaudio magno valde; dixerunt autem regi periti medici quod filius ejus talis erat dispositionis, si solem vel ignem infra decem annos videret, lumine oculorum privaretur. Quo audito, rex in spelunca filium cum nutricibus inclusit, in qua, usque ad x. annos, luminis claritatem non vidit, et tunc, puero de spelunca educto, cum rex mundalium nullam haberet noticiam, precepit rex ei ostendi omnia que sunt in mundo, secundum genus suum, videlicet viros seorsum, mulieres seorsum, equos in alio loco, aurum, argentum, lapides preciosos et omnia que delectare possunt oculos intuentium. Cum autem puer quereret nomina singulorum et ventum est ad mulieres, quidam regis servus respondit ludendo: "Iste sunt demones homines seducentes." Cor vero pueri illarum desiderio plus quam ceteris rebus anhelabat. Cumque rex a puero quereret quid magis ex omnibus que viderat amaret, respondit: "Magis diligo demones illos qui seducunt homines quam omnia alia que vidi." Ecce quomodo hominis natura in hac parte prona est ad lapsum et idcirco qui volunt esse continentes necesse est ut fugiant mulieres.

LXXXIII. [fo. 72ro] Hujusmodi impiis non est pax, sed semper sunt in amaritudine et contentione, sicut duo galli, licet pugnandi causam non habeant, statim quando unus alium videt intra se pugnant. Hi ergo maliciosi et invide sunt velut nicticorax que est avis nocturna; de nocte videt, de die quasi ceca oberrat et invidus bonis aliorum cecatur nec videre potest, mala autem libenter intuitur. Nicticorax in ruinosis habitat et invidus infirmitatibus aliorum delectatur et in illis quiescit . . .

LXXXIV. [fo. 72vo] Audivi de quodam, qui nunquam in tota vita sua in seculo super cervical caput reclinaverat, quod ingressus religionem eo quod una nocte pulvinari caruit, quia abluebatur pannus lineus qui pulvinar operiebat, totum conventum conquerando et murmurando turbavit.

LXXXV. [fo. 73ro] Vidimus enim quondam milites ordinis nostri, ita ferventes in jejuniis et afflictione corporis sui, quod in armis et preliis contra Sarracenos ex nimia debilitate facile succumbebant. Unde audivimus de quodam valde religioso sed non secundum scientiam quod, in Sarracenorum conflictu, primo ictu lancee de equo suo cecidit, quem quidam frater ejus cum magno persone sue periculo relevavit, qui statim alio ictu iterum corruit et, cum a fratre suo rursum levaretur, dixit ei frater ejus miles, scilicet qui eum jam bis levaverat et a morte liberaverat, increpans eum de immoderatis jejuniis: "Domine panis et aqua, caveatis de cetero vobis, quia si iterum cecideritis numquam per me relevabimini." Panem et aquam vocabat eum eo quod, in pane et aqua frequenter jejunando, nimis debilitaverat corpus suum et inutile reddiderat ad pugnandum. Non enim Deum temptare debetis sed facere quod in vobis est previa ratione et tunc securo pro Christo mortem potestis suscipere.

LXXXVI. Qui enim ex nobis pro defensione ecclesie moriuntur martyres reputantur, unde in antiquis hystoriis legimus quod, cum rex Iherosolimitanus Ascalonam longo tempore obsedisset et eam nullo modo resistentibus Sarracenis capere potuisset, quidam valde strenui milites ex Templariis capti fuerunt a Sarracenis et, in contumeliam nominis Christi, cunctis cernentibus supra portam civitatis suspensi. Cum autem rex et fratres Templi hoc vidissent et, animo consternati pre dolore quasi desperati, ab obsidione recedere voluissent, vir egregius et magne fidei magister Templi prohibuit dicens : " Videtis martyres istos in patibulo suspensos, sciatis quod precesserunt et ad Deum porrexerunt ut nobis redderent civitatem." Quod rei eventus comprobavit; nam post biduum contra spem omnium civitatem ceperunt quam nullo modo se posse capere credebant.

LXXXVII. In principio quidem religionis illius fratres illi ab omnibus sancti habebantur, unde cum a Sarracenis supra modum odio haberentur, accidit quod quidam miles nobilis qui, de partibus Francie causa peregrinationis, ultra mare perrexerat captus fuit cum quibusdam militibus fratrum milicie Templi, et quia calvus erat et barbatus crediderunt Sarraceni quod esset Templarius et cum Templariis occidendus. Alii autem qui seculares milites erant non occidebantur sed captivi ducebantur, cumque diceretur ei : " Tu Templarius es ;" et ille sicut verum erat diceret : " Miles sum secularis et peregrinus," respondentibus Sarracenis : " Immo Templarius es," ille zelo fidei accensus extento collo dixit : " In nomine Domini sim Templarius." Eo dicto, gladio percussus cum fratribus Templi novus Templarius ad Dominum migravit, martyrio feliciter coronatus.

LXXXVIII. [fo. 73<sup>vo</sup>] Quanto autem religio nostra majoris est perfectionis, tanto magis diabolus vos persequitur et supplantare nititur; unde oportet quod cautelam magnam habeatis et similes sitis cuidam homini sapienti sed secutienti qui, cum dives esset et tyrannum quemdam sub cujus dominio diu fuerat valde timeret, omnia bona sua ad aliam regionem latenter premisit. Tandem ipse personaliter fugere volens equum rufum ascendit et puerum secum in equo sedere fecit, qui equum regeret et viam illi ostenderet. Cum autem equitaret dominus ille misit post servum qui ab ejus dominio recedebat et dixit puer: "Ecce quidam super equum nigrum currit post nos ut nos comprehendat." Cui homo fugiens respondit: "Bene evademus in nomine Domini." Et calcaribus urgens equum, evasit. Sed paulo post puer domino suo dixit: "Ecce quidam cum equo albo nos valde velociter insequitur et jam fere nos comprehendit." Cui homo respondit: "Ne timeas quia et istum evademus auxilio Dei." Et calcaribus equum stimulans et velocius currens, evasit illesus. Sed post modicum puer domino ait: "Ecce quidam velocius ceteris nos insequitur et apprehendere nititur." Cui homo dixit. "Cujusmodi equum habet?" Dixit puer: "Equum rufum equo tuo valde similem." At illo valde expavit et ait puero: "Declina ad viam illam lapidosam." Quo facto ille qui insequebatur valde appropinquare cepit. Cumque puer dixisset: "Domine ecce fere nos apprehendit," ait dominus: "Duc equum per aquas illas et viam lutosam intremus." Quo facto, ille qui persequebatur sequi illum non potuit, et ita homo ille secutiens omnia pericula evasit. Per quem peccator penitens intelligitur qui se regere non potest nisi ducatu pueri, et est rationis per gratiam illuminate qui, ut evadat a dominio crudelis tiranni cui diu servivit id est diaboli, omnia bona sua pauperibus erogando premittit omnibus renunciando sicut et vos fecistis, et fugit cum equo rufo caritate succensus et paratus sanguinem effundere pro Christo. Diabolus autem cum equo nigro eum insequitur varias ei tribulationes immittens, deinde cum equo albo ut quem deicere non potest adversitate attollat et seducat prosperitate. Cum autem nec frangere potest adversis nec attollere prosperis, immittit temptationem, cunctis aliis magis difficilem et periculosam, insequens eum cum equo simili suo, dum laudari facit eum de sanctitate et sancta conversatione et religionis fervore, et tunc oportet quod per viam lapidosam incedat, seipsum corde per contricionem et corpore per afflictionem humiliando, quod si hoc modo non possit evadere et vanam gloriam fugere ultimum et precipuum remedium est ut ingrediatur lutum, immundicias vite sue et peccata preterita continue ad memoriam revocando. Ita et vos fratres karissimi . . . .

LXXXIX. [fo. 75ro] Semper igitur parati sitis sanguinem nostrum pro Christo effundere et animas nostras pro Deo cum desiderio et gaudio ponere, exemplo cujusdam militis Christi qui cum multitudinem videret Sarracenorum cepit ex magna fiducia et cordis exultatione dicere equo suo : " O Morelle bone socie, multas bonas dietas feci te ascendendo et equitando sed ista dieta omnes alias superabit, nam hodie ad vitam eternam me portabis." Et hoc dicto postquam multos Sarracenos interfecit ipse tandem concubuit in bello felici martirio coronatus.

XC. [fo. 75ro] De quodam autem Templario audivi quod in principio ordinis, cum adhuc pauperes essent et valde in religionem ferventes, ipse veniens de civitate Tyrenum, ut pecuniam ex elemosina susceptam portaret, in Acconensem civitatem, venit ad locum quemdam qui Saltus Templarii ex illo tempore nuncupatur, nam cum illi nobili militi Sarraceni insidias posuissent in loco ubi ab una parte cacumen prerupte rupis habebat, ex alia parte mare profundissimum subjacebat, Sarracenis ante et retro in arta semita eum obsidentibus, ut ad nullam partem declinare valeret, ipse magnam spem habens in Domino, ut elemosinam ab impiis eriperet, calcaribus urgens equum a rupe sublimi prosiluit cum equo in abissum maris. Equus vero sicut Domino placuit usque ad ripam illesum portavit, qui statim tamen, quando ad terram venit, crepuit medius, eo quod undis marinis in saliendo fuisset vehementer allisus, et ita Christi miles cum pecunia pedes reversus est ad Tyrenum civitatem. Hic igitur in solo Deo spem posuit unde et ipsum Dominus liberavit.

XCI. Fratres enim qui Christi milicio sunt ascripti a duobus specialiter sibi cavere debent, unum ne gloriam suam in Christi malicia querant vel laudibus hominum acquiescant, aliud ne in homine spem ponant sed in solo Deo confidant, cum scriptum sit: Maledictus qui confidit in homine et ponit carnem brachium suum. De primo exemplificat corvus, qui cum in ore caseum teneret, vulpecula, quam renardum appellant, cepit eum laudare quod bene sciret cantare et quod pater ejus coardus, dum viveret, de cantus amenitate ab omnibus avibus laudaretur, et cepit rogare corvum ut cantaret quia valde delectabatur in cantu ejus. Tunc corvus, laudibus suis inaniter glorians, cepit conari os aperire et alta voce cantare, ita quod caseus ab ejus ore decidit, quem renardus, voti compos effectûs, rapuit et recessit. Ita multi querentes gloriam suam, dum laudibus suis inaniter attolluntur, gratiam a Deo sibi datam amittunt.

XCII. [fo. 76ᵛᵒ] Frustra quidam manus ad Dominum in oratione levat qui eas pro posse suo ad pauperes non extendit, et in evangelio dicitur ⁖ Qui habet duas tunicas det unam non habenti. Martinus supererogavit qui unum pallium dividens medietatem pauperi dedit. Aliquando etiam cum precepisset unam tunicam dari pauperi et vidisset quod nimis esset vilis et manicas curtas et quasi detruncatas haberet, ita quod brachia pauperis non operiret, ipse clam vocato paupere tunicam quam indutus erat illi dedit et tunicam pauperis induit. Cumque missam celebraret et manus suas in altum elevaret ne brachia sua populo nuda apparerent subito manicas deauratas, que brachia sua usque ad manus tegerent, additas a Domino curtis manicis tunice respexit. Econtra quidam fratres Hospitalium multas tunicas et calidas pelles habere volunt, et Christi pauperes in hospitali nudi remanent et frigore cruciantur, cum tamen gratia pauperum multa possideant pro quibus sustentandis fideles elemosinas hospitalibus prebuerunt.

XCIII. Aliquando ante quandam nobilem mulierem vidi que, cum esset in ecclesia tempore hyemali, quedam paupercula mulier post tergum suum gemebat pro angustia frigoris. At illa cepit cogitare quod pelliceum quo induta erat daret illi pauperi mulieri. Sed multum grave erat ei missam relinquere nec poterat expectare donec celebrata fuisset missa, cum mulier nuda frigore cruciaretur. Unde vocata illa duxit eam seorsum, ascendens turrim seu campanile ubi campane ecclesie dependebant, et dato pelliceo mulieri ad ecclesiam inferius est reversa. Finita autem missa capellanus secreto accessit ad eam dicens: " Domina quo perrexistis quando recessistis ab ecclesia ? Sciatis quod nec unum verbum potui dicere cum essem in secreto misso donec fuistis reversa." Ex quo patet quantum Deo placeat nudum vestiri qui mulieri sancte, que cum cordis angustia missam reliquerat, totum residuum reservavit.

XCIV. [fo. 77ro] Et de beato Martino legimus quod osculatus est leprosum qui continuo mundatus est a lepra, et de Theobaldo bone memorie, quondam comite Campanie, dicitur quod unctum secum portabat et sotulares cum uncto manu propria pauperibus dabat, ut sic ad compunctionem et devotionem atque humilitatem provocaretur et ut pauperes affectuosius pro ipso orarent, attendentes in tanto viro tante humilitatis obsequium. Ille autem, vir nobilis Deo devotus licet secularis, consueverat visitare leprosum quemdam extra villam que Sezenna vocatur. Accidit quod moriretur leprosus. Cum autem post aliquantum tempus comes reverteretur ad villam memoratam descendit more solito visitaturus leprosum extra villam, in domuncula in qua habitare solebat leprosus. Quo reperto, quæsunt ab eo quomodo esset illi. Qui ait: " Bene per gratiam Dei nunquam mihi melius fuit." Expectantibus autem militibus et servientibus extra domum leprosi, venerunt quidam cives de villa predicta domino suo occurrentes et quesierunt a militibus ubi comes esset. Qui dixerunt: " Loquitur cum leproso qui in illa domuncula commoratur." At illi dixerunt: " Mortuus est leprosus ille, jam mensis preteriit ex quo sepelivimus eum in cymiterio talis ecclesie." Cum autem comes exiret dixerunt illi: "Quare in vanum borastis? Leprosus ille dudum mortuus est et sepultus." At ille valde ammirans et ad domunculam leprosi revertens non invenit illum, verumtamen magnam sensit odoris suavitatem et ita dominus illi ostendit quantum grata habeat opera pietatis. Raro enim vel nunquam invenimus quod homines pii et benigni licet seculares et peccatores malo fine vitam terminarent sed tandem a Domino visitantur. E contrario impii et crudeles et sine affectione homines frequenter pessimi a morte solent spiritum exalare. De primis Cornelius conturio, de secundis exemplificat Herodes.

XCV. Novi quandam nobilem dominam que valde compatiebatur infirmis et maxime leprosis. Vir autem ejus miles, potens et nobilis a Deo, abhominabatur leprosos, quod eos videre non poterat nec eos infra septa domus sue intrare permittebat. Quadam die, cum leprosus quidam extra domus ambitum ante portam clamaret, quesivit domina si manducare aut bibere vellet. Cui ille: "Ecce hic crucior vehementissimo solis ardore, non manducabo neque bibam nec aliquod a te servicium recipiam, nisi tuleris me in domum tuam." Cui illa: "Numquid nosti dominum meum quantum abhorreat leprosos et ipse redire debet, quia diu est quod ivit venatum. Si te inveniret in domo sua forsitan et me et te occideret." Illo autem non acquiescente sed gemente et plorante, mulier nobilis non potuit planctus ejus sustinere sed propriis brachiis ipsum in domum suam portavit. Cumque rogaret ut refectionem reciperet, nullo modo acquiescere voluit, nisi prius in propria camera viri sui et in lecto ejus domina ipsum ferret, ibi enim desiderabat quiescere antequam manducaret. Cumque illa sicut tota spiritu pietatis et compassionis affluebat gemitus et lacrimas leprosi ferre non posset, tandem victa precibus eum in lecto suo quiescere fecit, pulvinar suum sub capite ejus subponens et coopertorio grisio corpus leprosi tegens. Et ecce vir ejus de venatione fatigatus rediens ait uxori: "Aperi cameram illam ut dormiam et requiescam." Estus quidem magnus erat. Cumque illa stupefacta et tremens, et de morte leprosi magis quam de sua metuens, nesciret quid faceret et aliquantulum tardaret, dominus cum magna indignatione thalamum ingrediens, post modicum tempus ad uxorem regressus ait: "Modo benefecisti que lectum meum optime preparasti, sed miror ubi tales species aromaticas reperisti quibus tota camera ita respersa est odore suavitatis quod visum est mihi quod fuerim in paradyso." Quo audito mulier, que non nisi mortem expectabat, ingressa camera ita invenit, sed leprosum non reperit. Que pre ammiratione et miraculi magnitudine cuncta per ordinem marito suo narravit. At ille valde compunctus, qui prius velud leo fuerat, mansuescere cepit velud agnus, et meritis uxoris sue ita ad Deum conversus ducere cepit vitam non minus religiosam quam uxor. Ecce quam acceptum est Deo officium visitandi infirmos et incarceratos, qui scilicet in carcere egritudinis detinentur vel etiam in carcere materiali et compedibus captivi tenentur, quos visitare debemus corporaliter ad eos eundo consolando et reficiendo et si valemus a carcere et morte eripiendo juxta illud: Domine quis similis tibi et respondens ait: Eripiens inopem de manu fortiorum ejus.

XCVI. [fo. 77$^{vo}$] Unde legimus quod quidam episcopus, cum predicaret in ecclesia quod centuplum reciperent, qui omnia que haberent pauperibus erogarent, quidam dives hoc audiens valde commotus est et compunctus, et omnia que habuit in manu episcopi dedit. Episcopus vero omnia pauperibus erogavit. Patre autem mortuo filii episcopum in causam traxerunt bona paterna repetentes; qui cum reddere non posset inspiratum est ei ut filiis responderet: "Eamus ad patrem vestrum." Cum igitur ipsum de tumulo extraxissent, invenerunt in manu ejus cartam, in qua scriptum erat quod non solum pecuniam, quam dederat in manu episcopi, sed insuper centuplum recipisset. Quod videntes filii episcopum absolverunt . . . . .

XCVII. [fo. 79$^{ro}$] Cum igitur manus domini non sit abbreviata, non debetis nimis pusillanimos aut meticulosi esse, nec bona pauperum quibus indigerent avare retinere. Exemplum enim habetis Johannem Alexandrinum a quo est hospitale

Sancti Johannis. Hic enim ita operibus affluebat quod quasi litem et pactum cum domino habuit ut, quicquid Deus daret, ille totum pauperibus erogaret. Sicut autem Deus illi dare non cessabat ita ille Christo in pauperibus reddere non tardabat; tandem in hoc campio et sancto conflictu Johannes victus fuit et Deus vicit, qui tam copiose illi dedit quod quibus daret non invenit sicut legimus de Moyse. . . . . . .

XCVIII. De quodam heremita legimus quod, cum fere nudus ambulasset, quesitum est ab eo : " Quis te spoliavit ? " At ille : " Codex iste evangelii, qui est preda celestis docens omnia pauperibus esse erogata." Cum autem quidam obiceret ei dicens : " Quomodo omnia dedisti qui illum adhuc habes ? " Statim dedit et aliis, vendito evangelio, ait : " Ipsum verbum vendidi, quod omnia vendi docuit et pauperibus erogari." . . . . .

XCIX. [fo. 80ro] De sancto autem Furseio legimus quod, cum anima egrederetur de corpore, concurrerunt demones ipsum ante tribunal judicis accusantes, et, quia sancto conversationis fuerat, non invenerunt quid ei obicerent nisi quod aliquando capam a feneratore quodam acceperat, et jam contra ipsum sententiam imminebat sed, angelis suis orantibus pro ipso, decrevit Dominus ut anima ad corpus rediretur et penitentiam ageret. Unde quidam demonum valde iratus animam feneratoris, a quo receperat capam, in faciem ejus projecit. Unde postquam suscitatus fuit omnibus diebus quibus vixit apparuit in facie ejus combustio, ex anima feneratoris igne ghehennali succensa ; nec tamen credimus quod sanctus homo sciret capam illam ex feneratore fuisse acquisitam, sed debuisset diligenter inquirere, sicut qui in macello carnes emunt, utrum sit sana vel leprosa aut fetida diligenter intendunt. . . . . . .

C. Unde legimus de quodam heremita quod, cum vellet matrem suam ultra flumen portare, manus suas pallio involuit. Cumque mater indignaretur dicens : " Numquid mater tua sum?" respondit: "Non mireris mater, caro enim mulieris ignis est." Caveant igitur fratres conversi ne cohabitant aut nimiam familiaritatem habeant cum sororibus conversis vel cum aliis quibuscumque mulieribus.

CI. Unde caveat sibi et provideat institutum, exemplo hyrundinis que, cum esset cum aliis avibus et semen lini magno a quodam rustico seminaretur, dixit illis: "Venite et manducemus semen istud quia ex illo posset nobis malum pervenire." At ille ceperunt hyrundinem irridere et dicere: "Quid potest hoc modicum semen nocere nobis?" Quibus hyrundo: "Quia mihi credere non vultis non remanebo vobiscum in agris sed acquiram mihi familiaritatem alicujus boni viri, in cujus domo nidificare possim et morari." Procedente tempore, semen in agro projectum crevit in linum et collecto lino inde factum est rete in quo inciderunt aves ille inprovide que consiliis hyrundinis acquiescere noluerunt . . . . .

CII. [fo. 82$^{vo}$] Quosdam autem vidimus qui in egritudine et afflictione valde videntur devoti et multa Deo promittunt et voto se obligant et astringunt, postquam autem sanitatem recipiunt promissa non reddunt, similes cuidam peregrino qui cum ad ecclesiam Sancti Michaelis que prope mare sita est pergeret, et inundationes maris contra se venire videret, cepit clamare: "Sancte Michael libera me ab hoc periculo et vaccam meam tibi dabo." Cum autem mare valde appropinquaret ut eum fere submergeret, cepit amplius clamare: "Sancte Michael succurre mihi hoc necessitatis articulo et dabo tibi vaccam cum vitulo." Recedente autem mari cum jam esset in tuto ait: "*Ne la vache ne le veel*" id est: "Nec vaccam nec vitulum tibi dabo."

CIII. Audivi de milite quodam qui morabatur in quadam villa in dyocesi Parisiensi sita. Quidam autem pauper et religiosus scolaris diebus dominicis portabat aquam benedictam in parrochia illa secundum consuetudinem gallicanam, sed quociens in domum militis intrabat mala verba et contumeliosa ab illo milite nequam audiebat et mullam elemosinam illi dare volebat. Accidit autem quod Deus militem illum gravi egritudine flagellavit et clerico domum illam ingresso valde humiliter dixit: " Domine, pro Deo, ora pro me," et precepit ut elemosina daretur illi. Cui clericus ammiratus respondit: " Tu semper me vituperare solebas, quo nunc pro te orem rogas ?" At ille: " Domine, nonne videtis quod gravi infirmitate torqueor in uno pede?" Quod audiens clericus flexis genibus cepit alta voce orare ut Deus similem egritudinem inmitteret in alio pede. Cui miles ait: " Domine, quid dicitis ? Ego rogaveram vos ut pro infirmitate tollenda Dominum rogaretis." Clericus autem respondit: " Tu leo eras quando fuisti sanus, nunc vero factus es quasi agnus unde supplico Domino ut quantum tibi dedit in uno pede det tibi in alio." Hyllariter igitur infirmitates tanquam summi regis nuncios debetis suscipere et Deo gratias agere quod nos dignatur visitare, habentes ante oculos mentis sufferentiam Job et finem domini nostri Jesu Christi, qui est benedictus in secula seculorum.

CIV. [fo. 83<sup>vo</sup>] Unde legimus quod cum angelus Dei diceret heremite: " Eamus et sepeliamus quemdam peregrinum quem latrones in hoc nemore occiderunt." Cum appropinquarent cadaveri, quod jam per dies aliquod super terram jacuerat, heremita cepit obturare nares suas. Cui angelus ait: " Quare nares tuas constringis?" At ille : " Non valeo fetorem sustinere." Paulo post juvenis quidem pulcher corpore et ornatus sertis floreis cum phaleris et sella aurea equitando transibat et, cum adhuc longe esset, angelus abhominari cepit et obturare nares corporis quem ad tempus assumpserat. Cui heremita valde admirans ait : " Quare nares tuas ita stringis et a pulchro juvene illo faciem evertis qui cum esses juxta fetidum cadaver talia non fecisti?" Angelus autem respondit: "Quia infracturam lascivus ille superbus juvenis magis fecit coram Deo et angelis ejus quam cadaver illud quod sepelivimus fecerat coram hominibus, et cum universi peccatores fetorem suum non sentiunt nec lepram suam abhorrent vel agnoscunt."

CV. De quodam etiam heremita legimus quod, cum velud alius Job percussus esset, ita quod a planta pedis usque ad verticem non esset in corpore ejus sanitas, omnes infirmos qui ad ipsum veniebant, facta oratione, sanabat nunquam tamen pro se ut sanaretur oravit. Sicut enim felle piscis sanati sunt Tobie oculi, ita amaritudinibus coporalis infirmitatis sanantur oculi nostri . . . .

CVI. [fo. 84ro] Audivi quod quidam graviter egrotabat et cum mortis periculum ei immineret, dixit ei confessor suus ut malehabita restitueret. Uxor autem et filii coram quo plorabant et, ne pauperes remanerent in quantum poterant, ipsum a restitutione avertebant. Uxor autem ejus presbitero promittebat quod largas elemosinas pro anima mariti faceret. Appropinquante autem morte, cum induci non posset infirmus ut ablata restitueret impedientibus filiis et uxore, dixerunt sacerdoti: "Domine, vos videtis quod anima recedit a cdpore. Rogamus vos vt commendationem faciatis et postmodum mortuum honorifice sepeliatis et copiosas oblationes recipietis." Quibus sacerdos ait: "Iste ablata restituere noluit et ut a commendationem faciam rogatis; ego faciam ex quo vultis." Et statim ille benedictus sacerdos ait: "In manus omnium demonium commendo spiritum tuum, a me aliam commendationem non habebis." Et hoc dicto homo miserabile suspiravit. Quam miseri qui, propter uxores et filios aut quoscumque consanguineos, se ipsos in infirmitate sua despiciunt et animarum suarum salutem negligunt; postquam enim anima recedit cito oblivioni traditur ab hiis a quibus valde diligi videbatur.

CVII. Audivi de quadam muliere cum de vita mariti sui desperaret et ille morti vicinus usum lingue et ceterorum membrorum amisisset, vocata ancilla sua, dixit uxor hominis illius qui jam in extremis laborabat: "Festina et emo tres ulnas tele de borello ad maritum meum sepeliendum." Que respondit: "Domina, habetis telam lineam habundanter, date illi quatuor ulnas vel amplius ad sudarium." At illa indignans ait: "Bene sufficiunt ei tres ulne de borello." Et super hoc domina et ancilla diutius inter se discordabant. Quod audiens homo ille sicut potuit cum magno conamine respondit: "Curtum et grossum facite mihi sudarium ne luto inquinetur." Quod est dicere secundum vulgare gallicum: "*Cort le me faites pour ne le croter.*"

CVIII. [fo. 86ʳᵒ] Unde legimus quod quidam pauper magno frigore solam habebat martam, cujus medietatem aliam sub se supra se ponebat, cum deberet dormire et consolans seipsum dicebat: "Quanti divites sunt in inferno et carcere angustiati. Ego autem extendo pedes meos quantum volo, illi autem multum gauderent si ita liberi essent." Et quoniam teste Amos: Non erit malum in civitate quod non fecerit Deus; que autem a Deo sunt ordinata. Non debemus Dei ordinationi resistere, sed firmiter credere quod nichil sit in hoc mundo sine ratione.

CIX. Unde cum quidam heremita, spiritu blasphemie temptatus, cogitaret quod non essent justa Dei judicia, qui bonos affligit et mali prosperati sunt, angelus Domini in specie hominis apparens ei dixit ei: "Sequere me; Deus enim misit me ut mecum venires et ostenderem tibi occulta ejus judicia." Et duxit eum ad domum cujusdam boni viri qui liberaliter et benigne recepit eos in hospitio, omnia necessaria ministrans eis. In mane autem furatus est angelus hospiti suo ciphum quem valde diligebat et valde cepit heremita dolere credens quod illo non esset a Deo. Alia nocte hospitati sunt in domo cujusdam hominis qui malum hospicium fecit eis et eos male tractavit. Cui angelus ciphum dedit quem furatus erat bono hospiti; quod videns heremita contristatus est valde et malam opinionem de eo cepit habere. Inde igitur procedente tercia nocte hospitati sunt in domo cujusdam boni hominis qui cum magno gaudio ipsos recepit et necessaria sufficienter eis ministravit. In mane quemdam juvenem famulum suum concessit eis qui eos deduceret et ostenderet viam, quem angelus de ponte precipitavit et suffocatus est in aquis. Quod videns heremita valde scandalizatus est et contristatus. Quarta autem nocte quidam vir bonus optime recepit eos, copioso cibaria eis cum vultu hylari exhibens, et lectos ydoneos eis preparari fecit, sed parvulus quidam, quem hospes solum habebat, nocte flere cepit nec sinebat illos dormire. Angelus autem nocte surgens puerum strangulavit. Quod videns heremita credidit quod esset angelus Sathane et voluit discedere ab ipso. Tunc demum angelus dixit ei: " Dominus ob hoc misit me ad te ut ostenderem tibi occulta ejus judicia et scires quia nichil sit sine causa in terra. Bonus ille homo cui ciphum abstuli nimis illum diligebat et curiose servabat, frequenter cogitans de cypho cum deberet cogitare de Deo, et ideo pro bono suo illi subtraxi et dedi illi malo hospiti, qui nos in hospicio suo non bene recepit ut mercedem suam reciperet in hoc seculo et in alio seculo nullam aliam haberet retributionem. Submersi autem servientem illum qui firmaverat in animo quod sequenti die dominum suum occideret et ita bonum hospitem nostrum a morte liberavi et servum suum ab homicidio operis, qui jam homicida erat proposito malo voluntatis, ut minus puniretur in inferno. Quartus autem hospes noster, antequam filium haberet, multa bona faciebat et quicquid supra victum et vestitum habere poterat pauperibus reservabat; verum, nato illi filio, manum ab operibus misericordie retraxerat et omnia filio suo reservabat. Ego autem materiam avaricie domino precipiente abstuli et animam pueri innocentis in paradiso collocavi." Quod audiens heremita liberatus est ab omni temptatione et Dei judicia que sunt abyssus multa cepit glorificare.

CX. [fo. 88ro] Unde legimus quod, cum quidam equus contra cervum contenderet de paschuis communibus, que tamen tam equo quam cervo possent sufficere, equus auxilium hominis imploravit. Cui homo dixit: " Si vis ut in prelio adjuvem te permitte ut sellam imponam dorso tuo et frenum in ore." Quo facto, postquam victor discessit ab hoste [fo. 88vo] non equitem dorso non frenum depulit ore.

CXI. Audivi de quodam viro religioso qui cum amisisset unum oculum cepit gaudere. Monachi autem, qui valde eum deligebant, dolebant et flebant. Quibus ille ait: "Pro quo oculorum meorum doletis, vel pro illo quem amisi, aut pro illo qui remansit mihi?" At illi flentes dixerunt: "Frater pro illo quem amisistis dolemus." Quibus ille: "Cum duos hostes haberem cum quibus cotidie pugnare me oportebat, non pro illo qui periit, sed pro illo qui remansit dolere debuistis." Et ita consolatus est illos. . . . . . .

CXII. Licet autem paupertas et alie tribulationes bone sint quidam tamen illis abutuntur. Unde legimus quod quando corpus beati Martini processionaliter ferebatur sanabat omnes infirmos qui occurebant. Erant autem juxta ecclesiam duo trutani mendicantes quorum unus erat cecus, alius contractus, qui ceperunt loqui ad invicem et dicere: "Ecce corpus sancti Martini jam defertur ad processionem, et si nos invenerit statim sanabimur, et nemo do cetero nobis elemosinas dabit sed oportebit nos propriis manibus operari et laborare." Cecus autem contracto: "Ascendo super humeros meos quia fortis sum et tu qui bene vides mihi prestabis ducatum." Quo facto, cum fugere vellent apprehendit eos processio et cum pro turba fugere non possent sanati sunt contra voluntatem suam. Patet igitur quod multi mali pauperes sunt et multi in tribulationibus afficiuntur deteriores qui visitatione divina abutuntur. . . . . .

CXIII. [fo. 89vo] Propterea quidam sapiens homo precipit famulo suo ut, quotiescumque comederet, diceret ei: "Morieris, morieris." Jeronimus quoque ait: Quid est vita presens, mundus, et jocunditas temporalis? . . . .

CXIV. [fo. 90vo] Sicut de quodam milite legimus quod, cum Hyspaniam cum Karolo imperatore contra Saracenos ivisset, imminente mortis articulo, equum suum cum rebus aliis pro salute anime sue in testamento pauperibus reliquit eroganda, per manum cujusdam militis consanguinei sui de quo non modicum confidebat. Ille vero injecit oculum in dextrarium et valde placuit ei; unde cupiditate victus illum retinuit. Anima vero defuncti post dies 8 illi apparuit et dixit : "Quia de te confidebam res meas distribuendas fidi tue commisi, tu vero tanquam infidelis et proditor equum retinuisti. Ego conquestus sum de te summo judici quia liberationem meam a purgatorio retardasti et ecce ego purgatus et liberatus ad regionem vivorum gaudens vado. Tu autem noveris quod cras penas tante iniquitatis exsolves." Cum igitur confusus et stupens ad diem crastinum miser ille rei eventum exspectaret, ecce quam mortuus ei predixerat, corvi nigri ipsum rapientes, elevaverunt in aera et, eo dimisso super rupem ex alto decidens, confractis cervicibus miserabiliter exspiravit.

CXV. Audivi cum essem Parisius de quodam scolari quod in morte culcitram suam dimisit in manu socii sui, ut illam pro anima ejus daret. Cum autem socius ejus distulisset et culcitram festinanter dare negligeret, licet eam sibi retinere non vellet, apparuit ei in sompnio socius tanquam jacens super duras et asperas cordas cujusdam lecti lignei ubi miserabiliter torquebatur. Ille vero evigilans sequenti die culcitram pauperi hospitali dedit et iterum nocte apparuit ei socius suus jacens supra culcitram, ita quod predicti funes ipsum non poterant contingere vel molestare.

CXVI. Legimus enim de quodam nobili juvene, qui unicus erat parentibus suis, quod ipsis ignorantibus assumpsit habitum religionis. Pater autem ejus qui alium non habebat heredem vehementer doluit et comminatus est abbati et monachis, nisi filium suum illi redderent, quod abbatiam incenderet et omnia bona eorum dissiparet. At illi, valde timentes tyrannum, dixerunt monacho : "Ecce pater tuus venit cum multitudine armatorum et nisi cum ipso ad seculum redeas monasterium nostrum igne succendet et omnia bona nostra nobis auferet violenter." Quibus ille respondit : "Nolite timere, concedite mihi equum ut vadam obviam patri meo." Cumque pater videret filium crinibus detruncatis et veste vili deformem, vix eum cognoscere potuit, et pro nimio dolore pene corruit in terram et dixit filio : "Fili, quid fecisti mihi sic, oportet te redire et ego omnem terram meam tue voluntati expono." Cui filius ait: " Pater est quedam consuetudo valde periculosa in terra nostra propter quam compulsus sum exire et habitum monachalem suscipere." Cui pater: " Omnes terre mee consuetudines in arbitrio tuo relinquo ut secundum voluntatem tuam illas valeas revocare vel immutare, et dic mihi que sit illa consuetudo propter quam recessisti, et promitto tibi firmiter quod eam removebo." Tunc filius ait: " Hec est illa consuetudo quam ego valde timeo, quod, ita cito quandoque citius, moritur juvenis sicut senex; nisi hanc removeritis numquam revertam vobiscum, nam quomodo promittitis me futurum heredem vestrum vel vobis succedere cum non sim certus quod debeam plus vivere. Ita enim cito moritur vitulus ut vacca, ita cito moritur filius ut pater, puer ut senex." Quo audito pater ait: " Fili, quomodo hanc consuetudinem quam Deus introduxit possum avertere?" Et compunctus vehementer assumpsit cum filio suo habitum religionis. Cum igitur continuo ad mortem festinemus et horam mortis ignoremus . . . ita erga mortuos vos habeatis sicut vobis fieri velletis.

CXVII. [fo. 91ro] Unde cum quidam veniret ad fratrem suum carnalem qui claustrum intraverat et ab eo aliquid peteret, respondit: " Vade ad alium fratrem tuum carnalem qui claustrum [non] intraverat et ab eo pete." Cui ille: " Tu scis quia frater noster mortuus est et jam non est in hoc seculo." Cui monachus ait: " Et ego mortuus sum et nichil tibi dabo."

CXVIII. Et de quodam abbate legitur quod novicium quemdam misit ad benedicendum ossa mortuorum, postea ad maledicendum ossa mortuorum, et querenti quid respondissent ossa dixit novicius: " Nichil, sed tacuerunt." Cui abbas: " Ita et te oportet esse mortuum si vis in hoc monasterio remanere ut nec benedictione nec maledictione monearis."

CXIX. [fo. 93ro] Unde dicitur de Sarahadine Damasi et Egypti soldano quod, imminente mortis articulo, precepit ut modicum telo per totum regnum suum circumferetur post mortem ipsius, et voce preconaria clamaretur quod nichil amplius secum deferebat ex omnibus que habebat. Unde Job de vanis et reprobis hominibus ait : " Elati sunt ad modicum et non subsistent quia carnis gloria dum nitet cadit ." . . .

CXX. Hec sunt verba Gregorii ex quibus ostenditur quam sit vana et transitoria gloria hujus mundi, que in mortis necessitate hominem non sequitur sed deserit. Unde legimus quod quidam vir potens et magnus cuidam servo suo castrum custodiendum commisit in quo hostes domini recepit, propter quod dominum eum suspendi jussit. Cum quo traheretur ad mortem rogavit quemdam amicum suum quem valde dilexerat ut ei in tanta necessitate subveniret. Qui dixit ei quod alios amicos cito inveniret, tantum tamen pro illo faceret quod unum lintheum illi daret. Invento autem alio amico quem plus etiam dilexerat rogavit ut eum juvaret. Respondit quod tantum pro ipso faceret ut cum eo per modicam viam iret, et ipsum usque ad patibulum conduceret, et statim in domum rediret. Invento autem tercio, quem parum respectu aliorum dilexerat et parum pro ipso fecerat et quasi dimidium amicum reputabat, cum verecondia cepit ei supplicare et ejus auxilium implorare. Qui respondit: " Non immemor modici beneficii quod mihi fecisti ; cum usura reddam tibi ; ponam animam meam pro anima tua, vitam meam pro liberatione tua, et suspendar pro te." Primus amicus possessiones terrene que in morte dant tantum panniculum ad sepeliendum et cito novos amicos inveniunt. Secundus amicus uxor et filii et consanguinei qui usque ad sepulcrum sequuntur et statim ad domum revertuntur. Tercius et vetus amicus est Christus qui pro liberatione nostra voluit in patibulo crucis suspendi, et insuper quartus amicus qui nos precedit viam preparando et pro nobis regem intercedendo, opera scilicet misericordie et alia bona que facimus ante mortem, ut nobis succurrant in neccessitate. . . .

CXXI. [fo. 94vo] Memini cum aliquando in quadam ecclesia de cruce suscipienda predicarem, aderat ibi quidam homo

Cisterciensis ordinis conversus qui frater Symon vocabatur, qui frequenter divitias revelationes et secreta Dei consilia videbat. Cumque cum lacrimis videret multos, relictis uxoribus et filiis et patria adque possessionibus ad crucem accidere, supplicavit Domino ut ei ostenderet qualiter premium crucesignatis collaturus esset; qui statim vidit in spiritu beatam Virginem filium suum tenentem, et secundum quod unusquisque signum crucis corde contrito recipiebat, filium suum illi dabat.

CXXII. [fo. 96$^{vo}$] Nam et ego cum aliquando in quadam villa predicarem, quidam, uxore sua dissuadente, ad sermonem cum aliis noluit venire; cepit tamen quasi ex curiositate de solatio per fenestram inspicere et quid ego dicerem latenter ascultare. Cumque audisset quod per crucis compendium, absque alia penitentia, tantam indulgentiam obtinerent quantamque plerumque obtinent qui per annos lx jejunant et portant cilicium, nihil enim amplius potest remitti quam totum. Dominus enim papa nichil excipit sed universaliter omnia dimittit tanquam Dei minister, qui non vult esse avarus ubi Dominus est largus. Audiens insuper quod pro labore modici temporis penitentia hujus seculi et pena purgatoria remittitur, et pena gehenne evitatur, regnumque celorum acquiritur, ipse valde compunctus et a Deo inspiratus, timens uxorem que ostium clauserat et ne egrederetur observabat, per fenestram in turbam exilivit et ipse primus ad crucem venit et quia bonum aliis prebuit exemplum et multi secuti sunt eum, ipse particeps extitit meriti universorum. Qui ex malo exemplo corripit bono exemplo debet restituere Deo quod illi abstulit. Justum quidem est qui cum multorum destructione se perdidit cum multorum edificatione se redimat.

CXXX. [fo. 97$^{ro}$] Cum igitur Dominus radios gratie sue per universum mundum diffundat, quidam pusillanimes velud cera ad hunc solem ita liquescunt, quod sigillum crucis non recipiunt . . . . exemplo cujusdam filii imperatoris Karoli qui vocabatur Gobaut. Volens Karolus, ut dicunt, probare filiorum obedientiam, accepta parte pomi quam in manibus tenebat, dixit: "Gobaude, aperi os et accipe." Respondit quod non aperiret nec tantum vituperium pro patre sustineret. Tunc pater vocato alio filio nomine Lodovico dixit: "Aperi os et accipe quod tibi porrigo." Cui ille: "Sicut placet vobis de me tamquam de servo vestro facito." Et, aperto ore, pomum de manu patris recepit. Cui pater statim subjunxit: "Et ego do tibi regnum Francie." Et cum tercio filio, qui Lotharius vocabatur, preciperet ut coram cunctis os aperiret, pater aperienti dixit: "Per partem pomi quam recepisti in ore investio te de ducatu Lotharingie." Tunc Gobaudus sero penitens ait: "Pater, pater, ecce aperio os. Da mihi partem pomi." Cui pater: "Tarde aperuisti, nec pomum nec terram dabo tibi." Et ceperunt omnes deridere illum dicentes: "*A tart bea Gobaut.*" Id est: "Tarde hyavit Gobaudus." Consuetudo quidem est nobilium et potentum quod per cyrotecam vel per aliam rem vilis precii vasallos suos investiunt de feodis preciosis. Sic Dominus per crucem, ex modico filo vel panno, vasallos suos investiet de regno celesti, et modo ludentium ad aleas vel decios, ingenti exposito fardello, vos invitat; in hoc tam sancto ludo aut tenes aut dimittis, vide quid facias, optio tibi datur, non remanebit in Deo nisi in te remaneat . . . . .

CXXIV. [fo. 99ro] Unde de quodam milite nobili legimus quod iturus ultra mare fecit adduci ad se filios parvulos quos valde diligebat, et cum eos diu aspiciens amplexaretur, dixerunt famuli ejus: "Dimittere pueros istos et abeatis, quia multi vos expectant ut vos deducant." Quibus ille: "Idcirco filios meos coram me adduci feci ut, excitato affectu ad ipsos, cum majori angustia mentis pro Christo relinquam illos, et ita magis merear apud Dominum." Laborare igitur oportet in hoc seculo qui quiescere vult in alio . . .

CXXV. [fo. 99ro] Quidam autem velud cocodrilli ita armati sunt squamis viciorum et diviciarum quod sagitis verbis Dei non possunt penetrari, nec aliquibus rationibus vel exemplis ad

Christi servicium incitari, similes asino qui consuevit morari in molendino. Cumque molendinum incenditur non vult recedere ab ipso.

CXXVI. Mundus iste undique est incensus igne viciorum, et miseri atque obstinati peccatores, licet cotidie verbis Dei stimulentur, malunt igne comburi in hoc mundo quam recedere ab illo, tandem igne gehennali comburendi. Lupus infernalis jam comedit eos usque ad viscera dentes figens et ipsi lupum non metuunt nec detrimentum suum avertunt; sicut de asino dicitur quod adeo piger et durus est quod permittit renes suos a lupis devorari usque ad pulmonem ita ut suam non videatur sentire lesionem.

CXXVII. Et de symia dicitur quod nucem abicit, dum exterius in cortice amaritudinem sentit; usque ad nuclei dulcedinem non pervenit. Ita stulti in hoc seculo, dum attendunt exterius amaritudinem laborum, nunquam pervenient ad dulcedinem premiorum, juxta illud: Qui viderunt me foras fugerunt a me. Difficile autem est ut Ethiops mittet pellem suam . . . . . .

CXXVIII. [fo. 100ro] Legimus autem de quodam heremita cum cellula ejus valde remota esset ab aqua et cotidie multum oporteret ipsum laborare, cogitabat quadam die quod cellulam aliam faceret prope aquam. Cumque pergeret sicut proposuerat adimpleret, vidit dum esset in itinere angelum tabulas tenentem et stilum seu grafium. Cumque heremita quereret ab angelo quid ageret, respondit: "Dominus misit me ut scriberem passus tuos quos fecisti, dum cotidie laborares aquam ad cellulam tuam deferendo." Quod attendens heremita a proposito suo resiliit et cellam suam per unum miliare amplius quam esset ab aquis removit. Licet autem ab inicio labores duri sint et asperi postea ex consuetudine et unguento divine gratie leves redduntur sicut quadriga nova stridet et cum difficultate trahitur, sed postquam uncta fuerit et trahi consueverit facile ducitur . . .

CXXIX. [fo. 100ro] Audivi de quodam qui cum in ecclesia esset pre turba exire non posset, invitus sermonem audiens, metuens velud serpens ne incantaretur, dixit : " Si possem per Dei gratiam istum sermonem evadere jam centum evasissem.' Vos igitur fratres Dominum tanquam incole et perigrini exoretis ut a vobis mandata sua non abscondat . . .

CXXX. [fo. 102vo] Beatus Gregorius narrat de quadam moniali, quod, omisso crucis signo, comedit lactucam et dyabolus in ipsam introivit. Cumque a quodam sancto viro compelleretur ut exiret respondit: "Que est culpa mea, quid feci, quare me compellis ? Ego super lactucam sedebam et ipsam non signavit et ideo cum lactuca me comedit."

CXXXI. De quodam etiam judeo narrat Gregorius quod cum iter faceret, nocte superveniente, divertit ad quoddam cimeterium juxta templum Apollinis, cumque malignus spiritus nocte super ipsum veniret, quia, licet judeus ille fidem crucis non haberet, pre timore se signaverat, non potuit illi demon nocere et reversus ad socios ait: " Inveni vas vacuum videlicet signatum." Quod audientes demones fugerunt et ille, virtutem crucis in sui liberatione expertus, factus est christianus.

CXXXII. De quodam etiam peregrino legimus quod, cum egrotaret in partibus alienis et non haberet aliquam amicorum consolationem, misit Deus angelos ut consolarentur eum et animam ejus absque dolore mortis afferent. Qui revertentes dixerunt : "Anima ejus non vult a corpore ejus exire." Tunc Dominus misit David ut coram peregrino cantaret cum cithara. Audiens vero anima peregrini modulationes dulcis soni exivit a corpore cum gaudio et delectatione.

CXXXIII. Ecce quomodo Deus diligit peregrinos et consolatur eos qui pro ejus amore communem parentum et consanguineorum consolationem reliquerunt. In vita etiam patrum legimus quod duo fratres erant, unus peregrinationi deditus, alter quieti. Contigit autem ut peregrinus moreretur et deducentes ejus animam angeli, cum deberet intrare in celum, facta questione de illo dixit Domino: " Modicum neggligens fuit, sed quia peregrinus erat aperite illi." Mortuus vero est et frater ejus. Senex autem quidam, qui viderat ad peregrinum venisse angelos, ad fratrem ejus nullum vidit adesse, et querens a Domino quidnam esset, respondit ei: " Vox divina sonat, peregrinus ille nullam amicorum consolationem habuit a consanguineis et amicis." Multaque alia exempla reperimus in scripturis de consolatione peregrinorum et virtute crucis et de merito ac premio crucesignatorum qui se et sua dederunt Domino nostro Jesu Christo . . .

CXXXIV. [fo. 104$^{ro}$] Legimus autem quod quidam homo, dum fugeret a facie unicornis, decidit in foveam magnam et profundam, et, extensis manibus, apprehendit arbusculam unam, et aperiens oculos vidit duos mures, unum album et alium nigrum, arbuscule radicem incessanter rodentes, et insuper quatuor aspidum capita que arborem corrodebant et consumebant, et in fundo fovee vidit drachonem cupientem ipsum devorare. Superius autem supra caput ejus filo tenui pendebat gladius acutissimus qui capiti ejus imminens paratus erat ipsum perforare. Cum autem in tanto esset periculo [fo. 104$^{vo}$] elevatis oculis vidit modicum mel quod de ramis arbuscula distillabat, et statim tantorum periculorum oblitus, cepit manum porrigere et mellis dulcedini inhiare, et ecce subito et improviso arbore que corrodebatur cadente, et gladio cadente super caput ejus, corruit in foveam plenam igne, et dracho insidians rapuit ipsum et cepit devorare. Unicornis bestia crudelis que omnes insequitur et nulli parcet est mors; fovea mundus iste; arbuscula mensura vite nostre que continue diebus ac noctibus velud duobus muribus corroditur; per murem album dies, per nigrum noctes designantur. Quatuor aspidum capita quatuor sunt elementa in corpore nostro quibus inordinatis et conturbatis dissolvitur corporis compago. Serpens dyabolus; profundum fovee infernus; gladius imminens capiti sententia districti judicis; stilla mellis dulcedo delectationis temporalis; casus hominis hujus vite finis.

CXXXV. Quam miseri qui pro stilla mellis, id est, pro modica et transitoria delectatione obligant se ad hauriendum totum mare, id est, penas interminabiles gehenne, dum non serviunt Domino in timore, videlicet per potentiam suam, pauperes opprimendo calumpniantur egenis similes lupo qui, dum biberet in superiori parte fluminis et agnus in parte inferiori (lupus) cepit calumpniari et agnum accusare, et contra ipsum occasiones querere; dicens quod agnus turbaverat sibi aquam et quod impedierit ejus potum, tanquam fluvius non sufficeret sibi et agno. Agnus tum cepit cum amore humiliter se excusare, dicens quod aquam non turbaverat ille, cum biberet in parte inferiori, et quod fluvius bene sufficiebat utrique, unde nullam injuriam sibi fecerat cum biberet nec potum ejus impedierat. Cui lupus valde indignatus ait: "Ausus es bibere mecum in uno cypho." Cum obsecrationibus loquitur pauper, dives autem affatur rigide. Unde agnus tremens et humilians se ait: "Domine mi, fluvius est communis nam non solum bestie sed rane et volucres libere bibunt ex eo." Cui lupus: "Nunquid minaris mihi sicut et pater tuus, qui multa dampna mihi intulit, jam sunt sex menses." Cui agnus: "Non infero minas, necdum natus eram ante menses sex." Cui lupus fremens et torvo aspectu agnum intuens ait: "Audes, o furcifer, fili mortis, mihi respondere et de pari mecum contendere?" Et rapiens illum devoravit. Venatio leonis onager in heremo sicut pascua divitis pauper.

CXXXVI. Quam miseri et ingrati divites, qui vivunt de labore pauperum et multa beneficia ab eis recipiunt et nichil nisi malum pro bono eis retribuunt, similes lupo qui fere usque ad mortem cruciabatur osse in gutture ejus affixo, et cepit rogare gruem ut rostrum in os ejus mitteret et os de gutture extraheret, multaque illi promisit si ipsi in hoc periculo subveniret. Gruis vero immittens rostrum cum magno labore os a gutture lupi extraxit. Cumque mercedem peteret, lupus ait: "Sufficiat tibi quod te permisi abire, cum potuissem tibi collum abscidisse, quando illud in ore meo posuisti; satis est quod vitam tibi reservavi juxta illud ut liceat paucis cum dentibus inde reverti."

CXXXVII. Multi hodie milites per angarias, quas *tornees* Gallici appellant, a suis hominibus accipiunt et nec eis panem ad manducandum tribuunt, cum tamen scriptum sit : Non retinebis opus mercenarii usque mane.

CXXXVIII. Multi hodie dicunt, quando arguuntur quod vaccam pauperi agricole abstulerunt: " Sufficiat rustico quod ei vitulum dimisi et quod eum vivere sino. Non feci ei tantum mali quantum possem si voluissem, accepi anserem et dimisi ei plumam . . . . "

CXXXIX. [fo. 105ʳᵒ] Audivi de quodam milite qui libenter ad predicationem ibat et tamen valde seculariter vivebat. Cumque alii milites eum deriderent, eo quod verba Dei frequenter audiebat et contrarium faciebat, ipse respondit : " Confido in Domino quod aliquando hanc malam vitam dimittam, unde, licet ea que audio non faciam, volo tamen instrui qualiter debeam habere, si aliquando Deus visitaverit me ut ad cor reversus ipsi serviam. Quidam autem e contrario non solum Dei verbum audire renuunt sed audientes irrident, et quoscumque possunt avertunt et predicationem impediunt, quod non minus est sacrilegium quam si campanas frangerent ne aliqui ad ecclesiam venirent. Campana enim Domini dicitur predicator."

CXL. Audivi de quodam milite, qui nunquam veritatem audiebat in predicatione nec bene instructus erat in fi.e, cum diceretur ei quare non libenter audiret missam que tante est dignitatis et virtutis quod Christus et angeli ejus semper veniant ad ipsam, ipse simpliciter respondit : " Istud ego nesciebam, sed putabam quod sacerdotes missam adimplevissent propter oblationes." Postquam autem veritatem audivit deinceps libenter et devote missam audire cepit.

CLXI. Memini quod quadam die loquebar cum quadam milite, qui valde libenter torneamenta frequentabat et alios invitabat, precones mittens et hystriones qui torneamenta proclamarent, nec credebat ut asserebat hujusmodi ludum vel exercitium esse peccatum. Alias autem satis devotus erat. Ego autem cepi illi ostendere quod 7 criminalia peccata comitantur in torneamentis. Non enim carent superbia cum, propter laudem hominum et gloriam inanem, in circuitu illo impii ambulant et vani non carent invidia, cum unus alii invideat, eo quod magis strennus in armis reputetur et majorem laudem assignatur. Non carent odio · et ira cum unus alium percutit, et male tractat, et plerum letaliter vulnerat, et occidit; sed et inde quartum mortale peccatum incurrunt quod est accidia vel tristicia. Adeo enim vanitate occupantur quod omnia bona spiritualia eis insipida redduntur, et quia non prevalent contra partem aliam, sed cum vituperio sepe fugiunt, valde contristantur. Non carent quinto criminali peccato id est avaricia vel rapina, dum unus alium capit, et non redimit, et equum quem cupiebat cum armis aufert illi contra quem pugnando prevaluit, sed occasione torneamentorum graves et intollerabiles exactiones faciunt et hominum morum bona sine misericordia rapiunt, nec segetes in agris conculcare et dissipare formidant [fo. 105ʳᵒ], et pauperes agricolas valde dampnificant et molestant. Non carent torneamenta mortali peccato vi quod est castrimargia dum mutuo, propter mundi pompam, invitant ad prandia et invitantur non solum bona sua sed et bona pauperum in superfluis commessationibus expendunt, et de alieno corio largas faciunt corrigias. Quidquid delirant reges, plectuntur Achivi. Non carent 7 mortali peccato quod dicitur luxuria, cum placere volunt mulieribus impudicis, si probi habeantur in armis, et etiam quedam earum insignia quasi pro vexillo portare consueverunt. Unde propter mala et crudelitates que ibi fiunt atque homicidia et sanguinis effusiones, instituit ecclesia ut qui in torneamentis occiduntur sepultura christiana eis denegetur. In circuitu quidem impii ambulant unde cum mola asinaria et cum circuitu vite laboriose demerguntur in profundum maris, id est, in profunditatem amaritudinis et laboris. Cum autem dictus miles hec verba audiret et aperte veritatem quam numquam audierat agnosceret, sicut prius torneamenta dilexit ita postea semper odio habere cepit. Multi quidem propter ignoranciam peccant qui si audirent veritatem et diligenter inquirerent non peccarent sicut memorati milites—diligenter interrogabant Johannem Baptistam: "Quid faciemus et nos?" Quibus ipse respondit ut neminem concurrerent violenciam faciendo, nec calumpniam facerent falso aut fraudulenter accusando, sed contenti essent stipendiis queideo, teste Augustino, constituta sunt militantibus nedum sumptus quas predo grassetur. Non prohibet Johannes militare, dum concedit stipendia recipere, sicut nec Dominus prohibuit censum reddi Cesari, eo quod pro judeis militabat et a violentia hostium defendebat. . . . .

CXLII. [fo. 106<sup>to</sup>] Quam fatui qui exultant dum filii nascuntur dominis suis. Non enim gaudendum est de dominorum pluralitate. Dicitur enim quod sol deus scilicet qui dicitur Phebus, accepta uxore, genuit alium solem. Cum autem multi gauderent eo quod duos soles haberent, terra lugebat et mirabantur alii querentes a terra cur non gauderet. Quibus terra respondit: "Unus solus jam aliquando siccabat me quod fructificare non poteram, quanto magis duo soles me siccabunt et sterilem reddent."

CXLIII. Majores igitur se reddere debent amabiles minoribus et non odibiles neque contempnere debent minores, quia nocere possunt et juvare; periculosa enim res est desperatio. Multi enim servi lesi aliquando dominos suos occiderunt vel domos eorum incenderunt; sicut dicitur de symia, que valde pro omnibus animalibus fetum suum diligit, quod aliquando fetum suum in brachiis tenens ostendebat urso, at ille irruens in symiam fetum rapuit et devoravit. Symia vero supra modum dolens cepit cogitare quomodo posset se vindicare et afferens ligna de nocte posuit illa et disposuit circulariter circa ursum ubi erat relegatus, et, igne apposito, combussit eum qui primo parvipendebat quicquid ei symia viribus facere poterat.

CXLIV. Eadem modo legimus quod aquila fetus vulpis rapuit et cum prece nollet reddere, vulpes sub pede arboris ignem copiosum accendit et pullos aquile fumo extinxit. Non debent ergo contempni minores quia quandoque ingenio superant fortiores ut non solum nocere valeant sed juvare.

CXLV. Sicut dicitur de leone qui murem cepit et supplicabat ei mus quod permitteret eum abire, cum non esset ei magnus honor si victoriam haberet de parvo et vili animali, et promisit mus leoni quod si posset loco et tempore serviret ei. Leo autem precibus acquievit, et postmodum accidit quod leo incidit in retia et cum captus esset nec se a retia explicare valeret, mus reperit eum in magna angustia et tribulatione et accedens cepit rodere vincula et ita leo auxilio muris illesus evasit. Non debent igitur principes contempnere personas miserabiles nec impugnare eas . . . .

CXLVI. [fo. 107ro] Hec autem sapientia, sicut in libro sapientie dicitur, non introibit in malivolam animam, nec habitabit in corpore subdito peccatis quantum ad carnalia peccata, in malivolam animam quantum ad peccata spiritualia que sunt superbia, invidia, ira et alie spirituales nequitie. Unde cum quidam sapiens vellet loqui de Christi fide cuidam crudeli tyranno ait illi: "Si rationem vis audire a me, rex, inimicos tuos de medio preconii tui eice et voca amicos tuos." Cui rex ait: "Qui sunt inimici mei?" Respondit vir sanctus: "Ira, impacientia, concupiscentia; assideant vero ad audientiam prudentia, equitas et patientia" Post multa verba, que vir ille de Christo dixit, reprehendendo regis pagani maliciam et errorem, rex ait: "Nisi in principio sermonis promisissem tibi, quod de medio concilii mei iram removerem, statim carnes tuas igni traderem, et, quoniam anticipans talibus me circumvenisti sermonibus, fuge ex oculis meis ne ultra te videam." Ecce quomodo in malivolam regis animam sapientia non introivit, unde et diabolus in ea inhabitavit . . .

CXLVII. [fo. 108vo] Audivi de quodam serpente quod ferebat pulcram rosam in ore. Quidam attendens 'antam rose

F

pulcritudinem cepit eam palpare et odorem cum naso attrahere, et quia venenum non attendit, infestus veneno periit. Ita adulator pulchra verba habet exterius sed latet venenum interius; mel et lac sub lingua meretricis, id est adulatoris. *Dilexerunt eum in ore suo et lingua sua mentiti sunt ei.*

CXLVIII. Quod manifestum est in Xerse rege Persarum potentissimo qui, cum innumerabilem exercitum haberet, alii dicebant maria non sufficere classi ejus, alii aerem telis ejus; unus solus philosophus dixit ei veritatem: "Victus eris a te ipso, ista tua moles opprimet te."

CXLIX. Similiter de quodam regi legimus quod curiam teneret, et totum ejus palatium deauratum esset, et pavimentum pannis sericis opertum ad jactantiam, et mensa ejus vasis aureis et argenteis repleta. Quidam sapiens Philippus, cum sederet ad mensam juxta regem, attendens quod omnes adularentur ei et de superfluo apparatu laudarent, conspuit in barbam ejus et statim a satellitibus regis captus est, ut in carcerem duceretur, et rex ad se reversus ait: "Sinite eum, nullo modo credere possem quod tam sapiens homo ista sine ratione feceret." Cumque rex ab eo quereret cur tantum vituperium illi fecisset, respondit: "Ego, cum vellem spuere, respexi circumquaque et non potui videre nisi aurum et argentum et pannos sericos ac lapides preciosos, non vidi locum viliorem quam barbam tuam et ideo conspui in ipsam." Et ita cognita veritate dimissus est a rege.

CL. De quodam satellite et pessimo ballivo cujusdam comitis audivi quod, volens ei placere blandis verbis et maliciosis factis, ait: "Domine, si mihi credere velitis, faciam quod magnam pecunie summam omni anno lucrari potestis." Cumque comes ab eo quereret quomodo solem Dei vendere posset, ait ille nequam: "Multi siccant telas et albificant ad solem per totam terram nostram, si pro qualibet tela xii denarios accipiatis, magnam pecuniam acquiretis." Et ita malignusi ille induxit dominum suum ut venderet solis radios qui communes sunt omnibus. Hoc autem vicium adulationis non solum christiani sed etiam pagani aspere reprehendunt . . .

CLI. [fo. 109ᵛᵒ] Audivi quod quidam demon, per os hominis in quem introierat, libenter et frequenter veritatem predicabat et multa de divinis scripturis exponebat. Cumque a quodam sancto viro adjuraretur ut diceret ei quare veritatem predicaret cum hostis esset veritatis, respondit : " Hoc facio propter malum audientium, qui veritatem audientes et non facientes deteriores redduntur."

CLII. [fo. 111ᵛᵒ] Multi enim decepti sunt dum decipere voluerunt, incidendo in foveam quam fecerunt, sicut dicitur de leone quod volens equum devorare locutus est cum equo verbis pacificis, in dolo dicens quod esset medicus et quod volebat manere cum eo, ut sanaret eum si forte aliquando incurreret infirmitatem. Equus autem perpendens fraudem cepit gemere et claudicare. Cui leo ait : " Quid habes in pedo ?" Dixit equus : " Nuper dum per silvam irem spina infixa est in pede meo et valde pedem doleo, rogo te si aliquid novisti de medicina adjuva me." Cui leo : " Ego spinam de pede tuo extraham et postmodum unguentum apponam." Cumque leo caput pedi equi supponeret equus fortiter pede leonem percussit et ipsum excerebravit et fraudem fraude resolvit.

CLIII. Similiter de vespertilione legimus quod cum aves pugnarent cum quadrupedibus, cum videret quod quadrupedia prevalerent, jungebat se eis gradiendo per terram ; habet enim alas in pedibus seu pedes in alis, et fingebat se quadrupedem. Quando autem volucres prevalebant jungebatur eis et volabat. Quod attendentes aves insurrexerunt in eam et deplumaverunt illam, inhibentes ei ut non volaret nisi de nocte. Hujusmodi enim dolosi duplices et mendaces, quia malo agunt lucem odiunt in tenebris ambulantes.

CLIV. De vanis autem et superbis atque avaris hominibus,

qui vanitatem diligunt et mendacium querunt, legimus quod Dominus cuidam heremito ostendit in spiritu tres homines quorum unus in monte excelso trahebat ventum ore aperto et ut de vento plus attraheret flagellum in manu tenebat. Hii sunt vani et superbi homines qui vane glorie ventum attrahunt et multa opera faciunt ut ab hominibus laudentur. Secundus sedebat super fornacem fabri et aperto ore scintillas sorbebat. Hii sunt avari qui ad ignem avaricie, id est ad fornacem dyaboli, sedent ut transitorias divitias absorbeant. Tercius super fluvium Jordanis sedebat et totum absorbere nitebatur. Hii sunt luxuriosi qui totam vitam suam in fluxu deliciarum consumere conantur. Hii homines per quatuor animalia designantur quia ex puris vivunt elementis, talpa terra, per quam avari; cameleon sive accidii (?) aere, hii sunt vani et superbi; illec aqua, hii sunt luxuriosi; salamandra igne, sarcinis. Caveatis ne sitis gravi corde, ne corda vestra graventur crapula et ebrietate et curis hujus seculi. Non diligatis vanitatem sed stabilitatem. . . . .

CLV. [fo. 113ro] Audivi quod quedam ex nimia simplicitate nolebat ab indignis sacerdotibus sacramenta recipere, et quia non ex certa malicia sed ex ignorantia istud faciebat, Deus volens ipsum revocare ab errore immisit ei in sompnis sitim vehementem et quasi intolerabilem, et videbatur ei quod esset super puteum ubi quidam leprosus cum fune aureo in vase pulcherrimo limpidissimam aquam de puteo extrahebat. Cumque multi accederent et biberent, illo accedente, leprosus manum retraxit et ait: "Quomodo de manu leprosa vis aquam recipere qui a malis sacerdotibus dedignaris accipere sacramenta?" Pessima igitur hereticorum doctrina qui ex una ministri dicunt pondere virtutem sacramentorum.

CLVI. [fo. 113vo] Audivi autem de ove, capra et jumenta, quod habuerunt societatem cum leone et inierunt fedus cum eo, et ceperunt cervum qui, cum per partes divisus esset et unusquisque partem acciperet, dixit leo: "Prima pars mihi debetur ratione regie dignitatis, secunda quia in venando plus vobis laboravi, terciam si quis acceperit sciat quod amicus non erit meus." Et ita totum accepit cum alii ipsum offendere non auderent. Bonum est igitur et utile malorum consortia evitare et maxime fortiorum.

CLVII. Dicitur quod mus urbanus, qui scilicet in civitate morabatur, invitavit ad prandium murem ruralem et cum delicate, in domo in quo victualia reponebantur, cepisset procurare ipsum, venit procurator domus reserans ostium. Mures vero timore percussi reliquerunt prandium et fugerunt cupientes evadere mortem. Tandem, recedente homine illo, reversi sunt mures et rogabat urbanus ruralem ut comederet; ille vero nolebat sed dicebat quod plus amabat ruralem paupertatem cum gaudio et securitate sustinere quam splendidas epulas in strepitu civitatis cum periculo, tristicia et timore. Expedit igitur ut exeat homo a Babilone et periculosa habitatione maxime, ubi fortior debiliorem consuevit opprimere.

CLVIII. Dicitur quod lupus et vulpes sociaverunt se leoni in venatione, et cum cepissent vaccam et ovem dixit leo lupo quia divideret et partiretur. Lupus ait: "Domine, vos habeatis taurum, ego vaccam, et vulpes ovem." Indignatus leo, elevato pede, lupum percussit et pellem de capite lupi unguibus avulsit, et dixit vulpi ut predam partiretur. Cui vulpes: "Domine, justum est ut vos, qui rex noster estis, taurum habeatis, domina autem nostra uxor vestra regina vaccam habebit, filii vero vestri leonculi habeant ovem." Cui leo dixit: "Optime divisisti. Quis docuit te ita bene partire?" Vulpes autem intuens lupum ait: "Domine, isto cui rubeum pilleum fecistis docuit me ita partiri." Patet igitur quam utile sit consilium exire de Babilone et malorum societatem vitare atque in pace et securitate servire Domino . . . .

CLIX. [fo. 115$^{vo}$] Et sicut de Balthasar rege Babilonis dicitur quod, metuens ne pater ejus mortuus revivisceret, fecit eum dividi in trecentas partes et totidem vulpibus ad devorandum dedit. Ita cor hujusmodi negociatorum in varias partes dividatur et vulpibus infernalibus ad devorandum datur . . . . .

CLX. Claudere igitur debetis cordis hostium contra curas et sollicitudines que serpunt et cordi venenum infundunt sicut serpentes; unde dicitur de colubro quod cum frigore hyemali ita affligeretur quod pene moreretur. Homo quadam pietate ductus eum in hospicio suo recepit, calefaciens et lac ei ad potandum prestans, unde receptis viribus totam domum cepit toxicare et veneno inficere. Quod videns homo primo ut exiret a domo rogavit, postmodum precepit. At ille tam precibus quam preceptis exire recusavit sed insuper adherens homini venenum infundit in ipsum. Ecce quomodo serpens in gremio vel in domo, id est cura temporalium, malo renumerat hospitem suum . . . .

CLXI. Patet ergo quomodo hujusmodi sollicitudines multiplicantur et serpunt et hominem extravagantem de domo sua eiciunt, sicut dicitur de catula pregnante quod rogavit canem ut apud ipsum in doma sua posset parere, qui egressus est a domo sua donec liberius catula peperisset. Postquam autem peperit et aliquanto tempore catulos suos nutrivit et reversus canis ait: "Ecce peperisti, redde mihi domum meam." At illa non solum recusavit sed cum catulis suis invasit canem et a domo illum ejecit. Fatuus est qui ad pedes suos proicit quod in manu tenet et a futuris periculis sibi non cavet. . . .

CLXII. [fo. 116$^{vo}$] Audivi de quodam carnifice qui carnes coctas vendere consueverat, cum quidam, ut melius forum haberet, diceret ei: "Jam sunt vii anni quod ab alio carnes non comparavi a vobis." Ille valde ammirans respondit: "Tanto tempore hoc fecisti et adhuc vivis?"

CLXIII. Intellexi preterea cum essem in partibus transmarinis quod quidam christianus, qui in Acconensi civitate carnes coctas et pulmenta corrupta peregrinis vendere consueverat, captus est a Sarracenis, et rogavit ut duceretur ad soldanum, cui dixit: "Domine, ego sum in potestate vestra et si vultis potestis me occidere vel incarcerare sed sciatis quod magnum dampnum incurretis." Querenti autem soldano quare detrimentum incurreret, respondit: "Non est annus in quo plus quam centum de hostibus vestris peregrinis non occidam, quibus carnes coctas veteres et fetidas et pisces corruptas vendo." Quod audiens soldanus ridere cepit et eum abire permisit.

CLXIV. [fo. 116ʳᵒ] Audivi de quodam qui multum de grano congregavit et per multos annos ut carius venderet expectavit. Deus autem semper bonum tempus dabat unde miser ille, spe sua frustratus, tandem pre tristicia super granum suum se ipsum suspendit.

CLXV. [fo. 117ʳᵒ] Dicitur quod vulpes invitavit ciconiam ut secum manducaret et liquidas sorbiunculas preparavit quas cyconia rostro capere non potuit, et ita vulpes illudens cyconie totum comedit. Cyconia vero illudere volens illusorem vulpem ad prandium invitavit et posuit cibum in vase unum modicum et strictum foramen in superiori parte habente. Cumque ciconia rostro infixo cibum caperet vulpes intrinsecus ad cibum pertingere non potuit, et totum cyconia manducavit. Dolus an virtus quis in hoste requirat? Fidem non servanti fides non est servanda. Probandi igitur sunt spiritus nec credendum est omni spiritui.

CLXVI. Exemplo scrophe pregnantis quando cum lupus promitteret quod novis fetibus, postquam pareret, obsequium prestaret, respondit scropha: "Nolo ut mihi ministres, nam nondum peperi et viscera mea ministerium tuum causa abhorrent." Timeo Danaos et dona ferentes.

CLXVII. [fo. 119ʳᵒ] Audivi de quodam qui licet de propria hereditate haberet unde posset mediocriter vivere, ipse ut dives et magnus haberetur pecuniam ad usuram mutuabat, sed in usus suos eam non audebat convertere et seorsum illam reponebat, hac intentione, ut in morte totum restitueret et licet forsitan [fo. 120ro] excusaretur a tanto et non a toto, dupliciter tamen peccabat vanitate simul et usuraria pravitate et periculo magno animam exponebat, nam multi feneratores in mortis egritudine usum loquendi solent amittere ita quod non possunt confiteri Quidam autem amore pecunie ita occupantur quod ulli de debitis et pecunie, in ipsa infirmitate, loquuntur juxta illud Jeremie. Fecit divitias et non in judicio, in medio dierum suorum delinquet eas et in novissimo suo erit insipiens.

CLXVIII. Audivi autem de quodam quod, cum in ultima infirmitate laboraret et pecuniam suam relinquere nullo modo vellet, vocavit uxorem et filios et fecit eos jurare quod mandatum suum adimplerent. Quibus sub obligatione prestiti juramenti precepit quod pecuniam suam in tres partes dividerent, unam haberet uxor de qua se remaritare posset, aliam filii ejus et filie, terciam in sacculo ad collum ejus ligarent et cum eo ipsum sepelirent. Cum autem sepultus esset cum ingenti pondere pecunie et de nocte vellent pecuniam resumere, aperto tumulo, viderunt demones denarios illos ignitos in ore feneratoris ponentes et perterriti fugerunt.

CLXIX. De alio audivi quod in morte nichil voluit restituere sed tamen largas elimosinas, propter honorem seculi, facere cupiebat, unde in testamento suo summam pecunie reliquit et filios atque alios amicos suos adjuravit ut pecuniam illam, per tres annos post mortem suam, darent ad usuram ut multiplicato fenore totam pecuniam pro anima sua erogarent. Ecce quomodo in novissimo suo factus est insipiens.

CLXX. Sicut quidam alius fenerator dives valde, cum jam inciperet laborare in extremis, cepit valde contristari et dolere et animam suam rogare ut remaneret, quia bene ipsam premiaret et promittebat ei aurum et argentum et mundi hujus delicias, si vellet remanere cum illo, alioquin vero unum denarium vel unam modicam elemosinam pro ipsa pauperibus erogaret.

Tandem videns quod eam retinere non posset, valde iratus et indignatus ait : " Ego bonum hospitium cum diviciis multis tibi preparavi, ex quo ita fatua es et misera quod in bono hospicio quiescere non vis, recede a me, omnibus demonibus qui sunt in inferno commendo te." Et paulo post in manus demonum tradidit spiritum et sepultus est in inferno.

CLXXI. Licet autem in vita sua fenerator multum habundet adeo pietatis visceribus caret quod, etiam de superfluis, modica non vult impertiri egenis, similis vulpi que cum magnam caudam habeat immo nimiam et usque ad terram pertingentem, rogabat eam symia, que cauda indiget, ut modicum de cauda sua daret ei, unde turpitudinem suam posset velare, et dicebat ei : " Sine aliquo detrimento posses mihi subvenire quia valde longam et ponderosam habes caudam." Cui vulpecula respondit: " Non minus longa vel ponderosa mihi videtur cauda mea etiam si minus esset ponderosa, malo," inquit, "pondus sustinere quam naribus tuis immundis velamen prestare." Hec est vox eorum qui dicunt de pauperibus. "Quare trutannis istis darem pecuniam meam ? manducare te nequeo nec tibi dare volo."

CLXXII. [fo. 120ro] Audivi de quodam insano quem parentes ejus ante ymaginem Beate Marie traxerunt, et dum pro ipso orarent ut Deus redderet illi sanitatem, ipse clamabat : " Maria, ne credas eis quia mentiuntur tibi. Ego enim sanus sum et sapientior illis." Et cum increparent eum parentes et instarent ut ymaginem crucifixi adoraret, ipse dicebat : " Adorare possum te, sed numquam diligam te." Ita fenoratores aliquando crucifixum adorant, quando ecclesiam intrant, sed more Judeorum dant ei alapas dum spoliant ecclesias et Christum in membris suis persequuntur.

CLXXIII. [fo. 120ro] De quodam feneratore audivi quod absorbuerat omnia bona cujusdam militis per usuras et, cum ipsum ac filios et filias ejus depauperasset, nulla misericordia super eo movebatur nec unum denarium illi restituere volebat.

Quodam autem die petebat fenerator debitum ab illo et, cum jam non haberet pignus vel aliud quod reddere posset, supplicabat ei ut adhuc illum expectaret, qui nolebat sed eum captum per dominum terre detineri faciebat. Cum autem vir nobilis in magna esset constitutus angustia accidit quod fenerator mortuus est et sepultus est in inferno, et non multum post miles cum ejus uxore matrimonium contraxit, et a debitis omnibus absolutus non solum possessiones suas sed omnia que possederat fenerator ejus et uxorem habuit. Joculator in nuptiis cantabat et fenerator in inferno ululabat. Edebant et bibebant de pecunia misera delicata cibaria et os feneratoris calculis ignitis in inferno pascebatur juxta illud in Parabolis: "Suavis est homini panis mendacii videlicet os ejus implebitur calculo." Terebantur in nuptiis salvamenta cum pistillo et anima feneratoris malleis ferreis atterebatur in inferno et ita accidit militi sicut legitur in Re-[gibus] de David, quod Nabal vir stultus noluit dare illi unam refectionem et, cum paulo post moriretur David, uxorem ejus duxit in uxorem et omnia bona ejus possedit.

CLXXIV. [fo. 121ro] Dicitur de vulpe quod persuasit lupo macilento in fraudem ut sequeretur eam in promptuario, et cum lupus tantum comedisset quod per artum foramen quo intraverat egredi non posset, oportuit ut tantum jejunaret quod macilentus fieret sicut prius, cum fustigaretur exivit sine pelle. Et fenerator pellem diviciarum morte reliquit . . .

CLXXV. Audivi de quodam milite qui obvians turbe monachorum ferentium cadaver feneratoris ad sepulturam ait: "Concedo vobis cadaver aranee mee et dyabolus habeat animam. Ego autem habeo aranee telam, id est totam pecuniam." Merito autem aranee comparantur, dum se eviscerant ut muscas capiant, et non solum se sed et filios suos demonibus immolant trahentes eos per ignem . . .

CLXXVI. [fo. 122ro] Audivi quod quidam fenerator, a quo monachi magnam summam pecunie acceperant, ut eum in ecclesia sua sepelirent. Cum monachi nocte interessent matutinis fenerator de tumulo surrexit et quasi insanus, arrepto candelabro, monachos invasit. Cumque fugerent stupefacti et pavefacti, ipse quosdam in capitibus vulneravit, aliis tybias et brachia confregit, et quasi ululando clamabat dicens: "Isti Dei inimici et proditores pecuniam meam receperunt et mihi promittebant salutem et ecce deceptus ab eis inveni mortem eternam."

CLXXVII. Quam melius fecit quidam benedictus sacerdos qui, cum parrochianus ejus qui fuerat usurarius et non restituerat mortuus esset, noluit sepelire eum, eo quod hujusmodi pestilentes, secundum statuta sanctorum, carere debent christiana sepultura, nec sunt digni ut habeant sepulturam nisi asininam. Juxta illud Ysaiae: "Quasi cadaver putridum non habetis sepulcrum nec cum eis eris in sepultura, id est cum sanctis quorum corpora in pace sepulta sunt." Cum autem amici ejus valde instarent, sacerdos, ut ulterius eorum molestias non sustineret, facta oratione, dixit illis: "Ponamus corpus ejus super asinum et videamus Dei voluntatem et quid disposuerit de ipso; ad quemcumque locum asinus tulerit eum, sive ad ecclesiam sive ad cimeterium sive alibi, ego sepeliam ipsum." Cumque cadaver super asinum poneretur nec declinans ad dexteram vel ad sinistram sed recto itinere tulit illud extra villam ad locum ubi latrones in furcis suspendebantur, et fortiter excutiens ipsum ex dorso projecit subtus furcas in sterquilinium, et ibi sacerdos cum furibus ipsum reliquit.

CLXXVIII. Audivi de quodam feneratore quod cum mortuus esset, dum sui quibus servierat voluerunt eum honorare et inde ludibrium facere, unde cum vicini ejus cadaver levare vellent ut ad sepulturam portarent nullo modo poterunt, cumque alii idem temptarent nullo modo poterunt et ammirantibus cunctis quidam antiquus homo valde sapiens dixit illis: "Vos scitis quod consuetudo est in hac civitate quod, mortuo aliquo homine, qui ejusdem officii vel ministerii sunt solent ipsum ad sepeliendum ferre. Sacerdotes enim et clerici portant sacerdotes et clericos mortuos usque ad cimiterium, et mercatores mercatorem, carnifices carnificem, etc. de aliis, vocemus ejusdem conditionis seu ministerii homines." Et vocaverunt quatuor feneratores qui statim corpus elevantes de facili usque ad locum sepulture tulerunt; non enim permiserunt demones quod servus eorum portaretur nisi a conservis ipsius. Patet igitur quanta sit Dei misericordia dum ab usuris et iniquitate redimet animas peccatorum ut mutato nomine honorabile sit nomen eorum coram ipso.

CLXXIX. Unde cum quidam predicator vellet omnibus ostendere quam ignominiosum sit feneratoris officium, quod nullus publice audet confiteri, dixit in sermone: "Volo vobis facere absolutionem secundum officium et ministerium singulorum; surgant porro fabri." Et surrexerunt quibus absolutis ait: "Surgant pelliparii." Et surrexerunt et ita secundum quod nominabant diversos artifices consurgebant et tandem cum clamaret: "Surgant usurarii ut habeant absolutionem," licet plures essent de usurariis quam de aliis hominum generibus, nullus surrexit, sed omnes pre verecondia abscondebant se et latitabant, et ita aliis ridentibus et irridentibus illos, qui ministerium suum [confiteri] non audebant, feneratores recesserunt confusi. Postquam autem ad dominum convertuntur honorabile est nomen eorum coram ipso, ut qui prius vocabatur fenerator postquam restituerit vocetur penitens et justificatus a Deo; qui prius crudelis vocetur misericors; qui prius avarus vocetur largus; qui prius vulpes et symia vocetur agnus et columba; qui prius servus dyaboli vocetur servus domini nostri Jesu Christi . . . . .

CLXXX. [fo. 123<sup>ro</sup>] Quidam autem tanta avaricia contrahuntur quod nec primas partes nec ultimas pauperibus erogant sed totum consumunt et devorant . . . hii sunt qui pauperum id est reliquias ciborum canibus suis vel gallinis commendandas prebent vel usque ad putredinem reservant, sicut audivi de quodam divite avaro, qui pastillum unum tantum fecit reservare, quod, dum coram ipso et hospitibus qui secum comedebant aperiretur, in mensa mures exierunt . . .

CLXXXI. Unde de quodam avaro milite audivi quod cum manducasset in curia cujusdam nobilis et post prandium repeteret capam suam, quam ejus serviens inter alia vestimenta reposuerat, cito invenire non poterat, cepit eum vituperare coram omnibus et dicere: "Fili meretricis, affer cito capam meam, numquid agnoscis eam?" Illo offensus et indignatus cunctis audientibus respondit: "Bene cognosco eam domine, jam sunt vii anni, sed eam non potui invenire." Quod audientes milites ceperunt ridere et militem avarum valde confusum irridere.

CLXXXII. [fo. 124ro] Audivi de muliere quadam cui maritus ejus claves et custodiam omnium bonorum tradiderat at illa adeo absque pauperum compassione cuncta reservabat quod nihil pro Deo indigentibus erogabat, et cum longam vitam sibi promitteret accidit quod mortua est. Cum autem rogarent ejus maritum ut pro anima uxoris aliquas faceret elemosinas, ille magis cogitans de secundis nuptiis quam de anima uxoris defuncte, gallicum proverbium respondebat: "Berta omnia bona mea in potestate habuit, totum habeat quod pro anima sua fecit. *Berte fu ale mait se le sen dona si en ait.*"

CLXXXIII. [fo. 124vo] Audivi diu quod in quadam villa erat quidam rusticus senex, qui longo usu didicerat dies festos, et semper in illis diebus, qui in partibus illis feriari solebant, caligas suas rubeas calciabat, quod videntes vicini sui dicebant familie sue: "Hodie oportet nos feriare nam dominus Gocelinus caligas rubeas portat."

CLXXXIV. Quidam autem non solum festis diebus laborant sed, quando homines ad ecclesiam vadunt, insidiantur eis et bona corum furto asportant, vel, quia hiis diebus homines in agris et vineis non inveniuntur sicut in aliis diebus, tunc maledicti illi segetes furantur vel fructus in ortis aut uvas in vineis et maleficiis suis omnibus odiosos se reddunt et tandem ad finem malum deveniunt, similes leoni qui quamdiu potens fuit nemini parcebat, quando autem factus est senex, ut jam defendere se non posset, ledebatur ab hiis quos leserat. Aper dente ipsum vulnerabat, taurus cornibus ventilabat, asinus calce percutiebat, vulpes super eum mingebat, multi etiam propter ejus maliciam eum ledebant qui tamen nunquam ab eo lesi fuerant. Bonum est igitur benivolum et amabilem se exhibere.

CLXXXV. Audivi enim de aliquibus qui non solum ab agris inimicorum suorum sepes dissipatas reparabant et si asinum odientium se videbant sub onere sublevabant, tamen hiis qui al[ieba]nt eos. Qui enim multis servit aliquando inveniet remunerationem, sicut dicitur de leone qui, cum haberet spinam in pede, necessitate coactus pastori pedem porrexit qui spinam a pede leonis extraxit. Accidit autem post dies multos quod leo captus imperatori presentatus est vivus et cum aliis bestiis ipsum imperator servari faciebat, et postea pastor ille tale quid commisit quod, captus et imperatori presentatus, datus est bestiis ad devorandum. Quem leo recognoscens non solum illi pepercit sed ab aliis bestiis quod lederetur defendit. Quod cum relatum esset imperatori valde ammiratus pastorem sibi presentari fecit, et cum didicisset veritatem non solum pastorem sed et leonem abire liberos permisit. Non igitur agrestes sitis aut rustici sed liberales et benivoli. . . .

CLXXXVI. [fo. 125ᵛᵒ] Dicitur autem quod lupa aliquando infantes rapit et nutrit. Quando autem infans se nititur erigere ut super pedes incedat, lupa pede percutit eum in capite nec permittit ut se erigat sed cum pedibus ac manibus bestialiter eat. q. d. lupus infernalis incurvare ut transeamus et oculos ad celum noli erigere. . . . . . .

CLXXXVII. [fo. 126ᵛᵒ] Audivi de quodam qui habebat anserem que omni die ovum ei ponendo reddebat, et cepit intra so cogitare quod illa que paulatim de ansere habiturus esset simul habere posset; et, cum cutello anserem aperuisset, unum solum ovum in ventre reperit, et ita ex nimia festinantia ea que in futuro posset habere amisit.

CLXXXVIII. Multa enim mala proveniunt ex nimia festinatione. Unde legimus de Beato Martino quod, cum veniret Parisius advesperascente die, quidam autem ducentes quadrigam valde festinabant se et ante noctem Parisius posse venire dubitabant. Cumque a viro sancto quererent utrum de die possent Parisius pervenire respondit: "Bene pervenietis si plane incedatis et non ita festinaveritis." Illi autem videntes ipsum pauperem et habitu vili asinum equitantem valde indignati, credentes quod eos irrideret, multis conviciis affectum etiam pugnis impie percusserunt. Cum autem festinarent et Martinus plane incederet et eos a longe sequeretur, equis ex iniqua festinatione corruentibus, subversa est quadriga et rota comfracta, teste Salomone: "qui festivus est offendet pedibus." Cumque Sanctus Martinus plano incedens eos inveniret dixit: "Si mihi credidissetis et nolletis nimis festinare possetis de die plano incedere et ad civitatem pervenire sicut ego perveniam, Domino concedente." Laboremus igitur in hoc seculo ut quiescamus et fructum colligamus in alio. . . .

CLXXXIX. Valde enim fatuus est qui tantum presentia attendit et futura pericula non avertit, sicut dicitur de musca que formicam irridebat et miseram reputabat: "Tu, inquit, latitas in cavernis tenebrosis, ego vero in nobilibus aulis, tu aquam lutosam bibis, ego in cyphis aureis bibo et in scutellis argenteis cum divitibus comedo." Cui formica respondit: "Noli gloriari in presenti, cum nescias quid crastina pariet dies, malo de labore meo vivere et secure latere in caverna quam cum timore et periculo persone mee habitare in palaciis et bibere in vasis argenteis in quibus si cadas submergeris et turpiter ejecta morieris, et licet in presenti etate affluas deliciis in ymo peribis futura, quia non tibi provides unde vivere possis."

CXC. De alia musca audivi quod hominem calvum valde infestabat et ipsum in capite mordens. Cum homo muscam temptaret percutere, avolante musca, caput suum percutiebat, que cum decies rediret et homo caput suum pluries percuteret, musca illi insultabat et ipsum irridebat. Cui calvus respondit: " Quare, o misera et fatua, rides, cum parum ledere possis et multum ledi ?" Cumque musca iterum et iterum rediret calvus, fortiter percutiens et muscam priusquam recedere posset attingens, ipsam contrivit et occidit.

CXCI. [fo. 127ro] Audivi de quodam rustico qui nutritus erat in fumo et in stercoribus animalium, et cum transisset prope apothecariam, ubi species aromatice terebantur, non valens ferre odorem corruit quasi semivivus nec potuit convalescere aut confortari, donec portatus ad domum suam ad fetorem fumi et stercorum reverteretur. Ita quidam sic assueti sunt fetore et immundiciis peccatorum quod bonum odorem verbi Dei sustinere non possunt.

CXII. [fo. 127vo] Audivi de quibusdam qui aurum ad certum pondus accipiunt et, parte auri subtracta, idem pondus restituunt ex contactu enim vivi argenti, absque aliqua additione auri metallum faciunt amplius ponderare. Aliquando etiam recipiunt aurum purum vel argentum et facta ammixtione reddunt impurum.

CXCIII. [fo. 127vo] De quodam maledicto marescallo equorum audivi quod, cum ferraret equos peregrinorum et transeuntium, scienter illos inclavabat vel etiam acum in pede equi latenter figebat. Cumque peregrinus per unum vel duo miliaria processisset et equus fortiter claudicaret abibat obviam hominem quem marescallus in strata premiserat qui dicebat peregrino: " Amice, equus tuus inutilis factus est, vis illum vendere ut saltem pro corio et ferramentis pedum aliquid recipias et totum non amittas?" Peregrinus autem, cum equum suum cum aliis ducere [non posset] et societatem nollet amittere, equum lassum pro modica pecunia vendebat. Emptor vero reducebat eum ad latronem et proditorem videlicet ad marescallum qui acum a pede extrahebat vel clavum quem infixerat, et, pede reparato, infra paucos dies equum sanum demplo plus quam emeret vendebat. Ecce quam miser et hostis animo suo erat faber ille. Quot enim denarios hoc modo lucrabatur iste [vel] potius furabatur, tot demones ipsum deferent in infernum et tot penis cruciabitur in eternum.

CXCIV. [fo. ;28ro] Unde in vita patrum heremita, licet ab hominibus remotus esset ut opera sua non venderet, nichilominus cophinos de foliis palme faciebat et postmodum destruebat, ut ociosus non esset sed cor a malis et vanis cogitationibus conservaret.

CXCV. Audivi de quodam clerico qui servum habebat, ut cum aliud facere non haberet, nolebat quod ocio torperet. Unum ex acervo lapidum, qui in curia ejus erat, faciebat lapides ad alium locum transportare et postmodum ad locum referre; servo malivolo tortura et compedes, mitte eum in operationem ne vacet. Multum enim malum docet ociositas.

CXCVI. Dicitur de duobus quorum unus erat valde invidus, alius supra modum avarus. Cumque in optione eorum a quodam potente poneretur ut ab eo peterent quecumque desiderarent, hac condicione ut qui ultimus peteret duplum reportaret, avarus quia plus habere concupivit prius petere recusavit. Quod attendens invidus non potuit sustinere quod amplius avarus acciperet, et magis honoraretur, et ditaretur quam ipse. Cumque uterque differret et petere noluisset tandem invidus, livore invidie stimulatus, prior petens ait: "Volo, domine, et peto promunere ut mihi unum oculum eruatis." Et ita factum est quod, extracto uno a capite invidi, duo oculi ornarentur avaro, quia duplum recipere debuit ex pacto. Elegit enim invidus esse monoculus ut socius ejus efficeretur cecus.

CXCVII. [f. 128 v°] Audivi tamen de quodam cupido sacerdote, si fas est dicere, quod, cum mater cujusdam juvenis mortua esset, nullo modo volebat illi sepulturam exhibere nisi prius recepta pecunia. Juvenis vero, qui pauper erat, nesciebat quid facere posset. Post multas autem anxietates et deliberationes in principio noctis posuit matrem suam in sacco et fortiter os sacci ligavit et tollens super humeros tulit ad domum sacerdotis dicens: "Domine, paratam pecuniam non habeo, sed bonum pignus vobis affero, glebos scilicet seu lussellos de filo bono quod mater mea noverat ad telam inde facerct," et projecto sacco recessit. Tunc presbyter, vocato clerico suo, gaudens ad saccum accessit et, cum caput mulieris tetigisset, ait: "Bonum vadium habemus quicquid sit de aliis. Istud lussellum quod tetigi valde grossum est et bene valet argentum." Cum autem os sacci solveret, accidit quod pedes vetule quos filius ejus reflexerat cum magno impulsu pectus sacerdotis fortiter percusserunt. Ille vero stupefactus et terrore perterritus, postquam rei veritatem agnovit, valde confusus statim corpus defuncte sepelivit et ita deludi meruit delusor et avarus.

CXCVIII. E contrario de quodam bono sacerdote audivi quod habebat quemdam rusticum parrochianum avarum et pessimum, qui de laboribus suis numquam decimas dabat nec oblationes aliquando ad altare offerebat, nisi pro verecondia, quando alii in magnis sollempnitatibus offerebant, et tunc semper falsum eligebat denarium et illum offerebat sacerdoti. Et, cum pluries hoc fecisset, tandem sacerdos, qui semper inter alios nummos falsum nummum inveniebat, diligenter attendens percepit quod rusticus ille erat, qui falsam monetam semper offerebat, et siluit usque ad diem Pasche in quo idem rusticus sicut consueverat falsum optulit denarium. Quando autem ventum est ad communionem, aliis recipientibus corpus Domini, sacerdos nummum falsum paratum habuit et, rustico aperiente os ut reciperet eucharistiam, ipse falsum nummum posuit in os ejus. Cumque rusticus masticaret invenit nummum falsum quem obtulerat et obstupuit. Celebrata autem missa, accessit cum lacrimis ad sacerdotem et ait illi: "Domine, peccatis meis exigentibus, hodie accidit mihi quod hostia in ore meo commutata est in falsum denarium." Sacerdos ait: "Sine causa non accidit istud tibi; dic mihi quid fecisti, vide ne celaveris." At ille cum magno timore et rubore respondit: "Confiteor peccatum meum. Tanta avaritia cor meum occupavit quod semper, quando alii offerebant, ego denarium falsum offerebam." Cui sacerdos: "Hoc est judicium tuum quod dixisti, propter hoc in ore tuo loco eucharistie falsum denarium reperisti." Et ita facta restitutione, postquam promisit quod bonam monetam semper offeret et insuper de artificio suo sicut alii decimas redderet, beneficium absolutionis obtinuit et eucharistiam recepit.

CXCIX. [fo. 128ᵛᵒ.] Unum modicum verbum, Domino cooperante, multos peccatores illustrat et ad amorem Dei accendit et inflammat. Unde quidam homo, qui primo multum secularis fuerat sed postmodum valde religiosam vitam duxit, dixit mihi quod unum modicum verbum ipsum ad Deum converterat. Cum enim intra se quadam die cogitaret si, post mille annos, anime dampnatorum possent a tormentis liberari, respondebat sibi in cogitatione: "Non," id est non poterunt evadere. Et iterum cogitans, si post duo milia annorum possent liberari, respondebat sibi in cogitatione: "Non." Si post centum milia: "Non." Si post mille millia: "Non." Si post milia annorum quot sunt gutte in mari: "Non." Et ita talia cogitando, supra modum perterritus et turbatus, cepit attendere quam miseri et obtenebrati sunt hujus mundi homines qui, pro modico tempore quo victuri sunt et pro transitoria vanitate, pœnas eternas incurrunt, ubi tam diu cruciabuntur in inferno quam diu Deus erit in paradyso, et ita hec modica dictio, non, ipsum convertit ad Deum.

CC. [fo. 130ᵛᵒ.] Audivi de quodam qui tam diu fuerat cum

meretrice quod omnia expenderat, excepto quod remanserat ei capa una. Cum autem, inopia compellente, de civitate recederet et meretrix ipsum extra civitatem conduceret, tandem, illo discedente, cepit meretrix valde flere et, cum parum remota esset a stulto, cepit multum ridere. Cumque meretricula quedam que secum ierat quesisset ab illa: "Domina, paulo ante tamen plorastis, quomodo ita cito ridere potuistis?" Cui meretrix: "O fatua, credis quod plorarem pro leccatore illo? Ego ipsum totum spoliavi; sola capa illi remansit et ideo plorabam quia illam habere non potui."

CCI. Hii miseri et incauti homines similes sunt cuidam misero seni qui duos habebat amicas, unam juvenem et aliam senem. Senex volebat ut amasius ejus assimilaretur ei; unde quando in gremio suo dormiebat, capillos nigros ei subtrahens, albos ex canicie illi relinquebat. Quando vero dormiebat in gremio junioris amice, illa, volens ut juvenis appareret, canos capillos ei subtrahebat, ex quo accidit quod totus depilatus tam albos quam nigros crines amisit. Ita accidit hiis miseris marinariis quos meretrices spoliant et emungunt.

CCII. Audivi de quodam que frequenter dicebat amasio suo, quod cum super omnia deligeret et quod mallet mori quam ipse moreretur, vel ledi quam ipse lederetur. Quod ille probare volens, cum quadam nocte discalciati juxta ignem ambo sederent, ille supra pedem suum stupas posuit et similiter supra pedem meretricis, et accepta candela, utrobique ignem stupis apposuit. At illa sentiens adustionem festinavit ignem a pede suo excutere et ex parte sua stupas extinguere, et ita sollicita erat de se quod ad pedem amasii non respexit nec stupas accensas a pede illius excussit, et sic homo ille, mendacia et simulationes meretricis deprehendens, cepit exprobrare illi quod de lesione propria magis curaret, cum tamen sepe dixisset quod magis vellet ledi quam ejus amicus lederet.

CCIII. De quodam joculatore audivi qui cum esset in maris

tempestate, cepit carnes salsas comedere in magna quantitate. Cumque alii mirarentur et dicerent: "Tu vides quod omnes plorant et metuunt, et tu quare manducare non cessas qui lugere et Deum invocare debuisses?" Qui respondit: "Nunquam tantum bibere habui quantum habeo hodie et ideo carnes salsas oportet me manducare."

CCIV. [fo. 131ro] Audivi de quodam servo pigro qui nunquam de lecto suo nolebat de nocte surgere sed, cum diceret ei dominus: "Surge et vide si pluat," ipse de loco suo canem, qui custodiebat domum exterius, vocabat et, si eum complutum sentiebat, dicebat: "Domine pluit," simulans se de lecto surrexisse. Cum autem diceret ei dominus: "Surge et vide si habemus ignem," vocavit catum sive murilegum et, quando sentiebat eum calidum, dicebat: "Domine, satis habemus de igne." Dominus autem ejus mane surgens inveniebat quod ostium tota nocte fuerat apertum, et cum quereret cur hostium non firmasset, respondebat: "Quare clauderem de nocte cum in mane oporteret me ipsum aperire."

CCV. [fo. 131vo] Fidelem autem et bonum servum et bonam ancillam principaliter tria oportet habere; mundum os, mundas manus, et mundos renes; mundum os, ne sit mendax, detractor, adulator, nugigerulus aut linguosus. Audivi quod quidam dives homo, cum vellet ire ad sanctum Jacobum, vocavit quemdam servum suum, quem valde suspectum habebat de garrulitate, eo quod nichil celare sciebat nec tempus oportunum in loquendo expectabat, et dixit dominus illi: "Vide, quando reversus fuero de hac peregrinatione, nichil de negociis domus mee vel de hiis que interim acciderunt mihi dicas in illa novitate, quando debeo cum vicinis et amicis meis gaudere." Redeunte autem domino, servus linguosus et ad loquendum incautus occurrit illi cum cane qui claudicabat, et cum quereret dominus quare canis claudicaret, respondit servus: "Domine, cum canis iret prope mulum nostrum, mulus fortiter ipsum percussit, ita quod vinculum quo ligatus erat rupit et, cum mulus per domum fugeret, venit ad ignem quem ita pedibus commovit quod domum combussit et in ea combusta est uxor vestra." Ecce quam male servus linguosus mandatum domini sui servavit, non attendens quod est tempus tacendi et tempus loquendi.

CCVI. Similiter et ancille mundum os debent habere, ut omnis sermo turpis vel malus de ore earum non procedat, ut non sint verbose vel litigiose. Novi quandam mulierem ita litigiosam quod omni die quasi pro nichilo litigabat et multis multa convicia inferebat. Quidam autem bonus homo cuidam alii mulieri, que frequenter cum eo litigare volebat, nunquam respondere curabat sed sicut latranti dorsum ei convertebat. Quod attendens quidam vicinus ejus dixit illi : " Quare non respondes illi male mulieri ?" Cui dixit ille: " Nescio litigare." Cui vicinus ejus ait : " Dabo tibi bonum consilium. Novi quandam mulierem valde litigiosam, vade ad illam et roga eam ut litiget pro te. Ipsa enim optime novit litigare." Cui ille: " Immo libentius ducam illam et dabo ei pecuniam si velit litigare pro me contra illam malam mulierem de qua primo feci mentionem." Dixit illa: " Quid queris ?" " Ego," inquit, " quero si possem invenire mulierem litigiosam que pro me litigaret contra quandam malam mulierem et idcirco veni ad te." At illa statim incepit cum homine litigare et multa opprobria illi dicere. Ille vero gaudens ait : " Benedictus Deus, inveni quem querebam." Quod audiens illa cepit multa plura convicia illi inferre et dicere: " Fili meretricis, ribalde, tyneose, alibi queras talem mulierem quia hic non invenies eam." Cui ille subridens ait: " Sufficit mihi, nolo, aliam nunquam possem invenire meliorem."

CCVII. Valde autem turpis est et periculosa consuetudo litigandi similiter et mentiendi. Vix enim qui mentiri consuevit poterit abstinere, et quanto senior tanto mendatior. Unde audivi de quodam episcopo qui habebat nepotem valde mendacem et dolebat multum dicens : " Novit Deus, tolerabilius esset quod iste fornicator esset vel prostibula frequentaret quam ita mendax esset, nam vicio luxurie saltem in senectute potest remedium adhiberi, homo autem consuetus mendaciis magis mendax solet esse in senectute quam in juventute."

CCVIII. Non solum mundum os sed et mundas manus debent habere servientes, ut de bonis dominorum suorum vel quorumcumque aliorum nichil subtrahant.... Cum essem Parisius audivi quod garciones servientes scolaribus, que omnes fere latrunculi solent esse, habebant quemdam magistrum, qui princeps erat hujusmodi latronum. Quadam autem die, latrunculis ante ipsum congregatis, volens scire qui essent subtiliores et meliores latrones cepit ab unoquoque querere qualis esset in arte illa. Cui primus ait: "Domine, scio furari de uno denario unam pictavinam." Magister dixit: "Parvum est." Alius dixit: "Domine, novi furari de uno denario unum obolum." Tercius dixit: "Et ego de uno denario tres pictavinas sive tria minuta." Cumque diversi diversa dicerent, unus surrexit dicens: "Ego de una pictavina novi denarium unum furari." Quo audito magister eorum fecit eum honorifice juxta se sedere dicens: "Tu omnes superasti, doce nos quomodo istud fecisti." "Ego," inquit, "habeo quendam familiarem, a quo semper emo legumina et synapum et alia ad opus coquine dominorum meorum necessaria, qui pro una pictavina dat mihi quater de synape, et ego pro qualibet mensura computo pictavinam unam et ipse gratis, quia semper ab eo emere consuevi, dat mihi quartam mensuram et ita, una insolam pictavinam ei tribuens, quatuor mihi retineo." Ecce quomodo latrunculi isti sapientes sunt ut faciant malum et studiosi ad decipiendum qui ita perdunt animas suas pro modico furto sicut alii pro magno.

CCIX. [fo. 132ro].... Hee sunt vacce de quibus in Genesi dicitur quod habitabant in palustribus et in paludo luxurie. Quibus facere est sicut quidam sapiens fecit cato sue, que pulcram habebat pellem similiter et caudam, nec volebat in domo domini sui remanere sed per diversas domos evagando querebat catos. Cui dominus caudam combussit et pellem ex magna parte depilavit, unde videns se turpem et deformatam in domo domini sui juxta ignem remansit. Ita hujusmodi ancilla pannis vilibus et abjecta in domo debet retinui.

CCX. Unde audivi de quodam qui, cum invenisset uxorem suam cum sacerdote, abscidit ei capillos in rotundum supra aures et cum rasorio fecit sibi amplam coronam, dicens: "Tales debent esse sacerdotisse." Benedictus sit homo ille . . . .

CCXI. [fo. 132ro] Audivi de quadam muliere, que sibi nigra videbatur in facie, cum dedisset pecuniam medico ut nigredinem vultus auferret, ille promisit quod ita ei provideret quod nec modicum nigredinis in tota facie appareret, et dedit ei succum cujusdam herbe ex quo mulier faciem abluit et totam nigredinem cum pelle succus ille deposuit. Cumque illa turpis et excoriata appareret conquesta est judici qui, audita promissione medici, valde commendans eum ab impetitione stulta mulieris absolvit. Ut igitur mundos renes servientes custodiant non solum exteriora sua sed interiora sua attendant . . . .

CCXII. De Sancto autem Bernardo dicitur quod, cum esset juvenis valde pulcher, hospitatus est in domo cujusdam mulieris que oculos in ipsum injecit et tanta concupiscentia exarsit quod nocte consurgens, aliis in domo dormientibus, ivit ad lectum in quo latebat sanctus ille et Deo amabilis, qui statim postquam illam percepit clamare cepit: "Latrones, latrones!" Quo audito, illa ad lectum suum festinanter reversa est. Homines autem qui in domo jacebant excitati ubique quesierunt et nullum latronem invenerunt. Cumque iterum dormirent mulier stimulo Sathane excitata ad lectum Bernardi iterum rediit. At ille nolens eam diffamare et de periculo sibi metuens iterum sicut prius cepit clamare. Quo audito, illa fugit et hominibus de domo consurgentibus postquam totam domum scrutati sunt nullum latronem invenerunt. Mane autem facto, cum Sanctus Bernardus tota nocte valde fatigatus cum quodam socio equitaret, ille cepit eum arguere eo quod tociens: "Latrones, latrones," clamasset et homines de domo bis vel ter inquietasset. At ille ut satisfaceret socio respondit: "Frater, in veritate, quidam latro pluries ad lectum meum hac nocte venit ut spoliaret me omnibus jejuniis, vigiliis et orationibus et aliis bonis que in tota vita mea congregavi, sed Dominus auxiliatus est mei." Quod attendens socius ejus, postquam rei veritatem cognovit, satisfactum est ei.

CCXIII. Fideliter igitur cum mundicia ejus [S. Bernardi] manuum et renum dominis vestris serviatis propter Deum principaliter, non tamen querentes remunerationem ab homine si bene feceritis sed a Deo, alioquin similes estis mustele quam, cum cepisset homo, rogabat eum mustela ut permitteret eam abire, allegans quod multa bona fecisset ei quia domum ejus a muribus pugnaverat et ipsum a murium inquietudine liberaverat. Cui homo respondit: "Non dimittam te abire. Non enim domum meam purgare intendebas sed panem meum sola manducare volebas." Quicquid agant homines intentio judicat omnes.

CCXIV. [fo. 133ᵛᵒ] Audivi quod est locus quidam in partibus Normannie, qui saltus Galteri nuncupatur, eo quod de loco illo quidam fatuus, nomine Galterus, de rupe quadam in mare prosiliit volens ostendere amice sue quod tantum diligeret ut nullum periculum pro ipsa recusaret, et illa similiter illi promiserat quod sequeretur eum quocumque pergeret. Facto autem saltu, dum Galterum in aquis suffocatum inspiceret, eum sequi noluit, sed paulo post alio adhesit. Multi propter amorem pecunie saltum faciunt in infernum, ipsos tamen non sequitur amica eorum, id est pecunia que in mundo remanet et ab alio possidetur.

CCXV. Hii autem assimilantur ovi quam lupus rapiens non statim dentes in gutture ejus infigit sed suaviter supra dorsum ejus gerit, metuens ne si ovis statim dentes sentiret, niteretur evadere et ipsum impediret et retarderet donec supervenirent pastores qui lupum insequuntur. Postquam autem lupus nemus intravit et securus est statim dentes infigit et ovem lacerat et comedit. Unde Gregorius: "Antiquus hostis ad rapiendas, mortis tempore, peccatorum animas violenter effrenatur, et quos dum vivunt blandiens seducit, morientes seviens rapit." Lupus quidem, infernalibus deceptis divitibus, quos suaviter ad infernum trahit nondum dentes ostendit, donec securus sit in morte, quando nec pastores ecclesie nec orationes sanctorum, ex quo anima recessit, possunt succurrere. Si enim omnes sacerdotes qui sunt in mundo pro ipso missas cantarent, et omnes angeli Dei pro anima ejus orarent, de dentibus luporum infernalium non posset eripi nec ei posset subveniri.

CCXVI. Si enim pro certo scirem quod pater meus pro uno solo mortali peccato ab hoc seculo decessisset, nonquam pro ipso dicerem: "Pater noster," vel elemosinam darem vel facerem nec unam missam cantarem, sed dicerem sicut quidam sacerdos quem cognovi dicebat diebus dominicis, quando in parrochia sua post sermonem ad orandum pro defunctis populum ammonebat: "Nolite orare pro anima patris mei, qui usurarius fuit et usuras restituere noluit, maledicta sit anima ipsius et in inferno sine fine crucietur, ita quod Dei faciem nunquam videat et manus demonum nunquam evadat." Istud autem dicebat ut aliis peccatoribus terrorem incuteret, et maxime fenoratoribus, qui multa injuste acquisierant et reddere recusabant.

CCXVII. [fo. 134ro] Dicitur quod lupus macilentus videns canem pinguem dixit ei: "Quomodo ita pinguis es et ego sum macilentus?" Cui canis ait: "Tota die nichil operis facio nisi quod de mensa domini mei comedo; de nocte autem vigilo custodiendo domum ejus." Cui lupus: "Quare habes guttur ita depilatum?" Dicit canis: "Ligatus sum de die per collum ne de domo exeam et vagus incedam." Cui lupus: "Non invideo pinguedini tue. Malo esse macer cum libertate quam pinguis in servitute. Non tantum ventrem diligo ut velim servus esse ejus amore." Cum igitur stultus saciatur cibo terra corporis movetur ad immundiciam libidinis . . . . .

CCXVIII. Audivi quod quidam judeus cum luderet ad aleas cum christiano et audiret christianum jurantem et blasphemantem Deum eo quod perderet, obturavit aures suas, et, relicta pecunia, surrexit a ludo et fugit. Judei quidem non solum Deum blasphemare sed nec blasphemantes audire volunt. Quam miseri tabernarii, qui pro modico lucro hujusmodi blasphemos homines judeis deteriores in domibus suis Deum vituperare paciuntur, qui non sustinerent sed irascerentur, si tanta vituperia dicerentur de uxoribus suis quanta dicantur de beata Virgine et sanctis. Si talia dicerentur de patre et matre eorum vel de aliquo ipsorum consanguineo qualia dicuntur de Deo, non sustinerent sed de domibus suis expellerent.

CCXIX. Audivi quod quidam miles, cum Parisius supra pontem transiret, audivit quendam divitem burgensem Deum blasphemantem, et valde iratus non potuit sustinere, sed pugno ita fortiter blasphemum percussit quod dentes illi confregit. Cumque ductus esset miles ante regem ut pro tanto excessu graviter puniretur, eo quod civitatis libertatem fregisset et regis burgensem percussisset, postquam vix audientiam habere potuit libere professus est et ait : " Domine, vos estis rex meus terrenus et dominus ligius, si audirem quod aliquis vos vituperaret et malum de vobis diceret, non possem sustinere sed dedecus et vituperium vestrum vellem vindicare. Iste antequam percussi talia de rege meo celesti dicebat, et ipsum blasphemando in tantum vituperabat, quod de vobis non possem sustinere, et indignamini mihi si de summo Domino meo tollerare non potui, si ejus dedecus vindicavi." Quod audiens rex valde ipsum commendavit et eum libere abire permisit.

CCXX. Non solum autem viri sed quedam mulieres tantam habent jurandi consuetudinem, quod vix etiam sine ira loqui valent quin aliquod juramentum premittant. Unde audivi de quadam muliere, cum faceret confessionem suam et sacerdos ei prohiberet ut de cetero ab hujusmodi juramentis abstineret, illa respondit : " Domine, si me Deus adjuvet de cetero non jurabo."

Cui sacerdos: "Ecce adhuc juras." "Per Deum de cetero abstinebo." Cui sacerdos ait: "Sit sermo tuus, est, est, non, non, sicut precepit Dominus, quod etiam amplius est a malo est." Cui illa: "Domine, verum dicitis et ego vobis dico per beatam Virginem et omnes sanctos amodo faciam sicut injunxistis mihi et nunquam me jurare audietis." Et ita maledicta mulier illa frequenter promittebat et promittendo contrarium faciebat.

CCXXI. [fo. 134ro] Audivi de quadam muliere litigiosa quam frequenter vituperabat maritum suum, et inter cetera opprobria coram omnibus ipsum pediculosum vocabat. Cumque maritus frequenter rogasset eam ut a tali opprobrio cessaret, et illa nichilominus et frequenter exprobraret quod miser et pediculosus esset, tandem sub interminatione gravis pene illi inhibuit ne talia de cetero diceret. At illa, prohibitione contempta, acerbius et frequentius quam prius hujusmodi convitia marito inferre non cessabat. Tandem vir ejus in aquam precipitavit eam, eamque fere suffocaretur et os aperire non posset quin aqua subintraret, ipsa sub aqua manus extendens cepit signis exprobrare et inter duas ungues pulicum, ac si pediculos occideret, exprimere signo quod non poterat verbo.

CCXXII. De alia etiam audivi quod, cum transiret per pratum quoddam cum viro suo, dixit vir ejus: "Hoc pratum est falcatum." At illa: "Immo est tonsur[um]." "Immo falce secatum est," ait maritus ejus, "et falcatum." Respondit uxor: "Non est verum, sed forcipe tonsum;" et ceperunt diu litigare. Tandem maritus valde iratus abscidit linguam uxoris. Illa nichilominus cum digitis forcipes exprimens signo innuebat quod pratum tonsum fuerat et cum non posset ore cepit digitis litigare. Sic faciunt quidam monachi quando eis silentium imperatur.

CCXXIII. [fo. 135ro] Audivi de muliere quadam, Attrebatensis dyocesis, cujus maritus adamavit quandam mulierem occasione cujus male eam tractabat et adultere multa dabat. Illa vero, cum aliud non posset facere, frequenter coram ymaginem beate Marie plorabat et beate Virgini de meretrice conquerebatur quo maritum suum illi auferebat. Quadam autem nocte, cum diu plorasset coram ymagine et post longas vigilias mulierum dormitasset, visum est ei quod ymago responderet ei: " Non possum vindicare te de illa muliere, nam licet peccatrix sit centies omni die genua flectit coram me dicendo: Ave Maria." Illa vero evigilans valde tristis abscessit et, cum die quadam obviaret mulieri, dixit ei: " O meretrix pessima, quare seduxisti et abstulisti mihi virum meum, ego conquesta sum de te coram beata Virgine et illam ita incantasti, eo quod centies immundo ore illam salutas omni die, quod mihi justiciam de te non vult facere, sed dixit mihi quod non poterat vindicare me, eo quod centies in die genua flectas ei, sed ego conquerar de te filio ejus qui mihi in justicia non decrit, sed de te capiet ultionem." Illa vero, attendens quod licet esset peccatrix beata Virgo quam tamen inhonoraverat pro servicio sibi impenso a vindicta abstinebat, valde compuncta cecidit ad pedes mulieris promittens Deo et illi quod de cetero cum ejus marito non peccaret. Et ita beata Virgo pacem fecit inter illas et optimo genere vindicte mulieri satisfecit.

CCXXIV. Audivi autem de quadam bona et religiosa matrona quod, cum frequenter verbum Dei audiret, aliquando remanebat ut custodiret domum, et commendabat ancille sue pallium proprium mittendo illam ad ecclesiam et ad predicationem verbi Dei, juxta illud Ecclesiasti vii: " Servus sensatus sit tibi dilectus quasi anima tua, non fraudes illum libertate," et opportunitate bene operandi, ut scilicet possit ire ad ecclesiam et missam atque sermonem audire. . . .

CCXXV. [fo. 135v°] Audivi de quodam qui calice Babilonis inebriatus accepit cultrum de carruca et ligavit in sacco et cepit fortiter verberare uxorem suam. Illa vero vehementer clamante eo quod confringerentur ossa ejus concurrerunt vicini. Quibus ille nequam ait: " Ecce quomodo clamat misera ista eo quod verbero eam sacco meo." Cum autem illa et parentes ejus traherent maritum in causam, eo quod male tractasset uxorem suam, illo juravit coram judice quod sacco verberavit eam et non tetigisset eam nisi sacco; et habuit vicinos suos testes, qui saccum exterius viderant sed cultrum interius non perceperant, et ita de manu judicis evasit et uxorem suam confractis ossibus ad domum reduxit.

CCXXVI. Audivi de quodam ebrioso, cum rediret de taberna et uxorem cognosceret pregnantem, ex fetido et vinoso hanelitu puerum in ventro matris necavit ita quod mulier abortivum edidit. . . .

CCXXVII. [fo. 136°] Audivi de quadam muliere mala que ita contraria erat viro suo quod semper adversabatur ei et contraria mandatis ejus faciebat, et quotiens maritus ejus aliquos ad prandium invitabat et rogabat eam ut vultu hylari reciperet hospites, ipsa contrarium faciebat et virum suum valde affligebat. Quadam autem die cum homo ille quosdam ad prandium invitasset, fecit poni mensam in orto suo prope aquam. Illa vero ex parte fluminis redens torvo vultu homines invitos minabatur et aliquantum remota erat a mensa. Cui maritus ait: " Ostendo vultum hylarem hospitibus nostris et accede propius ad mensam." Quo audito, illa statim magis removit se a mensa, ripe fluvii qui post dorsum ejus erat apropinquavit. Quod attendens vir ejus valde iratus ait: " Accede ad mensam." At illa volens contrarium facere, cum magno impetu in tantum a mensa se elongavit quod in fluvium cecidit et suffocata non comparuit. At ille simulans tristiciam intravit in navim et, navigans contra impetum fluvii, cum magna pertica querebat uxorem in aquis. Cum pro vicini ejus quererent ab eo quare in parte superiori quereret eam, cum debuisset eam querere in parte inferiori, respondit homo ille: " Nonne novistis uxorem meam que semper contrarium faciebat et nunquam recta via incedebat? Credo pro certo quod contra impetum fluvii ascendit et sicut alii consueverunt non descendit."

CCXXVIII De quodam alio similiter audivi quod, cum ejus

uxor numquam vellet obedire illi, ipse simulavit se ire ad nundinas et uxori suo dixit: "Quicquid vis facias, hoc solo excepto quod in foramine isto digitum non ponas." Cum autem homo ille recederet, ac si ad nundinas iturus esset, abscondit se in quadam vicina domo. Uxor autem ejus cogitare cepit quare inhibuit maritus ejus quod in foramine isto digitum non immitteret: "Ecce digitum mittam, ut probem quare istud mihi prohibuit," et cum magno impetu digitos suos mitteret in foramine, clavi acutissimi quos in foramine maritus ejus posuerat digitis ipsius infixi sunt, et pro augustia cepit clamare, ita quod vicini et maritus ejus concurrerunt. Cui maritus ejus ait: "Quare non credidisti mihi et mandatis meis obedire noluisti? Preceperam enim tibi ut quicquid velles faceres dummodo in foramine isto digitum non poneres." Et ita uxorem malam castigavit ut alia vice preceptis ejus acquiesceret. Uxor enim marito, in quantum secundum quod potest, obedire debet.

CCXXIX. [fo. 136ʳᵒ] Audivi de quibusdam qui uxores pregnantes propinquas [puerperii] vexant, cum per modicum tempus abstinere non velint nec [possint] gravidis, quod puer in utero materno occiditur et baptismo privatur. Maledicta sit illa libido que animam filii sui aufert Deo, non tamen dicamus quod quotiens vir modum excedit uxorem cognoscendo peccet mortaliter, dummodo tempore debito, loco et modo, cognoscat illam.

CCXXX. [fo. 137ʳᵒ] Audivi de quadam quam maritus ejus custodiebat, ita quod numquam sine ipso illam egredi sinebat. Ipsa vero cepit multiplex cogitare quomodo custodem suum posset decipere, et tandem significavit amasio seu adultero quod expectaret eam in quadam domo. Cum autem mulier ante domum illam venisset, permisit se cadere in luto magno simulans quod lubricassent pedes ejus. Cumque tota vestis ejus inquinata fuisset, dixit marito suo: "Expectate hic ad hostium quia oportet me exuere et mundare vestes meas. In domo hac quam ingressa postquam diu cum adulterio fuit, lotis vestibus exivit et ita maritum decepit.

CCXXXI. De illa audivi quod habens maritum odio inebriavit ipsum, sicut de filiabus Loth dicitur quod inebriaverunt patrem suum, et mittens pro monachis cepit flere et dicere: " Ecce maritus meus laborat quasi in extremis, et rogavit me ut darem ei licentiam habitum assumendi." Monachi vero gavisi sunt eo quod esset dives et mulier multa illis quasi ex parte viri promittebat. Cum autem totondissent eum et ei habitum monachalem imposuissent, illa cepit plorare et alta voce clamare, ita quod vicini omnes concurrerunt. Monachi vero ponentes hominem illum supra quadrigam duxerunt ad monasterium suum. Mane autem, digesto vino, homo ille excitatus postquam in habitu regulari se repperit et circa se monachos in domo infirmorum aspexit, cepit contristari et mestus esse, et tamen pro verecondia et confusione noluit ad domum redire quia ab omnibus apostata diceretur.

CCXXXII. De alia audivi quod multum diligebat maritum in vita sua, quo mortuo sepulto, illa diebus et noctibus nolebat recedere a sepultura. Accidit autem diebus illis quod quidam miles, qui valde offenderat regem, suspenderetur in furcis juxta cimiterium erectis, et precepit rex cuidam ex militibus suis quod custodiret suspensum ne consanguinei ejus venirent et ipsum asportarent. Et ait rex militi: " Nisi bene custodieris illum idem faciam de te quod feci de illo malefactore." Cum autem miles ille aliquot noctibus vigilasset custodiendo suspensum, cepit valde sitire et videns ignem succensum in cimiterio invenit mulierem memoratam que lugebat supra maritum suum, et dum biberet, hausta aqua ex puteo, consanguinei suspensi corpus ejus clam tulerunt; et cum rediens non invenisset suspensum mente consternatus ad mulierem illam rediit et cepit conqueri illi et flere. At illa, injectis oculis in militem, dixit ei: " Quid faceretis pro me si vos et omnia bona vestra de manu regis possem liberare?" Cui ille: " Quicquid omnino facere possem libenter pro te facerem, sed non video quomodo posses me juvare." Cui mulier: " Jura mihi quod mecum contrahes matrimonium et ego liberabo te de periculo regie indignationis." Cumque ille jurasset eidem, inquit ei: " Accipiemus corpus mariti mei et suspendemus istud in patibulo, nemine alio sciente." Quo suspenso, rex credidit quod esset corpus illius malefactoris et ita miles de manibus regis evasit. Ecce quam subita mutatio predicte mulieris, que, alio superveniente, non solum primi mariti amorem oblivioni tradidit, sed insuper ipsum extractum de sepulturo suspendit. Varium et mutabile pectus femina semper habet.

CCXXXIII. [fo. 138°] Audivi quod quidam demon in Francia loquebatur et divinabat per os demoniaci et multa abscondita manifestabat, et erat opinio omnium quod non mentiebatur. Cum autem quidam venissent ad eum et de multis interrogarent, Guinehochet de omnibus vera respondebat, sic enim demon ille se vocari faciebat. Tandem unus eum temptans ait: " Dic mihi quot filios habeo." Cui Guinehochet respondit: " Unum solum filium habes." Tunc ille convocatis omnibus ait: " Dicebatur quod iste non mentiebatur et ecce manifeste mentitus est mihi, dicens quod non habeo nisi unum filium, cum ego, sicut scitis, habeam duos." Cui Guinehochet demon ridens et irridens respondit: " Verum dixi, non habes nisi unum, nam alius est sacerdotis." Ille vero erubescens et valde iratus ait: " Dic mihi quis ex duobus est sacerdotis filius ut eum eiciam." Demon respondit: " Non dicam tibi, sed oportebit te utrumque abicere vel utrumque pascere."

CCXXXIV. Audivi quod quedam ciconia, recedente masculo, alio commiscebatur et statim abluebatur ita quod masculus rediens non sentiebat fetorem. Quadam vero die post adulterinam commixtionem, cum omnes aque congelate essent, ablui non potuit, unde masculus rediens et sentiens fetorem noluit intrare nidum, sed statim recedens innumeras cyconias adduxit secum qui rostris suis adulteram laniaverunt. Ecce quomodo non solum homines sed insuper aves adulterium detestari videntur. Dicitur etiam quod leo quando obviat adultero naturaliter cognoscit et invadit, quod tamen non faceret de illo qui simpliciter fornicatur.

CCXXXV. [fo. 138ro] Audivi de quadam muliere quod frequenter querebat a marito suo quid tractaretur consiliis civitatis, ille vero nolebat ei consilia revelare quia hujusmodi mulieres nichil sciunt celare. Tandem cum nimis importune quereret super quo tractatum esset, dixit ei maritus ejus temptans eam: " Hodie facimus statutum quoddam sed nolumus quod cito publicetur, ut scilicet liceat uni viro plures habere uxores." Quo audito, illa statim ad locum consilii accedens clamare cepit: " Non bonum statutum fecistis, sed potius statuere debuistis ut una mulier plures habeat maritos. Una enim pluribus sufficere potest, sed unus vir non valet pluribus mulieribus sufficere." Attendentes universi consiliarii cautelam mariti valde ipsum commendaverunt. Non enim confidendum est de levitate quarumdam mulierum.

CCXXXVI. Unde audivi de quodam, qui uxorem suam optime cognoscebat, quod curiosa et levis erat, semper ab ea sibi cavebat. Cum autem ad Sanctum Jacobum homo ille vellet ire ei uxor ejus: "Precipite mihi aliquid quod faciam in memoriam vestri donec redeatis." Cui maritus ait: "Non habeo aliquid tibi novum precipere. Custodi domum et familiam tuam et sufficit mihi." At illa: "Immo volo quod aliquid mihi injungatis quod faciam insignum obedientie et dilectionis." Cumque illa valde instaret, dixit ei maritus ejus: " Precipio tibi quod furnum istum non ingrediaris donec fuero reversus." Cum autem recessisset vir ejus, cepit illa cogitare: " Quare hoc inhibuit mihi, forte aliquando in furno abscondit et vult mihi celare," et statim ingrediens furnum cepit querere et scrutari omnes rimas et quosdam lapides extrahere ut videret si quid in pariete absconditum esset, et tantum scrutata est rimas ampliando et lapides removendo, quod furnus super ipsam cecidit et renes ejus confregit. Redeunte autem marito, cum quereret ubi esset ejus uxor et quare ei obviam non venisset, dixerunt: " Domino, in lecto contracta jacet; furnus enim super ipsam cecidit et renes ejus confregit." Veniente autem marito ut visitaret uxorem, illa valde erubuit cum rei veritatem celare non valebat.

CCXXXVII. [fo. 139ro] De quadam alia muliere audivi quod semper contradicebat marito suo. Cum autem maritus et ipsa venirent de foro, lepus quidam transivit coram ipsis et cum capere vellent evasit. Tunc maritus ait : " Quam pulcher et pinguis est lepus iste, si cepissemus eum, comederemus frixum cum cepis et sagimine." Uxor autem respondit: " Libentius comedo cum pipere." Immo ait vir ejus: " Melior est quando cum brodio et sagimine paratur." " Non est," ait uxor. Cum autem mulier nullo modo vellet acquiescere marito, ille iratus valde fortiter ipsam verberavit. At illa cepit studere et cogitare quomodo posset se de marito suo vindicare, et audivit quod rex valde infirmaretur. Que accedens ad regis servientes ait: " Habeo maritum qui optimus est medicus, sed celat et abscondit sapientiam suam nec nunquam vult aliquem juvare nisi timore et verberibus inductus." Cum autem homo ille adductus esset ad regem, ceperunt eum multum rogare ut curam regi adhiberet et mederetur ejus infirmitati. Illo autem renuente et dicente: "Non sum medicus." Tandem servi regis nuntiaverunt ei verba uxoris. Unde rex precepit eum fortiter verberari. Et cum nec sic induci posset iterum et iterum verberatus tandem a conspectu regis ejectus est, et ita mala mulier verberari fecit maritum suum.

CCXXXVIII. De quadam autem bona muliere audivi quod, cum maritus ejus esset in carcere et precepisset ei dominus quod nullus ad manducandum vel bibendum daret illi sed compelleretur fame mori, uxor ejus omni die ingrediens ad eum de mamilla sua latenter lactabat ipsum. Cum autem, post dies xv, quereret dominus si mortuus esset homo ille et dictum esset ei quod viveret, credidit quod aliquis ex servis ei ad manducandum dedisset, unde fecit adduci ante se ut cognosceret veritatem. Tandem dominus ab ipso extorquens veritatem, postquam cognovit quod fecerat uxor ejus fidelis, valde commotus est et compunctus et vocans mulierem reddidit ei maritum suum propter fidem quam habuit . . . .

CCXXXIX. Quidam autem in sermone et in ecclesia inania meditantur et ociosa loquuntur, cum deberent hiis qui dicuntur cor apponere. Unde quidam sanctus sacerdos, cum videret in quadam magna sollempnitate dyabolum dentibus extendere pergamenum, adjuravit eum ut diceret ei cur istud faceret. Cui demon respondit: "Scribo ociosa verba que dicuntur in hac ecclesia et quia hodie plus solito talia multiplicantur, propter sollempnitatem diei festi, videns quod non sufficeret cedula quam attuli, dentibus meis extendere conatus sum pergamenum." Quod audiens sacerdos cepit ea referre populo et omnes hoc audientes dolere et conteri coeperunt. Quibus dolentibus et penitentibus, dyabolus qui scripserat delere cepit, ita quod cedula vacua remansit. Debetis ergo cum omni diligentia et devotione divino officio et sane doctrine intendere et non manducare unam acerbam sed cibum spiritualem.

CCXL. [fo. 139ᵛᵒ] Audivi de quodam sacerdote qui, cum hospitatus fuisset in domo cujusdam bone mulieris et secum duceret concubinam suam, et nocte imminente quereret ubi lectus ejus preparatus fuisset, domina domus duxit eum ad latrinam. "Hic est," inquit, "locus vobis et concubine vestro preparatus. Sciatis quod alibi non jacebitis in domo mea. Talis locus vobis est ydoneus." Et ita cum magna confusione ab hospitio recesserunt.

CCXLI. Audivi etiam de quodam sacerdote alio, cui episcopus ejus injunxit ut relinqueret parrochiam vel concubinam. Cui sacerdos respondit: "Angustie mihi sunt undique, sed ex quo sic fieri oportet, relinquo parrochiam et retineo uxorem." Videns autem concubina quod sacerdos, relicta pingui parrochia, pauper effectus fuisset, ipsum a se abjecit et reliquit, et ita miser ille utrumque amisit.

CCXLII. Vero infelices et vecordes qui magis student cadavera concubinarum exornare quam Christi altaria. Subtilius et nitidius est peplum meretricis quam pallæ altaris, subtilior et preciosior est camisia concubine meretricis quam suppellicium sacerdotis. Immo tantum expendunt in vestimentis concubinarum quod pauperes afficiuntur et vilibus induuntur. Unde quidam solebat dicere [fo. 140ro] quod optime inter alios sacerdotes sciret cognoscere qui haberent concubinas, et inspiciebat illos qui manicas ad cubitum perforatas habebant. In quibusdam autem regionibus ita abhominantur hujusmodi sacerdotisse quod illis in ecclesia nolunt pacem dare nec ab illis pacis osculum recipere. Opinio enim communis est eorum quod, si sacerdotum concubinas ad pacis osculum reciperent, partem in missa non haberent. Unde ad earum derisionem solent dicere vulgariter quasi quamdam carminationem qua mures carminati a segetibus eorum arceantur sub hiis verbis:

*Je vos conjure sorriz et raz,*
*Que vos n'ales part en ces tas,*
*No plus que n'a part en la messe,*
*Cil qui prent puis a la presteresse.*

Quod est: "Adjuro vos mures et rati, quod non habeatis partem in hac collectione manipulorum, vel in hoc acervo granorum, sicut non habet partem in missa qui osculum pacis accipit a sacerdotissa." Et tenent quod mures postea manipulos vel grana non tangunt.

CCXLIII. [fo. 140vo] Audivi de quadam muliere, que vestes caudatas per terram trahebat et, vestigia post se relinquens, excitabat pulverem usque ad altare et ad ymaginem crucifixi. Cum exiret autem de ecclesia et eamdem propter lutum sublevaret, vidit quidam sanctus homo dyabolum ridentem, et adjuravit eum ut diceret sibi quare rideret. Qui ait: "Quidam socius meus sedebat nunc super caudam mulieris illius et utebatur illa tanquam quadriga sua. Cum autem mulier caudam levavit socius meus a cauda excussus in lutum cecidit et hec causa quare risi."

CCXLIV. Ornatus meretricis non pertinet ad matrimonii honestatem sed incitat ad luxuriam, que etiam sine exteriori aminiculo omne genus hominum valde infestat. Teste enim Jeronimo: "Libido ferreas mentes domat." Unde dici solet quod diabolus novem filias genuit ex uxore turpissima et concupiscentia, que nigra est velut carbo extinctus per pravorum desideriorum adustionem; fetidam per infamiam; turgentes habens oculos per superbiam; nasum longum et distortum per machinationes et adinventiones in peccatis; aures magnas et patulas per curiositatem; libenter audiens non solum rumores vanitatis sed verba iniquitatis et detractionis; manus admixtas per rapacitatem et avaricie tenacitatem; labia hiantia et os fetidum per immundam vel iniquam loquacitatem; pedes discretos, id est, affectus incompositos; mamillas magnas, tumidas, prurientes, scabiosas ex quarum una propinat catulis suis venenum concupiscentie carnalis, ex alia ventum mundane vanitatis. Ex hiis autem filiabus octo maritavit totidem generibus hominum, symoniam prelatis et clericis; ypocrisim monachis et falsis religiosis; rapinam militibus; usuram burgensibus; dolum mercatoribus; sacrilegum agricolis, qui decimas Deo sacratas auferunt ecclesiarum ministris; fictum servitium operariis; superbiam et superfluum habitum mulieribus. Nonam autem, id est luxuriam, nulli voluit maritari, sed tanquam meretrix improba omnibus generibus hominum se prostituit, omnibus commiscens, nulli generi hominum parcens. In fetore enim unguentorum ejus currunt homines incauti ad ipsius prostibulum, tanquam aves ad laqueum, mures ad caseum, pisces ad hamum, difficile autem est manus ejus evadere postquam semel arripuerit hominem . . . .

CCXLV. Et ideo cum magna diligentia . . . pugnare debemus . . exemplo cujusdam heremite qui valde temptabatur et affligebatur amore cujusdam mulieris quam viderat cum esset secularis, et nunciatum est ei quod esset mortua, nec tamen temptatio sic cessavit. Unde veniens ad sepulcrum ejus sedit et de putredine ejus in pallio suo tulit et, cum temptaretur, ponebat putredinem ad nasum suum, dicens et inproperans sibi: "Ecce habes desiderium tuum sanare;" et cum aliquotiens hoc fecisset mortue sunt et cessaverunt ejus concupiscentie.

CCXLVI. De quadam etiam turpi muliere legimus quod non esset aliquis ita religiosus quem non posset decipere ut cum ipsa peccasset, et obligavit se summa pecunie duobus leccatoribus, quod induceret quemdam sanctum heremitam ut ejus libidini consentiret. Accedens autem crepusculo ad hostium celle ejus, dicebat quod societatem suam in nemore amiserat et, amissa via, quo divertere posset nesciebat, unde instanter et quasi lacrimando cepit heremitam rogare ut ipsam morientem frigore et timentem lupos et alias bestias intuitu Dei in domo sua reciperet illa nocte. Tandem post multam repulsam compassione motus cepit eam in angulo celle sue. Illa vero dicente quia frigore moreretur et fame heremita ignem accendit et dedit ei manducare. At illa levatis pannis calefaciens se ad ignem pedes nudos et crura cepit ostendere. Que videns heremita statim exarsit in eam et cum vehementer temptaretur, cepit Deum orare. At illa magis volens eum accendere appropinquans dicebat: "Domine ecce quomodo lesa sum spinis in pedibus et tybiis." Homo vero Dei magis ac magis accendebatur et cepit digitos suos cum igne candele comburere et cum anxiaretur valde dicebat: " Si non potes hunc modicum ignem sufferre, quomodo ignem gehennalem posses sustinere?" Et ita successive omnibus digitis igne crematis, cessavit ardor concupiscentie carnalis. Illam autem stupentem et ammirantem horror tantus invasit quod mortua est pro timore. Mane autem facto, duo leccatores ad cellam heremite venientes et ei improperantes quod cum illa muliere dormivisset, postquam domum intraverunt illam mortuam invenerunt. Tunc heremita quid ei nocte illa accidisset narravit et digitos combustos ostendit. Illi vero cognita veritate valde doluerunt et peccatum suum confessi sunt, rogantes heremitam ut pro suscitatione sua Deum rogaret; qui rogavit et suscitata postmodum bene vixit. Ecce quam periculosa sunt luxurie blandimenta que etiam viros sanctos alliciunt et impugnant....

CCXLVII. Audivi etiam de quodam monacho qui a pueritia nutritus fuerat in abbatia et nunquam viderat mulierem. Cum quadam die equitaret cum abbate, accidit quod differatus est equus ejus et, cum faber calidum ferrum projecisset in terra, monachus ferrum calidum accipit et nullum calorem in manu sensit, et miratus est abbas ejus. Cum autem nocte in domo secularium hospitati essent, mulier tenebat parvulum et miratus monachus quesivit quid esset. Cui mulier: " Anicula est quam ego et maritus meus fecimus." Cui monachus: " Valde pulchra est anicula ista." Cui mulier: " Vis ego et tu talem faciamus aniculam?" Et monachus nesciens quod esset peccatum ait: "Volo." Et concubuit cum illa, ignorante abbate. Cum autem redirent et iterum equum difterratum ferrare vellent, dixit abbas. " Fili, accipe ferrum." Et cum accepisset combusta est manus ejus. Quod videns abbas quesivit ab eo quid egisset, at ille confessus est quomodo cum muliere jacuisset, et postmodum abbas inclusit eum in claustro nec voluit ut de cetero equitaret cum eo . . .

CCXLVIII. Audivi de quadam mala muliere cui maritus ejus per omnia credebat quod cum ire vellet ad adulterum dicebat viro suo: " Infirmus es, intra in lectum meum et sudabis et vide ne surgas donec dixero tibi." Tunc illa firmans ostium camere et clavem secum portans ibat et non revertebatur usque ad vesperum. Ille vero credens se esse infirmum non audebat de lecto surgere donec rediret ejus uxor et diceret: " Amice, potes surgere, video enim quod curatus es ab infirmitate." Quadam autem die, cum illa diceret adultero quod diligeret eum plus quam maritum suum, ille respondit: " In hoc probabo quod verum est quod dicis si meliorem dentem quem habet maritus tuus dederis mihi." At illa ad maritum reversa cepit plorare et tristiciam simulare. Cui maritus ait: " Quid habes? Quare luges?" At illa: "Non audeo dicere." "Volo," inquit, " ut dicas mihi." Cumque ille multum instaret tandem illa dixit: "Tantus fetor ex ore tuo procedit quod jam non possum sustinere." Ille vero ammirans et dolens ait: " Quare non dixeras mihi, possemne aliquid remedium adhibere?" Cui mulier: " Non est aliud remedium nisi ut facias extrahi dentem illum de quo tantus fetor procedit." Et ita ad hortationem uxoris fecit extrahi bonum et sanum dentem quem illa ostendit illi et statim dentem illam asportavit et dedit leccatori. Non est facile credendi uxori nec consiliis adultere acquiescendi.

CCXLIX. [fo. 142ro] Dicitur quod cornicula, cum se nigram et deformem inter alias aves inspiceret, deplumavit se et ex diversis avibus varias plumas assumens sibi adaptavit et corpus suum exornavit. Quo cum sibi pulcra videretur et multiplici colore exornata, cepit superbire et, alias volucres despiciens, etiam regi avium obedire contempnebat. Tunc rex ait aliis volucribus: " Ecce cornicula ista de pulcritudine aliena extollitur et superbit, catis et plumas vestras illi auferatis." Quo facto, turpior quam prius esset remansit et depilata atque mudata coloribus. Hoc modo si ab illis mulieribus, que de aliorum pulcritudine superbiunt, unusquisque quod suum est tolleret turpissime remanerent et confuse, videlicet si ovis lanem suam reciperet et captam pellem ex qua fiunt calciamenta earum, et terra linum suum et varie herbe colores suos, et ita de aliis longe turpiores apparerent quam cornicula plumis alienis privata.

CCL. Audivi de quadam vetula que non poterat inducere quandam matronam ut juveni consentiret. Tunc ait juveni: " Fingo te infirmum et significa mulieri illi quod amore ejus infirmaris." Habebat autem vetula catellam quam tribus jejunare fecit et postea dedit manducare panem cum synapi et, ducens eam secum ad domum mulieris, cepit lacrimari pre angustia synapis. Cumque matrona quereret quare catella illa lacrimas emitteret, vetula suspirans respondit: " Hec fuit quedam mulier que permisit mori juvenem amore ipsius. Cumque graviter infirmaretur, quibusdam sortilegiis ut se vindicaret de illa, mutavit illam in catellam, quod Deus permisit pro peccato suo, eo quod hominem mori permisit quem a morte liberare potuit, et ecce seri penitens plorat eo quod voluntati vivens non asensit." Tunc matrona timens ne sibi idem contingeret ait: " Verum quidam infirmatur usque ad mortem, eo quod illi nolui consentire." Et ita induxit matronam ut juveni consentiret. Ecce qualiter subtiles sunt et sapientes ut faciant mala ut cogitent adinventiones in peccatis.

CCLI. [fo. 142ʳᵒ] De quadam iterum muliere audivi quod, cum haberet secum quemdam adulterum, et maritus vidisset eum in lecto, exiens insidiabatur ei in tali loco quod per alium non poterat transire. Mulier vero misit ad quamdam vetulam levam, valde maliciosam, que multa sciebat, ut in hoc articulo juvaret eam. Que mandavit ei ut absconderet juvenem et transiens vetula coram marito ait: "Dominus sit tecum et cum sociis tuis." At ille: "Quid dicis, vetula? solus sum." At illa: "Domine, ignoscite mihi quia aliqua est hora diei in qua oculi ita solent transmutari quod de una persona creditur quod sint duo." Tunc cepit ille cogitare quod forte ita accidit ei quando vidit uxorem, at ivit ut probaret si ita esset, et cum videret uxorem solam peciit ab ea veniam quod malum credidisset ab ea. Hujusmodi autem vetule leve sunt inimice Christi et ministre diaboli atque hostes castitatis . . .

CCLII. Benedicta sit quedam nobilis et prepotens domina quam ego agnovi. Cum enim quedam ex ancillis ejus quadam die diceret illi: "Domina, talis diligit vos, qui multum probus est et pulcher et digum amari." Illa domina, statim vocatis aliis ancillis suis, fecit eam fortiter verberari et postmodum de fenestra domus que super fluvium sita erat in aquam precipitari, et ita exemplum dedit aliis ut nunquam talia verba ei suggerere auderent. Si enim mulieres hujusmodi vetulis et impudicis hominibus a principio viriliter resisterent non haberent tantam audaciam.

CCLIII. Murilegus quidam silvester pulcram habet pellem. Qui autem privatus est et jacet juxta ignem, caudam et pellem habet combustam; hec sunt que nimis privato sunt et se palpari permittunt. Sicut autem caseus assatur et in muscipula ponitur ut olfatu mures alliciat, sic diabolus quasi odorem voluptatis admiscet peccato ut incautos decipiat.

CCLIV. Audivi quod multi claudi et contracti convenerunt ad tumulum cujusdam sancti ut sanarentur. Cum autem duo fuissent et non recepissent sanitatem, volebant propter sacerdotem recedere, sed valde conturbabant ecclesiam et divinum officium perturbabant. Quibus sacerdos ait: "Vultis sanari ut possitis per vos ire et currere?" At illi responderunt: "Volumus domine." Tunc sacerdos ait: "Proicite omnes baculos vestros." Quibus projectis, ait: "Expectate modicum donec afferatur ignis, oportet enim comburi ex nobis qui magis est contractus ut de cinere corporis ejus proiciam super alios et sanentur." Quilibet autem de se timens ne magis contractus reputaretur et combureretur, cepit sibi violentiam inferre, ita quod omnes simul ceperunt fugere, nec unus solus remansit qui sine baculo non recederet a loco. Pedibus timor addidit alas. Quam miseri qui ignem hujus seculi timent et fugiunt et ignem gehennalem non metuunt.

CCLV. Audivi de quadam muliere que conquerebatur coram judice de juvene qui ei, ut dicebat, violentiam intulerat et ipsam oppresserat. Juvenis autem negabat. Cui judex ait: "Da illi decem marcas argenti ut satisfacias de violentia quam ei intulisti." Quibus receptis illa gaudens recedebat. Tunc judex ait juveni: "Sequere eam et aufer illi pecuniam." Illa vero cepit fortiter resistere et clamare ita quod, hominibus accurrentibus, juvenis non valuit illi pecuniam auferre. Cum autem juvenis et mulier adducerentur ante judicem, dixit judex: "Mulier quid habes, quid petis, quare modo ita fortiter clamabas?" Cui illa: "Domine, quia iste volebat mihi pecuniam auferre sed ego fortiter restiti et clamavi ita quod non potuit prevalere." Cui judex: "Redde pecuniam juveni, si enim prius ita fortiter repugnasses et clamares nunquam opprimere te potuisset, sed tu plus diligis pecuniam quam castitatem." Et ita juvenis a judice cum pecunia recessit.

CCLVI. [fo. 148ro] De quodam heremita legimus quod cum quedam mulier sollicitaret eum ut peccaret cum ea, ipse dixit illi: "Sequere me," et duxit eam in civitatem populosam et cum devenissent ad plateam speciosam ubi erat mercatum, dixit heremita: "Accede ut commisceamus." Cui illa: "Domine, ecce multitudo hominum qui viderent nos." Cui heremita: "Si tu peccare erubescis coram hominibus et ego magis erubui in heremo peccare tecum coram Deo et angelis ejus."

CCLVII. De alio sancto viro legimus quod intravit in domum cujusdam meretricis ut eam averteret. Illa credens quod causa libidinis explende veniret, duxit eum in cameram ubi erat lectus ejus. Cui ille ait: "Locus iste non est satis secretus, timeo ne aliquis nos videret." Illa vero duxit eum in alium locum magis secretum. At ille: "Adhuc timeo ne videar in hoc loco." Illa vero duxit eum in locum valde absconditum et secretum et tria ostia seravit post ipsum. Cui ille: "Adhuc valde metuo ne aliquis me videat in hoc loco." Illa vero dixit: "Qualis homo es? vanus est iste timor, nemo videre nos potest nisi Deus." Cui ille: "Si Deus videt nos quomodo in oculis Dei auderemus tam turpe opus facere? Absit quod, Deo vidente, faciamus quod videntibus hominibus, facere erubesceremus." Et sic illa compuncta conversa est ad Deum.

CCLVIII. [fo. 145ro] Dyabolus enim, dum per luxuriam inquinat et per superbiam et gloriam de peccato hominem attollit et elevat, similis est cuidam joculatori qui docuerat equum suum in terram se prosternere quando dicebat ei: "Flectamus genua." Quando vero dicebat: "Levate," equus surgebat et, ut truffator ille illuderet hominibus, quando videbat monachum vel clericum vel alium hominem qui volebat emere equum, ducebat eum venalem et faciebat ascendere super equum, causa probationis, illum qui emere volebat. Cum autem esset in medio foro in platea valde lutosa dicebat equo suo: "Flectamus genua." At ille submittebat se in luto nec aliquo modo surgere volebat, quousque dominus suus diceret: "Levate." Et ita, cunctis videntibus, postquam ille qui equum ascenderat totus inquinatus erat, tunc deinde equus surgebat.

CCLIX. Nihil autem magis displicet Deo quam cervix erecta post peccatum, et licet sit pius et misericors, valde indignatur contra impudentes peccantes. Exemplum de homini quodam qui habebat uxorem que relinquens eum adhesit turpissimo leccatori. Marito autem repetente uxorem, et leccatore dicente illam esse suam, pugnavit contra illum in duello, et licet valde vulneratus fuerit tandem vicit et uxorem licet ream et sordidam recepit. Illa mariti amorem non attendens et quanta pro ea sustinuit, iterum leccatoribus impudenter adhesit. Maritus autem valde indignatus et offensus tradidit eam leprosis, id est, demonibus et noluit repetere eam.

CCLX. Si qua autem vidua filios aut nepotes habet, discat primum domum suam regere et mutuam vicem parentibus reddere; unde et de cyconia dicitur quod postquam senuerit vel debilatata fuerit, eo quod nutriendo pullos valde maceratur et debilitatur, postquam tanto tempore nutritur a pullis quanto tempore eos nutrivit.

CCLXI [fo. 144ʳᵒ] .... quidam per conjecturas provident aliquando vera dicunt, non quia veritatem diligant, sed ut peccata detegendo homines infament, sicut de quodam demoniaco audivi qui peccata venientium ad se publice dicebat. Unde, cum quidam nobilis et potens miles quemdam militem suum suspectum de adulterio cum uxore sua, et in rei veritate sic erat, dixit ei: "Eamus ad demoniacum illum ut interrogemus eum." Ille vero valde sibi metuens ivit ad confessionem. Cum autem coram demoniaco stetissent, dixit dominus: "Qualis est uxor mea?" Cui demon: "Adultera est et fetore libidinis inquinata." Et ait: "Quis est qui peccat cum ea?" At ille cepit cogitare et cum non posset reperire, ait: "Paulo ante sciebam, sed modo nescio." Et inspiciens omnes cartas suas invenit quod dolotum erat militis peccatum. Ex quo patet quantum valeat vera confessio.

CCLXII. Vero enim confitentibus et penitentibus nocere nequeunt malefici vel divinatores, nec illudere eis qui spem suam ponunt in Deo, peccatoribus autem illudere solent, quia Deus, exigentibus peccatis, permittit. Unde et quedam malefice mulieres quadam arte diabolica aliquando faciunt ut vir uxorem suam non valeat cognoscere, vel ut informas bestiales quidam transformari videantur. Sic legimus de quodam cui videbatur quod uxor ejus mutata esset in jumentam, et cum eam flens et dolens in capistro duceret ad sanctum Acharium, sanctus quidem phantasiis demonum decipi non potuit, dixit homini illi: "Quare ploras?" Cui ille: "Domine, ecce quo fuerat uxor mea et facta est jumenta." Cui sanctus: "Nullam video jumentam sed video quod tu adduxisti mihi quandam mulierem." Et facta oratione, dyabolica illusione cessante, in speciem mulieris reduxit uxorem suam.

CCLXIII. Aliquando autem demones peccata hominum cognoscentes accusant eos ut morti tradantur, et spatium penitentie non consequantur; unde audivi quod quedam valde religiosa quondam erat in civitate Romana, que parvulum filium habens, semper illum secum in lecto nocte ponebat quousque adultus fuisset; unde dyabolica suggestione quadam nocte accidit quod mater ex proprio filio concepit. Timens autem dyabolus ne peniteret, eo quod multas elemosinas faciebat, et Beatam Virginem frequenter salutabat, transfiguravit se in speciem scolaris, et veniens ad imperatorem Romanum, ait: "Domine, ego sum peritissimus astronomus ita quod nunquam fallor; scio futura predicere, furta latentia revelare, et multa alia novi, que certo experimento cognoscere poteritis, si me de familia vestra retinere volueritis." Imperator autem suscepit eum gaudens, et ille cepit ei multa vera predicere, et furta abscondita revelare, ita quod imperator ei per omnia credebat, et ipsum pre omnibus familiaribus honorabat. Quadam autem die ait imperatori: " Domine, mirum est quod civitas ista non absorbetur a terra; quedam enim detestabilis mulier est in illa, que ex proprio filio concepit et peperit." Imperator hoc audito, vocata muliere, valde mirari cepit eo quod domina illa inter alias Romanas mulieres religiosissima haberetur, et tamen credebat clerico suo quia nunquam percipere potuit quod ei mentiretur. Cum autem vidua illa inducias respondendi ab imperatore via obtinuisset, ivit cum lacrimis ad confessionem, et die ac nocte cepit Beate Virgini supplicare ut eam liberaret ab infamia et a morte. Die autem assignata non invenit aliquem de amicis suis qui auderet ire cum ea, vel clerico imperatoris se opponere, quia omnes credebant ei tanquam prophete. Cum autem ingrederetur domum imperatoris, cepit demon expavescere et fremere. Cui imperator ait: "Quid habes?" At ille obmutuit. Apropinquante autem muliere cepit dirum ululatum emittere, et ait: " Ecce Maria cum muliere illa venit, et eam per manum tenens adducit." Et hoc dicto, cum turbine et fetore recedens disparuit. Et ita supradicta vidua per virtutem confessionis auxilio Beato Virginis a morte et infamia liberata, postmodum cautius in Dei servicio perseveravit. Aliquando autem hujusmodi vetule pessime simulant se divinare ut pecuniam extorqueant ab illis qui illas curiose interrogant.

CCLXIV. [fo. 145ro] Audivi de quadam muliere quod antequam ingrederetur villam, premittebat exploratores qui status diversarum personarum inquirebant, et ei nuntiabant. Cum autem aliquando veniebat ad oppidum quoddam, mulier quedam quam novi, accedens ad eam, ait: " Domina, rogo vos ut aliquam divinationem mihi dicatis." Cui illa: " Tu inquis habes filium Parisius qui est in scolis, scias quod illo magnus erit et fiet episcopus." Mulier attendens quod verum ei dixerat de filio qui in scolis erat, credidit quod ei per omnia dixerat veritatem, et gavisa valde de filii sui futura promotione, quia pecuniam secum non attulerat, exuit camisiam propriam et dedit illi, et ita episcopatum emit quam vetula fallax per divinationem filio promisit.

CCLXV. Vidi in quibusdam partibus quando mulieres nubebant et de ecclesia ad domos redibant, in ingressu domus in faciem earum frumentum proiciebant, clamantes: "Habunduntia, habundantia," quod gallice dicitur: "*plenté plenté*"; et cum plerumque antequam transiret annus pauperes et mendici remanebant et habundantia omnium bonorum carebant.

CCLXVI. Audivi de quadam vetula sacrilega, sive sortilega, que mulieribus dicebat: "Facias hoc que docebo te, et non poterit esse quin cito bonum maritum et divitem habeas." Cum autem multas seduceret, quedam sapienter respondit ei: "Maritus tuus pauper est et mendicus; quomodo divitem maritum facies me habere, que tibi subvenire non potuisti in hac parte."

CCLXVII. Sic fertur vilipendisse rano quos medicam jactabat, et alia animalia causa medendi ad se vocabat: "Tu inquis, que pallida es et inflata, alios curare promittis, et te ipsam curare non potes;" et ita animalia cognita veritate recesserunt.

CCLXVIII. In partibus quibusdam vidi quod quando obviabant sacerdoti, statim signabant se, dicentes quod malum omen est sacerdoti obviare. Immo pro certo didici, quod cum in quadam villa Francie multi passim morerentur, dixerunt inter se: "Non poterit hec pestis mortalitatis cessare nisi antequam mortuum in fossa humo ponamus, presbyterum nostrum in eandem foveam proiciamus." Unde factum est quod cum sacerdos foveam accederet ut mortuum parrochianum sepeliret, rustici simul et mulieres presbyterum sacris vestibus indutum arripuerunt, et in foveam precipitaverunt. Hec sunt dyabolice adinventiones et demonum illusiones. . . .

CCLXIX. Audivi de quadam muliere que dicebat se cum quibusdam dominabus de nocte super bestias quasdam equitare, et multa terrarum spacia una hora pertransire. Demones enim in sompnis illi illudebant, et talia ostendebant. Cum autem mulier illa quadam die in ecclesia sacerdoti suo diceret: "Domine, hac nocte multum vobis profui, et a magna molestia vobis liberavi; nam, domine, illæ cum quibus de nocte soleo ire cameram nostram intraverunt, et nisi avertissem et ipsas pro vobis rogassem, multa mala vobis fecissent." Cui sacerdos ait: "Ostium cameræ meæ clausum erat et seratum, quomodo intrare potuisti?" Cui vetula dixit: "Domine, nec ostium nec sera potest nos retinere vel impedire quin libere ingrediamur et exeamus." Cui sacerdos: "Volo probare si verum est, ut de tanto beneficio te valeam remunerare." Et clauso ostio ecclesiæ ac fortiter serato, arrepto crucis baculo, cepit vetulam fortiter percutere. Cumque illa clamaret et misericordiam imploraret, ait sacerdos: "Exi ab ecclesia, et fuge, si potes ex quo sera vel ostium non potest te retinere." Et ita vetulam corripuit, et a falsa credulitate liberavit.

CCLXX. [fo. 145ro] De quadam scelerata muliere audivi quod cum corpus Domini in ore reservasset, ut eo in sortilegiis abuteretur, conversum est in carnem et ejus palato adhesit, ita quod loqui non potuit. Quedam enim sordida et immunda dant viris ad comedendum ut corda eorum ad eorum amorem convertant . . . . .

CCLXXI. Audivi de hujusmodi virgine que, spiritu elationis incitata, jactanter ait quod nollet esse similis Marie Magdalene, ex quo accidit ei quod infra mensem, postquam talia dicere presumpsit, vilissimo leccatori publico adhesit qui eam honore virginitatis spoliavit. Teste utique Gregorio: "Nulla est castitas carnis quam non commendat humilitas mentis."

CCLXXII. De quadam vero virgine narrat Gregorius, que superba fuerat et garrula, quod ipsa mortua et sepulta, custos monasterii vidit de nocte demones ipsam ex tumulo extrahentes, qui a renibus supra comburebant corpus ejus, a renibus infra integrum remanebat, ita quod in mane cinis super pavimentum et vestigia combustionis apparuerunt. Patet igitur quod virginitas sine humilitate est quasi lampas sine oleo; subtraho oleum lampas non lucet; tolle humilitatem castitas non placet.

CCLXXIII. [fo. 146ro] De sorore autem Sancti Bernardi legimus quod, cum esset secularis valde, venit videre fratres suos, qui erant in monasterio, cum pompa magna et ornatu superfluo. Quod audientes fratres ejus contempserunt eam et videre noluerunt, dicentes quod esset rethe diaboli et hamus ad capiendas animas. Illa vero valde doluit et confusa atque compuncta ait: " Si despiciunt fratres mei carnem meam, non despiciant servi Dei animam meam," et deposito ornatu exteriori, postea religiose vixit. Hujusmodi autem mulieres quando ad publicum exire vel etiam ire debent, magnam diei partem in apparatu suo consumunt. *Quant Aeliz fu levee, et quant ele fu lavee, et la messe fu chantée, et deable l'en ont emportee*, quod est: Quando Aeliz de lecto surrexit, et lota fuit, et in speculo aspexit, et vestita et ornata fuit, jam truces ad processionem tulerant, et missam cantaverant, et demones eam tulerunt qui comites ejus fuerunt.

CCLXXIII bis. [fo. 146ro] Mulier enim cantans in chorea est velut instrumentum dyaboli, quod gallice dicitur *quailliers*, quo coturnices capiuntur et ad cujus vocem congregantur, et sicut auceps unam avem excecatam ligat in campo ad quam alie conveniunt et, tunc rethe expandens, capit illas, ita muliere excecata cantante, dum ad illam alie congregantur, rethi dyaboli omnes capiuntur. Rethe enim aucupis infernalis est chorea.

CCLXXIIIter. Hujusmodi mulieres assimilantur pavoni qui turpes habet pedes, pulchras pennas, cum laudatur superbit et caudam attolit, passum latronis, vocem horribilem quasi demonis. Turpes habent pedes, affectuum sordes in pedibus ejus, dum libenter peccarent, si auderent, pudore seculi, vel quia timent ne concipiant vel forte non inveniunt qui requirat; casta est quoniam nemo rogavit . . . . [fo. 147ro]. Pavo autem, cum laudatur, gaudet et superbit, et caudam expandit, sed tunc turpitudinem detegit. Et iste valde gaudent et attolluntur cum de pulcritudine laudantur et per hoc earum turpitudo demonstratur; fastus itaque pulchris, sequiturque superbia formam.

CCLXXIV. [fo. 147ʳ·] Multi laudantur et magna reputantur, que postea nocent, et multa vilipenduntur que postmodum juvant, unde de cervo dicitur quod, cum biberet et ad fontem vid[eret] cornua pulcra, cepit gloriari et multum laudare et intuens crura sua gracilia vilipendebat ea et vituperabat. Cum autem supervenirent venatores, cepit fugere auxilio crurium, et ingrediens silvam ramis adhesit cornibus et captus est aut detentus. Et multe occasione pulcritudinis sue, de qua inaniter gloriantur, a venatoribus infernalibus capiuntur; pavo passum habet latronis, et ipse de domibus parentum ad ludos et choreas furtive recedunt et retineri non possunt horis vespertinis et nocturnis, et in locis suspectis conveniunt.

CCLXXV. Narrat Gregorius quod quedam puella vidit Beatam Virginem cum multitudine virginum et desiderabat valde esse cum illis. Cui Beata Virgo: " Ne riseris per xxx dies, et eris nobiscum." Que triginta diebus a risu abstinens mortua est, et promissam gloriam recepit; procul dubio nisi a risu et cantilenis atque choreis cessasset, nunquam cum Beata Virgine inter ceteras virgines recepta fuisset . . . .

CCLXXVI. Qui autem inhonorat matrem inhonorat filium, et qui honorat matrem honorat filium ejus, inseparabiles enim sunt honores eorum; quod Beata Virgo ostendit, in quadam ecclesia Anglie, in qua erat ymago Beate Virginis ex argento et lapidibus preciosis que filium suum tenebat et amplexabatur in gremio. Quidam autem latro de nocte ingressus est ecclesiam, ut furaretur ymaginem, cumque in humeris levasset eam et pre nimio pondere portare non valebat, cepit ymaginem pueri argenteam a matris amplexibus avellere. Beata vero Virgo que cum filio suo prius tolli se permiserat, cum vidisset quod fur ille filium suum sine matre vellet asportare et ab ejus brachiis ipsum avellere, una manus tenens filium alia latronem ita fortiter percussit quod in pavimento ecclesie ipsum prostravit. Unde ille stupefactus et territus, relicta ymagine, recessit et, conversus ad Dominum, tantum miraculum publice predicare cepit. Ita igitur honeste vos habeatis quod merito castitatis et honestatis de ipsa confidere valeatis. Unde multe hodie virgines et juventule in honore Beate Virginis in die Annunciationis, in diebus sabbati vel per totum annum, consueverunt jejunare.

CCLXXVII. De quibusdam tamen audivi quod multa illi promittunt, in voto se astringunt, et postea in detrimentum animarum suarum votum frangunt, fraudem faciendo illi illudere volunt, similes cuidam viro et uxori ejus, qui cum Deo vovissent quod non nisi in magnis sollempnitatibus vinum biberent vel forte cum mercatum facerent. Cum paucis diebus aquam bibissent cepit homo uxori dicere: "Non possumus hodie omnino abstinere, faciamus mercatum ut possimus bibere vinum." Et vendidit uxori asinum suum. Sequenti autem die dixit uxor marito: "Eme asinum tuum et bibemus vinum." Et ita omni die faciebant mercatum ut vinum bibere possent.

CCLXXVIII. Hanc fraudem multi faciunt sicut ille qui voverat quod non comederet carnes nisi hospites haberet, et omni die in qua carnes comedi solent hospites invitabat, similiter et monachi quidam quia inhibitum est eis ne comedant carnes nisi de venatione, porcos quos nutriunt faciunt cum canibus per domum suam in modum venationis fugari, et ita dum tales carnes comedunt fraudulenter votum frangunt . .

CCLXXIX. [fo. 148ro] Vidi quemdam valde religiosum Cisterciensis ordinis monacum, qui adhuc de monachis superstes erat, cum audiret quod multi et magni viri de statu hujusmodi mulierum male sentirent et contra eas latrare non cessarent, rogavit Deum ut ostenderet ei cujusmodi mulieres essent quas beguinas seculares nominabant, et accepto divinitus responso, invenientur in fide stabiles et in opere efficaces, tantum postmodum eas diligebat quod earum detractoribus semper opponebat se.

CCLXXX. Lancea autem acutissima est lingua detractoris, multo pejor quam illa que aperuit latus Salvatoris. Unde cum a quodam religioso quereret is, qui sotulares ejus fecerat, si bonum os haberent, respondit: "Bonum os habent quia nulli detrahunt vel maledicunt." Sicut autem aranea de eo qui insidet non carpit, nisi id tantum quod venenosum est, et si non invenit venenosum tamen id quod carpit in ventre suo convertit in venenum. Ita detractor venenosus, si quid inter bona multa reprehensibile reperit, statim ad detrahendum linguam acuit.

CCLXXXI. Audivi de quadam muliere que flens et dolens supra modum ad sacerdotem suum virum religiosum, cum quereret ab ea quid haberet, respondit: "Domine, vos nostis filiam meam qualiter semper honeste vixit et virginitatem suam custodivit, cum talis homo vicinus noster eam sollicitaret, et ut sibi consentiret nullo modo eam inducere posset, ille recedens ait iratus: "Ego talia de te dicam quod nonquam habebis honorem." Et cepit eam ubique diffamare, et dicere quod cognovisset eam, et ita vituperata est filia mea et diffamata quam prius multi matrimonio sibi copulare cupiebant, quod vix etiam pauperem et vilissimum hominem possem invenire qui cum ea vellet contrahere." Ecce quam maledicti et detestabiles sunt hujusmodi homines et furibus deteriores. Tollerabilius est enim amittere possessionem quam famam.

CCLXXXII. Narravit mihi quidam valde religiosus quod, in partibus quibus commoratus fuerat, accidit quod quedam honesta et religiosa matrona frequenter ad ecclesiam veniens die ac nocte devotissime Domino serviebat. Quidam autem monachus custos et thesaurarius monasterii magnum nomen religionis habebat et revera ita erat. Cum autem in ecclesia frequenter de hiis que ad religionem pertinent mutuo loquerentur, diabolus invidens honestati et fame eorum immisit eis vehementes temptationes, ita quod amor spiritualis conversus est in carnalem.

Unde condixerunt sibi et assignaverunt noctem in qua recederet monachus a monasterio cum thesauro ecclesie, et matrona recederet a domo sua cum summa pecunie quam auferet clam marito. Cum autem sic recederent, et fugerent, monachi surgentes ad matutinas viderunt archas fractas et thesaurum ecclesie asportatum, et cum non invenirent monachum festinanter secuti sunt eum. Similiter et maritus dicte mulieris videns archam suam apertam et pecuniam ablatam secutus est uxorem suam, et apprehendentes monachum et mulierem cum thesauro et pecunia reduxerunt et in arctis carceribus posuerunt. Tantum autem fuit scandalum per totam regionem et ita omnes infamabant religiosas personas quod longe majus dampnum fuit de infamia et scandalo quam de ipsorum peccato. Tunc monachus ad se reversus cepit cum multis lacrimis rogare Beatam Virginem, cui semper ab infantia servierat et nichil umquam tale illi acciderat, similiter et dicta matrona cepit auxilium Beate Virginis instanter implorare quam frequenter diebus ac noctibus consueverat salutare, et coram ejus ymagine genua flectere. Tandem Beata Virgo valde irata eis apparuit et postquam eis multum improperavit: "Remissionem," inquit, "peccati vobis obtinere a filio meo possum, sed quid possum facere de tanto scandalo? Vos enim fetere fecistis nomen religiosarum personarum, coram omni populo, ita quod de cetero religiosis personis non credetur; hoc est enim quasi dampnum inrecuperabile." Tandem orationibus harum pia Virgo devicta compulit demones qui hoc procuraverant venire, injungens eis quod sicut religionem infamaverant, ita quod infamia cessaret procurarent illi. Vero cum non possent ejus imperiis resistere, post multas anxietes et varias cogitationes, reperta via quomodo cessaret infamia, restituerunt nocte monachum in ecclesia et archam fractam sicut prius erat reparantes, et in ea thesaurum imponentes; archam etiam quam matrona aperuerat clauserunt et ferraverunt et pecuniam in ea reposuerunt, et in camera sua et in loco ubi nocte orare solebat mulierem posuerunt. Cum autem monachi reperissent domus sue thesaurum et monachum qui sicut consueverat Dominum exorabat, et maritus uxorem reperiret et thesaurum, atque pecuniam sicut prius fuerat invenissent, ceperunt obstupescere et ammirari, et currentes ad carcerem viderunt monachum et mulierem in compedibus, sicut prius eos dimiserant; sic enim videbatur eis quod unus demonum transfiguraverat se in speciem monachi, et alius in speciem mulieris. Cum autem tota civitas ad videnda mirabilia convenisset, demones, omnibus audientibus, dixerunt : " Recedamus, satis enim istis illusimus et de religiosis personis mala cogitare fecimus." Et hoc dicto, subito disparuerunt. Omnes autem ad pedes monachi et mulieris inclinati veniam postulaverunt. Ecce quantum infamiam et scandalum atque inestimabile dampnum dyabolus contra religiosas personas procurasset, nisi Beata Virgo succurrisset.

CCLXXXIII. [fo. 149ʳᵒ] Nunquam confidatis in illis qui frequenter in facies juventularum oculos figunt, qui manus palpant et digitos stringunt, qui pedem pede comprimunt, qui manus ad collum vel ad sinum mittunt, et cetera hujusmodi contra religionis honestatem faciunt. Mementote exempli lupi et hedi. Capra precepit hedo ne recederet ab ovili donec de pascuis rediret. Lupus autem, apropinquante vespere, stetit ad ostium ovilis et cepit caprizare, et dixit hedo : " Ego sum mater tua, egredere in occursum meum et lactabo te." Hedus autem incautus exiens statim devoratus est a lupo. Isti enim lupi quasi caprizando verba religiosa a principio habent, et postquam incautos attraxerint verba mutant et animas devorant.

CCLXXXIV. Retulit mihi quidam sacerdos quod quedam mulier, que semper in peccatis et in voluptatibus atque deliciis carnalibus vixerat, et quasi nihil reputans peccare, omnia fere peccatorum genera experta fuerat. Cum autem multa et abhominabilia peccata confiteretur sacerdoti, nunquam voluit a sacerdote penitentiam aliquam suscipere, eo quod nunquam jejunare consueverat vel penitentiam corporalem sustinere,

Tandem sacerdos compatiens misere ait : " Est aliquid in mundo a quo posses abstinere ? " Que respondit : " Non possum abstinere a vino vel a carnibus, non possem jejunare vel orare, aut mane surgere vel manibus propriis laborare. Unum tamen est a quo abstinere de facili possem. Ita enim abhorreo porcos quod nunquam potui manducare, vix etiam possum eos videre." Cui sacerdos : " Sufficit mihi ex quo aliud non possum habere ; injungo tibi ne in tota vita tua porcos comedas." Quod illa recepit gaudens. Cum autem rediret ad hospicium transiens per plateam ubi porci vendebantur, adeo temptata est et tantum habuit appetitum manducandi porcos, quod nullo modo abstinere potuit, sed porcos emens et in domum ferens cum magno appetitu comedit, et statim ad cor rediens, reversa ad sacerdotem, ait: "Domine, pro certo scio quod dyabolus nititur animam meam perdere, nam postquam injunxistis mihi ut abstinerem a porcis tantam mihi temptationem immisit et ut comederem suggessit, quod non potui abstinere sed comedi. Nunc autem quantamcumque penitentiam vultis mihi injungatis. Scio enim quod nisi fortiter pugnavero numquam manus dyaboli evadere potero." Et ita recepta penitentia sibi injuncta, post-modum in bono perseveravit. Valde sibi oportet virginem sollicitam esse et dyabolo impugnanti fortiter resistere . . . .

CCLXXXV. [fo. 149vo.] Hii igitur temptacionibus resistendo, nolunt laborare vel penitentiam [agere]. Similes sunt cuidam latroni, qui cum deprehensus esset in furto, judex tantam gratiam illi facere voluit, ut non suspenderetur in patibulo cum ceteris latronibus, sed duci fecit in silva ut eligeret arborem pulcram quam vellet ut suspenderetur in illa honorifice, et aliam illam] eligere noluit. Unde judex iratus precepit eum variis penis cruciatum in patibulo suspendi.

CCLXXXVI. [fo. 150ro.] Oratio enim innocentum valde accepta est Deo. Unde de Sancto Bernardo legimus quod, quando equitabat in mane et videbat pueros in campis custodientes pecora, dicebat monachis suis: " Salutemus hos pueros ut ipsi respondeant et benedicant nobis, et ita orationibus innocentum muniti securo poterimus equitare."

CCLXXXVII. Audivi quod quidam fur cum duceretur ad suspendium, ligatis post tergum manibus, videret patrem suum qui dolens et flens sequebatur eum et vocans patrem, ait: "Pater da mihi osculum." Et cum oscularetur eum momordit labia ejus usque ad sanguinem. "Hec omnia mala mihi fecisti, cum essem puer et, te sciente, inciperem furari et multa mala facere, nunquam me verberasti aut castigasti." Expedit igitur quod pueri diligenter ab initio instruantur.

CCLXXXVIII. [fo. 150ᵛᵒ.] Audivi de quodam impio homine qui patrem suum senem faciebat jacere in stabulo, et unam vilem slavinam dederat ei ad induendum. Filius autem illius iniqui hominis valde dolebat de avo suo, qui male tractabatur a patre, et accedens ad patrem ait: "Pater, eme mihi slavinam." Cui pater: "Nonne bonas habes vestes, quid inde vis facere?" "Ego," inquit, "illam reservabo ut cum senueris induam te illa, et tibi faciam sicut facis avo meo, patri scilicet tuo, qui te genuit et nutrivit et quicquid habebat tibi dedit." Benedicti sunt tales pueri qui parentum iniquitatibus nolunt consentire.

CCLXXXIX. Valde quidem difficile est ut a malis parentibus non corrumpantur [filii]. Unde legitur de quodam homine bono, qui simplex erat valde et timens Deum, et cotidie laborans in agro de labore manuum mediocriter vivebat. Uxor autem in domo remanens tota die cum leccatoribus manducabat et bibebat, et, quecumque maritus ejus poterat acquirere, luxuriose vivens consumebat. Accidit autem quod mortuus est uterque, et reliquerunt unicam filiam quam habebant. Que cepit cogitare utrum vitam patris aut matris sue deberet imitari. Dyabolus autem ante oculos ejus ponebat quod vita patris ejus dura nimis et aspera fuisset, et quod in dolore et miseria semper vixisset; mater vero ipsius in magnis deliciis et gaudio et in magna felicitate vixerat. Et jam pene adhuc animus ejus inducebatur ut, contempta patris conversatione, matrem imitaretur. Proxima vero nocte angelus Domini apparuit ei in sompnis, et videbatur ei quod duceret eam ad quedam fetida et horribilia loca tormentorum, ubi inter alios dampnatos videbat matrem suam nigerrimam igne intollerabili igne succensam, et serpentes omnia ejus membra morsu amarissimo corrodebant et laniabant. Tunc illa cepit quasi ululando clamare: " Veni, filia, quia propter viles et transitorias delicias sine fine cruciabor, et nunquam veniam obtinebo. Cavo igitur, filia mea, ne miserabilem et turpissimam vitam imiteris, quia nullo modo posses evadere cruciatus eternos." Postmodum videbatur illi quod duceretur ad locum amenissimum et gloriosum, ubi in consortio sanctorum et honorum spirituum videbat patrem suum sole splendidiorem, gloria et honore coronatum. Cui angelus ait : " Cujus vitam vis imitari patris tui aut matris?" Cui illa: " Domine, juro vobis, promitto quod nunquam matris mee vitam imitabor, sed exemplo patris mei in penitentia et labore vitam meam volo consumare." Mane autem facto, quicquid habebat pauperibus erogavit, et artissimam vitam ducens in spelunca se reclusit. De hiis ergo parentibus qui secundum carnem filios suos diligunt et de animabus non curant, sed malum exemplum eis prebent, ait Dominus: " Qui non odit patrem et matrem propter me non est me dignus."

CCXC. [fo. 151ro] Mater quidam silvestris capreoli quando egreditur, ut querat victum, percutit enim cum pede, et facit signum, ut non exeat evagando nec removeatur de loco. Qui ita obediens est, ut etiam, quando homines inveniunt eum, non moveatur de loco sed capi se permittat, factus obediens usque ad mortem. Quanto magis nos Deo patri nostro et matri nostro ecclesie obedire debetis, et florem juventutis Domino consecrare.

CCXCI. . . Et ideo festinare debetis et non confidere de longitudine vite, sed primicias annorum vestrorum dare Deo, non sicut illi qui florem juventutis sue dant dyabolo, et furfur senectutis promittunt Deo; offerunt dyabolo mustum primevæ etatis, et Deo promittunt feces senectutis. Isti faciunt sicut dicitur de quodam homine nequam, cui pater totam substantiam suam dedit, et deveniens ad magnam senectutem, rogavit filium suum ut daret ei potum. Qui respondit patri: "Non habeo nisi quinque dolia in cellario meo." Cui pater: "Fili, ecce valde sitio. Affer mihi de primo dolio." At ille: "Mustum est, non dabo tibi." "Da," inquit, "mihi de secundo." Cui ille: "Nolo tibi dare." "Da mihi de tercio." At ille: "Ferratum est, non dabo." "Da mihi de quarto." Cui ille: "Vinum vetus est, non dabo." Quintum autem vinum debile erat, et canis respersum, et tamen dare recusavit, nec patri sitienti voluit numerare.

CCXCII. [fo. 151ro] Dicitur autem quod natura sit melocis ut dentibus et unguibus in rupe domum faciat, et est mundissimum animal quod fetorem sustinere non potest. Quod videns vulpes dolosa coinquinat ejus fossam, et ita melos dimittit eam et sic vulpes habitat in domo illa quam non construxit, et pro qua non laboravit. Ita est de Deo et dyabolo. Deus autem animas nostras creavit et pro ipsis redimendis multum laboravit; postquam autem dyabolus domum nostram coinquinat, Deus, qui fetorem sustinere non potest, recedit et domum dyabolo relinquit.

CCXCIII. [fo. 151vo] Etas tenera magis docilis est et facilius convertuntur pueri quam senes; unde cum Sanctus Bernardus et fratres ejus ad religionem transissent, unus solus, qui puer erat, remansit in seculo et cum, quadam die, fratres suos visitaturus ad monasterium accederet, dixit ei Sanctus Bernardus: "Tu in seculo remanebis, et totam hereditatem paternam solus possidebis, nobis enim jam in hoc seculo non licet aliquid possidere." Tunc puer valde compunctus ait: "Fratres mei possidebunt celum et ego solus possidebo terram. Dante Domino non ita erit." Et recepto habitu, cum fratribus suis, omnibus relictis, remansit. Solus autem pater senex in seculo remanserat qui converti non poterat, sed omni die filios suos tanquam perditos lugebat. Quadam vero die Sanctus Bernardus exivit videre illum. Pater vero precepit ut secundum morem Burgundie magnus truncus poneretur in igne, et cum ligna sicca et clare ardentia circa ponerentur, truncus ille tamen fumabat videlicet ardere non poterat. Tunc Sanctus Bernardus ait: "Pater, illa ligna clare ardentia sunt filii tui, tu vero truncus senex et antiquus terra repletus, quem filii tui, licet exemplum tibi dederint, non possunt accendere; tu enim nil aliud facis quam fumare." Quo audito, pater commotus est valde, et ad monasterium accedens, habitu monachali suscepto, cum filiis suis Christi jugo cervicem inclinavit.

CCXCIV. [fo. 152ro] . . . Unde christiani per blasphemum deteriores sunt gentilibus et judeis; unde narrat Gregorius de quodam puero quinquennium qui Dei majestatem blasphemare consueverat, et parentes non castigabant eum. Dum pater ejus ipsum egrotantem in sinu teneret, malignis spiritibus advenientibus, puer tremens clamare cepit: "Obsta pater, nigri homines veniunt qui me tollere volunt." Illis autem instantibus, puer, more solito, nomen Dei blasphemare cepit, et statim animam in manibus demonum reddidit; non excusatus est propter puericiam, malicia supplente etatem.

CCXCV. Caveant igitur pueri ne Deum vel sanctos ejus blasphement, nec diabolum nominent, sicut quidam quando irati sunt diabolum nominant, vel etiam servientes aut socios suos nomine diaboli vocant. Unde iterum refert Beatus Gregorius quod quidam stulte servo suo loquens, ait illi: "Veni, diabole, discalcia me." Et statim sensit quod caligarum corrigias cum magna celeritate diabolus dissolvebat et quia nominavit diabolum ipsum, qui semper invidus est, invenit paratum.

CCXCVI. De quodam alio audivi qui, cunctis que habebat cum deciis amissis, ceperit desperare et blasphemare Deum, atque invocare dyabolum; et cum accessisset ad quemdam judeum magnum, dixit ei judeus: "Nega Christum et matrem ejus et sanctos, et ego faciam quod plura habebis quam ante habuisti." Qui respondit: "Deum et sanctos negare possem, sed piissimam ejus matrem nullo modo negarem." Quo audito, judeus iratus expulit ipsum. Cum autem quadam die ante ymaginem Beate Virginis transisset, ymago quasi gratias referens illi inclinavit, et hoc quidam dives homo qui erat in ecclesia vidit. Cum autem alia vice ante ymaginem transiret iterum ymago inclinavit illi, predicto divite hoc vidente, et valde ammirante, et vocato illo, qui nudus erat, et quasi ribaldus incedebat, ait illi: "Quo sunt hec mirabilia quod ymago illa bis inclinavit tibi?" Cui ille respondit: "Nescio quare hoc fecit; pessimus enim peccator sum, et omnia bona paterna luxuriose vivendo et cum deciis ludendo amisi." Cui dives: "Quomodo potest hoc esse; fecisti unquam aliquod servicium Beato Marie?" At illo: "Nec Deo, nec illi servivi." Et tandem recordatus, ait: "Quidam judeus voluit me divitem facere si negarem Beatam Mariam, sed malui pauper remanere quam illam negare." Et valde compunctus dives ait: "Bono fecisti." Et filiam suam cum multis divitiis illi dedit, et ita, Beata Maria procurante, longe ditior factus est quam judeus facere noluisset. Ecce quam bonum est servire Beate Virgini et ipsam honorare.

CCXCVII. Quidam autem sicut Absalon semel in anno tonduntur, quia tamen semel peccata confituntur, sed statim capilli crescere incipiunt, quia statim ad peccata redeunt, et ita sacerdotibus illudunt. Hec est confessio vulpis, que solet in Francia appellari confessio renardi. Cum enim debuisset suspendi et taxus eum duceret ad curiam leonis, facta confessione de omnibus peccatis, eodem die vidit gallinas juxta domum cujusdam hominis, et taxo ait: "Illa est via qua incedere debemus, scilicet juxta domum illam quam videmus." Cui taxus respondit: "Miser, hodie confessionem mihi fecisti de cunctis peccatis tuis, et confessus eo quod multas gallinas devorasti, et promisisti Deo in manu mea quod de cetero abstineres." Cui renardus ait: "Verum dicis, sed ego tradideram oblivioni."

CCXCVIII. Memini cum quadam die confessiones quarumdam juvenum audirem et injunxissem eis penitentiam, de eo quod aliarum segetes vastassent et ab alienis vineis uvas asportassent, unde oportebat eos satisfacere et dampnum restituere, ipsi statim, facta promissione quod de cetero abstinerent et ablata restituerent, transeuntes juxta vineam que erat prope ecclesiam racemos tulerunt, et cum clamore postea fugerunt.

CCXCIX. Immo de quodam audivi qui nundum absolveretur, ante sacerdotem pectus tundebat, et videns bursam sacerdotis plenam denariis, alia manu illam abscidit.

CCC. [fo. 153ro] Quidam autem ad tempus ab actu peccandi cessant, et postmodum ferventius ad vomitum revertuntur, similes cuidam malo lacrimoso puero qui, cum diu clamando plorasset, tacere cepit. Illi autem qui in domo erant gaudentes dixerunt: "De cetero pacem habebimus, nam puer ille quiescit, qui nos valde molestabat, et dormire non sinebat." Quod audiens nequam puer, ait: "Ego fatigatus eram, sed parum quiesco, ut postea magis valeam clamare, nunquam permittam vos quiescere."

CCCI. Contigit in Francia quod quidam clericus, cum vellet peccata confiteri, ita copioso flebat coram sacerdote quod non poterat loqui. Cui sacerdos ait: "Fili, scribo peccata tua et affer mihi." Cumque ille scripsisset et sacerdos legisset ait: "Volo habere consilium cum meo superiori." Aperta autem carta coram episcopo, nil nisi cartam vacuam invenit, et reversus ad clericum, ait: "Confide, fili, dimissa sunt peccata tua tibi, ecce carta tua vacua et omnia deleta inveni."

CCCII. De quodam alio audivi quod, cum esset in magno periculo maris, et haberet quoddam turpissimum peccatum quod nunquam pre verecondia voluerat confiteri, timore mortis, cum sacerdotem non haberet cui confiteri posset, cunctis audientibus qui in navi erant, illud manifestavit, et statim cum tempestas cessasset nullus in navi fuit qui peccatum illud ad memoriam revocasset.

CCCIII. Nihil autem est quod tantum dampnum faciat diabolo sicut vera confessio, unde legimus quod cum quidam enorme peccatum commisisset, et illud confiteri non auderet, tandem imminente mortis articulo, habuit voluntatem confitendi. Diabolus autem timens ne illud confiteretur sacerdoti, transfiguravit se in speciem sacerdotis, et dixit homini illi: "Ecce, tu graviter infirmaris, fac confessionem tuam ut salutem consequaris." Facta autem confessione, dixit dyabolus: "Istud peccatum valde turpe est et abhominabile, et multos scandalizare posset. Injungo tibi ne de cetero alicui sacerdoti confitearis." Mortuo autem illo homine, allegabat dyabolus quod animam habere deberet, eo quod homo ille nunquam peccatum sacerdoti confessus fuisset. Bonus autem angelus e contrario dicebat quod bona et simplex intentio hominem illum salvare debebat, maxime cum dolus dyaboli non debuit eidem patrocinari. Dominus autem judicavit pro illo homine, et jussit animam ad corpus redire ut confessionem faceret, et de peccato penitentiam ageret. Maxime igitur debetis confessionem diligere, amplecti et frequentare . . . . . .

*Exempla casu omissa quæ prioribus addenda sunt.*

CCCIV. [fo. 22ro] Similiter ypocrite et heretici vulpecule sunt diaboli, qui se mortuos mundo fingunt et lingua venenosa et verborum blandiciis in tantos dicipiunt, similes vulpi que se simulat mortuam et dum jacet, aperto ore et lingua extracta, volucres animal mortuum reputantes, quasi ad cadaver accedunt, et videntes linguam rubeam, dum comedere volunt, vulpecula dentes stringit et aves deceptas retinet et comedit.

CCCV. [fo. 46ro] Unde cuidam monacho querenti cur Christus de cruce non descendit cum diceretur ei: Descende de cruce, respondit quidam sapiens: Ne tu de claustro exires, sed in cruce religionis perseverares. Turpe est referre pedem, nec passu stare tenaci.

CCCVI. [fo. 50.ᵛᵒ] Quidam ita pusillanimes sunt quod ictibus inimici statim cedunt malentes peccatis consentire et vastari quam tentationibus molestari, similes quidam fatuo qui, cum muscis valde infestaretur, domum propriam combuscit ut muscas pariter combureret. Ita multi dum muscas sustinere nolunt igne luxurie se vastari et incendi permittunt.

CCCVII. [fo. 63ᵛᵒ] Beatus Ambrosius narrat quod cum olim multitudo fidelium ad martyrium traheretur, quadam virgo sponte ad locum in quo Christiani occidebantur, caepit cum ardenti desiderio currere, ut cum aliis sanguinem effunderet pro Christo. Quidam autem civis loci illius, dives valde et nobilis, sed paganus, caepit ab illa quaerere: Mulier quo vadis? Cur ita curris? Cui hilari et sereno vultu respondit: Domine, ad amicum meum curro, qui me cum aliis amicis suis ad nuptias et solemnes epulas vocavit. At ille attendens, quod Christum vocaret amicum suum, et quod curreret ad martyrii locum, putans eam fatuam, et quasi irridens ait: Dic amico tuo, ut mittat mihi de rosis suis. Quumque illa felici martyrio ad amplexum amici sui pertraxisset, non multum post, quidam pulcherrimus juvenis cum cophino pleno pulcherrimarum rosarum et suaviter redolentium ante illum astitit, quum tamen non esset tempus rosarum, et dixit illi: Amicus mulieris, quae modo coram te transiit, sicut petisti de rosis suis, mittit tibi. Et dimissis rosis subito non comparuit. At ille valde territus et compunctus caepit cogitare, quod Deus Christianorum ad martyrii rosas vellet et ipsum vocare, et statim ad locum martyrii currens, quod Christianus esset caepit clamare, et protinus cum aliis decollatus, postquam roseum sanguinem Christo obtulit, ad rosarium paradisi pervenit.

CCCVIII. [fo. 63ᵛᵒ] Quidam autem licet in principio conversionis sue ferveant in medio tepescunt et in fine penitus refrigescunt, similes cuidam avi quem Gallici *bruer* appellant. Hec enim avis in principio ex magna probitate, more nobilium volucrum accipit alaudas et perdices; secundo anno passeres et minutas aves; tercio anno scarabeas, mures, muscas et vermes, et ita semper declinando in pejus tandem ad tantam ignaviam devenit quod fame se mori permittit.

CCCVIII. [fo. 77ʳᵒ] Quidam enim similes puero quem Gallici chamium vocant qui multas nutrices lactendo exhaurit et tamen non proficit nec ad incrementum pervenit sed ventrum durum habet et inflatum. Corpus autem ejus non perducitur ad incrementum.

CCCIX. [fo. 116ʳᵒ] De quodam autem audivi quod cum aliquis vellet equum emere ipse oculum parum claudebat et quosdam equivocas faciebat, postmodum si ille qui emerat equum inveniebat quod esset malus dicebat pestifer ille: Nonne innui vobis ut non emeretis? Si vero bonus inveniebatur equus dicebat: Ego innui vobis ut emeretis.

CCCX. [fo. 117ʳᵒ] Audivi de quodam tabernario qui subvertit urceum vini peregrino bibenti ut iterum de vino suo emeret, et simulavit casu factum esse dum ad pedes suos non respiceret et ita in urceum inpegit, et cepit verbis dolosis consolari peregrinum dicens: Hospes, non cures de vini effusione, hoc est signum magne habundantie, multa bona hoc anno habebitis, et nolebat aliquid reddere peregrino. Excunte autem tabernario, peregrinus clepsedram a dolio extraxit ita quod totum vinum effluxit. Cum autem tabernarius rediret dixit peregrino: Quare vinum meum effudisti? Oportet quod reddas mihi. Cui peregrinus ait: Hospes, hec effusio magnam habundantiam prefigurat, multa bona tibi provenient in hoc anno. Cumque reddere recusaret et tabernarius peregrinum ad judicem traheret, judex peregrini rationem audiens ipsum liberavit, incidente tabernario in foveam quam fecit: Ve qui decipis nonne et ipse decipieris.

CCCXI. [fo. 130ʳᵒ] [cursarii marini, pyrate] gloriantur in malicia sua et letantur cum malefecerint . . . . similes latronibus qui quando vident furcas rident et dicunt inter se: Ecce furce, isto eriguntur ut pusillanimes et meticulosi terreantur et patibulum deridendo vocant vulgariter; *espoente coard*. Quosdam tamen vidi cum essem peregrinus in navibus mercatorum qui in tempestate valida cum jam mortis periculo imminente credebant se nullo modo posse evadere incipiebant timere et lugere et peccata confiteri et cum Deum invocare debuissent, ipsi vestimenta sua scindebant et crines laniabant nihil aliud dicentes nisi ve mihi sive *wai me* clamantes, et si qui forte ex ipsis timore servili ducti confitebantur peccata, cessante tempestate eodem die ad consueta redibant visitantes meretrices suas, que in sentina latitaverant et more solito biscoctum peregrinorum et cetera victualia furantes et quibusdam subtilibus instrumentis quasi imperceptibiliter vegetes perforando vinum extrahebant et quecumque poterant absque timore Dei peregrinis auferebant.

CCCXII. [fo. 130ro] Audivi de quibusdam pessimis et proditoribus quod accepta pecunia pro ministrandis victualibus peregrinis usque ad portum, cum per dies paucos navigassent quia modica victualia in navi posuerant fame et inedia occidebant peregrinos vel in insulis proiciebant vel quod omnem credulitatem excedit in servos et ancillas Sarracenis vendebant. Vidi quosdam nautas ad Acconeum civitatem navigantes qui a quodam homine navem conduxerant hoc conditione quod si in mare periisset nichil solvere tenerentur. Cum autem aliquantulum remoti essent a portu, ignorantibus peregrinis et mercatoribus qui secum in navi erant, perforaverunt sentinam et cum navis mergeretur, intrantes bargam omnes submerserunt, et bargas suas pecunia et bonis peregrinorum onerantes, cum venissent ad portum ceperunt simulare tristiciam, et ita submersis et suffocatis peregrinis et bonis eorum asportatis, pretium navis non solverunt dicentes quod non tenebantur solvere nisi navis salva et integra ad portum devenisset.

CCCXIII. [fo. 147ro] De Moyse autem parvulo dicunt Hebrei quod coronam quam Pharao in capite ejus posuit in terra projecit videns in ea ymaginem Jovis, et voluit Pharao interficere eum eo quod sapientes Egypti dixerunt regi quod puer ille destrueret Egyptum. Quidam autem liberavit eum dicens: Videamus si ex infantia fecit; et allatis carbonibus incensis, posuit in ore suo et lingua ejus lesa est unde impedite lingue factus est ad loquendum . . . .

CCCXIV. [fo. 146ro] Quando autem homo non vult amittere vaccam suam ligat ad collum ejus campanulam ut audito sono securus sit de illa. Sicut vacca que alias precedit in collo campanam gerit, sic mulier que prima cantat coream ducit quasi campanam dyaboli ad collum habet ligatam. Quando autem dyabolus sonum audit securus redditur dicens: Nondum vaccam meam amisi.

# THE EXEMPLA OF
# JACQUES DE VITRY.

ANALYSIS AND NOTES.

# ANALYSIS AND NOTES.

I. [fo. 4ʳᵒ] A bishop bestowed an archdeaconry upon a nephew so young that he befouled his stall, as he was wont to do his nurse's lap.

This *exemplum* is referred to by Lecoy de la Marche in *Étienne de Bourbon*, p. 360, n. 2.

II. [fo. 4ʳᵒ] The demon wrote to certain negligent prelates in Sicily a letter as follows: "The princes of darkness to the princes of the churches, greeting. We thank you, because as many as have been entrusted to you have been sent to us."

This story is repeated in the *Libro de los Enxemplos*, cxxv., at greater length. The devil, in the guise of a man, sends the letter to an archbishop by a lay brother, and in token of its truth strikes the lay brother on the face with his hand. The mark remains until the archbishop sprinkles the spot with holy water.

III. [fo. 4ʳᵒ] Fable of the frog which promised to guide the mouse through a pond. It tied the mouse's leg to its own by a bit of string; but a kite carried off the mouse and the frog too.

This *exemplum* is also found in Brit. Mus. MS. 26,770, f. 78, which contains a brief selection of Jacques de Vitry's *exempla*.

The literature of this widely spread fable may be consulted in *Fables Inédites*, etc., par A. C. M. Robert, Paris, 1825, i., p. 257 (La Fontaine, iv., 11); *Œuvres de J. de La Fontaine*, nouvelle edition, par Henri Regnier, Paris, Hachette, 1884, i., p. 306; *Wendunmuth von Hans Wilhelm Kirchhof herausgegeben von Hermann Oesterley*, Stuttgart, 1869, bk. 7, 71.

The fable was a favourite one with mediæval writers, and is found in Vincent of Beauvais, *Speculum Historiale*, bk. iii., 2 (in Hervieux, *Les Fabulistes Latins*, Paris, 1884, ii., p. 236); *Speculum Doctrinale*, iv., 114 (cited by Oesterley); Bromyard, *Summa Praedicantium*, Antwerp, 1614, part ii., p. 275 (P. xiii., 37); Nicholas Pergamenus, *Dialogus Creaturarum* in *Die beiden aeltesten lateinischen Fabelbücher des Mittelalters: des Bischofs Cyrillus Speculum Sapientiae und des Nicolaus Pergamenus Dialogus Creaturarum herausgegeben von* Dr. J. G. Th. Graesse, Tübingen, 1880, Dial. 107, p. 258; *Scala Celi*, Ulm, 1480, fo. 73$^{ro}$; *Libro de los Enxemplos*, ccci.

IV. [fo. 6$^{ro}$] Fable of the larks which made the owl king to defend them. A lark flying in the rear of the flock was captured, and the king, in answer to the complaint of the others, replied, that it was a dangerous spot. Another was caught flying in front, and the king said it was an exposed position. At last a third was caught in the centre of the flock, and the king exclaimed: "Why do you disturb me? What do you wish me to do for you? It has always been the custom for larks to be caught by hawks.

V. [fo. 8$^{ro}$] Fable of the statue of an archer set up to frighten away birds. At first the birds were terrified, but when they saw that the archer did not draw his bow they approached him, and finally flew upon him and befouled him.

VI. [fo. 10$^{ro}$] A priest was unable to satisfy a bishop's cook who was demanding endless dishes for his master. Worn out at length by his importunities he said, "I have nothing to give now but the flanks of the crucified." And he had them roasted and set before the bishop.

VII. [fo. 10$^{ro}$] Hunters are wont to escape from the tigress whose cubs they have stolen by placing a mirror in her path. The tigress imagines she beholds her offspring in the glass, and delays long enough for the hunters to escape.

This trick of the hunter is mentioned in Alexander Neckam's poem, *De Laudibus Divinae Sapientiae*, edited by Thomas Wright, London, 1863 (*Rerum Britannicarum Medii Aevi Scriptores*), p. 489:

> Tigris, sublato foetu, velocior aura
> Instat atrox, sed nec segnius hostis abit.
> Iram consumit speculo delusa petito,
> Sic orbata redit ad sua lustra dolens.

The same idea is repeated by Bartholomew Glanville in his *De Proprietatibus Rerum*, Strasburg, 1505, bk. xviii., cap. cii.

VIII. [fo. 11ʳᵒ] A certain person admired a rich and powerful king, and called him happy. The king, who was wise, made him sit in a high place upon a chair which threatened to fall, under which burned a great fire, and above which hung by a slender thread a sword. Then the king commanded delicate viands to be brought, and told the man to eat. He answered that he could not, since he was in danger and constantly feared to fall. Then the king replied: "I am in greater danger, sitting in a chair which threatens to fall, fearing the sword of divine judgment and the fire of hell. Why, therefore, did you call me happy?"

The episode of the "Sword of Damocles," found in the above *exemplum* is generally connected with that of the "Trumpet of Death," which occurs in XLII., in the note to which the entire story will be discussed.

IX. [fo. 11ʳᵒ] It was the custom in a certain city for the king to reign but a single year, and then be sent away into exile. A wise king during his year of rule sent precious stones, clothes, food, and many servants to the island of the sea which was to be his place of exile, and thus made it a pleasant abode.

This parable appears for the first time in the romance of Barlaam and Josaphat, attributed to John of Damascus, and may be found in Boissonade's *Anecdota Graeca*, Paris 1829, iv., p. 118 (cf. Liebrecht's German translation, Münster, 1847, p. 98). The Latin version, which was freely used during the middle ages, incorrectly attributed to Georgius Trapezuntius, may be found in the earlier editions of Joannes Damascenus (Basel, 1548); in Lippomanuus' *Vitae Sanctorum*, Rome, 1556, vol. v., and in the edition of the *Vitae Patrum* published at Cologne.

In the editions of the *Vitae Patrum*, by Rosweyd, the early Latin version has been replaced by one made in 1577 by Jacobus Billius. Jacques de Vitry was the first to use this story in the west, and after him it enjoyed great popularity. Versions are found in the *Legenda Aurea*, ed. Dr. Th. Graesse, Dresden, 1846, p. 817; Vincent of Beauvais, *Speculum Historiale*, 15, 17, and *Speculum Morale*, 2, 1, 4, p. 708 (cited in Oesterley); and in the *Gesta Romanorum*, ed. Oesterley, cap. 224. It is also found in the following collections of sermons and *exempla*. Brit. Mus. MS. 26, 770, fol. 78; 11, 284, fol. 78; *Scala Celi*, fol. 21$^{vo}$; Peregrinus, *Sermones*, Dominica, ix., post festum Penthecostes; Paratus, *Sermones de Tempore*, ii.; *Speculum Exemplorum*, iv., 18 (from Vincent of Beauvais, *Speculum Historiale*); *Magnum Speculum Exemplorum*, *Mundus*, ii. ("Vincentius Belvacensis ex Historia Barlaam et Josaphat, lib. 15 et 17").

Other versions are cited by Karl Goedeke, *Every-Man, Homulus und Hekastus*, pp. 16, 205, and R. Koehler in *Jahrbuch für romanische und Englische Sprache und Literatur*, Neue Folge, ii., p. 22.

X. [fo. 13$^{vo}$] A fool had a cask half full of wine, and tried to fill it by drawing out the wine from the bottom and pouring it in at the top.

XI. [fo. 13$^{vo}$] A fool put a cat in his chest to protect cheese against the mice. The cat devours both cheese and mice.

This story is quoted from Jacques de Vitry, by Étienne de Bourbon, 487. It is also found in Brit. Mus. MS. 11, 284, fo. 11$^b$; Bromyard, *Summa Praedicantium*, P. xiii., 36; Odo de Ceritona in Hervieux, *Les Fabulistes Latins*, ii., p. 610; *Libro de los Gatos* (in *Escritores en Prosa anteriores al Siglo XV.*), xvi., p. 547; and Pauli, *Schimpf und Ernst*, 35, where some additional references by Oesterley may be found.

XII. [fo. 15$^{vo}$] The shepherd who forsakes his flock, after receiving milk and wool from it, is compared to the tortoise which, in winter draws its head into its shell, but in summer puts out its horns.

XIII. [fo. 15ᵛᵒ] A hermit was indignant at Adam's transgression, and a companion to correct him inclosed a mouse in a dish, and gave it to him, saying: "Brother, do not see what there is in this dish until my return." The hermit could not resist his curiosity, and raising the cover the mouse escaped. When his companion returned, and did not find the mouse, he said to the hermit: "You blamed Adam because he so lightly transgressed the command, but you have transgressed it more lightly." Then the hermit's presumption ceased, and his anger was changed into pity.

A similar story is told by Étienne de Bourbon (298), of a scholar who asked his master how Adam could be so blinded as to eat the forbidden fruit. The master put a bird in a dish, and forbade the scholar to look into it during his absence. The story also occurs in the *Scala Celi*, 136ʳᵒ (cited from Cæsarius Heisterbacensis, *Dialogus Miraculorum*, iv., 75); Discipulus, *Sermones de Tempore*, 4, F.; *Libro de los Enxemplos*, cccxx.; Odo de Ceritona in Hervieux, *Les Fabulistes Latins*, ii., p. 706; and Pauli, *Schimpf und Ernst*, 398. This story has survived until the present day, and is to be found in the popular literature of Italy attributed to the traditional joker Bertoldo, *Astuzie sottilissime di Bertoldo*, Florence, Tipografia Adriano Salani, p. 27. See also O. Guerrini, *La Vita e le Opere di Giulio Cesare Croce*, Bologna, 1879, p. 240, where the author cites, besides the versions above mentioned, Dupont-Gratien, *Controverses des sexes masculin et féminin*, 1536; Rabelais, *Pantagruel*, iii., 34; and Swift and Grécourt.

XIV. [fo. 15ᵛ°] A monk, who was tempted to eat meat, killed a peacock, cooked it and hid himself in an empty cask to eat it. The abbot discovered him, pardoned him and led him to the cellarer, who gave him food and drink, and thus by his condescension kept the monk in the monastery.

XV. [fo. 17ʳᵒ] Fable of the ass following the example of the dogs and caressing his master. The dogs were rewarded, but the ass was beaten.

*Fables Inédites*, etc., par A. C. M. Robert, i., p. 233 (La Fontaine, iv., 5); *Œuvres de J. de La Fontaine*, par H. Regnier, i., p. 281. For literature of this fable consult *Gesta Romanorum*, ed. H.

Oesterley, cap. 79; Weber, *Indische Studien*, iii., 352; Benfey, *Pantschatantra*, i., 110.

Mediæval versions are found in Vincent of Beauvais, *Speculum Historiale*, iii., 3 (Hervieux, *Les Fabulistes Latins*, ii., 237); *Speculum Doctrinale*, iv., 117 (cited by Oesterley); *Dialogus Creaturarum*, ed Graesse, Dial. 55; Hollen, *Preceptorium*, Colon. 1489, 63ᵇ (cited by Oesterley); Holkot, *In Librum Sapientiae Regis Salomonis*, Basel, 1586, lectio 173 (Oesterley wrongly cites lect. 167).

XVI. [fo. 17ʳᵒ] Priests fond of banqueting are compared to the ass of a leper, which, after it had grown fat on the alms bestowed upon the leper, kicked over its master.

XVI.ᵇⁱˢ [fo. 18ʳᵒ] Laymen and clergy are compared to the two sisters Aholah and Aholibah mentioned in Ezekiel, cap. xxiii.

XVII. [fo. 18ʳᵒ] A king, who was obliged to go to remote regions, left his daughter in charge of his seneschal, who ill-treated and killed her.

There is a version of this story in the *Gesta Romanorum*, cap. 182, where it serves as an introduction to the parable of the "Three Friends in Need" (Petrus Alphonsi, *Disciplina Clericalis*, ed. Schmidt. p. 35), which is not to be found in Jacques de Vitry.

XVIII. [fol. 18ʳᵒ] Fable of the dog crossing the water with a piece of cheese in its mouth, which, seeing the reflection in the water, drops the cheese in its eagerness to get a second piece.

*Fables Inédites* par A. C. M. Robert, ii., 49 (La Fontaine, vi., 17); *Œuvres de J. de La Fontaine*, par H. Regnier, ii., 55. For the history of the fable see Benfey, *Pantschatantra*, i., 79, 468; Weber, *Indische Studien*, iii., 339; Loiseleur Deslongchamps, *Essai sur les Fables Indiennes*, Paris, 1838, 51. Copious references may be found in Oesterley's Kirchhof's *Wendunmuth*, 2, 35, 7, 129; and Pauli's *Schimpf und Ernst*, 426. To these references may be added *Étienne de Bourbon*, 266 (p. 224). The mediæval sermon-books, etc., which contain this fable are: Vincent of Beauvais, *Speculum Historiale*, 3, 2 (Hervieux, *Les Fabulistes Latins*, ii., 236); *Speculum Doctrinale*, 4, 111 (cited by Oesterley); *Dialogus Creatura-*

*rum*, ed. Graesse, Dial. 100; *Scala Celi*, Ulm, 1480, fol. 19; Bromyard, A, xxvii., 14; Martinus Polonus, *Sermones*, Strasburg, 1484, Sermo ccxviii., O.

XIX. [fo. 20rº] A certain holy man, while in choir, saw the devil loaded down with a full sack. He adjured the devil to tell him what he was carrying, and the devil replied that the sack was full of the syllables and words and verses of the psalms abbreviated or omitted by the clergy during that service. "These I diligently preserve for their accusation."

This story is cited from Jacques de Vitry by Étienne de Bourbon, 212 (p. 184), who, in the same place, and again later (404, p. 354), tells a story, on the authority of Geoffroi de Blével, of a dead priest who came to life and told, among other terrible things seen by him, that he had met a great number of priests and clerks weighed down beneath large bags, which contained, as he was informed, the words and sentences of the psalms which they had neglected to pronounce distinctly.

Wright in his *Latin Stories* (Percy Society, vol. viii.), xlvi., gives this tale from the Arundel MS. 506, [fo. 46vº]. The same story is found in Caesarius Heisterbac. *Dialogus Miraculorum*, ed. Strange, Cologne, 1851, dist. iv. cap. 9; and from him is cited in Herolt's (Discipulus) *Promptuarium Exemplorum*, Strasburg, 1495, c. 3; in Major's *Magnum Speculum Exemplorum*, Douay, 1619, *Cantus*, v. (p. 90), and *Recull de Eximplis* (Barcelona, 1881) cxxiii. ("J. de V.").

A counterpart to this story is told later by Jacques de Vitry in No. 239 [fo. 158vº].

In the *Corona de' Monaci*, Prato, 1862, p. 113, a priest comes to life, and, among other terrible things which he has seen, declares he beheld a multitude of priests, monks, and clerks greatly tormented and weighed down under heavy weights. These, he was told, were those syllables, words, etc., which they had omitted from the psalms and service.

XX. [fo. 20vº] A rustic who is carrying a lamb to market is made to believe it is a dog by five sharpers, who post themselves at intervals along the road, and ask the rustic to sell them the dog he is carrying. He finally believes them, and throws away the lamb, which the sharpers take and eat.

Étienne de Bourbon gives the same story, 339 (p. 287), on the authority of " quidam episcopus in terra Albigensium predicavit," probably Jacques de Vitry. Wright, *Latin Stories*, xxvii., has a version from Arundel MS., No. 52, fo. 113ᵛᵒ, and cites Arundel MS. 506, fo. 46ᵛᵒ. There is also a version in Harl. MS. 268, fol. 195.*

The literature of this famous story can be found in Oesterley's *Gesta Romanorum*, cap. 132, Pauli's *Schimpf und Ernst*, 632, Clouston's *Popular Tales and Fictions*, Edinburgh, 1877, vol. ii. p. 27, and in Benfey's *Pantschatantra*, i. 355. The only version in mediæval sermon-books, etc., besides Jacques de Vitry and Étienne de Bourbon, which I have found is in Bromyard, s. vii. 9.

There is an old English version in *Shakespeare Jest-Books*, edited by W. C. Hazlitt, London, 1864, vol. ii., *The Jests of Scogin*, p. 56.

XX.ᵇⁱˢ [fo. 22ᵛᵒ] The fox attempts to catch the bird called *masange* by pretending that peace has been sworn between beasts and birds, and inviting her to give him the kiss of peace. The bird fears treachery, but the fox says he will shut his eyes so that he cannot catch her. Then the bird flew near the fox, which opened his mouth to seize her, and derided him for his deceit. To the fox are compared clerks and priests, who, feigning religion, seduce women.

XXI. [fo. 22ᵛᵒ] Fable of the wolf licking the yoke to the surprise of the ploughman, who did not know that the wolf was seeking an opportunity to kill the oxen.

XXII. [fo. 24ᵛᵒ] If any one from hatred or anger deprives the people of preaching he is like the foolish and malicious man who, to spite his wife, mutilated himself, and so harmed himself rather than others.

XXIII. [fo. 24ᵛᵒ] The students at Paris played a game with a

---

* This MS. consists of two parts: ff. 1-45, " Hic incipiunt exempla bona et moralia de Johanne Patriarcha;" ff. 45-201ᵛᵒ, " Alphabetum narrationum— Antiquorum primum exemplo," and contains 211 tales and similitudes. The same collection is in Arundel MS. 378. There is an interesting English translation of this collection in Brit. Mus. MS. 25,719 (xv. cent.). Jacques de Vitry is cited 43 times.

cat, placing a die on its paw; if the cat throw a higher number than the students they gave it something to eat, if it throw less they killed it, skinned it and sold the skin.

XXIV. [fo. 27ro] Fable of the frogs asking for a king; they receive first a log, then a stork, which devours them.

*Fables Inédites*, par A.C.M. Robert, i., 181 (La Fontaine, iii., 4); *Œuvres de J. de la Fontaine*, ed. H. Regnier, i., 213. For literature, see Kirchhof's *Wendunmuth*, ed. Oesterley, 7, 157; Weber's *Indische Studien*, iii., 345; Benfey's *Pantschatantra*, i., 384.

Oesterley cites incorrectly *Dialogus Creaturarum*, Dial. 118 (I have not been able to find the fable in this work); and Hollen, *Preceptorium*, Cologne, 1498, fol. 97b.

XXV. [fol. 28vo] The ape in fleeing from the hunters takes the one of her young which she most loves in her arms and throws the other across her back, when the hunters approach she is compelled to throw away the one in her arms, the other clings to her back, impedes her flight and causes her capture.

Brit. Mus. MS. 11,284, fol. 7; Odo de Ceritona in Hervieux, *Les Fabulistes Latins*, ii., 708. Odo concludes his fable with the words: "Moraliza, sicut placet."

XXVI. [fo. 30ro] When Jacques de Vitry was disputing with the heretics in the Albigensian territory they cried out that they could not be convinced. Then one of Jacques de Vitry's followers asked a heretic to sign himself with cross; he began to do so but could not finish. The Christian soldiers perceiving this rose up against them caught in evident and manifest error.

Cited by Lecoy de la Marche in Étienne de Bourbon, p. 278, n. 1.

XXVII. [fo. 30vo] A certain desperate man burned the temple of Diana, and when asked why he did it answered, "Since I could not become noted for good I wish to be for evil, and because I was unknown I have made many speak of me."

Oesterley in his note to Pauli's *Schimpf und Ernst*, 636, cites: Strabo, 41, i., 22; Cicero, *De Divin.* 1, 23, 47; *De Nat. Deor.* 2, 27, 69; Valerius Maximus, 8, 14, exter. 5; Macrobius, Saturn, 6, 7, 16; Hondorff, *Promptuarium Exemplorum*, Leipzig, 1572, 423b; Gerlach, *Eutrapeliarum libri iii.*, Leipzig, 1656, 2, 124.

XXVIII. [fo. 30ᵛᵒ] A nightingale said to a man who had caught her, "You see how small I am. If you kill and eat me you will not obtain much; but if you permit me to go away I will teach you wisdom which can be of great benefit to you." The man said, "Teach me, and I will let you go." The bird said, "Never attempt to obtain what you cannot, and never lament the loss of a thing which you cannot recover, and never believe an incredible discourse." Then the man let the bird fly away, but wishing to try him it said, "O, wretched man; what have you done in releasing me? I have in my body a pearl larger than an ostrich egg." The man was deeply grieved on hearing this, and attempted to catch the bird. Then the nightingale said, "Now I know your folly, and that you have profited nothing by my teaching. You attempted to catch me when you are unable to follow my path; you grieved at the loss of a thing which you could not recover, and you believed that there was in me a pearl of great size, whereas my whole body cannot attain the size of an ostrich egg."

This famous apologue is first found in Barlaam and Josaphat (ed. Boissonade, 4, 79; Liebrecht's translation, p. 67, cap. x.; Billius's trans. in *Vitae Patrum*, ed. Migne, *Patrol*, vol. 73, p. 479; *Legenda Aurea*, ed. Graesse, cap. clxxx. p. 815). From Barlaam, or from the source from which Johannes Damascenus drew, the story passed into the *Disciplina Clericalis* of Petrus Alphonsi, and thence into a multitude of versions. It may be found in the two editions of the *Disciplina Clericalis* as follows: Edition of the *Société des Bibliophiles Français*, Paris, 1824, p. 136, fab. xx.; Seconde Partie, p. 130, conte xix.; ed. F. W. V. Schmidt, Berlin, 1827, p. 67, cap. xxiii.

The literature of the story may be found in Dunlop's *History of Fiction*, Liebrecht's trans. Berlin, 1851, p. 462, note 74; Loiseleur Deslongchamps, *Essai sur les Fables Indiennes*, Paris, 1838, p. 71; Benfey, *Pantschatantra*, i. 380; G. Paris, *Le Lai de l'Oiselet*, Paris, 1883. Copious parallels may be found in Oesterley's editions of Kirchhof's *Wendunmuth*, 4, 34, and *Gesta Romanorum*, cap. 167.

There are four versions in the mediæval story-books. The *Dialogus Creaturarum*, ed. Graesse, dial. 100, p. 250, gives a mere fragment of the story. "Unde fabulatur de philomela, quae docuit juvenem, qui eam cepit: de se perdita et irrecuperabili nunquam doleas. Ut legitur in Barlaam: est enim dementia et periculum relinquere rem securam et certam pro alia incerta et vera (sic)." Not much better is the version in Bromyard, *Summa Praedicantium*, M. xi. 78, who cites Barlaam as his source. *Scala Celi*, fol. 17b, contains the complete story from Barlaam. The version in the Spanish *Libro de los Enxemplos*, liii., is taken from Petrus Alphonsi.

XXIX. [fo. 31ro] Fable of the envious frog which tried to equal the ox in size, and burst in the endeavour.

*Fables Inédites*, par A. C. M. Robert, i., 13 (La Fontaine, i., 3); *Œuvres de J. de la Fontaine*, par H. Regnier, i., 65; Kirchhof's *Wendunmuth*, ed. Oesterley, 7, 53.

This fable is found in the *Dialogus Creaturarum*, ed. Graesse, Dial. 42, p. 185; Vincent of Beauvais, *Speculum Historiale*, 3, 5 (Hervieux, *Les Fabulistes Latins*, ii.; 240); *Speculum Doctrinale*, 4, 119 (cited by Oesterley); Bromyard, *Summa Praedicantium*, S. xiv., 15; Gritsch. J., *Quadrigesimale*, Paris, 1512, Sermo, 50, § 11 (cited by Robert, *Fab. Inéd*.).

XXX. [fo. 31ro] Certain philosophers who despised St. Anthony because he was an illiterate man visited him in the Desert. The saint asked them which of the two was the first, knowledge or letters. They considering that knowledge had devised letters, replied that knowledge was the first. Then the saint answered, "Therefore knowledge can exist without learning."

This *exemplum* is taken from the life of St. Anthony, by St. Athanasius, in the *Vitae Patrum*, lib. i., cap. 45 (Migne, *Patrol*, vol. 73, p. 158), where it runs as follows: "Alios quoque similiter mundi sapientes, qui eum irridere cupiebant, quia litteras ignoraret, tali disputatione colligavit, dicens: Respondete mihi, quid ponis, sensus an litterae? et quid cujus exordium? Sensus ex litteris, an litterae oriuntur ex sensu?' Illis asserentibus quia sensus esset auctor atque inventor litterarum ait: Igitur si cui sensus incolumis est, hic litteras non requirit."

The only other version of this story which I have noticed besides the one in the text is in the *Libro de los Enxemplos*, cccxxxvi.

XXXI. [fo. 32ro] A Parisian student appeared after death to his master clothed in a cloak made of parchment covered with fine writing. His master, Sella by name, asked the meaning of these and was told that they were the sophisms and idle inquiries (*curiositates*) in which he had spent his time. He added that he could not describe the burning which tormented him under his cloak, but could show it in some way by a drop of his sweat. His master held out his hand to receive the drop of sweat which perforated it like a sharp arrow. Then Sella forsook the schools of logic, and entering the Cistercian Order said:

> Linquo coax ranis, cra corvis, vanaque vanis;
> Ad logicam pergo, quæ mortis non timet ergo.[*]

As long as he lived in the order he had his hand pierced, and showed it to all at the time when Jacques de Vitry himself was in Paris.

This story is repeated with slight differences by Étienne de Bourbon, 9, p. 19.

This *exemplum*, as may be imagined, was a favorite one with the preachers of the middle ages, as may be seen from an article by B. Haréau in *Mémoires de l'Institut*, Paris, 1876, vol. xxviii (2), pp. 239—264, *Les Récits d'Apparitions dans les sermons du moyen âge*. Besides Jacques de Vitry and Étienne de Bourbon, Haréau cites: Jean d'Aunay, canon of St. Victor, Bib. Nat. MS. 14,961, fol. 132ʳᵒ; Eudes de Shirton, MS. 2,593, fol. 109; Robert de Sorbon, MS. 15,971, fol. 120ʳᵒ; and the following anonymous *sermonnaires*: Bib. Nat. MS. 14,593, fol. 45ʳᵒ; 15,971, fol. 53; Cambridge, MS. Pembroke, H. 13.

The same story is found in Brit. Mus. MSS. 11,284, fol. 37; 26, 770, fol. 78.

Versions may also be found in the following sermon-books, &c.; *Legenda Aurea*, ed. Graesse, cap. clxiii., p. 731; *Liber abundantiæ exemplorum*, fol. 13; Martinus Polonus, *Sermones cum promptuario exemplorum*, Prompt. i., 7; *Scala Celi*, fol. 13; *Libro de los Enxemplos*, ccclxvi; *Magnum Speculum Exemplorum*, Conversio, xxvii ("Petrus Cantor Parisiensis, et ex eodem Jacobus de Voragine, et Petrus de Natalibus, lib. 10, cap. 8, in die commemorationis animarum"); Passavanti, *Lo Specchio di Vera Penitentia*, Milan, 1808, vol. i., p. 75; and *Recull de Eximplis*, cxxiv. ("J. de V.")

---

[*] I leave croaking to frogs, cawing to crows, vanities to the vain; I go to the logic which does not fear the conclusion of death.

XXXII. [fo. 32ro] Saint Bernard visited the schools of logic at Paris, and was asked to decide a dispute. As he had never heard logic in the schools, he replied by putting the fact of man's transgression and condemnation into the form of a scholastic argument.

A somewhat similar story is told of St. Bernard in the *Magnum Speculum Exemplorum, Conversio*, x. He was unable to convert the students by his sermon, but his prayers were efficacious. The collector cites as his source, " Ex libro de illustribus viris ordinis Cisterciensis.

XXXIII. [fo. 33ro] A fox once went to a mule and said, " What kind of an animal are you; are you a horse or an ass ? " The mule replied, " What is that to you! I am a creature of God's." The fox said, " I wish to learn your parentage," and persisted in her question. Then the mule said, " I am the descendant of the great war-horse of the King of Spain." The fox continued, " Who was your father, and who your mother ? " The mule, displeased and angry, said, " You will find my pedigree written on the shoe of my right foot." When the fox drew near to read the letters, the mule raised his foot and kicked and killed the fox.

There are two parts to this fable, the first, the mule's reply that he is the descendant of the great war-horse of the King of Spain is La Fontaine, vi. 7 (*Fables Inédites*, par A. C. M. Robert, ii., 16; *Œuvres de J. de La Fontaine*, ed. H. Regnier, ii., 22). References may be found in Pauli's *Schimpf und Ernst*, ed. Oesterley, 170. The fable is found in the *Disciplina Clericalis*, ed. Schmidt. p. 41; ed. *Société des Bib. Fr.* pp. 34, 30; Étienne de Bourbon, 291, p. 244; Bromyard, *Summa Praedicantium*, F, vii. 2 (a passing mention only, " sicut mula, quae computando et narrando de parentela sua semper dextrarium patrem nominavit"; Martinus Polonus, *Sermones*, serm., ccxxx., J. (mere mention: Exemplum de mulo); *Libro de los Enxemplos*, cxxviii.

Regnier, in his notes to Lafont, vi., 7, cites a passage from a sermon by the Franciscan Menot (1440—1518), containing a very original version of this fable.

The second part of the fable—the fox reading the mule's pedigree on his hoof, is La Fontaine, xii., 17 (*Fables Inédites* par A. C. M. Robert, ii., 364; *Œuvres de J. de La Fontaine*, ed. H. Regnier iii.,

292). To the references in Robert and Regnier may be added those of Oesterley in his edition of Kirchhof's *Wendunmuth*, where, however, he has erroneously repeated the citations from Bromyard, Martinus Polonus and *Libro de los Enxemplos*, which belong to the first part of the fable.

This fable also occurs in the *Cento Novelle Antiche, testo Gualteruzzi*, xciv.; see A. D'Ancona, *Del Novellino e delle sue fonti*, first printed in the *Romania*, vol. iii., and afterwards in *Studj di Critica e Storia Letteraria*, Bologna, 1880, p. 339, where additional references may be found.

XXXIV. [fo. 33ro] A Rustic's axe fell into the river one day, and the owner stood on the bridge and waited for all the water to flow by.

XXXV. [fo. 33vo] Certain unjust judges in Lorraine were wont to cite parties to a place with an equivocal name, and when they appeared, to declare that they had summoned them to another place and punish them for contumacy.

XXXVI. [fo. 34vo] We read in a certain tragedy of Seneca that Nero was seen in hell bathing, and servants pouring molten gold in the bath. When he saw a band of lawyers approaching him, he exclaimed, "Come hither, O venal race of men, O lawyers, friends of mine, to bathe with me in this bath! There is yet a place in it which I have kept for you."

This story is found in Brit. Mus. MS. 11,284, fol. 4 ("Seneca in quadam tragedia").

The story is told on Seneca's authority by Peraldus, *Summa Virtutum ac Vitiorum*, Cologne, 1629, ii., 84; *El Libro de los Enxemplos*, *Romania*, vii., p. 490, No. 12 (" leyesse en unos cantares, que fizo Seneca.") *Dialogus Creaturarum*, ed. Graesse, Dial., 87, p. 235, cites a "certain philosopher" (Graf, *Roma nella Memoria e nelle Immaginazioni del Medio Evo*, Turin, 1882, ii., 581, cites the version in the *Dial. Creat.*, but does not allude to source of story or other versions). No source is mentioned by Bromyard, *Summa Praedicantium*, A., xiv., 47; *Scala Celi*, fol. 7; Herolt (Discipulus) *Promptuarium Exemplorum*, P. lxii.; and *Recull de Eximplis*, xxxvi.

XXXVII. [fo. 34vo] Fable of the camel which asked for horns, and instead of receiving them had its ears shortened.

See *Fabulae Aesopicae cura ac studio Francisci de Furia*, Leipzig, 1810, Fab. 152, 281. Other references may be found in Kirchhof's *Wendunmuth* ed. Oesterley, 7, 57; and Benfey's *Pantschatantra*, i., 302. The fable is not found, to my knowledge, in any of the mediaeval sermon-books, except Jacques de Vitry. The only reference to it in popular literature, which I have seen is a brief mention in Basile's *Pentamerone*, v., 2 (Naples, 1644, p. 578), "comme a lo cammillo, che disideranno hauere le corna, perdetto l'aurecchie."

XXXVIII. [fo. 34ʳᵒ] A poor woman had a case before a wicked and venal judge, and was told that she could not obtain justice unless she anointed his hands. The woman took this literally, and, providing herself with lard, went to court, and in the sight of all began to anoint the judge's hand. When he asked her what she was doing, she answered, "I was told that unless I anointed your hand I could not obtain justice from you." Then he was put to confusion, and blushed, because all saw it and laughed.

Etienne de Bourbon, 436 (p. 378), gives this story as one that he had heard. References to other versions may be found in Pauli's *Schimpf und Ernst*, ed. Oesterley, 124. Wright, *Latin Stories*, Percy Soc., vol. viii., 43, gives the story from Brit. Mus. MS., Arundel, No. 506, fo. 47ʳᵒ and also cites MS. Addit. No. 11,579, fo. 89ʳᵒ. The sermon-book versions are: Bromyard, *Summa Praedicantium*, J., ix. 21; Herolt (Discipulus), *Promptuarium Exemplorum*, J., 43; *Libro de los Enxemplos*, xxiv.

The old French versions are mentioned in *Histoire Litt.*, xxiii., p. 168, and one has recently been published in Montaiglon et Raynaud, *Recueil général et complet des Fabliaux*, vol. v., p. 137, "De la Vielle qui oint la palme au Chevalier."

XXXIX. [fo. 36ʳᵒ] The Eucharist was brought to a wicked lawyer, called in French "Avant parliers et plaideres," who said, as he was wont to do when in health: "I wish it to be first decided whether I should receive it or no." The bystanders said: "It is just that you should receive it, and we so decide." The lawyer answered: "Since you are not my peers, you cannot judge me." Before he could appeal from this wicked sentence his spirit went to hell.

Étienne de Bourbon, 439 (p. 380), gives the following version: "Alius, cum offerretur ei Eucharistia, ait: 'Judicetur utrum plus rectum sit quod accipiam,' et cum dicerent astantes: 'Rectum est,' ait: 'Non est rectum, quia vos, cum sitis pares, non habetis me recte de hoc judicare." It should be "cum non sitis pares."

The story is also found in Brit. Mus. MS. Add. 11, 284, fo. 4; *Libro de los Enxemplos*, lxxxii.; *Recull de Eximplis*, xxxv. ("J. de V."); *Magnum Speculum Exemplorum, Advocatus*, t. ("Odo de Saritone, Parte 7, *Speculi Spiritualium*, cap. de advocatis"); Mich. Scotus, *Mensa Philosophica*, Leipzig, 1603, p. 260.

XL. [fo. 36ʳᵒ] Another lawyer, who had been accustomed to obtain fraudulent delays in his cases to the harm of his opponent, begged in vain a delay from the Lord, when at the point of death he saw the demons before him.

Étienne de Bourbon, 439 (p. 380), tells of a lawyer, "cum amici sui instarent ut confiteretur et acciperet Eucharistiam, et peteret dilacionem, et amici instarent propter instans mortis periculum, appellans exspiravit." This same version is found in *Libro de los Enxemplos*, lxxxii. The version in Jacques de Vitry is found in Herolt (Discipulus) *Promptuarium Exemplorum*, J., xlvi.; *Recull de Eximplis*, xxxiv. ("J. de V."); and in Mich. Scotus, *Mensa Philosophica*, p. 261.

XLI. [fo. 36ʳᵒ] Fable of the kite which, when well, polluted and stole the sacrifices of the Gods; when ill unto death it begged the dove to intercede for it. The dove refused, because the kite's repentance was not genuine.

*Fabulae Aesopicae*, ed. Furia, Fab. 87; *Romulus*, i. 18 (Hervieux, *Les Fabulistes Latins*, ii., 187, 276, 311, 370, 393, 432). Other references may be found in Pauli's *Schimpf und Ernst*, ed. Oesterley 288; Robert, *Fables Inédites*, ii., p. 460. The fable is in Bromyard, *Summa Praedicantium*, M. ix., 41.

XLII. [fo. 38ʳᵒ] A certain wise king was always sad when he held court, and his soldiers murmured at it, but did not dare to say anything. At last the king's brother asked him the cause of his sadness, and was told that he would soon know. After he had returned to his dwelling trumpeters were sent by the king to blow their trumpets before his house. Now, it was the custom when any one was condemned to death for trumpets to be blown before his door. The king's brother was in great fear therefore, and believed he could not escape death. He was afterwards taken in bonds to the royal palace, where he was stripped, and three sharp darts placed against his side and breast, and, as the king had ordered, mimes and minstrels, and singers and dancers entered; but the king's brother was sad in the midst of the merriment. Then the king asked him why he did not rejoice with the others, and he replied: "Lord, how can I rejoice when I expect the sentence of death straightway." Then the king ordered him to be losed and dressed, and explained to him his own sadness. He feared the trumpet of the mighty king, of divine preaching, of the last judgment. The three darts were the fear of his sins, of death, and of hell.

This story consists of two parts: "Trumpet blown before the house of one sentenced to death," and "Sword of Damocles." The VIII. *exemplum* of the text contains the second episode alone, the XLII. contains both, and represents the complete story as found in the *Gesta Romanorum*, cap. 143, but is only half of the original parable, in *Barlaam and Josaphat*, the second half occurs later in Jacques de Vitry, XLVII.

I. "The Trumpet of Death." The earliest version of this parable is found in *Barlaam and Josaphat* (cap. vi. Liebrecht's trans., p. 35, *Vitae Patrum*, Migne's *Patrol*, vol. 73, p. 463, trans. of Billius).* From *Barlaam and Josaphat* the parable passed into the mediæval sermon-books, etc., and may be found in *Liber de Abundantia Exemplorum*, fo. 30$^b$ (Barl. cited as authority); Paratus, *Sermones de Tempore*, s. l. et a, *serm.* 145; Wright, *Latin Stories*, 103. ("from a MS. in private hands"), *Mag. Speculum Exemp*, Douay, 1610, *Judicium*, v.; joined with the second episode, *Libro de los Enxemplos*, 121, 223. It is also in Brit. Mus. MS. Add. 11,284, fo. 27$^b$, 40$^b$. See also *Jahrbuch für rom. und eng. Lit. N.F.*, vol. ii. p. 6.

II. "The Sword of Damocles." This episode is found much

---

* *Barlaam and Josaphat* contains no allusion to the "Sword of Damocles." Oesterley's notes to the *Gesta Romanorum*, 143, and *Wendunmuth* 2, 21, are confusing, as he does not distinguish between the two episodes.

more frequently than I. Copious references are given in Oesterley's *Gesta Romanorum*, 143, and *Wendunmuth*, 2, 21 (Oesterley's references to *Peraldus*, 2, 212; *Rosarium*, 1, 48; 2, 8; and *Herolt*, serm. 109 are incorrect). The sermon-book versions which I have seen are: Holkot, *In Librum Sapientiae*, Lect. 70; Bromyard, *Summa Praedicantium*, H. i. 22 (Oesterley incorrectly, H. 2, 22); *Scala Celi*, fo. 108ᵇ; *Speculum Exemplorum*, Strasburg, 1487, Dist. ix., 209; *Fiore di Virtù*, Naples, 1870, p. 86. See *Jahrbuch für rom. und eng. Lit. N.F.*, vol. ii. p. 9.

It is also found in *Libro di Novelle Antiche*, ed. F. Zambrini, Bologna, 1868 (*Scelta di Curiosità letterarie*, Dispensa xciii.) Nov. ix., p. 22 (from *Libro de' Costumi etc. di Frate Iacopo da Cessole*, Milano, 1829); Nov. xliii., p. 104 (from *Corona de' Monaci*, Prato. 1862, p. 31).

XLIII. [fo. 40ʳᵒ] It is the custom in some places on festal days to give to the blind a pig to kill and divide among themselves. It often happens, however, that the blind man in killing the pig either wounds himself or strikes and kills one of his companions.

*Libro de los Enxemplos*, *Romania*, vol. vii. p. 521, No. 64. A. Rambaud, *Histoire de la Civilization Française*, Paris, 1887, vol. i. p. 449, refers to the above sport as "le jeu du pourcel," and says it was introduced into France by the English.

XLIV. [fo. 42ʳᵒ] Fable of the Crab, which, when asked why it walked backward, replied: "So I learned from my parents."

*Fables Inédites* par A. C. M. Robert, ii. 341 (La Fontaine, xii., 10); *Œuvres de J. de La Fontaine*, par H. Regnier, iii., 237.

XLV. [fo. 42ᵛᵒ] Fable of the wolves proposing peace to the shepherds on condition that the latter keep the sheep but give up their dogs to the wolves.

*Fables Inédites* par A. C. M. Robert, i., 201 (La Fontaine, iii. 13); *Œuvres de J. de la Fontaine*, par H. Regnier, i. 239; Pauli's *Schimpf und Ernst*, ed. Oesterley, 447; Kirchhof's *Wendunmuth*, Oesterley ed., 7, 39.

The sermon-books, etc., which contain this fable are: *Dialogus Creaturarum*, Dial. 8; R. Holkot, *In Librum Sapientiae Regis Salomonis*, Basil, 1586, Lect. lv., p. 196; Bromyard, *Summa Praedicantium*, F. i., 18; Gritsch, *Quadragesimale*, s. l. et a. Serm. xxxix., F.; *Libro de los Enxemplos*, ccclxiv.

XLVI. [fo. 43ᵛᵒ] Some assume the monastic habit only to have an opportunity to steal the sacred vessels. We read of one who did this and afterwards repented and became truly religious.

XLVII. [fo. 44ᵛᵒ] We read of a certain wise king who met two monks in ragged clothes and fell down and reverenced them. His soldiers were surprised at this, and murmured. The king, in order to explain his conduct, had two chests made, decorated outwardly with gold and silver, but filled with filth and dead men's bones. Then he had two others made of rotten wood, mean, and of no worth apparently, and covered them with hair-cloth, and bound them with ropes made of hair. These he filled with priceless pearls and odours and ointments. Then he called the soldiers who had murmured at his conduct, and placed the chests before them, that they might judge which the more valuable were. They chose the one ornamented with gold and silver, and despised the others. Then the king ordered the chests to be opened, and likened to them the monks whom he had met and reverenced.

This *exemplum* is the second half of the parable in *Barlaam and Josaphat*, cap. vi., the first half of which we have already examined in No. XLII. of text. The connection of the two stories in the original is this: after the king has met the two men in rags and done them reverence, his courtiers are indignant, and ask the king's brother to admonish him not to demean the majesty of his crown in this way. The king has the trumpet of death blown before his brother's house, and when he appears with his family in mourning at the palace the king reproves him for fearing death, and yet blaming him for saluting with humility those whom he calls the heralds of his God, who announce louder than a trumpet death and the approach of God. This lesson was for the prince; the second half of the parable contains the lesson for the courtiers.

This story, so famous from the use made of it by Shakespeare in the "Merchant of Venice" (Acts II., III.) appears in Jacques de Vitry earlier than in any other European mediæval version, that in Vincent of Beauvais, *Speculum Historiale*, 14 (cited by Oesterley) probably is later. The Barlaam version is contained to my knowledge only in the following mediæval works: Jacques de Vitry; Vincent of Beauvais; *Gesta Romanorum*, 251; Brit. Mus.,

MS., Add. 11,284. The story reappears in the Italian novelists without the ethical tendency of Barlaam, see Boccaccio x., 1; Straparola, xii., 4. Two versions in old French are in Jean de Condé, "Dis don roi et des hermittes," and in the *Roman de Girart de Rosillon* (see Köhler in *Jahrbuch für rom. und eng. Lit.* N. F. ii., pp. 9, 14). For the story in general, see Benfey, *Pantschatantra* i., 407 and the various works on the sources of Shakespeare.

There is another story which is often confused with the above, and of which there is a version in the *Gesta Romanorum*, 109. An avaricious person loses his money, which is found by a generous person who hesitates to return it, but finally encloses it in a pie or loaf, and makes two other similar pies or loaves filled with earth or bones, and asks the owner of the lost property to choose one of the pies or loaves. This story is found in Étienne de Bourbon, 414 (p. 361); Wright's *Latin Stories*, 25; *Cento Novelle Antiche, Testo Borghini* (see D'Ancona, *Le Fonti del Novellino* in *Studj di Critica e Storia Letteraria*, Bologna, 1880, p. 345), see Oesterley's notes to *Gesta Romanorum*, 109, and Benfey, *Pantschatantra*, 1, 604.

XLVIII. [fo. 46ʳᵒ] Certain monks were enjoined to keep silence, and not even to talk by signs with the hands. They were so loquacious and curious that they broke the command, and conversed with each other by signs made with the feet.

XLIX. [fo. 46ʳᵒ] Two brothers were brought up, one in a monastery, the other in the world. When they reached years of discretion, the one educated in the monastery knew more deceits and cavillings than the one reared in the world.

L. [fo. 46ʳᵒ] Some spendthrift monks, when reproved for their prodigal living by the procurator, replied that they intended to cultivate their lands, and enrich their fields, and pay their debts from the sale of their grain. All these resolves were forgotten on the morrow.

LI. [fo. 46ʳᵒ] An old woman, while carrying milk to market in an earthen vessel, began to consider in what way she could become rich. Reflecting that she might sell her milk for three pence (*obolos*), she thought she would buy with them a young hen, from whose eggs she would get many chickens, which she would sell and buy a pig. This she would fatten and sell and buy a foal, which she would rear until it was suitable to ride. And she began to say to herself, "I shall ride that horse and lead it to pasture and say to it, 'Io! Io!'" While she was thinking of these things she began to move her feet and heels as if she had spurs on them, clapped her hands for joy, so that by the motion of her feet and the clapping of her hands she broke the pitcher and the milk was spilled on the ground, and she was left with nothing in her hands.

*Fables Inédites*, par A. C. M. Robert, ii. 89 (La Fontaine, vii. 10); *Œuvres de J. de La Fontaine*, par H. Regnier, ii. p. 145. The extensive literature of this famous fable may best be consulted in Regnier, op. cit.; Max Müller, *Chips from a German Workshop*, London, 1875, vol. iv. p. 145; Benfey, *Pantschatantra*, i. 499; A. Joly, *Histoire de deux Fables de La Fontaine, leurs origines et leurs pérégrinations*, Paris, 1877 (the two fables treated are the one in the text, and vii. 1, "Les Animaux malades de la Peste,"); Clouston's *Popular Tales and Fictions*, ii. 432.

Jacques de Vitry's version has been published several times, by L. Moland, in his edition of *La Fontaine*, i. p. liv.; by Regnier, op. cit. ii. 498; and by Lecoy de la Marche in his *Étienne de Bourbon*, p. 226, note 2.

The oldest version of this fable, in which the principal actor is a milkmaid, was supposed by Max Müller, op. cit. p. 170, to be the one in the *Dialogus Creaturarum*, Dial. 100; but the version in Jacques de Vitry (Étienne de Bourbon simply copied from him) is undoubtedly older, and must now be considered the oldest European version of this famous fable.

Copious references to sources and imitations may be found in the works already cited, and in Kirchhof's *Wendunmuth* ed. Oesterley, 1, 171.

The only mediæval sermon-book versions which I know are those in Vitry, *Étienne de Bourbon* and the *Dialogus Creaturarum*.

LII. [fo. 48ro] A lawyer who had usually been successful in his suits, became a monk and lost all the cases he was employed to try for the monastery. When the abbot and monks upraided him he explained his failures by saying that, while in the world, he did not fear to lie and so succeeded in his cases; now because he dared tell only the truth the contrary happened. After this he was allowed to remain peacefully in the cloister.

This story is quoted from Jacques de Vitry, by *Étienne de Bourbon*, 442, (p. 382) and Vincent of Beauvais, *Speculum Morale*, 1316 (cited by Oesterley).

It is also found in Bromyard's *Summa Praedicantium*, A, xiv, 22; Wright, *Latin Stories*, p. 224, says: this story is found in MS. Arundel, No. 506, fo. 41$^{vo}$; *Scala Celi*, fo. 7$^{vo}$. *Recull de Eximplis*, ccccxxi ("J. de V.").

The story is often found in the great collections of *Facetiae*, to which references may be found in Oesterley's notes to Kirchhof's *Wendunmuth*, 1. 127, and Pauli's *Schimpf und Ernst*, 127. To these may be added M. Scotus, *Mensa Philosophica*, p. 260.

LIII. [fo. 48$^{vo}$] A noble knight became a monk, and was sent to the fair to sell some old asses belonging to the monastery and buy young ones in their place. He tells intending purchasers the truth about the age of the asses and fails to sell them. On his return he was accused in chapter, but declared that he had forsaken in the world great possessions and many asses, and he was unwilling to lie for their asses and injure his soul by deceiving his neighbours. He was not again sent out of the monastery on secular business.

This story, which resembles in principle LII., is also found in *Étienne de Bourbon*, 443 (p. 382), quoted from Jacques de Vitry; Vincent of Beauvais, *Speculum Morale*, 3, 7, 12, p. 1317 (cited by Oesterley); Wright, *Latin Stories*, 40 (MS. Arundel, No. 506, fo. 41$^{vo}$); Hollen, 191, cited by Oesterley, I have not been able to find; *Fiore di Virtù*, Naples, 1870, p. 80 (quoted from "Storia de Santi Padri"). *Recull de Eximplis*, dxcv ("J. de V."); Other versions are mentioned in Oesterley's notes to Pauli's *Schimpf und Ernst*, 111, to which may be added Nicholas de Troyes, *Grand Parangon des Nouvelles Nouvelles*, xxxiv., and an interesting modern French version in F. M. Luzel's *Légendes Chrétiennes de la Basse-Bretagne*, Paris, 1881, i. p. 14, "La Vache de Saint Pierre." In this story, while Christ and the Apostles are on their journeying they settle down for a time in Brittany and keep house. Their cow, however, was constantly breaking into the fields of the neighbours and doing harm. It was decided to sell the cow, and St. Peter was sent with it to the fair. As, however, he told all intending purchasers of the cow's fault, he failed to sell her and returned home at sunset.

"Notre Sauveur, en le voyant revenir lui demanda: Comment! tu n'as donc pas vendu la vache? Comme vous le voyez, maître. La foire était donc bien mauvaise? car cette vache est à bon marché pour vingt sous. La foire était assez bonne, et beaucoup de marchands ont voulu m'acheter la vache. Pourquoi donc n'a-t-elle pas été vendue? Quand je leur disais qu'elle est voleuse, ils s'en allaient tous aussitôt. Vieux sot! dans ce pays, on ne déclare jamais les défauts d'une bête en foire, avant qu'elle soit vendue et que l'on tienne son argent. Je ne savais pas cela, répondit saint Pierre, car si je l'avais su j'aurais bientôt vendu ma vache."

LIV. [fo. 48<sup>vo</sup>] Fable of the cock which found a precious stone on the dunghill and cared nothing for it, but hastened after the rotten grain which lay near the pearl.

*Fables Inédites*, par A. C. M. Robert, i. 81 (La Fontaine, i. 20); *Oeuvres de J. de La Fontaine*, par H. Regnier, i. p. 118; Kirchhof's *Wendunmuth*, ed. Oesterley, 7, 3.

This fable is also found in Bromyard, *Summa Praedicantium*, A. xxvi. 32.

LV. [fo. 50<sup>vo</sup>] A man who had sinned in a bestial manner wished to do penance in like manner and so ate grass frequently every day. After a time he began to wonder to what order of angels one would belong who had done such penance. An angel answered him: "By such a life you do not deserve to belong to the order of the angels, but rather to the order of the asses."

LVI. [fo. 50<sup>vo</sup>] There was once a priest who thought he sang well, although he had a horrible voice like an ass's. One day, while he was singing, a woman who heard him began to weep. The priest, thinking his sweet voice incited her to tears and devotion, sang the louder, and the woman wept the more. Then he asked the woman why she wept, and she said: "Sir, I am that wretched woman whose ass the wolf devoured the other day, and when I hear you singing, I remember that my ass was wont to sing so."

This is the oldest version of this popular story, which still survives in our modern jest-books. The mediaeval versions are: *Scala Celi*, fo. 25 (quoted from Jacques de Vitry); *Magnum Speculum Exemp.* ed. Major, Douay, 1610, *Cantus*, ix., p. 91 (cites Hollen, "parte aestivali, serm. 4, littera H"); *Recull de Exemplis*, xcix. ("J. de V."), and Bareleta, *Sermones*, Lyons, 1505, fo. 25ʳᵒ. The modern versions are mentioned in Oesterley's notes to Pauli's *Schimpf und Ernst*, 576. I have been unable to verify his reference to Hollen's *Preceptorium*, Cologne, 1489, 110ª. There is an old English version in *Shakespeare Jest-Books*, i., "Tales and Quicke Answeres," p. 45, xxxi.

LVII. [fo. 51ᵛᵒ] A nun, with whom a prince fell violently in love, asked the cause of his passion. She was told that it was inspired by her beautiful eyes, whereupon she tore them out, and said: "Behold the eyes which he desires; bear them to him that he may leave me in peace, and not cause me to lose my soul!"

The oldest version which I have seen of this story is in the *Vitae Patrum*, x., cap. 60 (ed. Migne, *Patrol.*, vol. 74, p. 148). Étienne de Bourbon repeats the story twice (248, 500), the actors being Richard King of England, and a nun of a certain convent. Other versions are in *Scala Celi*, fo. 16 ("rex Anglie"); *Speculum Exemplorum*, Dist. ix., 23 (quoted from Jacques de Vitry); *Magnum Speculum Exemplorum*, ed. Major, Douay, 1610, *Virgo*, xx. (from Jacques de Vitry); *Libro de los Enxemplos*, 256 ("el rey de Inglaterra enamoróse de una monja del monesterio de sanct Emblay"), 314 (a king and a nun); *Recull de Eximplis*, cxiv ("J. de V."); *Fiore di Virtù*, Naples, 1870, p. 109 ("Vita de' santi Padri"). Other versions are mentioned in Oesterley's notes to Pauli, *Schimpf und Ernst*, 11, two of whose citations, Hollen, 152ª, and Herolt, *Serm.* v. 14, I have been unable to find. Add to Oesterley's citations, Bromyard, *Summa Praedicantium*, C. iii., 5.

Mr. Clouston, in his *Popular Tales and Fictions*, Edinburgh, 1887, vol. i. p. 35, says, "this is the well-known tale of St. Bridget (see 'Three Middle-Irish Homilies,' by Whitley Stokes, p. 65); and it has its prototype in the great Indian story-book, entitled 'Kathá Sarit Ságara'—Ocean of the Streams of Narrative—where it is related of a prince who abandoned his kingdom, and adopted the life of a wandering hermit."

LVIII. [fo. 51ᵛᵒ] Far different was the conduct of another nun whom the abbess hid from the pursuit of a noble knight. As he was on the point of departing, after a fruitless search, the nun began to cry "oucu," as children are wont to do when they hide and wish to be found. The wretched nun was derided and abandoned by the knight as soon as he had gratified his lust.

This seems to be the oldest version of this story, which is also found in Étienne de Bourbon, 501 (p. 432); Bromyard, *Summa Praedicantium*, C. iii. 5; Pauli's *Schimpf und Ernst*, 13, and additional references in Oesterley's notes.

LIX. [fo. 53ʳᵒ] Fable of the Flea and the Fever which talk over their lodgings of the night before. The flea spent it with an abbess, who cried out at the first bite and called her maid to search for the flea, which thus passed a wretched night. The fever, on the other hand, spent the night with a poor woman, who, as soon as she felt the fever, arose and went to wash clothes by the river. The fever was chilled and nearly drowned. The following night they determined to change abodes, with the most satisfactory results. The poor woman slept so soundly that the flea feasted undisturbed all night, while the fever had a warm and comfortable lodging in the bed of the abbess

*Fables Inédites*, par A. C. M. Robert, i., p. 191 (La Fontaine, iii., 8); *Œuvres de J. de La Fontaine*, par H. Regnier, i., 225.

To the references in Robert and Regnier may be added those of K. Gödeke in his article, *Asinus Vulgi*, in *Orient und Occident*, i., p. 543 (9). The only sermon-book version is that in *Scala Celi*, fo. 75ʳᵒ, quoted from Jaques de Vitry.

This fable is found in Boner's *Edelstein*, ed. Pfeiffer, Leipzig, 1844, No. 48. See R. Gottschick in *Zeitschrift für deutsche Philologie*, vol. xi., 1880, p. 324, "Quellen zu einigen Fabeln Boners," from which I quote the following: "Jacob Grimm (*Monatsberichte der Berliner Akademie*, 1851, p. 99—103) thought he had found the source of Boner, No. 48, in Petrarch's fable of the Spider and the Gout (*Letters*, iii. 13); later (*Germania*, ii., p. 378, 1857) he considered the Indian fable of the Flea and the Louse at the fat Prelate's a connecting link between Petrarch and Boner. Finally, Müllenhof (Haupt's *Zeitschrift*, xiii., p. 320, 1867) published a poem by Paulus Diaconus (died at the end of the eighth century), "Fabula Podagrae et Pulicis," which in the main corresponds to

Boner's fable. Now, however, the *Scala Celi* offers a story of "pulex et febria," which is more closely connected with Boner, and names Jacques de Vitry as authority."

LX. [fo. 53$^{vo}$] A nun in love with a young man attempts to leave her convent, but is prevented by the Virgin, before whose image she has to pass, and which she was always accustomed to reverence. At length she managed to pass through the church in such a way as not to go before the image of the Virgin. This gives the devil power over her, and she leaves the convent and gives herself up to a life of sin.

This *exemplum* is an incomplete version of the story technically called *La Nonne Enlevée*. The missing part of the story recounts the repentance of the sinner, her return to the convent, and her discovery that the Virgin had taken her place and performed her duties, so that her absence had never been remarked.

For the complete story, see Cæsar of Heisterbach, *Dial. Miraculorum*, ed. Strange, vii., 34; *Miracles de Notre Dame*, i., 310 (Société des Anciens Textes Français); Dunlop, ed. Liebrecht, p. 307 (*Anm*. 389, c.); Wright's *Latin Stories*, 106 ("from a MS. in private hands")*; Mielot, *Miracles de Nostre Dame*, Roxburghe Club, 1885, Nos. xliv., xlix.; Mussafia, *Studien zu den Mittelalterlichen Marienlegenden*, i., Vienna, 1887, p. 73 (Paris, *Bib. Nat.*, MS., Lat. 18,134, xiii., cent; the first part of the story corresponds quite closely to Jacques de Vitry's).

Étienne de Bourbon, 91 (p. 84) tells a somewhat similar story of a monk who was tempted to leave his monastery, but on returning to ask permission from the image of the Virgin, he was so overcome with compunction that his temptation vanished. This story is copied from Étienne de Bourbon by Martinus Polonus, *Sermones*, Strasburg, 1484, *Promptuarium*, cap. x. D.

LXI. [fo. 55$^{vo}$] A christian virgin was condemned to the brothel for refusing to sacrifice to idols. A certain nobleman pitying her, afforded her a means of escape by lending her his cloak.

This story is found in Ambrose, *De Virginibus*, lib. 2, cap. 4 (Migne, *Patrol*, vol. xvi., p. 212). The virgin's name was Theodora,

---

* Mr. G. F. Warner, in his note to Mielot, lxix., says Wright's story was printed from Egert. MS. 1117, fo. 173.

and her *acta* may be found in the Bollandists (April), and in *Acta Martyrum P. T. Ruinart Opera ac Studio*, Ratisbon, 1859, p. 428. Herolt, *Promptuarium Exemplorum*, V., xviii., cites Ambrose as his authority.

LXII. [fo. 55ᵛᵒ] A man condemned to death was led out into a wood to be hanged. The executioners said, "We must hang you, as we have been ordered to do. However, we will do you this favour, that you may choose the tree on which to be hanged." They led the man from tree to tree, but he could never find one to his liking.

Compare No. CCLXXXV.

A similar story is found in *Astuzie sottilissime di Bertoldo*, Florence, no date, p. 56 (see *Guerrini, La Vita e le Opere di G. C. Croce*, Bologna, 1879, p. 251); *Libro de los Enxemplos*, lix. (lxxx., a similar story of a man condemned to have his eyes put out who cannot find a nail that pleases him to put them out with). Other references will be found in Pauli's *Schimpf und Ernst*, ed. Oesterley, 283.

The story is also found in Brit. Mus. Harl. MS. 463, fo. 23 b, which MS., as has already been shown in the introduction, is a collection of Jacques de Vitry's *Exempla*. There is also an old English version in *Shakespeare Jest-Books*, ii., "The Jests of Scogin," p. 152.

LXIII. [fo. 56ᵛᵒ] A confessor, in hearing a certain person's sins, stopped his nose. The penitent said: "If you stop your nose for the sins which I have told you of, how can you endure the greater ones which I have committed? Perchance their stench will suffocate you," and he went away offended.

Another confessor was wont to spit in the face of sinners and revile them, instead of attracting them by his compassion.

LXIV. [Fo. 57ᵛᵒ] Saint Ambrose tells of a Christian virgin who was condemned to the brothel for refusing to sacrifice to idols. A lion entered the city and delivered the virgin, at her command harming no one.

I have not been able to find this story in Ambrose's works. Herolt (Discipulus) *Promptuarium Exemplorum*, V. xvii., gives it on the authority of Ambrose. The author of the *Scala Celi*, fo. 168ro, cites as his authority *Jhero*, who, I presume, is Jerome.

LXV. [fo. 57ro] Ambrose tells us that a matron once asked an abbess to lend her one of the nuns for a time. The one who was given her was so gentle and kind that she did not try the matron's patience, who requested the abbess to send her the one who was the most vexatious in the convent. The abbess did so, and at the end of the year the matron said that she had never cultivated her patience so much in her life, and asked that the quarrelsome nun be left with her always.

This story is found in the *Vitae Patrum*, lib. x. cap. 206 (Migne, *Patrol.* vol. 74, p. 233).

It is also found in Herolt (Discipulus) *Sermones de Tempore*, lxvii., C. ("*Collationes Patrum*, li, xii."); *Magnum Speculum Exemplorum*, ed. Major, *Patientia*, iv. ("Cassianus, *Collat.* 18, cap. 14"). An Italian version is in *Corona de' Monaci*, Prato, 1862, p. 51.

LXVI. [fo. 59ro] Fable of the poor man who earned with his own hand a modest living, and when the day was done sang and rejoiced in his cabin with his wife and then slept happy and secure. His wealthy neighbours, on the contrary, were always immersed in care and anxiety, and never sang. They wondered at the joy of the poor man, and even complained that with his singing he would not let them sleep. One of them, a very rich man, said: "I will make him lose his desire to rejoice and sing." Then after he had concealed the others in a place from which they could see what happened, he threw a bag of money before the poor man's door while he was absent. On his return he found it, and hid it. That night he began to be anxious and careworn, fearing least the money should be stolen from him, or he should be accused of theft, and did not rejoice or sing with his wife as he was wont to do. After a time the rich man and his neighbours began to ask him what had made him so thin and sad. He did not dare, at first, to confess the truth, but after the rich man had told him he knew his secret, he exclaimed: "Take back your money that I may rejoice and sing as I was accustomed to do."

It is possible, but hardly probable that this fable is connected with the story of Mena and Philip in Horace's *Epistles*, I., 7, v.

46—98, or with the anecdote of Anacreon, who received five talents from Polycrates, Tyrant of Samos, lost his sleep and hastened to return the money saying, it was not worth the care it cost him (*Florilegium* of Stobaeus ed. Gaisford, tit., xciii., No. 25, cited by H. Regnier.) The story, in its present form, was probably original with Jacques de Vitry, and was the base of a large number of mediæval and modern imitations.

*Fables Inédites*, par A. C. M. Robert, ii. p. 118 (La Fontaine, viii., 2); *Œuvres de J. de La Fontaine*, par H. Regnier, ii., 215; Kirchhof's *Wendunmuth*, ed. Oesterley, 2, 137.

This story is told very much in the same way by Étienne de Bourbon, 409 (p. 357). The rich man hangs a purse of money on the poor man's door early in the morning. The poor man finds it, and, fearing lest his wife or some one else will rob him of it, he pretends to be suffering in his back and keeps his bed, concealing the money under it. The rich man asks the wife what is the matter with her husband, that he no longer sings. She tells the rich man that her husband is ill, and the former says he will go and cure him. So he went to the poor man's house, asked for his money, obtained it, and restored to him "quies, pristina sanitas et jocunditas cum sompno." The version in Wright's *Latin Stories*, 70. (MS. Arundel, No. 506, fo. 48ro) follows Jacques de Vitry closely. A brief version is found in Barcleta, *Sermones*, Lyons, 1505, fo. lxxixvo, who cites as his authority the *Liber de Septem Donis*, i.e. Étienne de Bourbon.

Other mediæval versions are: Bromyard, *Summa Praedicantium*, D. xi., 28 (very brief and bald); *Speculum Exemplorum*, Strasburg, 1487, Dist., ix., 60 (probably from Étienne de Bourbon); Herolt (Discipulus), *Promptuarium Exemplorum*, T. viii. (follows Jacques de Vitry's version); *Scala Celi*, fo. 80 b. (a brief form of de Vitry); *Magnum Speculum Exemplorum*, ed. Major, *Dives*, ii. (Étienne de Bourbon, *Collector Speculi hujus* is cited, as is usually the case when the story is taken from the older *Speculum Exemplorum*); *Recull de Eximplis*, ccxxxiv. ("J. de V."). The modern versions will be found in Oesterley's notes to Kirchhof cited above, where is also a reference to Vincent of Beauvais (1, 3, 104, p. 572, cp. p. 1257).

LXVII. [fo. 59ro] The abbot of a rich but illiberal monastery filled the offices with men harsh and unkind like himself. One day a minstrel (*joculator*) came there and was rudely received by the porter, who gave him black bread and vegetables, with salt and water, and a hard and dirty bed. When he departed the next day he reflected how he could avenge himself on the mean porter, and, happening to meet the abbot, he told him that the brother who had charge of the hospice had given him a splendid reception the previous night, with a rich banquet and large fire; and upon his departure had bestowed upon him a pair of shoes and thongs and a knife. The abbot returned in rage to the monastery, and had the supposed liberal officer beaten and expelled from his office, and one whom he believed to be worse put in his stead.

This story is found in Wright's *Latin Stories*, 39., *De Malo Abbate* (MS. Arundel, No. 506, fo. 41ro), and is probably taken from Jacques de Vitry. The *Scala Celi*, fo. 104, cites Jacques de Vitry as authority for a very condensed version. The same authority is cited in *Recull de Eximplis*, cccix. The story is also found in Pauli's *Schimpf und Ernst*, 60. Oesterley cites only *Scala Celi* and Hans Sachs, 2, 4, 125.

LXVIII. [fo. 61vo] An abbot visited a wicked captain of robbers, and persuaded him to return with him to the monastery, where he could live without the necessity of plying his infamous trade. The robber, after he had observed the life of the monks for some days, asked what evil they had committed to do such penance. When he learned that they had done no wrong, his heart was touched, and he was converted and assumed the habit.

This story is copied from Jacques de Vitry by Étienne de Bourbon, 258 (p. 219). The editor, Lecoy de La Marche, says that a story very like this, and which, perhaps, is the original source, is told by Eusebius in his *Historia Ecclesiastica*, iii. 23, from the apocryphal acts of St. John. The *Scala Celi*, fo. 56, repeats the story from Jacques de Vitry, and the *Magnum Speculum Exemplorum*, ed. Major, *Conversio*, xxxiii., copies it from the *Scala Celi* ("Joannes Aegidius, alius Junior"). Bromyard, *Summa Praedicantium*, E. vii. 2, condenses Jacques de Vitry. The version given by Wright, in his *Latin Stories*, 149 (MS. Arundel, No. 506, fo. 48vo), is evidently from Jacques de Vitry, as is also the Catalan version in *Recull de Eximplis* ("segons que recompta Jacme de Uitriaco").

There is an Italian version in *Corona de' Monaci*, ed. D. Casimiro Stolfi, Prato, 1862, p. 21.

LXIX. [fo. 62ʳᵒ] A poor squire was captured in war, and begged his captor to let him go in search of ransom, offering as security God and his own bond. He was released, and went and sold all his property, but could not reach his creditor on the appointed day. The latter was riding out, and saw a monk riding a very fine palfrey with worldly pomp. "Whose man are you?" he asked. The monk replied, "I have no other master but God." Then the former said: "Your master is my surety, and I wish you to make satisfaction for him," and took his horse. Soon after, the squire returned with his ransom, which his captor refused to accept, saying: "You gave me as security, God, and I took from one of his servants this horse in discharge of your debt."

There is a brief version of this story in *Scala Celi*, fo. 161ᵛᵒ, attributed to the *Speculum Exemplorum*, where I have been unable to find it, and in *Recull de Eximplis*, ccoclx. ("J. de V."). It is the subject of the first four fyttes of "A Lytell Geste of Robyn Hode," *English and Scottish Ballads*, edited by F. J. Child, Boston, 1864, vol. v., pp. 44—93. The story is also found in Pauli's *Schimpf und Ernst*, ed. Oesterley, 60, where other references may be found. A better version of the "Geste of Robyn Hode" may now be found in *The English and Scottish Popular Ballads*, edited by F. J. Child, Part v., p. 39 (see note, p. 54).

LXX. [fo. 62ᵛᵒ] A certain abbot before his promotion fasted on bread and water, and ate sparingly of meat and fish. When he was made abbot he began to eat large fishes, and when he was rebuked for so sudden a change, he answered, "I fasted and ate small fishes a long time so that I might some day eat large ones."

The only version of this story which I have been able to find is that in Wright's *Latin Stories*, 98 (MS. Arundel, No. 506, fo. 41ᵛᵒ.)

LXXI. [fo. 63ᵛᵒ] A dormouse wanted to enter a cloister and

be saved. In the first one he came to he saw a large rat hanging in a sling (?.*lista*), and said: " What are you doing here " ? The rat answered, " Don't you see that I am hanging on the cross and doing penance ?" The dormouse replied, " This cloister does not please me, it seems too strict and severe." In the next one the dormouse saw another rat in an iron trap, and received the same answer. The dormouse thought that cloister too narrow, and its discipline too strict. A little further on he saw many rats running about a larder, and eating as much meat as they wished. This monastery pleased the dormouse, and he wished to remain there and do his penance.

The only other version of this story which I have seen is in Pauli's *Schimpf und Ernst*, ed. Oesterley, 282. Oesterley gives but one reference, Geiler von Keisersberg, *Das Evangelibüch*, Strasburg, 1515, 208, sign. mij. col. 1. As Pauli's work was not finished until 1519, he may have copied Geiler, who in turn may have taken his version from Jacques de Vitry.

LXXII. [fo. 65ro] A robber is willing to accept from a hermit no other penance than to bow and repeat the Lord's Prayer whenever he sees a cross by the roadside. Shortly after leaving the hermit's cell the robber is pursued by the relatives of one whom he had killed. He takes to flight, but stopping to do the penance enjoined is captured and put to death. The hermit sees the angel of God bearing his soul to Heaven, and begins to murmur at this divine judgment, and determines to return to the world. The devil, fearing lest he may come to himself and repent, places an obstacle in the road over which the hermit falls and breaks his neck, and his soul goes to hell.

A somewhat condensed version of this story is found in Herolt (Discipulus) *Promptuarium Exemplorum*, M. xxv., and the complete story in the same author's *Sermones*, xlix. R. The same version is found in *Fiore di Virtù*, Naples, 1870, p. 92, where it is attributed to the *Vita de' Santi Padri*.

The principal *donnée* of this story is found in several legends in circulation among the people of Brittany, see F. M. Luzel, *Légendes Chrétiennes de la Basse-Bretagne*, vol i., pp. 175, 187, 204, 209. In the first two there are two brothers, one a brigand and the other a hermit. The former is saved, and the latter damned, for his pride.

LXXIII. [fo. 65ro] Fable of the debate of the Members and the Stomach.

*Fables Inédites* par A. C. M. Robert, i., p. 169 (La Fontaine, iii., 2); *Œuvres de J. de La Fontaine* par H. Regnier i., 205; Pauli, *Schimpf und Ernst*, ed. Oesterley 399; Benfey, *Pantschatantra* i., 538.

This fable is found in Brit. Mus., MS., Harl. 463, fo. 1; Bromyard, *Summa Praedicantium*, R. v. 32; *Scala Celi*, fo. 40 ("Legitur in Libro de septem donis spiritus sancti quod papa Alexander in quodam sermone dixit.") Oesterley also cites Vincent of Beauvais, *Speculum Morale*, 1594; *Speculum Historiale*, 3, 7 (Hervieux, *Fabulistes Latins*, ii., 243); *Speculum Doctrinale*, 4, 122; and Pelbartus, *Serm. de Temp. aestiv.* 20, J.

LXXIV. [fo. 66ro] St. Anthony, when overcome with *ennui* in the desert, saw an angel praying for a time and labouring for a time, and saying to himself, "Thus do, and thou shalt be saved."

*Vitae Patrum*, iii. 105; v. 7, 1 (Migne, *Patrol.* vol. 73, pp. 780, 894), from which it is taken in the *Magnum Speculum Exemplorum*, ed. Major, *Angelus*, iii. An Italian version is in *Corona de' Monaci*, Prato, 1862, p. 180.

LXXV. [fo. 67ro] St. Macharius in the desert saw a devil with a tunic covered with phials. He told the saint that he was going to visit the monks in the desert, and give them to drink of the various vices with which the phials were filled. Saint Anthony adjured him to return, and learned that one monk had drained all the phials, the others bravely resisting the temptations of the enemy.

*Vitae Patrum*, iii. 61; v. 18, 9; vii. 1, 8 (Migne, *Patrol*, vol. 73, pp. 769, 981, 1027).

Brit. Mus. MS. Add. 11,284, fo. 26; MS. Harl. 463, fo. 1, col. 2.

The story is found in Herolt (Discipulus) *Promptuarium Exemplorum* T. xiv. ("Vitae Patrum"); *Magnum Speculum Exemplorum*, ed. Major, *Daemon*, x. ("Vitae Patrum"); *Libro de los Enxemplos*, xl.

LXXVI. [fo 67ro] A father proposed to visit his son, who was a hermit in the desert. A demon assumed the form of a good angel, and told the son to beware of the devil, who was going to visit him the next day in the form of his father, and advised him to have an axe ready to attack him with, so that he would not annoy him again. The son followed this advice, and killed his father.

Brit. Mus. MS. Harl. 463, fo. 1, col. 2.

The only version of this story which I have seen is in *Libro de los Enxemplos*, xvi.

LXXVII. [fo. 68ro] Two poor men, one humble and the other proud, went to beg for grain at the threshing floor. The humble beggar had a small sack, and no one refused to fill it for him. The proud beggar, on the other hand, took a big bag, which frightened away alms-givers.

Brit. Mus. MS. Harl. 268, fo. 167 b; 463, fo. 1 b, col. 2 (printed in Wright's *Latin Stories*, 2).

Versions are found in Bromyard, *Summa Praedicantium*, S, iii, 9; *Scala Celi*, fo. 149 (from Jacques de Vitry); *Recull de Eximplis*, dxxxv. ("J. de V."); Pauli, *Schimpf und Ernst*, ed. Oesterley, 607. Pauli tells the story of two beggar-students. The sacks were of the same size, but one student took small gifts, the other not.

LXXVIII. [fo. 68ro] A certain king and one of his officers went about the city at night to see what was done there. Through an opening in a wall they looked into a cellar, and saw a poor man clothed in rags, and his wife singing and dancing and praising him. The king wondered at the sight which the officer proceeded to explain to him allegorically, comparing the earthly and heavenly life. Those who love the latter deem the former, with its palaces and fine clothing, as dung.

*Barlaam and Josaphat*, cap. xvi. (trans. Billins in *Vitae Patrum*, Migne, *Patrol.* vol. 73, p. 503; trans. Liebrecht, p. 112; ed. Boissonade, p. 133.)

Harl. MS. 463, fo. 16, col. 2 (Wright's *Latin Stories*, 4.); *Libro de los Enxemplos*, cclxxxviii.

LXXIX. [fo. 69ro] We read in the Lives of the Fathers of a

brother who was so obedient that at the prior's call he did not pause to finish the letter he had begun.

The name of the obedient monk was Mark, and the letter he left unfinished was O, as we learn from the source of Jaques de Vitry's story, the *Vitae Patrum*, iii., 143; v. 14, 5 (Migne, *Patrol*, 73, pp. 788, 948). This story is copied from the *Vitae Patrum* by Herolt (Discipulus), *Promptuariam Exemplorum*, O, 4; *Magnum Speculum Exemp'orum*, ed. Major, *Obedientia*, vii.

LXXX. [fo. 71ro] Some Dominicans heard the confessions of the nuns and sisters of various convents, and judging from the frailties of some that all were wicked, they openly proclaimed this in their preaching to the scandal of many.

LXXXI. [fo. 71ro] One of the fathers rudely reproved a young man who was tempted by the flesh. The young man in consequence left the desert to return to the world. On the way, however, he met a pious abbot, to whom he told his story. The abbot prayed that the young man's temptation might be diverted to the father who had harshly reproved him. The father was straightway tempted by a demon, in the form of an Ethiopian, who shot darts at him. He in turn purposes to return to the world, but the abbot meets him and reproves him for his impatience with the young man.

The story is told at considerable length in the *Vitae Patrum*, v., 5, 4 (Migne, *Patrol* 73, p. 874), and is taken from the *Collationes* of Johannes Cassianus ii., 13. The *Magnum Speculum Exemplorum*, ed. Major, *Confessio*, ii., and *Scala Celi*, fo. 48ro, cite the *Vitae Patrum*. The English version (and the French on which it is based) in Roberd of Brunnè's *Handlyng Synne*, Roxburghe Club, 1862, p. 262, cites St. Gregory.

The story is also found in Brit. Mus. MS. Harl. 463, fo. 2.

LXXXII. [fo. 71ro] A certain king had no sons for a time, but at last one is born to him of such a disposition that the physicians tell the father that if he sees the sun or fire within ten years he will become blind. The prince is brought up in a cave with his nurses for ten years, and knew nothing of worldly things. At the expiration of the ten years the king commands him to be shown all the things in the world according to their kind—men, women, horses, gold, silver, precious stones, and everything that can delight the eye. The boy asked the name of each, and when he came to the women, one of the king's servants said in jest: "These are demons seducing men." When the king asked the boy what he most liked of all that he had seen, he replied: "I like those demons who seduce men better than all else that I have seen."

The source of this story is the Apologue in *Barlaam and Josaphat*, cap. xxix. (Boissonade, p. 267; trans. Liebrecht, p. 220; trans. Billius, *Vitae Patrum*, cap. xxx., Migne, *Patrol.* 73, p. 561).

The somewhat copious literature of this story, made famous by Boccaccio's use of it in the Decameron (Introd. to IV. Day), may best be found in D'Ancona's article on the *Le Fonti del Novellino*, first printed in the *Romania*, vol. iii., and afterwards in *Studj di Critica e Storia Letteraria*, Bologna, 1880, p. 307; Landau, *Die Quellen des Dekameron*, 2nd ed., Stuttgart, 1884, p. 223; F. W. V. Schmidt, *Beiträge zur Geschichte der romantischen Poesie*, Berlin, 1818, p. 27; Dunlop, ed. Liebrecht, pp. 230, 462; Von der Hagen, *Gesammtabenteuer*, Stuttgart, 1850, ii., vii. D'Ancona cites only: Wright *Latin Stories*, 3 (Harl. MS., 463, fo. 2ro), comp. 78; *Fiore di Virtù* (in Zambrini, *Libro di Novelle*, Bologna, 1868, p. 49), Naples, 1870, p. 112 (attributed to "Storie di Roma . . . imperadore Teodosio"), and *Libro de Los Enxemplos*, ccxxxi. (not a very close parallel, like Wright's, 78).

To the above references may be added: *Scala Celi*, fo. 15ro (cites *Barlaam and Josaphat*); and Herolt (Discipulus) *Promptuarium Exemplorum*, L, xxiv.

LXXXIII. [fo. 72ro] The nicticorax is a nocturnal bird, which sees at night, and in the day-time is blind to the good in others, but willingly sees their evil qualities.

The nicticorax is the bird mentioned in Psalms, cii. 6, "owl of the desert" (Vulgate, 101, 7, "factus sum sicut nycticorax in domicilio"; Septuagint, νυχτιχοραξ). This bird is mentioned in the mediaeval Beast-Books, see Dr. Gustav Heider, *Physiologus*, Vienna, 1851, p. 40. "Nocticorax inmunda avis est et magis tenebras amat quam lucem"; *The Bestiary of Philippe de Thaun*, in T. Wright's *Popular Treatises on Science*, London, 1841, p. 123;

Fritz Hommel, *Die Aethiopische Uebersetzung des Physiologus*, Leipzig, 1877, p. 50; Barthol. de Glanvilla, *De Proprietatibus Rerum*, Strasburg, 1505, Lib. xii. 27.

LXXXIV. [fo. 72$^{vo}$] A person who, while in the world, had never used a bolster, when he assumed the habit, kept the whole monastery awake one night with his complaints, because the bolster had been removed for a time to wash the covering.

LXXXV. [fo. 73$^{ro}$] A crusader, weakened by immoderate fasting, was twice thrown from his horse by the blow of the enemy's lance. His brother twice saved him from death, and finally blaming him for his immoderate fasting, said: "Sir Bread-and-Water, take care of yourself, for if you fall again I shall not raise you up." He called him Bread-and-Water, because, frequently fasting on these, he had weakened his body, and rendered it unfit for fighting.

Cited by Étienne de Bourbon, 188 (p. 164). It is also found in Brit. Mus. MS. Harl., 463, fo. 2 b.

LXXXVI. [fo. 73$^{ro}$] During the siege of Ascalon, a number of Templars were captured by the Saracens, and hanged above the city gate. When the king of Jerusalem, and the other Templars, saw this, they were about to relinquish the siege in despair, but were dissuaded from this by an eminent man of great faith, Master of the Templars, who declared that their martyred brethren had preceded them, and gone to God, in order to deliver the city to them. The result proved the truth of this, for the city was captured, contrary to all hope, two days later.

Brit. Mus. MS. Harl., 463, f. 2 b, col. 2.

LXXXVII. [fo. 73$^{ro}$] In the early days of the order, the Templars were considered saints by all, hence the Saracens hated them beyond measure, and while they held the other Crusaders for ransom, they killed the Templars. A noble knight from France, who had crossed the sea on a pilgrimage, was captured, together with some Templars, and as he was bald and bearded he was taken for one too. After the Templars were put to death, the Saracens said to him: "You are a Templar." He denied it, but they insisted upon it, whereupon, fired with zeal for the faith, he exclaimed: "In the name of the Lord, I am a Templar," and was slain like the rest.

Brit. Mus. MS. Harl., 463, fo. 3.

LXXXVIII. [fo. 73ᵛᵒ] A certain rich man feared greatly his lord, and sending secretly his property into another country, fled himself on a bay horse, taking with him a lad to guide the horse and point out the way. The lord sent a servant in pursuit on a black horse, and another on a white one; but the fugitive easily outrides them. When the lad tells his master that another is pursuing them on a bay horse, the fugitive directs him to guide the horse into a stony path and through the water into a miry road. They escape: and the horses of different colors are explained by Jacques de Vitry as adversity, prosperity, and the reputation of sanctity with which the devil tempts man.

Brit. Mus. MS. Harl., 463, fo. 3 (printed in Wright's *Latin Stories*, 69).

LXXXIX. [fo. 75ᵛᵒ] A soldier of Christ on the eve of battle addressed his steed as follows: "O black horse, good companion of mine, many a good day's work have I done mounting and riding thee, but this day's work shall surpass all others, for to-day thou shalt carry me to eternal life." When he had said this, he slew many Saracens, and at length fell himself, crowned with happy martyrdom.

Cited by Étienne de Bourbon, 104 (p. 92), and probably taken from him by *Scala Celi*, fo. 71. It is also found in Brit. Mus. MS. Harl. 463, fo. 3 b.

XC. [fo. 75ᵛᵒ] A Templar took a tremendous leap with his horse from a high rock into the sea in order to escape from the Saracens. The horse bore him safely to land, and then fell dead. The spot is known as the "Templar's Leap," and is near the city of Acre.

Brit. Mus. MS. Harl. 463, fo. 3 b. (printed in Wright's *Latin Stories*, 5).

XCI. [fo. 75ᵛᵒ] Fable of the Fox, the Crow and the Cheese.

*Fables Inédites*, par A. C. M. Robert, i, 5 (La Fontaine i, 2); *Œuvres de J. de La Fontaine*, par H. Regnier i, 61; Kirchhof's *Wendunmuth*, ed. Oesterley, 7, 30.

This Aesopian fable (ed. Furia, 216; Babrius, 77; Phædrus i., 13; Romulus i, 14) was frequently used for the purpose of illustration in the sermon-books, etc., of the middle ages. Versions may be found in Vincent of Beauvais, *Speculum Historiale* (in Hervieux, *Les Fabulistes Latins*, ii. 237; Oesterley cites the *Speculum Doctrinale*, 4, 117); Bromyard, *Summa Praedicantium*, G, ii., 15; *Scala Celi*, fo. 6; *Dialogus Creaturarum* ed. Graesse, Dial. 61; *Libro de los Enxemplos* in *Romania*, vii. p. 489, No. 11; *Fiore di Virtù*, Naples, 1870, p. 58. There is also a version in Brit. Mus. MS. Harl. 463, fo. 3 b, col. 2.

XCII. [fo. 76ʳᵒ] Saint Martin once exchanged his coat for a poor man's, and while celebrating mass the short sleeves were miraculously lengthened by the addition of gold embroidered ones, which covered his arms down to the hands.
Brit. Mus. MS. Harl. 463, fo. 4. I have been unable to find this miracle in the lives of St. Martin which I have examined.

XCIII. [fo. 76ʳᵒ] In the winter a noble lady retired to the belfrey of the church to bestow her undergarment upon a poor woman whom she had noticed suffering from the cold. During the lady's absence the priest was miraculously prevented from continuing the mass. As soon as she appeared he was able to finish the service.
This story is quoted by Étienne de Bourbon, 151 (p. 128) with a slight change, the lady gives her garment to a poor man. This story is found in Brit. Mus. MS., Harl. 463, fo. 4, col. 2. There are also versions in *Scala Celi*, fo. 83, and in *Novellette, Esempi Morali e Apologhi di San Bernardino da Siena* (*Scelta di Curiosità letterarie*, etc. Bologna, 1868, Disp. xcvii.) p. 76.

XCIV. [fo. 77ʳᵒ] Theobald, Count of Champagne, was wont to bestow alms upon the poor with his own hand, and was in the habit of visiting a certain leper who lived outside of the town called Sezenna. Now the leper died, and some time after the Count returned to the town and went to visit the leper as usual, asking him how he was: he replied, "Well, by the grace of God never was I better." Presently, some citizens of the aforesaid town came up and asked the count's servants where he was, and said that the leper had been dead and buried a month before. The count was amazed when he heard this and returned to the leper's hut but did not find him. The Lord, however, filled the air with an odour of great sweetness to show how pleasing to him is pity.

Cited by Étienne de Bourbon, 150, (p. 127), and in Brit. Mus. MS. Harl. 463, fo. 4 b.

This story is also told by Thomas of Chantimpré (Cantipratanus), in his *Bonum Universale de Apibus Thomæ Cantipratani Miraculorum et exemplorum memorabilium sui temporis Libri duo*, Douay, 1605, Lib. ii, cap. xxv, 15; and by Cæsar of Heisterbach, *Dialogus Miraculorum*, ed. Strange, Cologne, 1851, Dist. viii., cap. xxxi (vol. ii., p. 105.)

XCV. [fo. 77ro] A noble lady whose husband loathed lepers, and would not permit them to enter the enclosure of his abode, received one into her house during her husband's absence, and had him placed in her bed. The husband returned suddenly, and entering the chamber found only a sweet odour. The wife, who had feared the leper's death rather than her own at the hands of her angry husband, confessed the truth to him. He was converted, and led as religious a life henceforth as his wife.

Étienne de Bourbon, 154 (p. 131) gives this story somewhat differently on the authority of Geoffroi de Blevex, mentioning that it was also found in Jacques de Vitry. It is also in Brit. Mus. MS. Harl. 463, fo. 5, and MS. 11,284, fo. 41 b (J. de V. cited).

There are versions in *Scala Celi*, fo. 39vo ("refert Jacobus de Vitriaco"), Herolt (Discipulus) *Promptuarium Exemplorum*, M. xxxi. ("Arnoldus in Narratorio," *i.e.* Arnoldus Geilhoven de Roterodamis, *Gnotosolitus sive Speculum Conscientiae*, Brussels, 1476); Thomas Cantipratanus, op. cit. ii. 25, 13 (p. 252), where the story is told of Ada de Bolemeir; *Magnum Speculum Exemplorum*, ed. Major, *Hospitalitas*, v. (from Thomas Cantipratanus). The Étienne de Bourbon version is also found in *Magnum Speculum Exemplorum*, ed. Major, *Misericordia in Pauperes*, xvi. ("collector hujus Speculi"). Jacques de Vitry's version is repeated with acknowledgment of source in *Recull de Eximplis*, cxxxviii.

XCVI. [fo. 77ʳᵒ] A certain bishop preached that he who gave all his goods to the poor would receive a hundredfold. A rich man followed this precept and died. The son demanded the father's property from the bishop, who answered, "Let us go to your father." They opened the tomb, and in the dead man's hand they found a paper on which was written that he had received not only the money which he had deposited in the bishop's hands, but a hundredfold more.

This story is told somewhat differently by Etienne de Bourbon, 144 (p. 122). A Saracen is converted, and gives his goods to the poor. After his death his sons bring the bishop before a Saracen judge. The bishop declared that the deceased received his reward in the next world, and took his accusers to the grave and asked the dead man whether the promise had been kept. The dead man answered in the hearing of all, "I have received a hundredfold, and have eternal life." Etienne de Bourbon adds that some say letters were found in the hand of the deceased bearing this purport. The story is in Brit. Mus. MS. Harl. 463, fo. 5 b; *Scala Celi*, fo. 81ᵛᵒ; Herolt (Discipulus) *Promptuarium Exemplorum*, E. xiii. ("Arnoldus," i.e. Arnol. Geilhoven de Roterodamis); *Libro de los Enxemplos*, cclxxxiii.; *Recull de Eximplis*, cclx. ("J. de V.")

A somewhat similar story is told in *Corona de' Monaci*, Prato, 1862, p. 34. A philosopher is converted and gives 300 florins to the bishop for the poor. The bishop gives him a certificate that God will reward him a hundredfold in the next life. This is buried with him. The third day he appeared to the bishop, and said he had received his money with interest, and they would find this statement in writing at the foot of the document interred with him. They opened the grave, and found the writing as stated in the vision.

XCVII. [fo. 79ʳᵒ] Charity of John of Alexandria (*Johannes Eleemosynarius*), who bestowed upon the poor whatever the Lord gave him.

Brit. Mus. MS. Harl., 463, fo. 5 b, col. 2.

XCVIII. [fo. 79ro] A hermit gave away all he had, and when one asked him who had despoiled him, answered: "This copy of the Gospel, which teaches us to give all things to the poor." Some one said: "How have you given all to the poor who still have this?" Straightway he sold that, and gave the money to the poor.

*Vitae Patrum*, Lib. i., *Vita Sancti Joannis Eleemosynarii*, cap. xxii. (Migne, *Patrol.*, vol. 73, p. 359). The story is repeated from this source in the *Magnum Speculum Exemplorum*, ed. Major, *Eleemosyna*, xi.

XCIX. [fo. 80ro] Legend of Fursey, from Bede.
Bede, *Historia Ecclesiastica*, iii., 19. There are versions in Brit. Mus. MS. Harl., 463, fo. 6; MS. 11,284, fo. 3 b; Robert of Brunne's *Handlyng Synne*, Roxburghe Club, 1862, p. 79; *Libro de los Enxemplos*, cxxx., ccxli. (Bede cited in both cases.)

C. [fo. 80ro] A hermit, having to carry his mother across a stream, wraps his hands in his garment, in order that he may not touch her flesh.

*Vitae Patrum*, v., 4, 68 (Migne, *Patrol*, vol 73, p. 873).
There are versions in Brit. Mus. MS. Harl., 463, fo. 6, col. 2; *Scala Celi*, fo. 165 (Jerome cited); *Libro de los Enxemplos*, ccxxxix.

CI. [fo. 80ro] The fable of the swallow, which in vain urged the other birds to destroy the flax-seed as soon as sown. The birds ridiculed the swallow, which then abandoned them, and built its nest among the dwellings of men. In due time the flax grew up, and was made into nets, in which were caught the short-sighted birds which neglected the swallow's advice.

*Fables Inédites*, par A. C. M. Robert, i. 40 (La Fontaine, i. 8); *Œuvres de J. de La Fontaine*, par H. Regnier, i. 81; Kirchhof, *Wendunmuth*, ed. Oesterley, 7, 113; Benfey, *Pantschatantra*, i., 246.

This Aesopian fable (ed. Furia, 327, 385; Phaedrus, 7, 12; Romulus, 1, 20) is found in Brit. Mus. MS. Harl., 463, fo. 6, col. 2, and in *Dialogus Creaturarum*, ed. Graesse, Dial. 119; Bromyard, *Summa Praedicantium*, C. xi. 20.

CII. [fo. 82ᵛᵒ] A pilgrim to St. Michael, in a moment of peril, promised his cow to the saint, and when the danger increased he added the calf. When he was in safety, however, he said: "No la vache, no lo veel," that is, "I shall give thee neither the cow nor the calf."

Étienne de Bourbon, 10 (p. 20), tells a similar story of some people of Brittany, who were taking a cow and her calf to Mont St. Michel to the fair to sell them.

The story is found in Brit. Mus. MS. Harl., 463, fo. 6 b (not used by Wright for his *Latin Stories*, 79. He employed MS. Reg. 7, E. iv., fo. 458ᵛᵒ); Arund. 506, fo. 40ᵛᵒ; MS. 11,284, fo. 87 b. Other versions are in *Liber de Abundantia Exemplorum*, fo. 6 (from Étienne de Bourbon); *Scala Celi*, fo. 56ᵛᵒ (from Étienne de Bourbon); Martinus Polonus, *Sermones cum promptuario Exemplorum*, Strasburg, 1484, *Prompt.* cap. i. G. (from Étienne de Bourbon); Herolt (Discipulus) *Promptuarium Exemplorum*, U., xli. (in this version a wave afterwards drowns man, cow, and calf); Pauli, *Schimpf und Ernst*, ed. Oesterley, 305.

CIII. [fo. 82ᵛᵒ] A pious scholar in the diocese of Paris was wont on Sundays to carry the holy water about his parish according to the French custom, and from time to time took it to the house of a knight, who gave him harsh words and no alms. At length the knight fell ill, and humbly asked the scholar for his prayers and gave him alms. The scholar instead of praying for the knight's recovery asked God that the disease which he had in one foot might extend to the other, since his illness had changed him from a lion into a lamb.

Étienne de Bourbon, 517 (p. 446) cites this story from Jacques de Vitry as usual rather freely. It is also in Brit. Mus. MS. Harl. 463, fo. 6 b, col. 2; Herolt (Discipulus) *Sermones*, cxxviii., L (cites Jacques de Vitry); *Recull de Eximplis*, cccxl. (cites J. de V.); and M. Scotus, *Mensa Philosophica*, p. 259. The last version is worth repeating.

"Quidam clericus portans aquam benedictam, quoties venit ad domum cujusdam divitis, nihil dedit ei nisi convicia. Tandem cum haberet malum in crure dedit illi panem, et rogavit, ut oraret pro se. Qui statim oravit, ut Deus illi daret malum in alio crure, ut efficeretur magis devotus."

CIV. [fo. 83ro] An angel and a hermit went to bury a corpse. The hermit stopped his nose on account of the stench. Shortly after they met a handsome youth, and the angel stopped his nose and explained to the hermit that the sins of the young man were more disagreeable to God and his angels than the stench of the corpse to men.

There is a somewhat similar story in the *Vitae Patrum*, vi., 3, 18 (Migne, *Patrol*, 73, p. 1014). An old man while walking in the desert saw two angels accompanying him. While on their way they came across a corpse lying in the road. The old man stopped his nose, and the angels did likewise. Then the old man asked them if they smelled the odour. They replied, that they did not smell the odour of the filth of this world, but they stopped their noses on account of the old man, for they perceived the odour of souls which had the smell of sins.

The story is in Brit. Mus. MS. Harl. 463, fo. 7 (Wright, *Latin Stories*, 146); MS. 26,770, fo. 78. The version in *Scala Celi*, fo. 149, is from the *Vitae Patrum*, which it mentions. Bromyard, *Summa Praedicantium*, M, xiii., 15, says briefly: "Sicut patet de Angelo cum eremita ambulante, et tenente nasum cum occurreret luxurioso, et non propter cadaver mortuum." The *Magnum Speculum Exemplorum*, ed. Major, *Angelus*, xviii., gives the version in Jacques de Vitry, and cites as authority D. Antoninus, *Summa Theologica*, part iv., tit. 14, c. 6, s. 1. The same version, finally, is found in *Libro de los Enxemplos*, ccxci.

CV. [fo. 83vo] A hermit who was ill healed by his prayers all who came to him, but never prayed to be healed himself.

Brit. Mus. MS. Harl. 463, fo. 7, col. 2.

CVI. [fo. 84ro] A man at the point of death refused to make restitution of goods unjustly acquired. The priest refused to use any other formula of commendation than: "Into the hands of all the demons I commend thy spirit."

Brit. Mus. MS. Harl. 463, fo. 7 b. There is a version in Herolt (Discipulus) *Sermones*, cxiv., B., immediately followed by the story told in No. CLXXVII. as occurring to the same person. This is also the case in M. Scotus, *Mensa Philosophica*, p. 221.

CVII. [fo. 84ʳᵒ] The wife of a man who was at the point of death called her servant, and said to her: "Hasten and buy me three ells of coarse cloth (*de burello*) to bury my husband in." The servant answered: "You have plenty of linen, give him four ells or more for a shroud." While they were wrangling over this, the dying man made a great effort, and said, "Make my shroud short and coarse, so that it may not be defiled by the mud;" that is, according to the French tongue, "Cort lo me faites pour lo croter."

Brit. Mus. MS. Harl. 463, fo. 7 b, col. 2 (Wright, *Latin Stories*, 6); Bromyard, *Summa Praedicantium*, E. viii., 13.

Wright says that in the manuscript of Bromyard (Brit. Mus. Reg. 7, E. iv., fo. 165ʳᵒ), which he used, the French proverb is given as follows:

"Fete lo court, que il ne croite
Que jeo ai grant chemin à aller."

This is omitted in the two printed editions I have used, the *editio princ. s. l. e. a.* fol., and Antwerp, 1614, fol.

CVIII. [fo. 86ʳᵒ] A poor man, who had but a single fur garment, wrapped himself up in it to sleep during the cold weather, and consoled himself with the thought that he was much better off than the rich in hell or tormented in prison.

Brit. Mus. MS. Harl. 463, fo. 7 b. col. 2.; Bromyard, *Summa Praedicantium*, P. i., 15.

CIX. [fo. 86ʳᵒ] A hermit, tempted by the spirit of blasphemy, thought the judgments of God were not just, for he afflicted the good and prospered the wicked. An angel of the Lord in the form of a man appeared to him, and said: "Follow me: God has sent me to show you his secret judgments." He led him to the house of a good man, who received them hospitably. In the morning, however, the angel stole from their host a cup which he greatly prized. Thereupon the hermit grieved, believing the angel was not from God. The next night they spent at the house of a man who treated them badly, but the angel gave him the cup he had stolen from the kind host. Again the hermit was saddened, and began to have a bad opinion of the angel. The third night they were received into the house of a good man, who welcomed them joyfully and gave them all necessary things. In the morning the host gave them a young servant of his to show them the way. The angel threw him from a bridge, and he was drowned. At this the hermit was scandalised and grieved. The fourth night a good man again received them hospitably. The host had but one little boy, who began to cry in the night, and did not let the guests sleep. The angel arose and strangled the child. The hermit believed he was the angel of Satan, and wished to part from him. Finally the angel said to him: "The Lord sent me to you to show you his secret judgments, and that you might know that there is nothing in the earth without a cause. That good man whose cup I took away was too fond of it, and thought of it when he should be thinking of God. I took it from him for his own good, and gave it to the unfriendly host, so that he might receive his reward in this world and have no other in the next. I drowned the servant of the other because he had determined in his mind to slay his master the next day, and so I saved the good host, and lessened the punishment of the servant in hell. Before our fourth host had a son he was charitable, but after the birth of his son he kept all things for him. I, therefore, by the command of the Lord, removed the cause of his avarice and placed the soul of the innocent child in paradise." After he had heard these things the hermit was delivered from all temptation, and began to glorify the judgments of God, which are unfathomable.

The literature of this famous legend so well-known to English readers from its use by Parnell in his poem of the "Hermit" and by Voltaire's employment of it in his romance of "Zadig" may be found in the following works, some remarks upon the relative value of which I shall make later.

*Gesta Romanorum*, ed. Oesterley, cap. 80; *The Literary History of Parnell's 'Hermit'* by W. E. A. Axon, London, 1881 (from the seventh volume of the third series of "Memoirs of the Manchester Literary and Philosophical Society," Session 1879-80); *L'Ange et l'Ermite, étude sur une légende religieuse* par M. Gaston Paris (*Académie des Inscriptions et Belles-Lettres, Comptes Rendus des Séances de l'Année* 1880, Paris, 1881, pp. 427-449, reprinted in *La Poésie du Moyen Age, Leçons et Lectures*, par Gaston Paris, Paris, 1885, p. 151); *Islendzk Aeventyri: Isländische Legenden, Novellen und*

*Märchen herausgegeben* von Hugo Gering, Halle, 1884, ii. p. 247; Clouston's *Popular Tales and Fictions*, i. p. 28. The references in Dunlop, ed. Liebrecht, p. 309, and in Pauli's *Schimpf und Ernst*, ed. Oesterley, 682, are now replaced by the worksmentioned above.

The source of Jacques de Vitry and, generally speaking, of all the occidental versions of this story is to be found in the *Vitae Patrum*; not, as Oesterley incorrectly says, *Vitae Patrum* op. H. Rosweydi Ultraj, S. J. Antv. 1628, fol. 5, 93, for this story is wanting in all the editions of Rosweyd, and is found only in editions earlier (sixteenth century) and in some manuscripts, from one of which Gaston Paris gives a translation of the story. The oriental versions of the story are, however, independent, and appear in the earliest form in the *Koran* (xviii., 64-81). This legend, like many in this work, probably has a Jewish origin, and in fact the story is found in the Rabbinical texts. This is, however, not the place to discuss the source of the story. I shall first mention the mediæval story-book versions, and then some not found in the notes of Oesterley, etc.

Étienne de Bourbon, 396 (p. 346), cites as his authority a certain priest and preacher, "fratre Symone;" *Scala Celi*, fo. 15, cites Jacques de Vitry; Herolt (Discipulus) *Sermones*, cix. K; *Speculum Exemplorum*, Strasburg, 1487, Dist. ii. cap. ccx. ("ex Vitas Patrum"); *Magnum Speculum Exemplorum*, ed. Major, *Iudicium Dei*, i. ("Albertus Patarinus homilia in Evangelium Dominica de Passione habet hanc narrationem ex Vitis Patrum, lib. 5, Vitae, SS. PP. nu. 93, secundum editionem Coloniensam anni 1548"); Odo de Ceritona in Hervieux, *Les Fabulistes Latins* ii., 675; *Libro de los Enxemplos*, clxi.; and *Recull de Eximplis*, ccclviii. (cites J. de V.). I have not been able to find Oesterley's reference to Pelbartus, *Pomerium sermonum de Sanctis*, 32, H.

There is a version in Brit. Mus. MS. Harl. 463, fo. 8 (printed in Wright's *Latin Stories*, 7).

To Oesterley's references (*Gesta Rom.*, cap. 80) may be added, for old French versions from the *Vitae Patrum*, Tobler, *Jahrbuch für roman. und eng. Literatur*, vii., 430; Weber, *Handschriftliche Studien*, Frauenfeld, 1876, p. 19; an Italian version from the *Vitae Patrum* in *Fiore di Virtù*, Naples, 1870, p. 68; Étienne de Bourbon, Odo de Ceritona and Gering, *Islendzk Aeventyri* as above cited; and the following popular versions: A. De Trueba, *Narra-*

ciones populares, Brockhaus, *Coleccion de Autores Españoles*, vol. 33, p. 65, "Dudas de San Pedro;" L. Gonzenbach, *Sicilianische Märchen*, Leipzig, 1870, No. 92 (an analysis of this story may be found in T. F. Crane's *Italian Popular Tales*, London, Macmillan and Co., 1885, p. 210, see note, p. 365); and a Breton version in Luzel, *Légendes Chrétiennes de la Basse-Bretagne*, Paris, 1881, i., 282, ii., 1. I may mention in conclusion an oriental (Turkish) popular version which is based on the Koran and may be found in E. J. W. Gibb, *The History of the Forty Vezirs*, London, 1886, p. 306. This story is lacking in W. F. A. Bernhauer's translation (from a MS. at Dresden) of the same romance, *Die vierzig Veziere oder weisen Meister*, Leipzig, 1851.

CX. [fo. 88ro] Fable of the horse asking the aid of the man against the stag in a quarrel about their common pasture, which was amply sufficient for both. The man said it would be necessary to saddle and bridle the horse in order to overcome the stag; but after the victory the man refused to remove the saddle and bridle.

*Fables Inédites*, par A. C. M. Robert, ii. 266 (La Fontaine, iv. 13); *Œuvres de J. de La Fontaine*, par H. Regnier, i. 318; Kirchhof, *Wendunmuth*, ed. Oesterley, 7, 128.

This Aesopian fable (ed. Furia, 383; Phaedrus, iv. 4; Romulus, iv. 9) I have not found except in Vitry. Oesterley cites Bernardinus de Bustis, *Rosarium*, 2, 203, A.

CXI. [fo. 88vo] A monk rejoiced at the loss of one of his eyes and declared to his sorrowing followers that he ought rather to weep for the eye that was left, since the eyes may be compared to two enemies against whom one must daily fight.

Brit. Mus. MS. Harl. 463, fo. 8 b. col. 2.

CXII. [fo. 88vo] Two lazy beggars, one blind the other lame, try to avoid the relics of St. Martin, borne about in procession, so that they may not be healed and lose their alms. The blind man takes the lame man on his shoulders to guide him, but they are caught in the crowd and healed against their will.

Brit. Mus. MS. Harl. 463, fo. 9. In Herolt (Discipulus) *Promptuarium Exemplorum*, U. vii., there is a story of a cripple who feared to be healed by St. Martin as he went about preaching and working miracles, and so fled before him from town to town.

CXIII. [fo. 89ʳᵒ] A certain wise man commanded his servant to say to him whenever he ate: "Thou shalt die, thou shalt die!"
Brit. Mus. MS. Harl. 463, fo. 9, col. 2.

CXIV. [fo. 90ʳᵒ] A knight fighting against the Saracens in Spain with the Emperor Charles, left at his death his horse and other property to the poor, and appointed a certain knight, a relative of his in whom he had great confidence, as his executor. The executor, however, took a fancy to the horse and kept it for himself. The week after his death the testator appeared in a vision to the faithless executor, and said that by his sin he, the testator, had been delayed in purgatory, but that he had complained to the supreme judge, and on the morrow the faithless executor would pay the penalty for his sin. The next day a flock of black crows seized the executor, raised him in the air and let him fall upon a stone, breaking his neck.
Brit. Mus. MS. 26,770, fo. 78; 11,284, fo. 35 b. (Turpin's *Chronicle*); Harl. 463, fo. 9, col. 2.

The story is also found in Odo de Ceritona (in Hervieux, *Les Fabulistes Latins*, ii. 673) in a condensed version. The dead soldier appears and tells the faithless executor that he shall die that very day, and there the story ends. A still briefer version is found in *Scala Cœli*, fo. 85, where the faithless executor is thrown from his horse and killed. Thomas Cantipratanus, *op. cit.* ii. 53, 25, p. 506, recites at length the story which he changes only at the end After the appearance of the dead man the executor falls ill, confesses to the priest what he has done, dies and incurs the punishment due to his sin. The *Magnum Speculum Exemplorum*, ed. Major, *Defuncti*, xii., takes the story from Thomas Cantipratanus; but adds, "Elsewhere we read," etc., and gives the ending as in Jacques de Vitry. The version in the *Libro de los Enxemplos*, ccxxix., is very peculiar, after the apparition of the dead man the executor awoke and heard in the air a great sound and noise as of wolves and lions, and was carried away alive, and twelve days afterwards was found in the top of a willow four day's journey from the town.

CXV. [fo. 90ʳᵒ] When Jacques de Vitry was at Paris, he heard of a scholar who gave, at death, a mattress to a friend to bestow for the sake of his soul. The friend neglected to do this at once, although he had no idea of keeping the mattress for himself. The dead scholar appeared in a dream to his friend lying upon the cords of a fiery bed. The next day the friend gave the mattress to a hospital, and the following night saw the scholar reposing upon a mattress in such a way that the cords could not touch or harm him.

Brit. Mus. MS. Harl. 463, fo. 9 b.

CXVI. [fo. 90<sup>vo</sup>] A noble youth, the only son of his parents, entered a monastery unknown to them. The father was deeply grieved, and threatened to burn the abbey and destroy its property if his son was not returned to him. The monks in great fear told the youth, who asked for a horse, and went to meet his father, who scarcely recognised him on account of his tonsure and mean dress. The father promised that if his son would return to his home he would subject all his lands to his will. The son replied that he had left his home and taken the habit on account of a dangerous custom which prevailed in that land. The father promised that all the customs of the land should be in his son's power to change or revoke. Then the son said, that the custom was that there the young died as quickly as the old, and sometimes more quickly, and refused to return unless the father abolished that custom. The father, deeply moved by this reply, himself forsook the world and entered the monastery with his son.

Brit. Mus. MS. 11,284, fo. 55 b; Harl. 463, fo. 9 b, col. 2.

Etienne de Bourbon tells this story (50, p. 58) of the son of the Lord of Vagnori (Vignory, Haute-Marne). Other versions are in Odo de Ceritona (in Hervieux, *Les Fabulistes Latins*, ii. 686); Herolt (Discipulus) *Promptuarium Exemplorum*, M, liii; and *Magnum Speculum Exemplorum*, ed. Major, *Mors*, xxiii, the source cited is "collector hujus speculi," but it is taken from *Etienne de Bourbon* as is shown by the beginning: "cum quidam Dominus de Naguory, etc."

CXVII. [fo. 91<sup>ro</sup>] The brother of a monk begged something of him, and was told to go and ask another brother who had entered a cloister. The brother replied: "You know that he is dead and no longer in this world." Then the monk answered, "I too am dead and shall give you nothing."

Brit. Mus. MS. Harl. 463, fo. 10.

CXVIII. [fo. 91ro] A novice was sent by the abbot first to bless and then to curse the bones of the dead. He was asked what answer the bones made, and replied, that they had remained silent. Then the abbot said, "Thus it behoves thee to be dead if thou wishest to remain in this monastery, so that thou be admonished neither by blessing nor by cursing."

Brit. Mus. MS. Harl. 463, fo. 10.

The only other version I have found is in Odo de Ceritona in Hervieux, *Les Fabulistes Latins*, ii., p. 654. The conclusion is, " Frater, talem te oportet esse ut, si verus monachus vis fieri, ita (quod) benedictionibus et maledictionibus nichil respondeas."

CXIX. [fo. 93ro] Saladin, sultan of Damascus and Egypt, being about to die, ordered a small piece of cloth to be carried about his kingdom after his death, and a herald to proclaim that he had been able to take with him nothing more of all his possessions.

Brit. Mus., MS. Harl. 463, fo. 10, col. 2; 11,284, fo. 55 b.

Versions of this story are found in Étienne de Bourbon, 60 (p. 63); Herolt (Discipulus) *Promptuarium Exemplorum*, T. vii.; *Magnum Speculum Exemplorum*, ed. Major, *Mors*, xiii. (" Vincent Belvac, lib. 29, Specul. c. 54, Antoninus, parte 2, tit. 17, cap. 9, s. 23); Martinus Polonus, *Prompt*. cap. v. E.; *Libro de los Enxemplos*, L. (told of a king of the Moors). The editor of Étienne de Bourbon cites also the *Récits d'un Ménestral de Rheims*, ed. de Wailly, Paris, 1876, p. 104; and the MS. collection of *exampla* in the library of Tours, MS. 205, fo. 161.

An Italian version is in *Corona de' Monaci*, Prato, 1862, p. 145.

CXX. [fo. 93ro] The servant of a rich and powerful lord was condemned to death for giving up one of the lord's castles to the enemy. When he was taken to death he asked a friend whom he had greatly loved to help him in his strait. The friend told him to find his other friends quickly, that he could do nothing for him but give him a piece of linen for a shroud. He asked another friend whom he had loved still more to aid him. This one replied that he could do nothing but accompany him to the gallows, and then must return home. The third friend, whom, in comparison with the others, he had loved little and for whom he had done little and deemed half a friend, when he began to ask his aid, replied, "I am not unmindful of the slight favour you showed me and I shall return it with interest; I shall offer my soul for your soul, my life for your delivery, and I shall be hanged for you."

The literature of this widely-spread apologue may be found in Karl Goedeke's *Every-Man, Homulus und Hekastus*, Hanover, 1865, p. 7; and in Oesterley's notes to the *Gesta Romanorum*, cap. 238.

The source of the story is *Barlaam and Josaphat* (ed. Boissonade, cap. 13; trans. Billius, *Vitae Patrum*, Lib. I., cap. xiii., Migne, *Patrol* 73, p. 491, trans. Liebrecht, p. 94).

There are versions in the following mediæval sermon-books, etc.: Bromyard, *Summa Praedicantium*, A. xxi., 5; *Scala Celi*. fo. 9; Bareleta, *Sermones*, Lyons, 1505, fol. 49; Martinus Polonus, *Promptuarium*, cap. xi., B. (cites Barlaam and Josaphat); *Speculum Exemplorum*, Strasburg, 1487, Dist. iv., 17 ("Ex secunda parte Speculi Historiali"); *Magnum Speculum Exemplorum*, ed. Major, *Amicus*, i. ("Vincentius, lib. 12, cap. 16, Spec. Hist."); Peregrinus, *Sermones de Tempore et de Sanctis*, s. l. et a. ei. t., fo. 30; *Libro de los Enxemplos*, Romania, vol. vii., p. 491, No. 16.

There are versions in Brit. Mus. MS. Harl., 463, fo. 10 b. (printed in Wright's *Latin Stories*, 108), and MS. 11,284, fo. 6.

CXXI. [fo. 94ro] When the Crusade was preached the Virgin was seen offering her son to whoever took the cross with contrite heart.

This story is printed in full by Lecoy de la March in a note to *Étienne de Bourbon*, p. 90, where a similar *exemplum* is found. Other versions are found in *Scala Celi*, fo. 71 (Étienne de Bourbon), fo. 106 (Jacques de Vitry); Herolt (Discipulus) *Promptuarium Exemplorum*, C., xli. (Jacques de Vitry), J., 10 (Étienne de Bourbon); *Recull de Eximplis*, cxcvi. ("J. de V.")

CXXII. [fo. 96ro] When Jacques de Vitry was preaching the crusade in a certain town, a man was persuaded by his wife to absent himself from the sermon. From curiosity, however, he stood by the window and heard the great rewards, in the way of indulgencies, etc., promised to those who took the cross. Moved at length by what he heard, he lowered himself from the window because his wife was guarding the door, and took the cross. His example was followed by many.

Brit. Mus. MS. Harl. 463, fo. 11; *Recull de Eximplis*, cxcv. ("J. de V.")

CXXIII. [fo. 97ᵐ] The Emperor Charles, wishing to prove the obedience of his sons, took a piece of an apple, which he held in his hand, and said: "Goband, open your mouth and receive it." He replied, that he would not, nor would he endure such an insult from his father. Then the emperor called another son, named Louis, and said: "Open your mouth and receive what I give you." He answered: "Do your pleasure with me, as with your servant," and opening his mouth took the apple from his father's hand. The emperor straightway said: "I give thee the kingdom of France." The third son, named Lothaire, opened his mouth in the presence of all at his father's command, who said: "By the part of the apple which you took into your mouth I invest you with the duchy of Lorraine." Then Goband, who had tardily repented, said, "Behold, father, I open my mouth; give me part of the apple!" Then his father said: "Tardily have you opened your mouth, neither apple nor land shall I give you;" and all began to deride him, saying: "A tart bea. Gobant," that is, "Tardily gaped Goband."

Brit. Mus. MS. Harl. 463, fo. 11, col. 2 (printed in Wright's *Latin Stories*, 48. I have not been able to examine the MS., but suspect it reads *Gobandus*, instead of *Gobaudus*, and that at the end the French is, as in the other version, "à tart bea Gobant," instead of "à tart, beau Gobart"). Bromyard, *Summa Praedicantium*, P. 7, 77, gives substantially the same version, except that the king, whose name is not mentioned, has but two sons, Gobardus and Lotharius. The conclusion is, "Cui pater: trop tard venu Gobarb (sic), id est, nimis tarde aperuit os suum, vel, locutus est Gobardus." A brief version is in *Recull de Eximplis*, dxlvii ("J. de V.").

Pauli, *Schimpf und Ernst*, ed. Oesterley, 368,-gives a version like Jacques de Vitry's, except that the sons are named Gobandus, Hononice, and Lotharius. The ending is: Der künig sprach, du bist züspat kumen, ich gib dir weder öpffelschnitz, noch land, noch lüt, und ist darnach ein sprichwort worden in Franckreich gobande, du hast zuspat uff gegienet." Oesterley's citation of *Selentroist*, fo. 57 b, I have not been able to verify, nor have I found any source for Jacques de Vitry's version, which is the earliest of all yet cited.

CXXIV. [fo. 99ro] A knight, about to embark on the Crusade, had his little children, whom he dearly loved, brought before him in order that his departure might be made more bitter and his merit increased.

Brit. Mus. MS. Harl. 463, fo. 11, 6. *Scala Celi*, fo. 72ro, gives as its source, "historia anthiochena." Jacques de Vitry is cited in *Recull de Eximplis*, cccxxix.

CXXV. [fo. 99ro] An ass which was accustomed to remain in the mill would not leave it when it was on fire, and perished in the flames.

Brit. Mus. MS. Harl. 463, fo. 11 b, col. 2.

CXXVI. [fo. 99ro] The ass which was created slothful and hardy, permitted the wolves to devour its loins into its lungs without apparently feeling the wound.

CXXVII. [fo. 99ro] The ape throws away the nut on account of the bitter rind.

Brit. Mus. MS. Harl. 463, fo. 11 b, col. 2; 11,284, fo. 10.

See Kirchhof, *Wendu muth*, ed. Oesterley, 1. 129 (7, 145), where Odo, Boner, *Ysopo*, 16.4, p. 182b, and *Libro de los Gatos*, 50, are cited. The first may now be consulted better in Hervieux, *Les Fabulistes Latins*, ii., p. 627; for Boner, see *Zeitschrift für deutsche Philologie*, xi. p. 239, where Vincent of Beauvais, *Spec. morale*, 3, 4, 5, is cited.

CXXVIII. [fo. 100ro] A hermit who purposed to move his cell nearer the water, saw an angel with tablet and style writing down the number of steps which the hermit was obliged to take in order to reach the water, so that he might be rewarded for his patience and fortitude in the next world.

The source of Jacques de Vitry is the *Vitae Patrum*, v., 7, 31 (Migne, *Patrol.* 73, p. 900).

This story also occurs in Brit. Mus. MS. Harl. 463, fo. 12, and

*Magnum Speculum Exemplorum*, ed. Major, *Angelus*, iv ("Vitae Pat.")

CXXIX. [fo. 100ᵣₒ] A man was caught in a crowd in a church and obliged to listen to the sermon against his will. Fearing lest he might be enchanted like the serpent, he said: "Would that, by the grace of God, I might escape from the sermon as I have already from a hundred."
Brit. Mus. MS. Harl. 463, fo. 12, col. 2.

CXXX. [fo. 102ʳᵒ] Saint Gregory tells of a nun who ate lettuce without making the sign of the cross and swallowed a devil. When a holy man tried to exorcise him the devil said: "What fault is it of mine? I was sitting on the lettuce, and she did not cross herself, and so ate me too."
Brit. Mus. MS. Harl. 463, fo. 12, col. 2.
Jacques de Vitry's source is, Gregory, *Dialogues*, i., 4 (Migne, *Patrol.* 77, p. 165).
The story may be found in Herolt (Discipulus) *Promptuarium Exemplorum*, C. xl (Gregory); *Speculum Exemplorum*, Strasburg, 1487, Dist. i., 8 (Gregory); *Magnum Speculum Exemplorum*, ed. Major, *Crucis Signum*, i. (Gregory); *Libro de los Enxemplos*, xxii. (Gregory); an Italian version is in Zambrini, *Dodici conti morali*, Bologna, 1862, see Köhler in *Zeitschrift für rom. Phil.* i., p. 368; and old French versions in *Vie des Anciens Pères*, see Weber op. cit. p. 12, and Tobler in *Jahrbuch fur roman und eng. Lit.* vii., 407. Some additional references may be found in Oesterley's notes to Pauli, *Schimpf und Ernst*, 253.

CXXXI. [fo. 102ʳᵒ] St. Gregory tells of a Jew who passed the night in a cemetery near the temple of Apollo. An evil spirit came there, and, although the Jew had no faith in the cross, still from fear he crossed himself. The demon could not injure him, and returned to his companions, saying: "I found an empty vessel, that is, crossed." The other demons, hearing this, fled, and the Jew, having experienced the virtue of the cross, became a Christian.
Gregory, *Dialogues*, iii., 7 (Migne, *Patrol.* 77, p. 229). Jacques de Vitry omits a very interesting part of the story. The Jew overheard a demon reporting on the progress of the temptation to

which they were subjecting Andrew, bishop of Fandi (Fondi), by placing a demon in the form of a nun in his house. The bishop had gone so far as to give her an affectionate pat on the back. The Jew goes straightway to the bishop, and tells him what he has heard. The bishop falls to the ground in prayer, and at once dismisses from his house all the women who were dwelling in it.

Versions are found in Brit. Mus. MS. Harl. 463, fo. 12, col. 2; *Scala Celi*, fo. 67ᵛᵒ (the full story from Gregory, but condensed); *Magnum Speculum Exemplorum*, ed. Major (full story from Gregory); *Libro de los Enxemplos*, xxi. (full story from Gregory); Robert of Brunne's *Handlyng Synne*, Roxburghe Club, 1862, p. 241. There are some additions in the latter version not found in the original or elsewhere to my knowledge. Two other demons report to Satan, one that he had killed the bride and bridegroom at a wedding and caused murders; the other that in seven years he had killed 20,000 men. The first demon is beaten, the second sent to trial.

CXXXII. [fo. 102ᵛᵒ] We read of a pilgrim who was ill and friendless in foreign parts, and to whom God sent his angels to console him and bring back his soul by a painless death. The angels returned, and said: "His soul will not leave his body." Then the Lord sent David to sing before the pilgrim with his harp. Then the pilgrim's soul, hearing the sweet sound, left his body with joy and delight.

Brit. Mus. MS. Harl. 463, fo. 12 b; *Magnum Speculum Exemplorum*, ed. Major; *Angelus*, x. ("Liber de exemplis et doctrina vitæ spiritualis, nu. 17.")

CXXXIII. [fo. 102ᵛᵒ] There were, we read in the Lives of the Fathers, two brothers, one devoted to pilgrimages, the other to rest. The pilgrim died, and was escorted to the gate of heaven by angels. There was some question about his admission, but the Lord said, "He was somewhat negligent, but because he was a pilgrim open to him." The other brother died and had no angelic escort. An old man who had seen both events asked the Lord why it was so, and was told that the pilgrim had no friends or relatives to console him in his last moments.

The source of this story is the *Vitae Patrum*, vi. 1, 12 (Migne, *Patrol*, 73, p. 994.

Versions are in Brit. Mus. MS. Harl. 463, fo. 12 b; *Magnum Speculum Exemplorum*, ed. Major, *Angelus*, viii. ("Vitae Patrum"); *Scala Celi*, fo. 163 ("refert Hier.," *i.e.* Jerome).

CXXXIV. [fo. 104ro] Parable of the man who, fleeing from an unicorn, fell into a deep pit. He caught a shrub in his fall, and opening his eyes saw two mice gnawing the root of the shrub and four asps devouring the tree, and at the bottom of the pit a dragon eager to devour him. Above the man's head was a sword hanging by a slender thread. While in so great danger he raised his eyes, and saw some honey distilling from the branches of the shrub. Straightway he forgot his danger, and stretched out his hands with longing for the honey. At that moment the tree gave way and the sword fell upon his head, and he plunged into the pit full of fire, where the dragon devoured him.

The source of Jacques de Vitry is *Barlaam and Josaphat*, cap. 12 (ed. Boissonade, p. 113; trans. Billius, *Vitae Patrum*, Migne, *Patrol.* 73, p. 493; trans. Liebrecht, p. 92; *Legenda Aurea*, ed. Graesse, cap. clxxx., p. 810).

Brit. Mus. MS. Harl. 463, fo. 12 b, col. 2; Harl. 268, fo. 170 b; 11,284, fo. 55.

Versions of this widely-spread story are to be found in *Liber de Abundantia Exemplorum*, fo. 51 ("Barl."); Odo de Ceritona in Hervieux, *Les Fabulistes Latins*, ii. 626; *Scala Celi*, fo. 76 ("refert Valerianus"); Barelota, *Sermones*, Lyons, 1505, fo. 9; *Speculum Exemplorum*, Strasburg, 1487, Dist. iv., 16 ("Vincent of Beauvais, Spec. Hist. lib. 2"); *Magnum Speculum Exemplorum*, ed. Major, *Delitiae*, iv. ("Vincentius, lib. 15, cap. 5, *Hist. Spec.*"); *Libro de los Gatos*, 48.

Other references will be found in *Gesta Romanorum*. ed. Oesterley, cap. 168 (I have not found Oesterley's erroneous citation, Martin Polon. 617, E); Benfey, *Pantschatantra*, i. 80; Goedeke, *Every Man.*, p. 12; *Hist. Littéraire de la France*, vol. xxiii., p. 257, cites the *fabliau* or *dit De l'Unicorne et du Serpent* in Jubinal, *Nouveau Recueil*, ii., p. 113, and in vol. xviii., p. 832, names as its author the priest Herman.

CXXXV. [fo. 104ro] Fable of the wolf, which accused the lamb of disturbing the water of the brook, and devoured it in spite of its innocence.

*Fables Inédites*, par A. C. M. Robert, i., 57 (La Fontaine, i. 10); *Œuvres de J. de La Fontaine*, par H. Regnier, i., 88; Kirchhof, *Wendunmuth*, ed. Oesterley, 1, 57.

This Aesopian fable (ed. Furia, ci.; Phaedrus, i. 1; Romulus, i., 2), is found in Brit. Mus MS. Harl. 463, fo. 13; 11,284, fo. 19. and in the following printed versions: Bromyard, *Summa Praedicantium*, A. 12, 45; J. Gritsch, *Quadrigesimale*, s. l. et a. Serm. 41, Q.; *Dialogus Creaturarum*, ed. Graesse, Dial. 51; Vincent of Beauvais, *Speculum Historiale*, iii., 2, in Hervieux, *Les Fabulistes Latins*, ii., 235; Odo de Ceritona in Hervieux, op. cit. ii., 643.

CXXXVI. [fo. 104ro] Fable of the crane, which extracted a bone from the wolf's throat, under promise of a large reward. The wolf thought the crane sufficiently rewarded by drawing its neck unharmed from the wolf's jaws.

*Fables Inédites*, par A. C. M. Robert, i., 193 (La Fontaine, iii., 9); *Œuvres de J. de La Fontaine*, par H. Regnier, i., 228; Kirchhof, *Wendunmuth*, ed. Oesterley, 7, 42.

This Aesopian fable (ed. Furia, 94, 102; Phaedrus, i., 8; Romulus, i., 8) is found in *Dialogus Creaturarum*, ed. Graesse, Dial. 117; Odo de Ceritona in Hervieux, op. cit. ii., 602; Vincent of Beauvais, *Speculum Historiale*, iii., 2, in Hervieux, op. cit. ii., 236; Bromyard, *Summa Praedicantium*, G. iv., 16; Brit. Mus. MS. Harl. 463, fo. 13, col. 2; and Hollen, *Serm.* hyem. li., F.

This fable is also the subject of study by Weber in his *Indische Studien*, iii., 350, who decides that the analogous Indian fable is of Western origin.

CXXXVII. [fo. 104ro] Many knights receive from their vassals services which the French call "corvées," and yet do not give them bread to eat, in violation of the Scriptural precept in Leviticus, xix., 13: "The wages of him that is hired shall not abide with thee all night until the morning."

This, and the following *exemplum*, are cited by Lecoy de La Marche, *Étienne de Bourbon*, p. 371, n. 2.

CXXXVIII. [fo. 104ro] Many, nowadays, when they are reproved for taking a poor man's cow from him say: "Let the calf suffice him, and the fact that he is allowed to live. I did not do him all the harm I could when I took his goose and left him the feathers."

CXXXIX. [fo. 105ro] A knight was fond of hearing sermons, but led a worldly life. His companions derided him for his inconsistency, and he replied, " I trust some time to abandon this evil life, whence, although I do not the things I hear, I wish to learn what I ought to do in case God visits me, and I am converted to his service."
Brit. Mus. MS. Harl. 463, fo. 13, col. 2.

CXL. [fo. 105ro] Another knight neglected the service of God, and when asked why he did not hear mass which was so dignified and efficacious that Christ and the angels always attended it, replied in his simplicity, " I did not know that; I thought that the priests said mass on account of the offerings."
Brit. Mus. MS. Harl. 463, fo. 13, col. 2.

CXLI. [fo. 105ro] A long account of the wickedness of tournaments, in which Jacques de Vitry shows that the seven mortal sins are committed.
Brit. Mus. MS. Harl. 463, fo. 13, col. 2.
There is a similar tirade against tournaments in Robert of Brunne's *Handlyng Synne*, Roxburghe Club, 1862, p. 144. The beginning is the same as Jacques de Vitry's, but more details are introduced. I am inclined to think, however, that Jacques de Vitry is the source of Robert of Brunne, or rather of William of Wadington, on whose work, *Le Manuel des Pechiez*, the *Handlyng Synne* rests.

CXLII. [fo. 106ro] Fable of the marriage of the sun. Many rejoiced when another sun was born, but the earth mourned and said, " One sun alone at times parched me so that I could not bring forth fruit. How much more will two suns parch me and make me barren."
*Fables Inédites*, par A. C. M. Robert, ii. 27 (La Fontaine, vi. 12) ; *Œuvres de J. de La Fontaine*, par H. Regnier, ii. 38 ; Pauli, *Schimpf und Ernst*, ed. Oesterley, 498.
This Aesopian fable (ed. Furia, 350 ; Phaedrus, i. 6 ; Romulus,

i. 7) is found in Bromyard, *Summa Prædicantium*, D. xii., 21; *Scala Celi*, fo. 110; and Brit. Mus. MS. Harl. 463, fo. 13 b.

CXLIII. [fo. 106vo] A bear seized and devoured the young of a ape. The ape pondered over a means of revenge, and finally at night piled wood around the sleeping bear and set fire to it, destroying the bear which had despised the strength of the ape.

Brit. Mus. MS. Harl. 463, fo. 13 b.

The only other version of this fable I remember to have seen is in *Novellette, Esempi morali e Apologhi di San Bernardino da Siena*, Bologna, 1868 (*Scelta di Curiosità letterarie*, xcvii.,), p. 42. The author says he will tell a story that happened "at the Court of the King of France, or of the King of Spain."

CXLIV. [fo. 106vo] Fable of the eagle which carried off the cubs of a fox. The eagle was deaf to the entreaties of the fox, which set fire to the tree and destroyed the eagle's young.

Phædrus, i., 28, in Hervieux, op. cit. ii., p. 15; Romulus, ed. Oesterley, ii., 8, in Hervieux, op. cit. ii., p. 193. In the Latin fable the fox threatens to burn the tree and the eagle gives her back her cubs unharmed.

Brit. Mus. MS. Harl. 463, fo. 13 b; Bromyard, *Summa Prædicantium*, N. iv., 4 (the latter version follows Jacques de Vitry : "Et quia in alto nidum suum habuit, in nullo vulpis portimebat vindictam, quae tamen postmodum arborem cum nido aquilae, et pullis ejus succendit."); *Dialogus Creaturarum*, ed. Graesso, Dial. 67 (which follows the Latin fable).

This fable may be compared with the Aesopian fable (ed. Furia, 1) of the eagle and the fox, for which see Kirchhof, *Wendunmuth*, ed. Oesterley, 5, 145.

CXLV. [fo. 106vo] Fable of the lion which released a mouse, and afterwards was delivered from a net by the same mouse.

*Fables Inédites*, par A. C. M. Robert, i., 130 (La Fontaine, ii., 11); *Œuvres de J. de La Fontaine*, par H. Regnier, i., 161; Kirchhof, *Wendunmuth*, ed. Oesterley, 7, 20.

In regard to the fable in general, see Benfey, *Pantschatantra*, i., 321, and Weber, *Indische Studien*, iii., 347.

This Aesopian fable (ed. Furia, 98; Phædrus in Hervieux, op. cit. ii., 127; Romulus, i., 17) is found in Vincent of Beauvais,

*Spec. Hist.*, iii., 3, in Hervieux, op. cit., ii., 238; *Speculum Sapientiae*, ed. Graesse, i., 18 (p. 24), in this version a lion and a fox fall into the snare, the mouse liberates the lion because he had politely greeted him when they met, the fox had treated him with contempt; *Dialogus Creaturarum*, ed. Graesse, Dial. 24; *Scala Celi.* fo. 40.

CXLVI. [fo. 107ro] A wise man told a king that his enemies were anger, impatience, and concupiscence.
Brit. Mus. MS. Harl. 463, fo. 13 b, col. 2 (anger, arrogance, and avarice).

CXLVII. [fo. 108vo] A certain serpent carried in its mouth a beautiful rose, and some, regarding only its beauty, began to touch and smell it, and perished by the serpent's venom. So flatterers destroy.
Brit. Mus. MS. Harl. 463, fo. 13 b, col. 2

CXLVIII. [fo. 108vo] When Xerxes had collected a great army, some said to him the sea was not broad enough for his fleet, others that the air could not contain his weapons. One philosopher alone told him the truth: "Thou shalt be overcome by thyself; this bulk of thine shall destroy thee."
Brit. Mus. MS. Harl. 463, fo. 13 b. col. 2.

CXLIX. [fo. 108vo] A wise man named Philip was invited to the banquet of a king, and spat in his face. He was arrested and about to be led to prison when the king asked an explanation of his conduct. Philip answered: "When I wished to spit I gazed about me and saw only gold and silver, and silk and precious stones, and could see no meaner place than thy beard, and so I spat in it." Thereupon the king set him free.
This story is of Greek origin, being in Diogenes Laertius, ii. 75 (Paley's *Greek Wit*, London, 1881, p. 48, No. 181). Just how it reached Jacques de Vitry it is hard to say. It early found its way into the Solomon and Marcolf cycle, and thus entered Italian literature, where it is found in *Bertoldo* (see Guerrini, *La Vita e le Opere di G. C. Croce*, Bologna, 1879, p. 235); *L'Avventuroso Ciciliano* (in Zambrini, *Libro di Novelle Antiche*, Bologna, 1868, Scelta di

*Curiosità*, etc. xciii. p. 58); *Rosaio della Vita*, by Corsini, ed. Polidori, Florence, 1855, p. 78 (cited by D'Ancona), and Bandello, *Novelle*, iii. 42 (Turin, 1853). Older than any of these versions just mentioned is the one in the collection known as the *Cento Novelle Antiche, Libro di Novelle e di Bel Parlar Gentile, Il Novellino,* and *Le Novelle Antiche*. It is not found in the editions known as the *Testo Gualteruzzi* (Milano, 1825, "per cura di P. A. Tosi, secondo l'edizione del MDXXV") and *Testo Borghini* (Florence [Napoli], 1724); but was first edited in the additions to the *Catalogo dei Novellieri Italiani in prosa*, by C. Papanti, Leghorn, 1871, and afterwards in *Le Novelle Antiche dei Codici Panciatichiano-Palatino 138 e Laurenziano Gaddiano, 193*, per Guido Biagi, Florence, 1880, p. 58, No. lxviii.

The literature of the subject may be found in Pauli, *Schimpf und Ernst*, ed. Oesterley, 475, and D'Ancona, *Le Fonti del Novellino* in *Romania*, vol. iii., and in *Studj di Critica e Storia letteraria*, Bologna, 1880, p. 350.

Versions are in Brit. Mus. MS. Harl. 463, fo. 13 b. col. 2; 26,770, fo. 77ʳᵒ, and in the following sermon-books, etc.: Peraldus, *Summa Virtutum ac Vitiorum*, Cologne, 1629, ii., 207; *Dialogus Creaturarum*, ed. Graesse, Dial., 54; Bromyard, *Summa Praedicantium*, O, vii., 5; *Scala Celi*, fo. 140 ("legitur in Summa de viciis," i.e., Peraldus cited above) Bernardinus de Bustis, *Rosarium Sermonum*, Venice, 1498, pars. ii., Serm. viii., L, fo. 82; *Libro de los Enxemplos*, cxvii. Some additional references may be found in *Gualteri Burlaei, Liber de Vita et Moribus Philosophorum*, ed. H. Knust, *Stuttg. Lit. Ver.* vol. 177, p. 205, d.

CL. [fo. 108ᵛᵒ] The wicked bailiff of a certain count, wishing to please him with flattery and evil deeds, said that if the count would follow his advice he could gain a large sum of money. The count answered that he would be willing do so, and the bailiff asked permission to sell the sun on the count's estate. When the count asked how that was possible, the wicked bailiff replied that many dried and bleached their clothes in the sun on the count's property, and if he should charge for each piece of cloth a shilling he would gain a large sum, and thus the wicked bailiff persuaded his master to sell the rays of the sun, which are the common property of all.

Brit. Mus. MS. Harl. 463, fo. 14.

CLI. [fo. 109ʳᵒ] A demon who had entered a certain man preached the truth, and when a holy man asked why he did this, being the enemy of the truth, the demon replied, "I do this for the harm of my hearers, who, hearing the truth and not doing it, are made more wicked."

Brit. Mus. MS. Harl. 463, fo. 14.

CLII. [fo. 111ᵛᵒ] Fable of the lion which, wishing to devour the horse, told him he was a physician, and would like to remain with him and cure him in case he should fall ill. The horse, perceiving the deceit, began to groan and limp, and asked the lion to cure him of a thorn which he had run into his foot. When the lion, in order to extract the thorn, placed his head near the horse's hoof, the latter gave him a powerful kick and broke his head, thus rewarding deceit with deceit.

*Fables Inédites*, par A. C. M. Robert, i. 319 (La Fontaine, v. 8); *Œuvres de J. de La Fontaine*, par H. Regnier, i. 389; Kirchhof, *Wendunmuth*, ed. Oesterley, 7, 43.

This Æsopian fable (ed. Furia, 134, 140; Romulus, ed. Oesterley, iii. 2) occurs only in Jacques de Vitry and Brit. Mus. MS. Harl. 463, fo. 14.

CLIII. [fo. 111ᵛᵒ] Fable of the bat, which, when the birds and quadrupeds were at war, pretended to be a bird or a quadruped, according to which side was victorious. The birds, perceiving this, flew at the bat, plucked off its feathers, and forbade it to fly about except at night.

*Fables Inédites*, par A. C. M. Robert, i. 108 (La Fontaine, ii. 5); *Œuvres de J. de La Fontaine*, par H. Regnier, i. 141.

This Æsopian fable (ed. Furia, 125; Romulus, ed. Oesterley, iii. 4) is found in Vincent of Beauvais, *Speculum Hist.*, iii. 5, in Hervieux, op. cit. ii. 241; *Scala Celi*, fo. 73ᵛᵒ; Bromyard, *Summa Prædicantium*, A. xv. 31.

CLIV. [fo. 111ᵛᵒ] Parable of three men, one of whom, on a lofty mountain, drew in the wind with open mouth (the vain and proud); the second sat over the forge of a smith and drew the sparks into his mouth (the misers); and the third sat by the

River Jordan and attempted to drink the whole river (the carnal sinners).

Brit. Mus. MS. Harl. 463, fo. 14 b.

CLV. [fo. 113ro] A certain man, from excessive simplicity, refused to receive the sacraments from unworthy priests. The Lord, to remove his error, caused him to dream that he had great thirst, and saw a well where a leper was drawing very clear water in a beautiful vessel with a golden rope. When the dreamer approached with many others to drink, the leper drew back his hand and said, "Are you willing to receive water from the hand of a leper, who scorn to accept the sacraments from unworthy priests?"

Brit. Mus. MS. Harl. 463, fo. 14 b, col. 2.

I cannot give any parallel to this story, but a similar tale illustrating the same point is found in the *Gesta Romanorum*, cap. 12. The parishioner of an unworthy priest, instead of attending mass, took a walk out into the fields and began to experience great thirst. He came to a stream of pure water and drank of it, but the more he drank the more thirsty he became. He then determined to seek the source of the stream and drink from that. On his way he met a handsome old man who asked him why he was not at church. After he had told him the old man said, "Here is the source of that stream from which you drank." The man looked, and saw that the stream proceeded from the open mouth of a foul dog, and the stench was so great that the man dare not drink, and yet suffered terrible thirst. Finally, at the old man's exhortation, he drank and slaked his thirst, saying, "O, Sir, man never drank such sweet water." The old man replied, "See, now, how this sweet water preserves its colour and taste unchanged and unpolluted by the dog's mouth. So it is with the mass celebrated by an unworthy priest."

Oesterley cites, in his note to the *Gesta Rom.*, Pelbartus, *Quadr.* i. 27, L. (Chron. Minorum); and Gringoire, 11 m, 1 b. Jacques de Vitry is cited in *Recull de Eximplis*, dcvii.

CLVI. [fo. 113vo] Fable of the sheep, goat, and mare in partnership with the lion. They caught a stag, and were each about to take a share, when the lion said: "The first share is due to me by my regal dignity; the second because I exerted myself more in the chase than you; if any one accepts the third share, let him know that he is no friend of mine." Thus the lion took all, since the others were afraid to offend him.

Comp. No. CLVIII.

*Fables Inédites*, par A. C. M. Robert, i. 31 (La Fontaine, i. 6); *Œuvres de J. de La Fontaine*, par H. Regnier, i. 74; Kirchhof, *Wendunmuth*, ed. Oesterley, 7, 23.

This Æsopian fable (ed. Corai, Paris, 1810, pp. 24, 147, 298; Phaedrus, i. 5; Romulus, i. 6) is found in Brit. Mus. MS. Harl. 463, fo. 15; and in Bromyard, *Summa Praedicantium*, M. ix. 2; Vincent of Beauvais, *Speculum Hist.*, iii. 2, in Hervieux, op. cit. ii., p. 236; *Dialogus Creaturarum*, ed. Graesse, Dial. 20.

CLVII. [fo. 113ᵛᵒ] The fable of the town mouse which invited the country mouse to dinner.

*Fables Inédites*, par A. C. M. Robert, i. 47 (La Fontaine, i. 9); *Œuvres de J. de La Fontaine*, par H. Regnier, i. 85; Kirchhof, *Wendunmuth*, ed. Oesterley, 1, 62.

This Æsopian fable (ed. Furia, 121; Romulus, ed. Oesterley, i. 12) is found in Brit. Mus. MS. Harl. 463, fo. 14 b., col. 2; and in Bromyard, *Summa Praedicantium*, M., viii. 31; *Dialogus Creaturarum*, ed. Graesse, Dial. 112; Odo de Ceritona, in Hervieux, op. cit. ii. 608; *Libro de los Gatos*, xi.

CLVIII. [fo. 113ᵛᵒ] The fable of the wolf and fox in partnership with the lion. When they had caught a bull, a cow, and a sheep, the lion told the wolf to make a division. The wolf said: "Sir, you take the bull, I the cow, and the fox the sheep." The angry lion raised his paw and struck the wolf, peeling his head. Then the lion told the fox to divide. The fox said: "It is right that you, who are our king, should have the bull, your wife, our queen, shall have the cow, and your children, the little lions, shall have the sheep." The lion answered: "You have made an excellent division. Who taught you to divide so well?" The fox, looking at the wolf, said: "Sir, the one to whom you gave a red cap taught me thus to divide."

Comp. No. CLVI.

The source of this fable is the CIX. of Æsop (ed. Furia), in which the lion, ass, and fox hunt in partnership. The ass, at the lion's command, divides the prey, and makes three equal parts. The angry lion devours the ass, and orders the fox to divide. The fox gave all but a small part to the lion, which said: "Friend, who taught thee to divide so excellently?" "The ass's misfortune," replied the fox.

The peculiar feature of the Jacques de Vitry fable, the "red cap" or cowl, is found only in the mediæval fables of the Reynard cycle, see Grimm, *Reinhart Fuchs*, Berlin, 1834, pp. cclxii., 388; Robert, *Fables Inédites*, i. 32, cites "La Compagnie Renart."

This version is found in *Étienne de Bourbon*, 376 (p. 332); Bromyard, *Summa Praedicantium*, E. viii. 25; Odo de Ceritona in Hervieux, op. cit. ii. 642; *Libro de los Gatos*, xv. ("the face of my companion, which is all skinned").

There are versions in Brit. Mus. MS. Harl. 463, fo. 15 (printed in Wright's *Latin Stories*, 58.), and MS. 11, 284, fo. 83 (printed in *Altdeutsche Blätter*, Leipzig, 1840, vol. ii., p. 82).

Other references may be found in Kirchhof's *Wendunmuth*, ed. Oesterley, 7, 24.

CLIX. [fo. 115ᵛᵒ] Belshazzar, king of Babylon, fearing lest his dead father might revive, had him cut up into three hundred pices and given to as many foxes to devour.

The only parallel to this curious story I have been able to find is in Bromyard, *Summa Praedicantium*, *Filiatio*, v. 15: "Et potius [filii] corpora illorum [parentum] membratim partirent si scient eos ad vitam redituros, et bona illorum vindicaturos, sicut fecit ille Euilmoradac (de quo recitat magister in historiis scolasticiis super Dan. in tertia visione), quod cum regnare cepisset post mortem patris sui Nabuchodonosor, timens, ne resurgeret pater suus, qui de bestia redierat in hominem, cadaver patris effossum, divisit in trecentas partes, et dedit eas trecentis vulturibus. Et ait ad eum Ioachim socius suus, Non resurget pater tuus, nisi redeant vultures in unum."

The source of this story, as indicated above, is Petrus Comestor, *Historia Scholastica* (in Migne, *Patrol. Lat.*, vol. 198, col. 1453), *Historia Libri Danielis*.

CLX. [fo. 115ᵛᵒ] The fable of the man who nourished the viper stiffened with the cold. When it had regained its strength it stung its benefactor.

*Fables Inédites*, par A. C. M. Robert, ii. 32 (La Fontaine, vi. 13); *Œuvres de J. de La Fontaine*, ii. 40; Kirchhof, *Wendunmuth*, ed. Oesterley, 7, 73; *Gesta Romanorum*, ed. Oesterley, cap. 174; Benfey, *Pantschatantra*, i. 113.

This Æsopian fable (ed. Furia, 130; Phaedrus, iv. 19; Romulus, ed. Oesterley, i. 10) is found in *Étienne de Bourbon*, 225 (p. 195); *Dialogus Creaturarum*, Dial. 24; Gritsch, *Quadrigesimale*, s. l. et a. serm. xiii. R; *Scala Celi*, fo. 86ᵛᵒ ("Petrus Alfonsi"); Bromyard, *Summa Praedicantium*, G. iv. 17; Odo de Ceritona in Hervieux, op. cit. ii. 636; *Disciplina Clericalis*, ed. Schmidt, p. 45; ed. *Société des Bibliophiles Français*, pp. 46, 47, ii., p. 36; ed. Barbazon et Méon (*Le Castoiement*), ii. p. 73. In the version in Petrus Alfonsi, and those derived from it, the story is continued by the man turning the tables on the serpent, and restoring him to the condition from which he originally relieved him. This is the version in the *Gesta Romanorum* cited above, and in Kirchhof's *Wendunmuth*, ed. Oesterley, 5, 121.

The version in the text is also found in Brit. Mus. MS. Harl. 463, fo. 15.

CLXI. [fo. 115ᵛᵒ] The fable of the bitch which asked the dog to lend her his kennel until she had brought forth her puppies. When the dog afterwards asked for his kennel, the bitch not only refused to give it up, but attacked the dog with her puppies and drove him away.

Phaedrus, i. 19; Romulus, ed. Oesterley, i. 9.
Brit. Mus. MS. Harl. 463, fo. 15.

CLXII. [fo. 116ᵛᵒ] A butcher who sold cooked meat was asked one day by a customer to lower his price, on the ground that he had bought meat of no one else for seven years. The butcher answered in great wonder, "Have you done that for so long a time and yet live?"

Cited by Étienne de Bourbon, 434 (p. 377).
Brit. Mus. MS. Harl. 463, fo. 15, col. 2.

CLXIII. [fo. 116ᵛᵒ] A similar story is told of a Christian who sold bad food to the pilgrims at Acre. He was captured by the Saracens and taken before the Sultan, whom he asked to release him, on the ground that every year he killed more than a hundred pilgrims, enemies of the Sultan, by selling them bad food. The Sultan laughed and let him go.

Cited by Étienne de Bourbon, 435 (p. 377), and given in full by Lecoy de La Marche, in note 4, p. 377.

Brit. Mus. MS. Harl. 463, fo. 15, col. 2.


CLXIV. [fo. 116vo] A man stored up much grain for many years, in order to sell it at a higher price in time of scarcity. The Lord, however, always sent good harvests, and at length the wretched man, disappointed of his hope, hanged himself above his grain.

Brit. Mus. MS. Harl. 463, fo. 15, col. 2.


CLXV. [fo. 117vo] The fable of the fox which invited the stork to dine, and set before her liquid food which the stork could not take with her beak, and so the fox ate all. The stork, wishing to be revenged, invited the fox, and offered it food in a slender jar with a narrow opening in the top. The stork could easily reach it with her long beak; but the fox could not reach it from the outside, and got no dinner.

*Fables Inédites*, par A. C. M. Robert, i. 75 (La Fontaine, i. 18); *Œuvres de J. de La Fontaine*, par H. Regnier, i. 112; Kirchhof, *Wendunmuth*, ed. Oesterley, 7, 29.

This Æsopian fable (ed. Furia, 397; Phaedrus, i. 26; Romulus, ed. Oesterley, ii. 14) I have found only in Jacques de Vitry and Brit. Mus. MS. Harl. 463, fo. 15 b.


CLXVI. [fo. 117vo] The fable of the wolf promising the pregnant sow to tend her little pigs. The sow declined the wolf's offer, saying: "I lately brought forth a litter, and my offspring have reason to refuse your services."

Phaedrus, append. xix. in Hervieux, op. cit. ii. 69; Romulus, ed. Oesterley, ii. 4; Kirchhof, *Wendunmuth*, ed. Oesterley, 7, 174.

Brit. Mus. MS. Harl. 463, fo. 15, col. 2.

CLXVII. [fo. 119ᵛᵒ] A man, in order to increase his income, lent his money on usury, but did not dare to employ the interest, and laid it aside with the intention of making restitution at death.

Brit. Mus. MS. Harl. 463, fo. 15 b, col. 2.

Jacques de Vitry is cited in *Recull de Eximplis*, dcxcvii.

CLXVIII. [fo. 120ʳᵒ] A usurer on his death bed made his wife and children swear to fulfil the following command: to divide his property into three parts, one for his wife on which she could remarry, one for his sons and daughters, and one to be buried with him in a bag hung about his neck. This was done, but the family wanted to obtain again the money buried with the usurer, and opened his grave at night. They fled in terror at seeing demons filling the dead man's mouth with red hot coins.

Brit. Mus. MS. Harl. 463, fo. 15 b, col. 2.

Cited from Jacques de Vitry by *Speculum Exemplorum*, Strasburg, 1487, Dist. ix., cap. 216, and *Magnum Speculum Exemplorum*, ed. Major, *Eleemosyna*, xxii. The version in *Libro de los Enxemplos*, lii., is also from Jacques de Vitry, although no source is given.

A very similar story is told by Cæsar of Heisterbach, *Dial. Miraculorum*, ed. Strange, xi. 39, of a usurer of Metz, who directed that a bag of money should be buried with him. When the tomb was opened two toads were seen, one sitting at the mouth of the bag, the other on the usurer's breast. The former drew from the purse a piece of money, which the latter thrust into the usurer's heart. This version is followed by the *Magnum Speculum Exemplorum*, ed. Major, *Avaritia*, v., and M. Scotus, *Mensa Philosophica*, p. 220. There is a brief English version in *Shakespeare Jest-Books*, vol. iii., *Certayne Conceyts and Jeasts*, p. 10, No. 21. "A certaine vsurer of Mentz, drawing near vnto his Death, bound his Friendes by oath, that in his grave they should put a purse full of Money, vnder his head; which [was] done accordingly. His sepulchor [being] afterwards opened, that it might bee taken out, there was seene a Diuell powring melting golde downe his throat with a ladle."

CLXIX. [fo. 120ʳᵒ] Another usurer was unwilling to make restitution at death, but still desired to bestow large alms for the sake of worldly honor. Therefore he left in his will a sum of money, and commanded his children and friends to put it out at interest for three years, and then bestow the whole amount for the benefit of his soul.

Brit. Mus. MS. Harl. 463, fo. 15 b. col. 2.

CLXX. [fo. 120ro] A usurer in his last hours entreats his soul to remain with him, promising it gold and worldly pleasures, although he would bestow but small alms upon the poor for it. When he saw that he could not detain it, he exclaimed angrily: "I have prepared for thee a comfortable home and much wealth; since thou art so foolish and wretched that thou will not abide in it, depart from me, I commend thee to all the demons in hell," and shortly after he delivered up his spirit into the hands of the demons, and was buried in hell.

*Etienne de Bourbon*, 411 (p. 359); a similar story, but briefer, is 59 (p. 63); Bromyard, *Summa Praedicantium*, A. xxvii. 49; *Scala Celi*, fo. 80; Martinus Polonus, *Sermones*, 190 F.; *Liber de Abundantia Exemplorum*, fo. 44 b.; Herolt (Discipulus) *Sermones*, 118, L ("Humbertus in Tractatu de septuplici timore," probably Étienne de Bourbon, or the *Liber de Abundantia*, which is based on it); *Recull de Eximplis*, dcxcviii. ("J. de V.").

Versions are also found in Brit. Mus. MS. Harl. 463, fo. 15 b. col. 2; MS. 11,284, fo. 91.

Some additional references may be found in Pauli's *Schimpf und Ernst*, ed. Oesterley, 281.

CLXXI. [fo. 120ro] The fable of the ape which asked the fox for a part of her large tail. The fox answered, that she would rather sustain the weight of her tail than give any part of it to cover the ape's nakedness.

Brit. Mus. MS. Harl. 463, fo. 15 b. col. 2.

Phaedrus, app. 1, in Hervieux, op. cit. ii., p. 59; Romulus, ed. Oesterley, iii. 17; Vincent of Beauvais, *Speculum Historiale*, iii. 7, in Hervieux, op. cit. ii., p. 243. In the version in the *Scala Celi*, fo. 19, the fox is caught by the tail and captured, and then laments that she did not give the ape her tail.

An old German version (xiii. century) may be found in *Zeitschrift für deutsches Alterthum*, vii., p. 352, No. xxii.

CLXXII. [fo. 120ro] The relatives of an insane man dragged him before an image of the Virgin, and while they were praying God to restore him to health, the man himself cried out: "Mary, do not believe them, for they are lying to thee. I am sane and wiser than they." His relatives upbraided him, and urged him to adore the image, but he said: "I may adore thee, but I shall never love thee!" This story Jacques de Vitry applies to usurers.

CLXXIII. [fo. 120vo] A knight whose property had been absorbed by a usurer was reduced to the greatest straits and thrown into prison. The usurer died, and the knight contracted a marriage with his widow, and not only recovered his own property, but all that the usurer had possessed.

CLXXIV. [fo. 121ro] The fable of the fox which persuaded the lean wolf to follow her through a narrow opening into a storeroom. There the wolf ate so much that he could not get out until he had fasted and lost his skin by a sound cudgelling.
*Fables Inédites*, par A. C. M. Robert, i. 214 (La Fontaine, iii. 17); *Œuvres de J. de La Fontaine*, par H. Regnier, i. 250; Kirchhof, *Wendunmuth*, ed. Oesterley, 7, 44; Édélestand du Méril, *Poésies Inédites du Moyen Age*, Paris, 1854, p. 134, n. 4, cites a version from the mediæval sermons. This, with Jacques de Vitry's, is the only mediæval sermon-book version which I have been able to find of this Æsopian fable (ed. Furia, 12).

CLXXV. [fo. 121ro] A knight once met a band of monks bearing the body of a usurer to the grave. He exclaimed: "I grant you the body of my spider, and may the devil have his soul. I, however, have the spider's web, that is, all his money."

CLXXVI. [fo. 122ro] A usurer paid some monks a large sum to bury him in their church. One night, while they were at matins he rose from his tomb, seized a candelabrum and attacked the monks, wounding some on the head, breaking the arms and legs of others, and crying out: "These enemies of God and traitors took my money, and promised me salvation, and lo! deceived by them, I have found eternal death."
Referred to by Lecoy de La Marche, *Étienne de Bourbon*, p. 365,

n. 2. There is a version in Herolt (Disciplus), *Promptuarium*, S. iii., in which, after the above incident has taken place, the body of the usurer is found in a field outside of the town. The body is restored to the former spot, and the same thing takes place again; finally, the dead man declares that he cannot rest quietly after having tormented the poor by his usury, and if the monks want peace they must cast his body out of the cloister. This they do, and are not again molested.

CLXXVII. [fo. 122ʳᵒ] A priest refused to bury the body of a usurer, one of his parishioners, who had died without making restitution. The friends of the dead man insisted upon his burial, and the priest, to get rid of their further importunities, said to them after prayer: "Let us put his body upon an ass, and see the will of God. Wherever the ass shall carry it—to the church, or cemetery, or elsewhere, there will I bury it." They did so, and the ass, turning neither to the right nor to the left, bore the body without the town to the place where robbers were hanged, and shook it off on a dunghill under the gibbet, and there the priest left it with the thieves.

See No. CVI.

There are versions in Bromyard, *Summa Praedicantium*, V. 12, 24; *Scala Celi*, fo. 168ʳᵒ ("*Speculum Exemplorum*"); Herolt (Discipulus) *Sermones*, cxiv., B; *Recull de Eximplis*, dcxxiv. ("J. de V.") Other versions are cited by Oesterley in his notes to Pauli, *Schimpf und Ernst*, 197, to which may be added M. Scotus, *Mensa Philosophica*, p. 221.

There is an inedited version in Brit. Mus. MS. 11,284, fo. 91.

CLXXVIII. [fo. 122ʳᵒ] The neighbours of a dead usurer cannot lift his body to carry it to the grave. A wise old man said it was the custom in that city for persons of the profession of the deceased to bear him to the grave. Four usurers were called, who easily raised the body and carried it to the grave.

Bromyard, *Summa Praedicantium*, V. xii., 23; *Scala Celi*, fo. 168ʳᵒ (cites Jacques de Vitry); *Recull de Eximplis*, dcc. ("J. de V.") For other versions, see Pauli, *Schimpf und Ernst*, ed. Oesterley, 190, 405.

CLXXIX. [fo. 122ʳᵒ] A certain preacher wished to show to

all how ignominious was the profession of usurer, which no one dare publicly confess. So he said in his sermon: "I wish to absolve you according to the trades and professions of each. Let the smiths arise." They arose and were absolved. "Let the tanners arise," and they arose, and so as they were named the various trades arose. At length he cried: "Let the usurers arise that they may be absolved"; and although there were more present of this profession than of the others, no one arose, but all hid themselves for shame, and were derided and put to confusion by the others for not daring to confess their profession.

Bromyard, *Summa Praedicantium*, V. xii. 11; *Scala Celi*, fo. 168ro (Jacques de Vitry); *Recull de Eximplis*, dcxcix ("J. de V."). M. Scotus, *Mensa Philosophica*, p. 219. Other versions may be found in Pauli, *Schimpf und Ernst*, ed. Oesterley, 193. There is an English version in *Shakespeare Jest-Books*, edited by W. C. Hazlitt, London, 1864, vol. iii., *Certayne Conceyts and Jeasts*, p. 10, No. 20.

CLXXX. [fo. 123ro] A certain rich miser kept a pie so long that when it was set before his guests the mice ran out of it.

Cited by Étienne de Bourbon, 410 (p. 358).

CLXXXI. [fol. 123ro] An avaricious knight, after a banquet at the house of a nobleman, asked for his cloak, which his servant had put away with the other garments. Because the servant could not find it at once his master upbraided him, saying: "Bring me my cloak quickly; don't you know it?" The servant answered in the hearing of all: "I have known it well for seven years, but I could not find it." The other knights who heard this began to laugh and mock the avaricious knight.

*Étienne de Bourbon*, 410 (p. 358); *Scala Celi*, fo. 19 ("twenty years").

CLXXXII [fo. 124ro] The husband of an avaricious woman entrusted the keys and keeping of all his goods to her. She kept everything locked up and gave nothing to the poor, promising herself a long life. She died, however, and her husband was asked to give something for her soul. He, thinking more of a second marriage than of his deceased wife's soul, answered in the words of the French proverb: "Bertha had all my goods in her power; let her have all that she did for her own soul."

Bromyard, *Summa Praedicantium*, E. viii. 16; *Scala Celi*, fo. 18vo (Jacques de Vitry), *Recull de Eximplis*, lxx. ("J. de V."). Compare Wright's *Latin Stories*, 96 (MS. Harl. 2316, fo. 56vo).

CLXXXIII. [fo. 124vo] In a certain town there was an old rustic named Gocelinus, who from long habit had learned the festivals, and always put on his red shoes on the days which were wont to be celebrated in that place. When his neighbours saw this they used to say to their servants: "To-day we must rest from work, for Gocelinus has on his red shoes."

Cited by Étienne de Bourbon, 325 (p. 273).

CLXXXIV. [fo. 124vo] The fable of the lion, which, when he became old and feeble, was attacked by those whom he had injured. The boar wounded him with his teeth, the bull with his horns, the ass with his hoofs, etc. Many also who had not been harmed by him vexed him on account of his maliciousness.

*Fables Inédites*, par A. C. M. Robert, i., 207 (La Fontaine, iii., 14); *Oeuvres de J. de la Fontaine*, par H. Regnier, i., 242; Kirchhof, *Wendunmuth*, ed. Oesterley, 7, 27.

This fable of Phaedrus (in Hervieux, op. cit. ii., p. 12; Romulus, i., 15) is found in Vincent of Beauvais, *Speculum Historiale*, iii., 3 (in Hervieux, op. cit., ii., p. 237); *Dialogus Creaturarum*, ed. Graesse, Dial. 110; Bromyard, *Summa Praedicantium*, H. iv., 8; S. v., 3.

CLXXXV. [fo. 124vo] A shepherd drew a thorn from the foot of a lion, which was afterwards captured and presented to the emperor. The shepherd for some offence was arrested and ordered to be thrown to the beasts to be devoured. Among them was the lion which the shepherd had cured, which, recognising him, not only spared him, but defended him against the other beasts. When the emperor heard this he sent for the shepherd, and when he had heard his story, released both the shepherd and the lion.

Very copious references to this story (Androclus) will be found in Oesterley's notes to his editions of the *Gesta Romanorum*, cap. 104 (comp. 278), and Kirchhof's *Wendunmuth*, 1, 203.

This fable, or rather anecdote, was well known during the middle ages from the version in Romulus (ed. Oesterley, iii. 1), and is found in the following sermon-books, etc., Bromyard, *Summa Praedicantium*, P. ii., 32; *Dialogus Creaturarum*, ed. Graesse, Dial. 111; *Scala Celi*, fo. 148ʳᵒ (Etienne de Bourbon; not in La Marche's edition); *Libro de los Enxemplos*, cxv.

CLXXXVI. [fo. 125ᵛᵒ] A she-wolf stole and suckled some children; when, however, one of the children attempted to stand upright and walk, the wolf struck him on the head with her paw, and would not allow him to walk otherwise than like the beasts, on his hands and feet.

CLXXXVII. [fo. 126ᵛᵒ] The fable of the man who killed the goose which laid an egg every day, in the hope of finding at one time many eggs within her.

This is a variant of the "Goose with the golden eggs" (La Fontaine, v., 13). In the Æsopian fable (ed. Furia, 47) of the "Woman and the hen," the hen lays an egg every day, and the woman, thinking to obtain two, increases the hen's food, with the result that the hen becomes so fat that it does not lay any longer, even one egg. Whether this was Jacques de Vitry's source I cannot tell. I have found but three parallels, one in *Dialogus Creaturarum*, ed. Graesse, Dial. 99, is so brief that it may be cited here, " Quidam rusticus habebat gallinam unam, quae quotidie ei faciebat ovum et multa lucrabatur ova congregando et vendendo. Hic cogitans, quod multa ova possent inveniri in ea, et volens totum lucrum simul habere, scindit eam et non inveniens ova perdidit totum, ut vulgariter dicitur, ova et gallinam." The second version is in *Recull de Eximplis*, cclxxix., and is taken with acknowledgment from Jacques de Vitry. The third version is in Pauli's *Schimpf und Ernst*, ed. Oesterley, 53, and is very like that just given.

CLXXXVIII. [fo. 126ᵛᵒ] One evening St. Martin met some men hastening to Paris, who inquired of the saint whether they could reach the city before night. The saint replied: " You can easily reach it if you go slowly, and do not hasten, as you are now doing." They scoffed at the saint, who was humbly clad and riding an ass, and continued their headlong course, but soon their cart was overturned and a wheel broken. The saint overtook them as he was riding slowly along, and said, " If you had taken my word and gone slowly you could have reached the city before night, as I shall do, God willing."

There is a version of this story in Pauli, *Schimpf und Ernst*, ed. Oesterley, 255, and a peculiar one in Martinus Polonus, *Sermones*, clxiii., P., in which the saint's place is taken by an old woman, who answers, "If you go as I am going." Jacques de Vitry's version is copied with acknowledgment in *Recull de Eximplis*, cclxxx.

CLXXXIX. (fo. 126ᵣₒ) The fable of the fly which scoffed at the ant and deemed her miserly, boasting that he lived in the dwellings of the great, drank from golden cups, and ate from silver dishes. The ant replied that her life was safe, at least, whereas the fly was exposed to the danger of drowning if he fell into the silver dishes, and, even if he prospered during the present season, he would perish in the winter, because he had laid up no food for himself.

*Fables Inédites*, par A. C. M. Robert, i. 224 (La Fontaine, iv. 3); *Œuvres de J. de la Fontaine*, par H. Regnier, i. 270; Kirchhof, *Wendunmuth*, ed. Oesterley, 6, 275, 276.

This fable of Phaedrus (iv. 24, in Hervieux, op. cit. ii. 49; Romulus, ii. 18, in Hervieux, op. cit. ii. 198) is found in Vincent of Beauvais, *Speculum Historiale*, iii. 4, in Hervieux, op. cit. ii. 240; Bromyard, *Summa Praedicantium*, M. viii. 30 (attributed to Æsop).

CXC. [fo. 126ᵣₒ] The fable of the fly which annoyed the bald man and derided him because he often struck his own head in his vain attempts to kill the fly. The man said: "Why do you laugh, O wretched and foolish creature, since you can harm little and be greatly harmed." When the fly continued to return, the man dealt a heavy blow, which struck and killed the fly before it could escape.

Phaedrus, iv. 31 (in Hervieux, op. cit. ii. 54); Romulus, ii. 13 (Hervieux, op. cit. ii. 195).

CXCI. [fo. 127ᵣₒ] A rustic who had been brought up in the barnyard, in passing an apothecary's shop fainted away at the odour of the spices kept there, and could be restored to health only by the smell of his native dunghill.

I have found three versions of this story: *Scala Celi*, fo. 167 (Libro de septem donis spiritus sancti, *i.e.* Étienne de Bourbon, not in La Marche's edition); Wright's *Latin Stories*, 99. (MS. Arundel, No. 506, fo. 43$^{vo}$); *Libro de los Enxemplos*, cclvii.

Goedeke, in *Orient und Occident*, ii. p. 260, cites an Oriental version from Dschelaleddin Rumi's Mesnewi (written 1263, printed at Cairo, 1835, vol. iv,. p. 31, et seq. n. 10, 11), in which a tanner faints at the smell of musk, and his brother restores him to consciousness by the smell of dog manure employed in tanning.

Wright, op. cit., cites the fabliau *Du vilain asnier*, Legrand d'Aussy, iii. 219, and a collection of stories printed in the sixteenth century, entitled *Histoires facétieuses et morales*, p. 189.

There is an inedited version in Brit. Mus. MS. 11,284, f. 89.

The fabliau mentioned above may be better found in Montaiglon and Raynaud, *Recueil général et complet des Fabliaux*, Paris, 1872—1883, vol. v., p. 40.

CXCII. [fo. 127$^{vo}$] Certain persons take a fixed quantity of gold, and substitute for a part of it quicksilver, which increases the weight beyond that of the original amount. Others take pure gold and silver, and, alloying them, return them impure.

CXCIII. [fo. 127$^{vo}$] A wicked smith was wont to drive secretly a nail or needle into the feet of the horses he was shoeing for pilgrims and crusaders. After the pilgrim had gone a mile or two, and his horse had become very lame, he was met by an agent of the smith, who said: " Friend, your horse is useless; will you sell him, so that you may get something for his hide and shoes, and not lose all?" The pilgrim would sell the horse for a small sum to the man, who would take him back to the smith. After the nail or needle had been extracted, the foot would get well in a few days, and the smith would sell the horse for ten times what he had paid for it.

*Étienne de Bourbon*, 433 (p. 376).

CXCIV. [fo. 128$^{ro}$] A hermit who lived too far from market to sell his wares, still made baskets out of palm leaves and afterwards destroyed them, so that he should not be idle and fall into vain and wicked thoughts.

Brit. Mus. MS. Harl. 463, fo. 16.

CXCV. [fo. 128ro] A clerk had a servant whom he made carry a heap of stones from one place to another, and then bring them back again, so that he might not be idle.

Brit. Mus. MS. Harl. 463, fo. 16.

CXCVI. [fo. 128ro] An avaricious and an envious man were allowed to ask whatever they desired, on condition that the one who asked last should receive twice as much. Each was unwilling that the other should receive more, and hesitated to prefer his request. At length the envious man said, "I wish one of my eyes to be torn out," and it was done, and the avaricious man lost both of his eyes according to the agreement.

The oriental stories cited by Oesterley in his notes to Pauli, *Schimpf und Ernst*, 647, and by Benfey, *Pantschatantra*, i., 304, 498, are not parallels. The story reached Jacques de Vitry through the Latin fabulists. There is a version as early as Avianus (*Aviani Fabulae*, XLII. ad *Theodosium ex recensione* G. Froehner. Leipzig, Teubner, 1862, No. xxii., p. 27).

The story was a favourite, as is shown by the large number of versions in mediaeval and modern literature; among the former are: Holkot, *In Librum Sapientiae Regis Salomonis*, Basel, 1586, Lectio xxix., p. 104; Peraldus, *Summa Virtutum ac Vitiorum*, Cologne, 1629, vol. ii., p. 281; Bromyard, *Summa Praedicantium*, I., vi., 19; Herolt (Discipulus), *Promptuarium exemplorum*, J. 33; *Scala Celi*, fo. 106vo (Jacques de Vitry); Gritsch, *Sermones Quadragesimales*, xix. Z.; Paratus, *Sermones de tempore et de sanctis*, s. l. et a, *Sermo de tempore*, lxiv.; Hollen, *Serm. hyem.* xxxv, G; *Magnum Speculum Exemplorum*, ed. Major, *Invidia*, xi. ("Scala celi ex Jacobo Vitriaco"); *Libro de Los Enxemplos*, cxlvi.; *Fiore di Virtù*, Naples, 1870, p. 28 (attributed to Horace). There are inedited versions in Brit. Mus. MS. 11,284, f. 45, and MS. Harl. 463, f. 16. Copious references to modern versions may be found in Oesterley's notes to Pauli, cited above. See also Goedeke in *Orient und Occident*, vol. i., p. 543, No. 11; and *Hist. Litt.* xxiii., p. 237.

An Italian version is in *Tre Novelline Antiche*, Florence, 1887

[Nozze Lami-Del Valle], Nov. 1. These three novels were taken from a collection of sermons in Italian, the MS. of which is in the *Bib. naz.* of Florence, MSS. *palatini*, No. 102.

CXCVII. [Fo. 128v°] An avaricious priest refused to bury the mother of a young man without pay for the service. The youth was poor and did not know what to do; after much anxiety and deliberation he tied his mother firmly up in a bag and carried it at nightfall to the priest's house, saying: "Sir, I have no ready money, but I bring you a good pledge, namely, some balls of thread which my mother spun for weaving." Thereupon he threw down the bag and departed. The priest called his clerk and joyfully approached the bag, and when he felt the woman's head, he cried: "One good pledge we have, whatever the others may be; this ball which I touched is very large, and worth much." When, however, he untied the mouth of the bag, the old woman's legs, which her son had bent when he put her in the bag, flew out and gave the priest a heavy blow in the breast. The priest was greatly terrified and amazed, and after he learned the truth buried the body.

The only other version of this story which I have found is in Pauli, *Schimpf und Ernst*, ed. Oesterley, 598. The editor cites Vincent of Beauvais, *Speculum Morale*, 3, 7, 17, p. 1333 (edition of Douay, 1624 fol.).

CXCVIII. [Fo. 128v°.] A good priest had a bad and avaricious parishioner, a rustic, who never paid his tithes or gave any offerings except on great festivals, when shame compelled him to do so, and then he always selected a bad penny and gave it to the priest. After he had done this many times, the priest, who kept finding the piece of bad money among the rest, watched and found that the rustic was the one who always offered the bad money. The priest said nothing until Easter, when, as usual, the rustic offered his bad money, and came with others to receive the Eucharist. The priest had a piece of bad money ready, and slipped it into the rustic's mouth instead of the host. When the man shut his mouth he found the bad money which he had offered, and was amazed. After mass he approached the priest in tears and told him what had happened. The priest told him it could not have been without a reason, and urged him to confess the truth. With great fear and shame he made a clean breast of it, and on his promise to offer in the future good money and pay tithes on his profession like others, the priest absolved him and gave him the Eucharist.

Bromyard, *Summa Praedicantium*, D. iii. 9; *Recull de Eximplis*, dviii. (" J. de V."); Pauli, *Schimpf und Ernst*, ed. Oesterley, 73.

CXCIX. [fo. 128vo] A man who was converted from a worldly life told Jacques de Vitry that a brief discourse had turned him to God. One day he reflected whether the souls of the damned could be freed from torment after a thousand years. He answered in his mind: no. If after a hundred thousand: no. If after a thousand thousand: no. If after as many thousands of years as there are drops in the ocean: no. Pondering these things, he saw how transitory this life was, and so the brief discourse, no, converted him to God.

Brit. Mus. MS. Harl. 463, fo. 16. This story is told by Bromyard, *Summa Praedicantium*, C. x., 14, of Subo, afterwards Bishop of Toulouse, when he was a very wicked man. The only other versions I have found are in Herolt (Discipulus) *Promptuarium*, p. 71; Passavanti, *Lo Specchio della Vera Penitenza*, Milan, 1808, vol. i., p. 142; Distinzione iv., cap. 3 ("we read that in the kingdom of France there was a nobleman, etc." The version is somewhat different from those above cited. One of the thoughts is, whether after as many thousands of years as there are drops in the ocean); and *Recull de Eximplis*, cxxviii. (" J. de V.")

CC. [fo. 130vo] A courtezan on taking leave of her lover, who had spent on her all that he had save a cloak, wept, and after he had gone, laughed heartily. She explained to a harlot who was with her that she wept not for the dissolute fellow, but because she had not succeeded in despoiling him of his cloak, the only thing she had left him.

Brit. Mus. MS. Harl. 463, fo. 16, col. 2.

Bromyard, *Summa Praedicantium*, L. vii., 35; *Scala Celi*, fo. 87vo; Pauli, *Schimpf und Ernst*, ed. Oesterley, 10, where other versions may be found.

CCI. [fo. 130ᵛᵒ] The fable of the old man with two mistresses, one young, the other old. The former pulled out her lover's grey hairs, while he was asleep, to make him appear young; the latter plucked out his black hairs to make him appear old.

*Fables inédites*, par A. C. M. Robert, i. 73 (La Fontaine, i. 17); *Œuvres de J. de La Fontaine*, par H. Regnier, i. 109; Kirchhof, *Wendunmuth*, ed. Oesterley, 7, 67; Benfey, *Pantschatantra*, i. 602; Loiseleur-Deslongchamps, *Essai sur les Fables indiennes*, Paris, 1838, p. 71.

This well-known Æsopian fable (ed. Furia, 199; Phaedrus, ii., 2, in Hervieux op. cit. ii., 18) is found in Brit. Mus. MS. Harl. 463, fo. 16, col. 2; *Étienne de Bourbon*, 451, p. 390 (Étienne says he heard this fable in the sermon of a certain Minorite Friar, William de Cordellis); *Vie des Anciens Pères* (Tobler in *Jahrbuch für roman. und eng. Literatur*, vii. 433); M. Scotus, *Mensa Philosophica*, p. 256.

CCII. [fo. 130ᵛᵒ] A woman told her lover that she would rather die than have him die, and be hurt rather than have him hurt. One night, to test her sincerity, while they were sitting barefooted near the fire, he put some tow on her foot and on his own and set fire to it with a candle. As soon as the woman felt the burning tow she shook it off, and was too much engrossed in saving herself to pay any attention to her lover, who thus discovered her falseness.

Brit. Mus. MS. Harl. 463, fo. 16, col. 2.

CCIII. [fo. 130ᵛᵒ] A minstrel at sea in a great tempest began to eat largely of salt meat. His fellow travellers wondered and said: "You see all are weeping and in fear; why do you continue to eat, instead of mourning and calling upon God, as you ought?" The minstrel replied: "Never have I had to drink so much as I shall have to drink to-day, and so it behoves me to eat salt meat."

Brit. Mus. MS. Harl. 463, fo. 16 b; Bromyard, *Summa Praedicantium*, T. iv., 17 (Wright has copied the story in his *Latin Stories*, 142); M. Scotus, *Mensa Philosophica*, p. 229; Pauli, *Schimpf und Ernst*, ed. Oesterley, 235, where numerous modern versions will be found.

There is a modern English version so brief that it may be cited here; it is contained in Hazlitt's *Shakespeare Jest-Books*, London, 1864, vol. iii., *Certayne Conceyts and Jeasts*, p. 4: "A certaine Player, being vpon the Sea in a Tempest, beganne very greedily to eate salte Meates, saying, that he feared hee should haue too much drinke to digest them."

CCIV. [fo. 131ᵒ] A lazy servant was unwilling to leave his bed at night, and when his master told him to rise and see whether it rained, he called the dog which guarded the house without, and if he felt that he was wet, he said: "Master, it rains," pretending that he had risen. When his master told him to rise and see whether the fire was burning, he called the cat, and if he felt that he was warm, he answered: "Master, we have fire enough." His master on arising found that the door had been opened all night, and asked his servant why he had not shut it. He replied: "Why should I close it at night when I must open it myself in the morning?"

The source of the story is the *Disciplina Clericalis*, ed. Schmidt, cap. xxix., p. 75; ed. *Soc. des Bib. Fr.* i., p. 170, *Fabula* xxv. ii., p. 163, *Conte* xxiii.; *Castoiement*, *Conte* xxv., in Barbazan et Méon, *Fabliaux et Contes*, Paris, 1808, p. 166.

Bromyard, *Summa Praedicantium*, A., xxi., 18, simply refers to Maymundus: "Talium ergo amicitia est sicut servitium Maymundi, qui in mensa et in prosperitate domino suo diligenter serviebat, sed in bello et adversitate fugiebat." The version of this story in Wright, *Latin Stories*, 24, is taken from MS. Harl., No. 2851 (not foliated). There is another in MS. Harl. 463, fo. 16 b. The story is also found in *Libro de los Exemplos*, cxxiv. Wright, op. cit. cites Lydgate's ballad of Jack Hare (*Minor Poems*, ed. Halliwell, p. 52).

CCV. [fo. 131ᵛᵒ] The master of a garrulous servant commanded him not to tell him anything that had happened at home when he returned from a pilgrimage to St. James, and wanted to rejoice with his friends and neighbours. When his master returned, however, the garrulous servant went to meet him with a lame dog, and when his master asked why the dog limped, the servant answered: "While the dog was running near the mule, the mule kicked him and broke his own halter and ran through the house scattering the fire with his hoofs, and burning down your house with your wife."

*Disciplina Clericalis*, ed. Schmidt, cap. xxx., p. 76; ed. *Société des Bib. Fr.*, i., Fab. xxv., p. 172; ii., p. 163, Conte xxiii.; *Castoiement*, Conte xxv., in Barbazan et Méon, *Fabliaux et Contes*, Paris, 1808, ii., p. 166.

Brit. Mus. MS. Harl. 463, fo. 16 b. There is a version in *Libro de los Exemplos*, cxxiv., and a modern one in Hebel's *Erzählungen des rheinlandischen Hausfreundes* (J. P. Hebel's *Sämmtliche Werke*, Karlsruhe, 1832, iii. vol.), p. 71, entitled "Ein Wort giebt das andere." A translation, with a few changes, of this story was once a favourite dialogue for school speakers. I have before me a version in *The Common School Speaker*, by Noble Butler, Louisville, Ky., 1856, p. 57, "Bad News," which is as follows: "Mr. G.: Ha! steward, how are you, my old boy? how do things go on at home? Steward: Bad enough, your honour; the magpie's dead. Mr. G.: Poor Mag! so he's gone. How came he to die? Steward: Over-ate himself, sir. Mr. G.: Did he, indeed? a greedy dog! Why, what did he get that he liked so well? Steward: Horse-flesh, sir; he died of eating horse-flesh. Mr. G.: How came he to get so much horse-flesh? Steward: All your father's horses, sir. Mr. G.: What, are they dead, too? Steward: Ay, sir; they died of over-work. Mr. G.: And why were they overworked, pray? Steward: To carry water, sir. Mr. G.: To carry water! and what were they carrying water for? Steward: Sure, sir, to put out the fire. Mr. G.: Fire! what fire? Steward: Oh! sir, your father's house is burned down to the ground. Mr. G.: My father's house burnt down! and how came it on fire? Steward: I think, sir, it must have been the torches. Mr. G.: Torches! what torches? Steward: At your mother's funeral. Mr. G.: My mother dead! Steward: Ah! poor lady, she never looked up after it. Mr. G: After what? Steward: The loss of your father. Mr. G.: My father gone too? Steward: Yes, poor gentleman, he took to his bed as soon as he heard of it. Mr. G.: Heard of what? Steward: The bad news, sir, an' please your honor. Mr. G.: What? more miseries! more bad news? Steward: Yes, sir; your bank has failed, and your credit is lost; and you are not worth a shilling in the world. I made bold, sir, to come to wait on you about it; for I thought you would like to hear the news!"

In Hebel's version, a rich gentleman in Schwabia sends his son to Paris to learn French and manners. After the son had been there a year, a servant of his father's house comes also to Paris, and when the son sees him he exclaims in surprise and delight: "Why, Hans, where did you come from? How are they at home, and what is the news?" The servant answers: "Not much, Mr. William, except that, ten days ago, your handsome raven died, etc." The conclusion is: "Mein Vater todt? Und wie gehts meiner Schwester? Drum eben hat sich Ihr Herr Vater seliger zu todt gegrämt, als Ihro Jungfer Schwester ein Kindlein gebar, und hatte Keinen Vater dazu. Es ist ein Büblein. Sonst gibts just nicht viel Neues, setzte er hinzu."

CCVI. [fo. 131$^{vo}$] A certain good man never answered a woman who frequently quarrelled with him. He told his neighbours, who wondered at his silence, that he did not know how to quarrel. One of them advised him to go in search of a quarrelsome woman whom he knew, and engage her to quarrel for him. He did so, and told the woman his errand, when she began to scold and upbraid him. At this the man rejoiced, and said: "Thank God, I have found the one I was seeking." When she heard this she began to revile him the more, and told him to seek elsewhere, for he would not find there the woman he was in search of. He smiled and said: "You are good enough for me: I could never find a better."

Cited by Étienne de Bourbon, 239 (p. 203).
Brit. Mus. MS. Harl. 463, fo. 16 b, col. 2.

CCVII. [fo. 131$^{vo}$] A bishop who had a lying nephew lamented it, and said that he might better have other vices which would cease with age; but a liar is worse in old age than in youth.
Brit. Mus. MS. Harl. 463, fo. 16 b, col. 2.

A similar story is found in *El Libro de Exemplos* in the *Romania*, viii. p. 526, No. ccxvi[a].

CCVIII. [fo. 131$^{vo}$] When Jacques de Vitry was at Paris he heard about the servants of the students, who were almost all of them thieves. They had a master who, wishing one day while they were all assembled to know who were the craftiest and best thieves, began to ask each one about his skill in the art. The first said he could steal a farthing from a penny; the master said that was little. The second said he could steal an *obol* from a penny. The third, three farthings. After various persons had said various things, one arose and said that he could steal a penny from a farthing. The master made him sit in honour at his side, and said: "You have excelled all; show us how you did it." "I have," he answered, "a friend from whom I always buy vegetables and mustard and other things needed by my master's cook, who for a farthing gives me four measures of mustard, and I reckon a farthing for each measure; and, besides, he gives me a fifth measure gratis because I always buy of him, and thus, giving him a single farthing, I keep four for myself."

This story is cited by Étienne de Bourbon, 428 (p. 372), and is in Brit. Mus. MS. Harl. 463, fo. 17 (Wright's *Latin Stories*, 125).

CCIX. [fo. 132ro] A man had a handsome cat which would not stay at home, but roamed the neighbour's houses in search of other cats. Her master disfigured her by burning her tail and pulling out her hair, and henceforth she was glad to remain home by the fire.

Brit. Mus. MS. Harl. 463, fo. 17; 11,284, fo. 49 b ("Odo de Ceritona").

Odo de Ceritona in Hervieux, op. cit. ii. 648. Bromyard, *Summa Praedicantium*, O. vii., 18, tells a story of a man who had a handsome foal which a rich neighbour coveted, and to prevent its loss the owner cut off its tail and mane. Just before telling this story Bromyard says if young people will not abstain from ornaments and vain words a third remedy is in the hands of their parents, who if they wish to keep them at home should not adorn them, but rather deprive them of useless ornaments, knowing that the singed cat ("cattus adustus"), as they say, does not like to roam. The story is in Boner's Fables (ed. Pfeiffer, Leipzig, 1844), No. 96. See Gottschick in *Zeitschrift für deutsche Philologie*, xi. 333.

CCX. [fo. 132ro] A man found his wife with a priest and cut

her hair in a circle above her ears, and with a razor made a broad tonsure, saying: "So ought priestesses to be." Jacques de Vitry adds: "Blessed be that man!"

Brit. Mus. MS. Harl. 463, f. 17, col. 2.

CCXI. [fo. 132$^{vo}$] A woman with a black mark on her face gave a physician money to remove it. He promised her that not the least spot of blackness should remain on her face, and gave her the juice of a certain herb with which to wash it. The black spot came off with the skin, and the disfigured woman brought the physician before a judge, who commended him and dismissed the suit.

Brit. Mus. MS. Harl. 463, fo. 17, col. 2.

CCXII. [fo. 132$^{vo}$] St. Bernard when a youth protected himself against an attempt upon his virtue by crying: "Thieves, thieves!" and arousing the house.

Brit. Mus. MS. Harl. 463, fo. 17, col. 2. *Magnum Speculum Exemplorum*, ed. Major, *Virgo*, viii. ("Ex vita S. Bernardi, lib. 1, cap. 3"); *Libro de los Enxemplos*, cvi.

The story occurs in one of St. Bernard's biographies, see *Sancti Bernardi Vita et res gestae auctore Guillelmo olim Sancti Theoderici prope Remos abbate, tunc monacho Signiacense*, in Migne, *Patrol. lat.* vol. 185, p. 230, lib. i., cap. iii., § 7.

CCXIII. [fo. 132$^{vo}$] The fable of the weasel, which begged the man who had caught her to let her go, alleging that she kept his house free from mice. The man answered: "I shall not let you go, for you did not intend to free my house from mice, but to be the only one to devour my bread."

Brit. Mus. MS. Harl. 463, fo. 17 b.

CCXIV. [fo. 133$^{vo}$] There is a certain place in Normandy called Walter's Leap, because a foolish man named Walter leaped from the spot to show his mistress that he loved her so much that he would shun no danger for her sake. She likewise promised to follow him wherever he went. When, however, she saw Walter drowned, she was unwilling to follow him, and shortly after took up with another lover.

Brit. Mus. MS. Harl. 463, fo. 17 b (printed in Wright's *Latin Stories*, 49). There are versions in *Étienne de Bourbon*, 474 (p. 408), and in Pauli's *Schimpf und Ernst*, ed. Oesterley, 596.

CCXV. [fo. 133$^{vo}$] A wolf carried off a sheep but did not tear its throat at once for fear it would attempt to escape and impede the wolf's flight. So the wolf bore the sheep gently upon its back until it reached a place of safety in the forest, and there devoured it.
Brit. Mus. MS. Harl. 463, fo. 17 b.

CCXVI. [fo. 133$^{vo}$] A priest, whom Jacques de Vitry knew, was accustomed on Sundays, when he admonished his people to pray for the dead, to say: "Do not pray for the soul of my father, who was a usurer, and refused to restore his ill-gotten gains." This he said to frighten other sinners, and especially usurers.
Brit. Mus. MS. Harl. 463, fo. 17 b.

CCXVII. [fo. 134$^{vo}$] The fable of the lean wolf and the sleek dog. The wolf prefers his liberty and hunger to the dog's servitude and plenty.
*Fables inédites*, par A. C. M. Robert, i. 24 (La Fontaine, i. 5); *Œuvres de J. de La Fontaine*, par H. Regnier, i. 70; Pauli, *Schimpf und Ernst*, ed. Oesterley, 433.
This Æsopian fable (ed. Furia, 361, comp. 136; Phaedrus, iii. 7; Romulus, iii. 15) is found in Vincent of Beauvais, *Speculum Historiale*, iii. 6, in Hervieux, op. cit. ii. 242; *Scala Celi*, fo. 76$^{vo}$; Bromyard, *Summa Praedicantium*, M. viii. 32; Bareleta, *Sermones de Sanctis*, Lyons, 1505, In festo St. Martini, fo. 38; *Libro de los Enxemplos*, 176.
Brit. Mus. MS. Harl. 463, fo. 17 b.

CCXVIII. [fo. 134$^{vo}$] A Jew, playing dice with a Christian, was shocked to hear the latter curse God because he lost. The Jew stopped his ears, and fled, leaving his money behind.
Brit. Mus. MS. Harl. 463, fo. 17 b, col. 2.

CCXIX. [fo. 134$^{vo}$] A knight, at Paris, while crossing a bridge, heard a wealthy burgher blaspheming God. The knight dealt him a terrible blow on the mouth, and broke his teeth. The knight was brought before the king, and excused himself on the ground that he would be unable to hear his earthly king reviled without avenging him, much less his heavenly king. The king commended him highly, and set him at liberty.

Étienne de Bourbon, 385 (p. 340), tells the story as occurring in the reign of Philippe-Auguste (Lecoy de La Marche cites the story of J. de V. in full in the note). The story is found in Brit. Mus. MS. Harl. 463, fo. 17 b, col. 2.

That the story is merely legendary, and does not rest upon any historical basis, is shown by the fact that there is an Italian version in *Novellette, Esempi morali e Apologhi di San Bernardino da Siena*, Bologna, 1868 (*Scelta di Curiosità letterarie*, Disp. xcvii.), Racconto viii. p. 18, where the story is told as happening at Florence, at the house of the Podestà, whose servant opened the door with blasphemies when a man wished to enter. The man beat the servant, and was taken before the Podestà to answer for his conduct. The remainder of the story is like the above versions.

The Spanish version in *El Libro de Exemplos*, 53, in the *Romania*, vol. vii. p. 514, is probably from Jacques de Vitry, the king is Louis (St. Louis, at the beginning of whose reign Jacques de Vitry wrote).

CCXX. [fo. 134$^{vo}$] A woman, accustomed to swearing, was exhorted by her priest at confession to renounce the habit. She replied: "Sir, God help me, I'll not swear again." The priest said: "You have just sworn." "By God, I'll refrain from it again." The priest told her her speech should be "yea, yea," and "nay, nay," as the Lord had commanded, for more than this was wrong. She replied: "Sir, you are right, and I tell you by the blessed Virgin, and all the saints, that I will do as you command me, and you shall never hear me swear."

*Étienne de Bourbon*, 377 (p. 333). This story is found, as usual, in Brit. Mus. MS. Harl. 463, fo. 17 b, col. 2 (printed in Wright's *Latin Stories*, 68).

CCXXI. [fo. 134$^{vo}$] A quarrelsome woman accused her husband, in the presence of many others, of being lousy. He asked her, many times, to refrain from insulting him so. She continued, however, and her husband, in his anger, threw her into the water. When she was nearly drowned, and could not speak, she still held up her hands, and made with her fingers the gesture of killing a louse.

Brit. Mus. MS. Harl. 463, fo. 18 (printed in Wright's *Latin Stories*, 8); *Dialogus Creaturarum*, ed. Graesse, Dial. 30.

Copious references to modern versions will be found in Pauli, *Schimpf und Ernst*, ed. Oesterley, 595, to which may be added *Contes populaires recueillis en Agenais*, par M. J. F. Bladé, p. 113, and Köhler's note, p. 155.

CCXXII. [fo. 134ᵛᵒ] A woman was crossing a field with her husband, who said, "This field is mowed." She replied, "No; it is shorn." Her husband said, "It is mowed with a scythe." She answered, "It is shorn with shears," and begin to quarrel for a long time. Finally, her husband in a rage cut out her tongue. Notwithstanding which, she made the sign of the shears with her fingers to show that the field was shorn, and when she could not quarrel with her tongue she did so with her fingers.

Brit. Mus. MS. Harl. 463, fo. 18 (printed in Wright's *Latin Stories*, 9); *Dialogus Creaturarum*, ed. Graesse, Dial. 30; *Magnum Speculum Exemplorum*, ed. Major, *Pertinacia*, i. ("Gotschalcus [Hollen], ser. 82, lit. E, partis aestivalis"). Mediæval French versions may be found in *Recueil général et complet des Fabliaux des XIIIᵉ. et XIVᵉ. Siècles*, ed. A. de Montaiglon et G. Reynaud, vol. iv., p. 154, "Le Pré tondu." See also Le Grand d'Aussy, *Fabliaux*, Paris, 1829, iii., p. 185, and Dunlop-Liebrecht, p. 516.

For a similar story in modern Italian folk-tales, see Crane's *Italian Popular Tales*, pp. 285, 378.

CCXXIII. [fo. 135ʳᵒ] A knight in the diocese of Artois neglected his wife for a mistress. The wife complained of this frequently to the image of the Virgin, who said to her one night in a vision, "I cannot avenge you on that woman, for although she is a sinner she bows before me a hundred times a day, and says, 'Ave Maria.'" The wife awoke, and went sadly away.

One day, however, when she met her husband's mistress, she upbraided her for taking her husband from her, and said she had complained to the Virgin of her, but she had so enchanted the Virgin by saluting her daily a hundred times that she would take no vengeance upon her. The wife declared that she would appeal to the Virgin's son, who would do her justice. The woman, touched by the Virgin's forbearance, fell at the wife's feet, and promised that henceforth she would have nothing to do with her husband.

This story is taken from Guibert de Nogent (died 1124), *Liber de Laude S. Mariae* (Migne, *Patrol. Lat.*, vol. 156, p. 572), cap. xii., "Ex relatione Atrebatensis episcopi mulier quaedam fuerat." The story is also found in Gautier de Cluny or de Compiègne, *De Miraculis beatae Virginis Mariae*, 2 (in Migne, *Patrol. Lat.*, vol. 173, p. 1379). Gautier lived in the first half of the twelfth century, and his version agrees in the main with Guibert's. There is also a version in Brit. Mus. MS. Harl. 463, fo. 18; and many other inedited versions are cited by Mr. G. F. Warner in his notes to *Miracles de Nostre Dame*, collected by Jean Miélot, secretary to Philip the Good, Duke of Burgundy, Roxburghe Club, 1885, No. xv., p. xiv. Mr. Warner also cites Vincent of Beauvais, *Speculum Historiale*, vii. 100, and two French versions in verse, one by Gautier de Coincy and the other by Adgar. For the latter version, see C. Neuhaus, *Altfranzösische Bibliothek*, vol. ix. Heilbronn, 1886, *Adgar's Marienlegenden*. p. 209. See also A. Mussafia, *Studien zu den Mittelalterlichen Marienlegenden*, Vienna, 1887, pp. 13, 15.

CCXXIV. [fo. 135ʳᵒ] A good woman who often went to preaching sometimes remained home to guard her house and give her maid a chance to go to church, even lending her own cloak to her.

CCXXV. [fo. 135ʳᵒ] A drunken man put a ploughshare in a bag and beat his wife with it. When the neighbours flocked in at her outcries, the husband said he was beating her with a bag only. He was brought before the judge and swore that he had touched her with nothing but a bag, and his neighbours were obliged to confirm his statement, and so he got off without any punishment.

Brit. Mus. MS. Harl. 463, fo. 18, col. 2.

CCXXVI. [fo. 135ᵛᵒ] The embraces of a drunken man cause the miscarriage of his wife.

Brit. Mus. MS. Harl. 463, fo. 18, col. 2.

CCXXVII. [fo. 136ʳᵒ] A man had a wife so contrary that she always did the reverse of what he commanded, and received in a surly manner the guests whom he often asked to dinner. One day he invited several to dine with him, and had the table set in the garden near a stream. His wife sat with her back to the water, at some distance from the table, and regarded the guests with an unfriendly face. Her husband said: "Be cheerful to our guests, and draw nearer the table." She, on the contrary pushed her chair farther from the table and nearer the edge of the stream at her back. Her husband, noticing this, said angrily: "Draw near the table." She pushed her chair violently back and fell into the river and was drowned. Her husband, feigning great grief, entered a boat and began to seek his wife up the stream with a long pole. When his neighbours asked him why he looked for his wife up the stream instead of below as he should do, he answered: "Do you not know that my wife always did what was contrary and never walked in the straight way? I verily believe that she has gone up against the current and not down with it like other people."

This appears to be the oldest version of this well-known story, copious parallels of which may be found in the notes of Oesterley to Pauli, *Schimpf und Ernst*, 142; *Fables inédites*, par A. C. M. Robert i., 212 (La Fontaine, iii. 16), and *Œuvres de J. de La Fontaine*, par. H. Regnier, i. 247.

Étienne de Bourbon twice cites this story, 244 (p. 205), 299 (p. 252), with due acknowledgment of his source.

The story is found in Brit. Mus. MS. Harl. 463, fo. 18 b. (printed in Wright's *Latin Stories*, 10) and in Holkot, *In Librum Sapientiae Regis Salomonis*, ed. cit. Lectio xxx., viii., p. 136 (a brief reference: "Nota de illo qui uxorem submersam quaesivit contra cursum aquae et cum a quodam quaereretur, quare eam sic quaereret; respondit, quia sibi semper contraria fuisset"); *Scala Celi*, fol. 87ᵛᵒ; *Speculum Exemplorum*, ed. Major, *Pertinacia*, ii. (Gotschalus [Hollen], ser. 82, lit. E., partis aestivalis").

The modern versions are cited by Oesterley, among them are two from old English jest-books, viz., *Mery Tales, Wittie Questions, and Quicke Answers*, lv., p. 72 (in *Shakespeare Jest-Books*, ed. Hazlitt, vol. i); and *Pasquil's Jests*, p. 27 (*Shakespeare Jest-Books*, vol. iii.,) Oesterley's reference to *Jacke of Dover's Quest of Inquirie*, p. 327 (*Shakespeare Jest-Books*, vol. iii) is incorrect.

CCXXVIII. [Fo. 136ʳᵒ] A man who had a disobedient wife pretended he was going to market and said to her: "Whatever you do, do not put your finger into this hole." Then he departed as if he were going to market, and hid himself in a house near by. His wife began to wonder why he had forbidden her to do this thing and determined to find out, so she thrust her finger violently in the hole where it was pierced by a sharp nail which her husband had put there. At her outcries neighbours and husband rushed in. Another time she obeyed her husband's commands.

Brit. Mus. MS. Harl. 463, fo. 18 b (printed in Wright's *Latin Stories*, 12, p. 14); *Dialogus Creaturarum*, ed. Graesse, Dial. 90; Pauli, *Schimpf und Ernst*, ed. Oesterley, 318.

CCXXIX. [fo. 136ʳᵒ] Certain men will not refrain from embracing their pregnant wives, and thus cause the death of their offspring and deprive them of the benefits of baptism.

CCXXX. [fo. 137ʳᵒ] A certain husband guarded his wife so closely that he never allowed her to leave the house without him. She considered often how she could deceive her keeper, and finally sent word to her lover to await her in a certain house. While she was passing in front of this house, she let herself fall into the mud, pretending that her feet had slipped, and dirtied her whole dress. She said to her husband: "Wait for me here at the door for I must remove my dress and clean it." So saying, she entered the house, spent some time with her lover, came out with clean garments, and thus deceived her husband.

This story should have an Oriental source, but I have been unable to discover it.

The story is quoted from Jacques de Vitry by Étienne de Bourbon, 457 (p. 394); the editor cites in his note versions in *Les Cent Nouvelles Nouvelles*, xxxviii., from which La Fontaine took his *Conte* (ii. 10): "On ne s'avise jamais de tout," and in Bonaventure des Périers, xvi. There is also a version in Brit. Mus. MS. Harl., 463, fo. 18 b (printed in Wright's *Latin Stories*, xi., should be xii., p. 15; Wright cites *Contes d'Eutrapel*, chap. xii.), and in M. Scotus, *Mensa Philosophica*, p. 232.

This story has also furnished an episode in the romance of *Eracles*, written in the twelfth century by Gautier d'Arras, and which served as the base of a German poem, *Eraclius*, by one Otto, probably Otto of Freysingen. Both poems were published by H. F. Massmann in the *Bibliothek der gesammten deutschen National-Literatur*, vol. vi., Quedlinburg und Leipzig, 1842. The episode in question is found in *Eracles*, l. 4442, 4498 et seq., and in *Eraclius*, l. 3645 et seq.

CCXXXI. [fo. 137ro] A woman who hated her husband made him drunk, and sending for some monks said to them: "My husband is dying, and asked me to allow him to take the habit." The monks rejoiced, because the man was rich, and his wife promised them much on his behalf. When he was tonsured and clothed in the habit, his wife began to lament so loudly that the neighbours all flocked to the house. The monks put the man on a cart and took him to their monastery. The next day he had slept off his wine, and awoke to find himself a monk in a cloister. Although deeply grieved, he did not dare to return home from shame and fear of being called an apostate.

This story belongs to a very popular story-cycle, in which three women find some object of value, and agree that it shall belong to the one who plays the greatest joke on her husband. This cycle has been examined very carefully by F. Liebrecht in the *Germania*, xxi., 385, reprinted in *Zur Volkskunde, Alte und neue Aufsätze*, von Felix Liebrecht, Heilbronn, 1879, p. 124. Liebrecht does not cite any versions from the mediæval sermon-books, in which, I believe, the story does not occur as a whole. The one story in the text, however, may be found in *Étienne de Bourbon*, 458 (p. 395), cited from Jacques de Vitry; *Scala Celi*, fo. 87; Herolt (Discipulus),

*Promptuarium Exemplorum, Ebrietas*, vi.; *Libro de los Enxemplos*, ccxxxvi. See also Clouston's *A Group of Eastern Romances and Stories*, 1889, pp. 355, 549.

There is also a version as usual in Brit. Mus. MS. Harl. 463, fo. 18 b, col. 2 (printed in Wright's *Latin Stories*, 65).

CCXXXII. [fo. 137ro] There was once a woman who loved her husband greatly during his life, and after his death would not leave his grave day or night. It happened at that time that a certain knight, who had deeply offended the king, was hung on a gallows set up near the cemetery. The king commanded one of his knights to guard the man who had been hanged, so that his relatives should not carry his body away, saying: "If you do not guard him well, I shall do unto you as I did to him." After the knight had guarded the hanged man for some time, he grew very thirsty one night, and seeing a light in the cemetery went there and found the woman mourning over her husband. While the knight was drawing and drinking some water, the relatives of the hanged man came secretly and took his body away. When the knight went back to his post and did not find the hanged man, he returned in consternation to the woman and began to lament and weep. She, casting her eyes on the knight, said: "What will you do for me if I can deliver you and all your goods from the king's hand?" He answered: "Whatever I can do, I will do willingly; but I do not see how you can help me." The woman replied: "Swear that you will marry me, and I will free you from the danger of the king's anger." After he had sworn to marry her, she said: "Let us take my husband's body and hang it secretly upon the gallows." They did so, and the king believed that it was the body of that malefactor, and so the knight escaped.

This is the famous story technically known as "The Matron of Ephesus. The extensive literature of this tale may best be found in *Fables inédites*, par A. C. M. Robert, ii., 430; Loiseleur-Deslongchamps, *Essai sur les Fables indiennes*, Paris, 1838, p. 161; Dunlop-Liebrecht, pp. 41, 464; Keller, *Li Romans des Sept Sages*, Tübingen, 1836, p. clix; Keller, *Dyocletianus Leben*, Quedlinburg und Leipzig, 1841, p. 49; Benfey, *Pantschatantra*, i., 460; D'Ancona, *Il Libro dei Sette Savj di Roma*, Pisa, 1864, p. 118; D'Ancona, *Studj di Critica*, etc., p. 322 (also in *Romania*, vol. iii., p. 175); Clouston,

*The Book of Sindibad,* 1884, p. 338; Grisebach, *Die Treulose Wittwe,* Vienna, 1873 (there is a later edition, Berlin, 1883-1886, which I have not seen); Clouston's *Popular Tales and Fictions,* i., p. 29.

The following articles in periodicals may also be consulted with profit: Dacier, *Examen de l'histoire de la matrone d'Éphèse* in *Mémoires de l'Académie des Inscriptions,* xli., p. 235; *Histoire littéraire de la France,* xxiii., 71; and Köhler in *Jahrbuch für roman. und eng. Literatur,* xii., 407.

The enormous vogue of this story is due to the fact, that it is found in some of the collections of fables derived from Phaedrus, ed. Jannelli, i., 14 (cited by D'Ancona); ed. Perotti, app. xv., in Hervieux, op. cit. ii., 66; and *Romulus,* ed. Oesterley, iii., 9; and also in the Occidental versions of the Seven Wise Masters.

The most important of the sporadic versions is that in John of Salisbury's *Policraticus* (viii., 11; Migne, *Patrol. Lat.,* vol. 199, p. 753). As the author died in 1180, his version might (as well as that in *Romulus*) be the source of Jacques de Vitry's story.

Étienne de Bourbon, 460 (p. 395), cites the story from Jacques de Vitry, and there is a version as usual in Brit. Mus. MS. Harl. 463, fo. 18 b, col. 2. I do not know of any other versions in mediæval sermon-books, except one in *Scala Celi,* which, as was first shown by Karl Gödeke, in *Orient und Occident,* iii., p. 385, contains, fo. 125-137, a version of the Seven Wise Masters, condensed from an unknown Latin original, cited by the author as "Liber de Septem Sapientibus." The story in question occurs on fo. 134.

CCXXXIII. [fo. 138ro] A demon in France named Guinehochet revealed many secret things speaking through the mouth of one possessed. A man to try him asked him: "Tell me how many children I have?" Guinehochet answered: "You have only one son." Then the man called the neighbours and said that Guinehochet had lied in telling him that he had only one son, since they all knew that he had two. Guinehochet mocking him answered: "I told the truth, you have only one, for the other is the priest's." The man in shame and anger asked the demon to tell him which was the priest's son so that he could turn him out of doors. The demon refused, saying: "You must either drive both away or feed both."

Brit. Mus. MS. Harl. 463, fo. 19 (printed in Wright's *Latin Stories*, 15; another version is given on p. 43, No. 44, from MS. Arundel, No. 52, fo. 114); M. Scotus, *Mensa Philosophica*, p. 241.

CCXXXIV. [fo. 138ʳᵒ] A stork which had to do with another than her mate washed herself in water so that he would not perceive it. One day she could not do this because the water was frozen and thus her faithlessness was detected. Her mate refused to enter the nest and brought a great number of storks, which, with their beaks, rent to pieces the adultress. It is also said that the lion instinctively recognizes an adulterer and attacks him, which he does not do to one who has been guilty of fornication only.

Brit. Mus. MS. Harl. 463, fo. 19; *Étienne de Bourbon*, 181 (p. 159); *Gesta Romanorum*, 82; Cæsar of Heisterbach, *Dialogus Miraculorum*, x, 60; Alexander Neckam, *De Naturis Rerum* (Rolls Series) p. 112; Bartholomew Glanville, *De Proprietatibus Rerum*, Strasburg, 1505, Lib., xii., 8; *Scala Celi*, fo. 7. Many other references may be found in Oesterley's notes to the *Gesta Romanorum* cited above.

CCXXXV. [fo. 138ʳᵒ] A wife importuned her husband to tell her what went on in the city council. At length, worn out by her entreaties, he told her that it had been decided to allow each man to have several wives, but the council did not wish the decree to be promulgated at once. As soon as the wife heard this she proceeded immediately to the council and protested against the injustice of the decree, saying that one wife would be enough for several husbands, but not one husband for several wives. When the members of the council understood the husband's precaution they praised him highly.

For the literature of this story see Oesterley's notes to Pauli's *Schimpf und Ernst*, 392, and *Gesta Romanorum*, 126, and D'Ancona, *Studj di Critica e Storia letteraria*, p. 329. Versions are found in *Scala Celi*, fo. 49ʳᵒ ("Macrobius"); Gritsch, *Quadragesimale*, s. l. et a, Serm. xxxiv, K ("Macrobius"); *Libro de los Enxemplos*, cccxxxviii.

There is an inedited version in Brit. Mus. MS. Harl. 463, fo. 19, and an old English one in *Shakespeare Jest-Books*, ed. W. C.

Hazlitt, vol. i., *Mery Tales and Quicke Answeres*, p. 31, xxi. ("Aulus Gellius").

CCXXXVI. [fo. 138ᵛᵒ] A man had a curious and light-minded wife who asked him as he was setting out on a pilgrimage to St. James to command her to do something in his memory until he returned. Her husband said he had nothing now to command her, that if she guarded the house and the servants it would be enough. She answered that she wished him to enjoin her to do something in token of her obedience and love. As she insisted upon it her husband said: "I command you not to enter that oven until I return." After his departure she began to wonder why he had forbidden her to do this, thinking that, perhaps, he had hidden something there which he wished to conceal from her. Straightway she entered the oven and began to search every crack and pull out the stones. At last the oven fell in upon her and broke her back. Her confusion can be imagined when her husband returned and learned the truth.

Brit. Mus. MS. Harl. 463, fo. 19, col. 2.

Herolt (Discipulus) *Promptuarium Exemplorum*, O, xii; *Libro de los Enxemplos*, ccxl; Pauli, *Schimpf und Ernst*, ed. Oesterley, 318.

CCXXXVII. [fo. 138ᵛᵒ] As a man and his wife, who always contradicted him, were returning from market a hare ran across their path and escaped. The husband said: "How pretty and fat that hare is, if we had caught it we would have eaten it fried with onions and gravy." The wife answered: "I would rather eat it with pepper." The husband declared it was better when cooked with broth and gravy. The wife denied it and would not agree with her husband, who ended by giving her a sound beating. She began to ponder upon the way to avenge herself, and hearing that a certain king was very ill she went to his servants and said: "I have a husband who is an excellent physician, but conceals his learning and will never help any one unless compelled to do so by fear and blows." The husband was taken into the king's presence and asked to cure his illness. He refused and declared he was not a physician. At last the king's servants told what the man's wife had said, and the king ordered him to be beaten. When he could not be persuaded in this way he was beaten again and again and thrust from the king's presence.

This story, which has been immortalised by the use made of it by Molière in his *Le Médecin malgré lui*, is the subject of an old French *fabliau*, *Du Vilain mire*, or, as it is called in one of the collections, *Le Médecin de Brai*. Molière probably took his play from the *fabliau*, and *fabliau* and *exemplum* probably had their source in the oral popular literature of the Middle Ages.

For the *fabliau*, see Barbazon et Méon, *Fabliaux et Contes*, Paris, 1808, vol. iii., p. 1; Le Grand d'Aussy, *Fabliaux ou Contes*, Paris, 1829, vol. iii., p. 1; Montaiglon et Raynaud, *Recueil complet des Fabliaux*, Paris, 1878, vol. iii., p. 156.

For Molière's use of the story see *Œuvres de Molière*, par MM. E. Despois et P. Mesnard (*Les Grands Écrivains de la France*, Paris, Hachette, 1881), vol. vi., p. 9. For the story in general, consult Dunlop-Liebrecht, pp. 207, 274.

There is a version in Brit. Mus. MS. Harl. 463, fo. 18, col. 2, and one in M. Scotus, *Mensa Philosophica*, p. 233. Lecoy de la Marche prints J. de Vitry's version in a note to p. 206 of *Étienne de Bourbon*.

The *fabliau* discussed above contains three episodes, of which the *exemplum* in the text is the first and principal one. The second, the cure of the king's daughter by making her laugh, is not found in Jacques de Vitry. The third, the cure of the sick people of the country, is found as an independent story later in No. CCLIV.

CCXXXVIII. [fo. 138$^{vo}$] The husband of a good woman was thrown into prison by his lord, who commanded that no food or drink should be given him, so that he should die of hunger. His wife, however, visited him every day, and nourished him with her own milk. After a fortnight the lord asked if he was dead, and when he learned that he still lived he believed that some of his servants had given him food. So he sent for the prisoner and exterted the truth from him. When the lord learned what the true wife had done, he sent for her and gave her back her husband.

Compare the two stories in Valerius Maximus, *Factorum et dictorum memorabilium libri novem*, ed. C. Kempf, Berlin, 1854, Lib. v. 4, 7, 1 (p. 425), of the daughter who nourished her mother, and of Perus, who saved her father's life in the same way. The former version is told by Festus, s. v. *Pietati*, ed. Müller, p. 209; Pliny, vii. 36, is like Valerius Maximus. The first of Valerius's stories is found in the *Gesta Romanorum*, 215. The story occurs also in the following mediæval sermon-books, which I have examined: *Scala Celi*, fo. 39 ("Valerius," daughter and mother); *Dialogus Creaturarum*, ed. Graesse, Dial. 94 ("Valerius," daughter and mother); Herolt (Discipulus) Sermones, xxiv. U. ("Valerius," daughter and mother); Bernard. de Bustis, *Rosarium*, ed cit. i., p. 142 b (daughter and father); both stories are in *Libro de los Enxemplos*, c. cii.; M. Scotus, *Mensa Philosophica*, p. 116, cites Valerius for story of daughter and mother; and there is a version, as usual, in Brit. Mus. MS. Harl. 463, fo. 19 b. Other references may be found in Oesterley's notes to the *Gesta Romanorum* cited above, and Köhler's notes to *Girart von Rossilhe* in *Jahrbuch für rom. und eng., Lit.* xiv., p. 26.

Mr. H. L. D. Ward says of this story: "A mediæval version of the story, connected with the Temple of Piety at Rome, where there was said to have been formerly a prison, and where (according to modern ciceroni) the church of St. Nicholas in Carcere now stands. See the account given by John Cam. Hobhouse in his *Historical Illustrations of the Fourth Canto of Childe Harold*, London, 1818, pp. 295-300."

CCXXXIX. [fo. 138ᵛᵒ] A holy priest once saw, during a great festival, the devil trying to stretch a piece of parchment with his teeth. He asked him what he was doing, and the devil answered that he was writing down the idle words spoken in the church, and because more than usual were uttered that day, on account of the great festival, the piece of parchment was not long enough, and he was trying to stretch it with his teeth. The priest told the people this, and they began to grieve and repent; and, as they did so, the devil destroyed what he had written, until the sheet of parchment remained blank.

Compare Jacques de Vitry, No. XIX., and *Étienne de Bourbon*, 212 (p. 184).

Inedited versions are found in Brit. Mus. MS. Harl. 268, fo. 163 (ascribed to Jacques de Vitry); Harl. 463, fo. 19 b; MS. 26,770, fo. 78.

Versions are also found in Herolt (Discipulus) *Promptuarium Exemplorum*, E. xvi.; *Scala Celi*, fo. 44; *Magnum Speculum Exemplorum*, ed. Major, *Ecclesia*, v. ("Joannes Junior," *i.e.*, *Scala Celi*); *Recull de Eximplis*, dxii. ("J. de V."); Robert of Brunne's *Handlyng Synne*, Roxburghe Club, 1862, p. 287.

The story is also found (with a curious woodcut) in *Buch des Ritters vom Thurn von den Exempeln der Gottesfercht und Ehrbarkeit*, Basel, 1493. I have not seen the book, but take my reference from *Die Deutsche Bücherillustration der Gothik und Frührenaissance* (1460, bis 1530), von R. Muther, 2 vols., München und Leipzig, 1884, fol. The story in question occurs on p. 125, of vol. ii., at least the amusing illustration is there given with the title: "Wie der tufel bynder der mess die klapperig etlicher frowen uffschreib und im das berment zu kürz wart vnnd ers mit den zenen uss eynander zoch."

There is an Italian version in *Corona de' Monaci*, Prato, 1862, p. 61.

CCXL. [fo. 139ᵛᵒ.] A priest took his concubine with him to the house of an honest woman, and at night asked where a bed had been prepared for them. The hostess showed them the privy, and declared they could sleep nowhere else. They withdrew in great confusion.

Brit. Mus. MS. Harl. 463, fo. 19 b.

CCXLI. [fo. 139ᵛᵒ] Another priest was given his option by the bishop to abandon his concubine or give up his parish. He preferred to quit his parish; but when the woman saw that he had resigned a rich parish, and become poor, she forsook him.

Brit. Mus. MS. Harl. 463, fo. 19 b.; M. Scotus, *Mensa Philosophica*, p. 256; *Shakespeare Jest-Books*, vol. iii., *Certaine Conceyts and Jeasts*, p. 6, No. 11 (from Scotus).

CCXLII. [fo. 139ᵛᵒ] In some places the concubines of priests are so hated that no one will give them or take from them the kiss of peace. It is the common opinion that to do so deprives one of his share in the mass. Hence, for their derision, people are wont to use a certain charm by which the mice are kept away from the grain. It is as follows:—

" I conjure you, rats and mice,
  To have no part in these heaps of grain,
  Any more than he has part in the mass,
  Who receives the kiss of peace from the priestess."

Lecoy de la Marche cites this story in his edition of Étienne de Bourbon, p. 391, n. 1.

The story in the text is found, as usual, in Brit. Mus. MS. Harl. 463, fo. 19 b, col. 2 (printed in Wright's *Latin Stories*, 74).

CCXLIII. [fo. 140vo] A woman wore so long a train to her dress that it raised the dust to the altar, and even the crucifix. As she was leaving the church, and holding up her train on account of the mud, a holy man saw a devil laughing, and conjured him to tell the reason. The devil replied: " A companion of mine was sitting just now upon that woman's train, and using it as his carriage. When the woman raised her train my companion fell off into the mud, and that was the cause of my laughter."

Brit. Mus. MS. 11,284, fo. 63 b (referred to Jacques de Vitry); Harl. MS. 463, fo. 19 b, col. 2 (printed in Wright's *Latin Stories* 16). The story is cited from Jacques de Vitry by Étienne de Bourbon, 282.

Other versions may be found in Cæsar Heisterb, *Dial. Mirac.* v. 7 (ed. cit., vol. i. p. 287), where it is told as occurring at Mainz; Roberd of Brunnè's *Handlyng Synne*, p. 109 (found only in the original of Wadington); Herolt (Discipulus), *Sermones*, 83, H., and *Promptuarium Exemplorum*, S. xiii. (where Cæsar Heisterb. is cited); *Vie des Anciens Pères*, ed. Tobler in *Jahrbuch für roman und eng. Lit.* vii., p. 424 (told of St. Jerome); *Libro de los Enxemplos*, cccliv.

CCXLIV. [fo. 140vo] The devil begat nine daughters by his wife, and married eight of them to as many different classes of men: Simony to prelates and clergy; Hypocrisy to monks and " falsis religiosis "; Rapine to soldiers; Usury to burghers; Knavery to merchants; Sacrilege to farmers who do not pay their tithes; Dishonest Service to workmen; Rich and Unnecessary Clothing to women. The ninth daughter, Lust, would not be married to any one class, but gave herself to all like a vile harlot.

The only version of this story which I have been able to find is in *Fiore di Virtù*, Napoli, 1870, p. 74, where a very brief version is given, attributed to the *Vite dei Santi Padri*. In the *Revista Critica della Letteratura Italiana*, Florence, 1887, Anno IV., Num. 4, p. 120, the story is mentioned as contained in Cod. 619, parchment, xii.-xiii. cent. fo. 77b, of the Vatican Library.

There is a *dit* in Jubinal, *Nouveau Recueil*, Paris, 1836, I. p. 283, "C'est li Mariages des Filles au Diable," which seems incomplete, and has a very slight connection with the story in our text. It is a long tirade against the prevailing vices of the day. The marriage of these vices as daughters of the Devil is very slightly dwelt upon, as in the second strophe:

> En chevaliers maint roberie,
> Et en marcheans tricherie,
> Faintise en vivans de lor bras,
> Usure est as bourjois amie,
> Orguex ès dames se marie
> Et luxure au commun, hélas !

CCXLV. [fo. 140ᵛᵒ] A hermit was sorely tempted by love of a woman whom he had seen while he was yet in the world, nor did his temptation cease at her death. At last he went to her grave and obtained some of her remains, the stench of which soon cured him of his love.

Brit. Mus. MS. Harl. 463, fo. 19 b, col. 2.

The original story is found in *Vitae Patrum*, ed. cit., p. 495 (Lib. iii. 11). Other versions may be found in *Scala Celi*, fo. 112 (*Vitae Patrum*); *Magnum Speculum Exemplorum*, *Luxuria*, vii. (*Vitae Patrum*), *Oculi*, v. (Thomas Cantipratanus, *Bonum universale de Apibus*, 2, 30, 31, ed. cit. p. 339).

CCXLVI. [fo. 140ᵛᵒ] A lewd woman wagered that she could induce a holy hermit to sin with her. She went at nightfall to his cell, and asked for shelter against the cold and wild beasts, saying she had lost her way. The hermit took her in, built a fire to warm her, and gave her food. She began to tempt him, and the hermit, feeling his danger in spite of his prayers, thrust his fingers into the flame of the candle, and said to himself: "If you cannot endure this slight fire, how can you bear the flames of hell?" Thus in turn he burned all his fingers, and the temptation ceased. The woman was so horrified at this that she died of fright. The next morning the two companions of the woman with whom she had made the wager came to the hermit's cell and upbraided him with passing the night with a woman. When they entered the cell they found the woman dead, and the hermit told them what had happened, and showed them his fingers. When they learned the truth they were grieved, and confessed their sin, asking the hermit to pray for the woman's restoration to life. The prayer was granted, and the woman afterwards led a virtuous life.

Brit. Mus. MS. Harl. 463, fo. 20 (printed in Wright's *Latin Stories*, 17). The original is in the *Vitae Patrum*, ed. cit., p. 885 (Lib. v., 5, 37).

Other versions may be found in Odo de Ceritona (in Hervieux, op. cit. ii., p. 666): *Magnum Speculum Exemplorum*, *Foemina*, ii. (cites *Vitae Patrum*); *Libro de los Enxemplos*, clv., clxxxiv. (*Vitae Patrum*).

This story is also to be found in the *Vie des Anciens Pères* (Tobler in *Jahrbuch für roman und eng. Lit.*, vii., p. 405; Weber, *Handschriftliche Studien*, Frauenfeld, 1876, p. 11; G. Paris, *Vie de St. Alexis*, p. 218). It also occurs in the form of a French *fabliau* (*Hist. litt. de la France*, xiv., 859; xxiii., 132), which has been published by A. Keller: *Zwei Fabliaux einer Neuenburger Handschrift*, Stuttgart, 1840. Finally, an Italian version is in Zambrini, *Dodici Conti Morali d'Anonimo Senese*, Bologna, 1862, *Scelta di Curiosità*, ix. (see R. Köhler, in *Zeitschrift für rom., Phil.* i., p. 367), p. 10, Conto. iii. The editor cites versions in Cavalca, *Trattato della Pazienza*, and in *Tre Pie Narrazioni per cura dell' Avv. L. Del Prete*, Bologna, Tip. delle Scienze, 1858.

CCXLVII. [fo. 140ᵛᵒ] A monk who had been brought up from childhood in a monastery and had never seen a woman, once accompanied the abbot on a journey. While the abbot's horse was being shod the monk picked up the hot horseshoe in his hand, and was not burned, much to the abbot's surprise. They spent that night in the house of a secular family, and the monk, through ignorance, sinned with the wife of the host. On their return the horse had to be shod again, and the abbot told the monk to pick up the horseshoe. When he did his hand was burned. The abbot asked him what he had done, and, on learning the truth, shut him up in the cloister, and did not let him travel again.

Brit. Mus. MS. Harl. 463, fo. 20, col. 2.

The earliest version of this story which I have been able to find is in Thomas Cantipratanus, *Bonum universale de apibus*, ed. cit., p. 384 (2, 36, 2), the scene of the story being "in confinio Burgundiae," and the youth having been brought up "in monasterio ordinis sancti Benedicti apud Cluniacum." This story is taken from Thomas, with acknowledgment, by Herolt (Discipulus), *Promptuarium Exemplorum*, I., xxx.: and *Magnum Speculum Exemplorum*, Castitas, xi.

CCXLVIII. [fo. 140vo] A wicked woman, when she wished to see her lover, used to tell her husband that he was ill, and must not leave his bed until she returned. The husband believed everything she said, and obeyed her. One day she told her lover that she was more fond of him than of her husband. The lover demanded as a proof of this that she should bring him her husband's best tooth. Upon her return to her home she began to weep and feign sadness. When her husband asked her what the matter was she said she did not dare to tell him. Finally she yielded to his entreaties, and told him that she could not endure his foul breath. He was surprised and grieved, and said, "Why did you not tell me; is there any remedy for it?" She replied that the only remedy was to have drawn the tooth from which the odour proceeded. He followed her advice, and had drawn the good and sound tooth which she pointed out, and which she took at once and carried to her lover.

Brit. Mus. MS. Harl. 463, fo. 20, col. 2 (printed in Wright's *Latin Stories*, 18).

This story constitutes one of the three tests to which the lover subjects his mistress in Boccaccio's *Decameron*, vii. 9 (Landau, *Die Quellen des Dekameron*, 1884, p. 79). It is also found in an Italian popular tale: Pitrè, *Fiabe Novelle e Racconti*, Palermo, 1875, vol. iii., p. 255, *Li Tri Cumpari* ("The Three Gossips"), see Liebrecht, *Zur Volkskunde*, p. 133. Another episode in the same story (where wife intoxicates husband and makes him assume the monastic habit) occurs above in No. CCXXXI.

CCXLIX. [fo. 142ro] The fable of the crow which arrayed itself in borrowed plumage, and at the command of the king of the birds was despoiled of them and left in its ugly nakedness.

Brit. Mus. MS. Harl. 463, fo. 20 b. (printed in Wright's *Latin Stories*, 53).

*Fables inédites*, par A. C. M. Robert, i., 247 (La Fontaine, iv., 9); *Œuvres de J. de la Fontaine*, par H. Regnier, i., 298; Kirchhof, *Wendunmuth*, ed. Oesterley, 7, 52.

This Æsopian fable (ed. Furia, 78; Phaedrus, i., 3; Romulus, ed. Oesterley, ii., 16), is found in Vincent of Beauvais, *Spec. Hist.* in Hervieux, op. cit., ii., 239; Odo de Ceritona in Hervieux, op. cit. ii., p. 600; *Scala Celi*, fo. 80vo; *Dialogus Creaturarum*, ed. Graesse, Dial., 54; Bromyard, *Summa Praedicantium*, A., xii., 35.

CCL. [fo. 142ro] An old woman failed to persuade a certain matron to accept the love of a young man. Then she said to the youth: "Pretend to be ill and let that woman know that you are ill from love of her." Now the old woman had a little bitch which she kept without food for three days, and then gave bread and mustard and took to the house of the woman. There the dog began to weep on account of the mustard, and when the matron asked why it was, the old woman said with a sigh: "This bitch was once a woman who allowed a youth to die from love of her. When he was very ill he changed the woman into a bitch by means of certain spells. This God permitted for her sin in letting a man die whom she could have saved, and now too late she laments that she did not consent to his love while she lived." The matron feared lest the same thing should happen to her and accepted the youth as her lover.

Brit. Mus. MS. Harl. 463, fo. 20 b. (printed in Wright's *Latin Stories*, 13).

This famous story is first found in the Oriental versions of the Seven Wise Masters, but does not occur in any of the western versions, although it appears sporadically in mediaeval European literature. The literature of the story may most conveniently be found in *Gesta Romanorum*, ed. Oesterley, 28, and Loiseleur Deslongchamps, *Essai sur les fables indiennes*, Paris, 1838, p. 107. The earliest appearance of the story in Europe was in Petrus Alfonsi's *Disciplina Clericalis* (ed. Schmidt, p. 51; ed. Labouderie, p. 74), and somewhat later in the old Spanish translation of the Seven Wise Masters (*Libro de los Engaños*, ed. Comparetti, 11).

There are mediaeval versions of this story in *Scala Celi*, fo. 87; and Herolt (Discipulus), *Promptuarium Exemplorum*, V. 12, and some others mentioned in Oesterley's notes to *Gesta Romanorum*, to which may be added Tawney's translation of the *Katha Sarit Ságara*, i., p. 93, and Clouston's *Popular Tales and Fictions*, ii., p. 298.

CCLI. [fo. 142$^{vo}$] A husband discovered his wife with her lover, and laid in wait to kill him at a spot where he must pass in leaving the house. The wife sent for a crafty old woman to help her in this strait. The old woman told her to conceal her lover, and then went herself to where the husband was, and said: "The Lord be with you, and with your companions." The man answerd: "What are you saying? I am alone." She replied: "Sir, forgive me, for there is a certain hour in the day when eyes are so changed that they see two persons where there is only one." Then he began to think that possibly this had happened to him when he saw his wife, and he went to see if it were so. When he found his wife alone, he asked her pardon for believing ill of her.

Brit. Mus. MS. Harl., 463, fo. 20 b, col. 2 (printed in Wright's *Latin Stories*, 14).

A somewhat similar incident is found in the story-cycle to which Nos. CCXXI. and CCXLVIII. belong, and which is fully discussed in Liebrecht's *Zur Volkskunde*, p. 124 et seq. The closest parallel is that cited by Liebrecht, p. 135, from Arnason, *Islenzkar Pjőös*, i., 532. The following peculiar version is found in M. Scotus, *Mensa Philosophica*, p. 234: "Cum quaedam mulier à marito suo cum amasio inventa fuisset, illa habito consilio cum quadam vetula, invenit quod vir herbam Keruele vulgariter nominatam comedisset, et cum viro in platea occurrisset, ait: Deus salve vos ambos. Cui vir, Quomodo sic dicis, cum sim solus? Ipsa exter-gens oculos, ait: Ista maledicta herba Keruele, quam comedi, semper facit unum videri pro duobus. Recordatus quod in sero illam comederat, credens verum dictum vetulae, habuit uxorem excusatam."

CCLII. [fo. 142ʳᵒ] A noble lady, whom Jacques de Vitry knew, had a maidservant beaten and thrown out of the window into the river for acting as go-between.
Brit. Mus. MS. Harl., 463, fo. 20 b, col. 2.

CCLIII. [fo. 142ʳᵒ] The wild cat has a handsome skin, but when it is tamed and lies by the fire, it burns its tail and fur. Like this animal are women who permit liberties to be taken with them.
Compare No. CCIX.

CCLIV. [fo. 142ʳᵒ] Many lame and deformed came to the shrine of a certain saint to be healed. When they had remained there some time, and did not receive a cure, they took their departure during the service and made a great disturbance. The priest said to them: " Do you wish to be cured, so that you can walk and run ? " They answered: " We do, sir." Then the priest said: "Throw away your sticks," which they did, and he continued: "Wait a moment, until some fire is brought; for the one of you who is the greatest cripple must be burned and his ashes sprinkled upon the rest of you, who will thus be healed." Each feared he might be deemed the greatest cripple and be burned, and so made a desperate effort and ran away; nor was there a single one left who did not leave the place without his stick.
Brit. Mus. MS. Harl., 463, fo. 20 b, col. 2.

The above story is one of three episodes of a French *fabliau* which is the ultimate source of Molière's *Médecin malgré lui*. The first and principal episode is found above, in No. CCXXXVII., where the entire *fabliau* is discussed.

The present episode is found in the above mentioned *fabliau*, and in Poggio Bracciolini, *Facetiae*, cxc. (*Les Facéties de Pogge*, Paris, Lisseux, 1878, ii., p. 110), in this version the Cardinal of Bari, who has a hospital at Vercelli which brings him in little on account of the poor patients, sends one of his servants, Petrillo by name, to draw his revenue. Petrillo dresses himself as a physician, and tells the patients that the only medicine that can cure their ulcers is an ointment of human fat, and asks them to select one of their number to be boiled alive in water. The patients fled in terror, each one fearing the choice would fall on him.

Poggio's source may have been the *fabliau*, or more likely a popular Italian tale, a version of which still exists in Tuscany, under the title "Doctor Cricket" (*Il Medico Grillo*), see Pitrè, *Novelle popolari toscane*, Florence, 1885, lx., p. 283. The version in M. Scotus, *Mensa Philosophica*, p. 256, is probably from Jacques de Vitry; it is, like all others in this collection, singularly condensed: "Cum multi claudi venissent ad Ecclesiam cujusdam sancti ut ibi sanarentur, nec possent expelli à sacerdote, tunc dixit sacerdos, date mihi omnes baculos, ego vos omnes curabo, quo facto misit pro igne. Qui requisierunt ad quid? Dixit, magis claudus comburetur, et de pulvere ejus omnes curabimini; quo audito omnes fugerunt."

A popular German version is in Till Eulenspiegel (Simrock's *Die deutchen Volksbücher*, Frankfurt a. M., 1864, vol. x., p. 353), "Die siebenzehnte Historie sagt, wie Eulenspiegel alle Kranken in einem Spital auf einmal ohne Arznei gesund machte." The story resembles Poggio's, except that the sickest patient was to be burned to powder, and that was to be given the others to drink. The version in *Certayne Conceyts and Jeasts* (*Shakespeare Jest-Books*, ed. W. C. Hazlitt, London, 1864, vol. iii.), No. 29, is merely a translation of Scotus. Some additional references may be found in Molière (ed. *Les Grands Écrivains de la France*), vol. vi., p. 11, and Le Grand d'Aussy, iii., p. 11.

CCLV. [fo. 142<sup>vo</sup>] A woman complained to a judge that a young man had done her violence. The young man denied the charge, but the judge ordered him to pay the woman ten silver marks. After she had gone away rejoicing, the judge told the young man to follow her and take the money from her. She, however, withstood him so strongly, and raised such a clamour, that it was impossible. Then the judge called her back, and ordered her to give the young man back his money, for if she had defended her virtue as well as she had her money, he could not have violated her.

Brit. Mus. MS. Harl., 463, fo. 21 (printed in Wright's *Latin Stories*, 20); MS. Arundel, 506, fo. 44ʳᵒ. A slightly different version is found in *Étienne de Bourbon*, 502 (p. 432). Wright cites the *Cent Nouvelles Nouvelles*, xxv., *Forcé de gré*, which is also found in Malespini, *Ducento Novelle*, part ii., nov. 56, and is repeated in the *Moyen de Parvenir*. There is a German version in Pauli's *Schimpf und Ernst*, ed. Oesterley, 15. The editor cites *Scherz- mit der Warheyt*, Frankfort, 1563, 34, and *Zeitverkürzer*, s. l., 1702, 127.

The story is best known from its employment by Cervantes in his *Don Quixote*, ii., 45, where it affords the Governor of Barataria an opportunity to display the acuteness of his judgment. Pellicer, in his edition of *Don Quixote*, says that Cervantes took his version from the *Norte de los Estados*, by Fray Francisco de Osuna, an edition of which is cited by Don Nicolas Antonio, of the year 1541, Burgos. The full title of the work is: "Norte de los Estados, en que se da regla de vivir a los mancebos y casados, y viudas, y a todos los continentes, y se tratan muy por extenso los remedios del desastrado casamiento, enseñando que tal a de ser la vida del Christiano casado," Burgos, J. Junti, 1541; another edition, 1550.

CCLVI. [fo. 143ʳᵒ] A woman solicited a hermit to sin with her. He led her into the market-place, and when she was ashamed to sin with him there on account of the crowd of people, he said: "If you are ashamed to sin in the presence of men, I am more ashamed to sin in the desert in the presence of God and his angels."

Brit. Mus. MS. Harl., 463, fo. 21; MS. 26,770, fo. 77ʳᵒ.

The source of De Vitry is the *Vitae Patrum*, ed. cit. i., p. 323 (*Vita St. Ephraem*, cap. vii., comp. cap. v.), which is cited in *Magnum Speculum Exemplorum, Erubescere*. A similar story is told in the *Scala Celi*, fo. 36 ("Legitur in libro de septem donis spiritus sancti"), of a clerk who had an unlawful love for a woman, and left her and went to study at Paris. On his return, the woman importuned him to sin with her, and he led her to the market-place (*ad plateam communem*), and addressed her as did St. Ephraem in the story in the *Vitae Patrum*.

CCLVII. [fo. 143ʳᵒ] A similar story of a holy man who told a sinful woman that no room in her house was secret enough. At last she said, that in the room in which they were no one could see them except God. Then the holy man said: "God forbid that we should do in his sight what we are ashamed to do in the sight of men." She was so moved by these words that she was converted.

Brit. Mus. MS. Harl., 463, fo. 21, MS. 26,770, fo. 77$^{vo}$.

The source of De Vitry is the *Vitae Patrum*, ed. cit. i., p. 661, where the story is told of the Abbot Paphnutius and the harlot, who afterwards became St. Thais.

The story occurs in the French, *Vie des Anciens Pères* (Tobler, *Jahrb. für rom. und eng. Lit.* vii., 409, Weber, op. cit. p. 8; Paris, *Vie de St. Alexis*, p. 219; and *Hist. litt. de la France*, xix., 860), and in the Italian, Passavanti, *Specchio della vera penitenza*, ed. cit. i., 125 (attributed to *Vita de' Santi Padri*).

CCLVIII. [fo. 143$^{vo}$] A jester taught his horse to fall down when he said: "Let us bow our knees," and to get up when he said, "Rise." He made much merriment by offering his horse for sale to a monk, or clerk, or other man, and when the would-be purchaser mounted the horse to try it, the owner waited until it reached a muddy spot, and then said: "Let us bow our knees," and down went horse and rider, and the horse would not get up again until the jester said: "Rise."

Brit. Mus. MS. Harl., 463, fo. 21, col. 2.

A similar story is found in M. Scotus, *Mensa Philosophica*, p. 228, in which the jester uses his trick to punish a robber (*raptor*) who had taken his horse.

CCLIX. [fo. 143$^{vo}$] A man's wife left him for a dissolute fellow with whom the husband fought a duel, and after obtaining the victory took back his guilty wife. She ungratefully forsook him again, and he abandoned her in anger "to the lepers, *i.e.*, the demons," and would not seek for her again.

Brit. Mus. MS. Harl., 463, fo. 21, col. 2.

CCLX. [fo. 143$^{vo}$] The stork grows thin and weak by nourishing her young; but when she is old and feeble her young nourish her as long a time as they were nourished by her.

Brit. Mus. MS Harl., 463, fo. 21, col. 2.

This peculiarity of the stork is mentioned in the mediæval treatises on natural history, see A. Neckam, *De Naturis Rerum*, cap. lxvi.: "Eximia illis inest pietas. Etenim quantum temporis impenderint foetibus educandis, tantum et ipsae a pullis suis invicem aluntur." So in Barth. de Glanvilla, *De Proprietatibus Rerum*, Strassburg, 1505, Lib. xii., 8, where St. Ambrose is given as authority for the statement.

CCLXI. [fo. 144ᵛᵒ] There was a demoniac who publicly denounced the sins of those who came before him. A certain knight suspected a soldier of his of adultery with his wife, and asked the soldier to go with him to the demoniac. The guilty soldier first went to confession and then to the demoniac, who proclaimed the guilt of the wife, but could not discover the name of the man with whom she had sinned, saying: "A short time ago I knew, but now I do not," and inspecting his papers he found that the soldier's sin was blotted out.

Brit. Mus. MS. Harl. 463, fo. 21, col. 2 (printed in Wright's *Latin Stories*, 30).

Two similar stories are found in Cæsar of Heisterb., *Dial. Miraculorum*, ed. cit. i., 112, 113 (Dist. iii., cap. ii., iii); in the first, a priest sins with the knight's wife and confesses to a servant of the knight in a stable. The demoniac said first in German: "I know nothing of him," and added in Latin: "In stabulo justificatus est," there being no scholar present to understand him. In the second story a servant of the knight is the culprit, and he confesses on his way to the demoniac to a woodcutter in the forest. The demoniac answers as in the text: "Multa de eo novi, quae modo ignoro."

A somewhat similar story is told by Bromyard, *Summa Praedicantium*, Confessio, vi., 42; the servant confesses to a priest, who whips him until his back bleeds. The demoniac answers: "Nihil scio de homine cum rubeo dorso." The brief version in *Scala Celi*, fo. 42, resembles the first of Cæsar's stories, which is also the source of Passavanti's version in *Specchio della vera penitenza*, ed. cit. i., p. 188. The Spanish version in *El Libro de los Enxemplos*, ccxciii., is like Cæsar's second story.

CCLXII. [fo. 144ᵛᵒ] A man thought his wife had been changed

into a mare, and weeping and grieving led her by the halter to St. Acharius. The saint could not be deceived by the phantasm of the demons and asked the man why he wept. He answered that she who had once been his wife was turned into a mare. The saint said: "I do not see any mare, but I see that you have led a woman to me." After his prayer the illusion ceased, and the man took his wife home again in her own form.

Brit. Mus. MS. Harl. 463, fo. 21 b.

De Vitry's source is the curious story in the *Vitae Patrum*, ed. cit. i., p. 1110, (Lib. viii., cap. xix., see also Lib. ii., cap. xxviii) of the lewd Egyptian who falls in love with the wife of another, and when she will not accept his advances, has recourse to a magician in order that she may either return his love or be given up by her husband. The magician causes her to seem a mare to her husband, who after three days leads her to St. Macharius in the desert. The saint pours holy water on her head and restores her to her proper form, telling her to be regular in her attendance at church and the communion, and declaring that this happened to her because for five weeks she had neglected the sacrament.

There is a version of this story in *Scala Celi*, fo. 13$^{vo}$, and in *Magnum Speculum Exemplorum*, *Commvnio*, ii., with acknowledgment of source.

CCLXIII. [fo. 144$^{vo}$] A certain pious widow at Rome was guilty of incest with her own son. The devil, fearing lest she would repent because she gave large alms and often saluted the Blessed Virgin, changed himself into the form of a scholar and came to the Emperor, saying: "I am a very skilful astrologer in predicting the future, revealing thefts, and in many other things, as you can prove if you will accept me as one of your household." The emperor did so gladly, and the devil began to predict many things and reveal thefts, so that the emperor believed all that he said, and honored him above all his other servants. One day the astrologer told the emperor that it was a wonder the city was not destroyed, for a certain woman in it had committed incest with her own son and given birth to a child. The emperor was astonished when he heard the woman's name, for she had always been considered the most pious of the Roman matrons. On the other hand the emperor had never detected his astrologer in a falsehood.

The woman was summoned to appear at court, and with difficulty obtained a delay of the process. Meanwhile, she went in tears to confession, and night and day begged the Blessed Virgin to deliver her from shame and death. On the appointed day she could find no one of her friends who dared go with her, or withstand the emperor's astrologer, because all believed in him as in a prophet. When she entered the emperor's palace, however, the demon began to fear and tremble, but would not tell the emperor why. When the woman drew near he howled and cried: "Behold Mary is coming with that woman, and leading her by the hand." With these words he disappeared in a whirlwind with a stench. The widow, delivered by confession and the Blessed Virgin, served God more carefully the rest of her life.

Brit. Mus. MS. Harl. 463, fo. 21 b (printed in Wright's *Latin Stories*, 110).

A version of this story occurs in *Miracles de Nostre Dame* collected by Jean Miclot, etc., Roxburghe Club, 1885, No. liii. (p. 49, fo. 71). As this work is very rare, I take the liberty of giving here in full Mr. G. F. Warner's note.

"Apparently a rendering into prose of a French poem printed by Méon, vol. ii., p. 394, 'Du senateur de Rome, ou de la borjoise qui fu grosse de son fil,' the exact words of the original being frequently reproduced.* In a Latin dress the miracle is found in V. de Beauvais, *Spec. Hist.* lib. vii., capp. 93-95 (p. 255). 'De muliere quae conceptum ex filio puerum interfecit," etc. The same version as Vincent's, in both cases said to be taken from the 'Mariale Magnum,' is in Add. MS. 15,723, fo. 73 b. It agrees generally with our French version; but, among other differences, there is no mention, as in the latter, of the two murders which the devil himself appears to have committed in order to excite the emperor's indignation and make him the more eager to hear the still worse crime he professes to be able to reveal. As the Pope's name is given as 'Lucius vel Lucianus,' the miracle must be supposed to have happened in the time of Lucius I., who was Pope in A.D. 252—3. Other Latin versions, more or less similar, but not so circumstantial, are in Egert. MS. 1117, fo. 176; Harl. MS. 268, fo. 156; Harl. MS. 463, fo. 21 b (printed by T. Wright,

---

* A very similar story is in the *Gesta Romanorum*, ed. H. Oesterley, 1872, p. 291, cap. 13, "De amore inordinato."

*Latin Stories*, p. 98); Harl. MS. 2316, fo. 4 b, and Arund. MS. 506, fo. 8. In Harl. MS. 2385, fo. 54 b, the Emperor does not appear, and the disclosure of the crime is made in a different way. The Pope falls ill, 'ad quem venit diabolus in speciem medici, pixidas cum medicamentis ferens et se in arte sua peritum asserens.' The Pope, however, says that he trusts less in drugs than in the prayers of holy widows, naming especially the woman whom the devil has come to denounce. On the devil then revealing her true character, she is sent for, but denies the charge and asks three days to prepare her defence. Meanwhile, she goes to a chapel of the Virgin and obtains the promise of her aid; and, when she appears again before the Pope, the devil fails to recognise her and vanishes, carrying off the roof in his flight. She is then dismissed with honor; and the Virgin restores her murdered child to life. As the story is told by E. de Bourbon, p. 156, the devil comes to the bishop and offers on a certain day to prove the woman, who is the bishop's friend, to be 'pessimam meretricem.' He writes the story down; but meanwhile the woman confesses, and, when he opens his scroll to convict her, he finds it blank,* nor can he even recognise the woman herself. The variation in Add. MS. 11,579, fo. 8 b, is still wider. In this case, the woman has had seven children and killed them all; and she is denounced from the pulpit by the devil in the form of a preacher. The priest, however, at once calls her and receives her confession, and after giving her absolution, challenges the devil to say how he learned the facts. The devil replies, that he knows nothing about the woman, and has not said a word against her; whereupon the priest makes the sign of the cross and the devil disappears. Besides the metrical French version in Méon mentioned above, another has been printed by A. Jubinal, *Nouveau Recueil*, vol. i., p. 79, 'Le dit de la bourjosse de Romme;' and a third is in G. de Coincy's collection (Harl. MS. 4401, fo. 37 b), but is not included in the printed edition."

To Mr. Warner's references may be added the following mediæval printed versions: *Scala Celi*, fo. 45$^{vo}$ (Vincent of Beauvais); *Magnum Speculum Exemplorum*, Confessio, vii (Vincent of Beauvais); Odo de Ceritona in Hervieux, op. cit. ii., p. 697, xxxvii;

---

* This connects the story with the family of legends of which the best known is that of Theophilus.

this version is, like that in MS. Harl. 2385, fo. 54 b, analysed above by Mr. Warner. Odo cites as his source " Narrat Gregorius libro Dialogorum," where, however, the story does not occur. Finally, there is a Spanish version in *El Libro de los Enxemplos*, cov., which follows closely our text.

CCLXIV. [fo. 145ro] An old woman who plied the trade of fortune-teller was wont to send spies ahead to a town in order to learn about the various people there. She once told a woman, whom Jacques de Vitry knew, that she had at Paris a son who was a student, and who would become great and be a bishop. The overjoyed mother, having no money with her, took off her shift, and gave it to the fortune-teller; "Thus," as Jacques de Vitry remarks, " buying the bishopric which the lying old woman had promised her son by divination."
Brit.Mus. MS., Harl. 463, fo. 21b (printed in Wright's *Latin Stories*, 120).

CCLXV. [fo. 145ro] It was the custom in some places, as Jacques de Vitry saw, when the bride left the church to return home, for people to throw grain over her, at the entrance to the house, crying: " Plenty, plenty!" Jacques de Vitry adds, " and before many years have elapsed they are needy and poor and lack plenty of all good things."
Brit. Mus. MS. Harl. 463, fo. 21b (printed in Wright's *Latin Stories*, 121).
The custom of throwing rice (grain, etc.) over the bride as a sign of fruitfulness or abundance is very widely spread. Mr. Dennys in his interesting book, *The Folk-Lore of China*, London and Hong Kong, 1876, p. 15, says: " Not less interesting is it to find that, while our north-country good-wives throw a plateful of shortcakes over a newly-made bride as she returns to her future home, the Chinese go through the same ceremony with rice, which is a sign of abundance." Mr. Dennys cites Henderson's *Notes on the Folk-Lore of the Northern Counties*, p. 22, and refers to the custom of throwing wheat on the head of the bride in some parts of England. He says the same practice obtains in Sicily (see *Lippincott's Magazine*, vol. 22, p. 91), and was a Hebrew custom. In Russia hops are in like manner employed. Other references

to this custom may be found in *Notes and Queries*, Fourth Series, vol. xii. p. 396.

CCLXVI. [fo. 145ro] A fortune-teller was wont to say to women: " Do as I tell you and you cannot fail to have quickly a good and wealthy husband." After she had deceived many, a wise woman said to her: " Your husband is poor and needy; how can you make me have a rich husband when you could not help yourself in this matter ?"

Brit. Mus. MS. Harl. 463, fo. 22 (printed in Wright's *Latin Stories*, 67).

CCLXVII. [fo. 145ro] A frog set up for a physician and invited the other animals to come and be cured. One answered: "Do you who are pale and swollen promise to cure others when you cannot cure yourself ? "

CCLXVIII. [fo. 145ro] Jacques de Vitry saw that in some places it was considered a bad omen to meet a priest; and he heard that during a plague in a certain city of France, the ignorant people thought the only way to avert it was to throw their priest into the ditch with the dead.

Brit. Mus. MS. Harl. 463, fo. 22 (printed in Wright's *Latin Stories*, 89).

The superstition that it was unlucky to meet a priest or monk is very old. It occurs in the *Homilia de Sacrilegiis*, falsely attributed to St. Augustine, and composed probably in the early part of the eighth century. See *Eine Augustin fälschlich beilegte Homilia de Sacrilegiis*, von Dr. C. P. Caspari, Christiania, 1886, p. 8: " Et qui clericum vel monachum de mane aut quacumque hora videns aut ovians, abominosum sibi esse credet, iste non solum paganus, sed demoniacus est, qui christi militem abominatus." Consult Caspari's note, p. 26, where Grimm and other Northern examples are cited. An amusing story of this superstition is found in Bromyard, *Summa Praedicantium*, Sortilegium, 3, 5, and reprinted in Wright's *Latin Stories*, 118. A woman crossed herself at meeting a priest in the morning, and said she did this so that no misfortune should happen to her that day. The priest asked if she believed that anything worse would happen to her because she had met him. She answered: "I fear so." He said: "It shall be as you believed, for a misfortune shall happen to you for meeting me." And with that he seized her by the shoulders, and threw her into a muddy ditch.

CCLXIX. [fo. 145ʳᵒ] A woman was deluded by the demons into the belief that she rode about at night on beasts and saw much of the world in a short time. One day in the church she told her priest that she had saved him from harm when a band of these nocturnal travellers entered his room, assuring him that no locks or bolts could keep them out. To show her the folly of her belief he locked the church door, and seizing a crucifix gave her a sound beating with it, saying when she begged for mercy: "Get out of the church and flee if you can, since bolt or door cannot detain you!" Thus he corrected her and cured her of her false belief.

Brit. Mus. MS. Harl. 463, fo. 22 (printed in Wright's *Latin Stories*, 19).

This story is told by Étienne de Bourbon, 368 (p. 324), without acknowledgment of J. de V., and beginning: "Audivi quod." Versions are found in Bromyard, *Summa Praedicantium*, *Sortilegium*, xi. 9, and *Scala Celi*, fo. 164ᵛᵒ ("Legitur in Speculo Exemplorum"). Wright in his notes says the story is taken from Vincent of Beauvais. Lecoy de La Marche in his note to Étienne de Bourbon says Vincent took it from Étienne, who evidently took it from Jacques de Vitry.

CCLXX. [fo. 145ᵛᵒ] Jacques de Vitry heard of a wicked woman who kept the Host in her mouth to use for the purpose of incantation, for some are wont to give men vile and unclean things to eat in order to win their hearts. The Host was miraculously turned into flesh and adhered to her palate so that she could not speak.

Brit. Mus. MS. Harl. 463, fo. 22, col. 2.

Dr. A. Wuttke in his *Der deutsche Volksaberglaube der Gegenwart*, Berlin, 1869, p. 132, says that the superstitious use of the Host occurs in the fourth century, and was continued throughout the middle ages. Wuttke gives several examples of this superstition in Germany (pp. 245, 287, 300), and cites Töppen, *Aberglauben aus Masuren*, 2 ed. 1867, p. 38, 12; and Hintz, *Die gute alte Sitte in Altpreussen*, 1862, p. 31.

CCLXXI. [fo. 145ʳᵒ] A certain maid moved by a spirit of presumption, said that she would not like to resemble Mary Magdalene. Within a month after this presumptuous speech, she openly joined a dissolute fellow, who ruined her.

Brit. Mus. MS. Harl. 463, fo. 22, col. 2.

This story is quoted in the *Speculum Exemplorum*, Strassburg, 1487, Dist. ix., cap. xxviii., as follows: "Refert magister Iacobus de quadam religiosa que cum diu servasset virginitatem suam, presumptuose dixit iactando, quod nollet similis esse Magdelene. Que ex hac presumptione infra breve tempus a quodam gartione deflorata incidit in mala pessima et inandita." The story is transferred in these very words (with one addition by way of explanation, *a quodam garcione, sive nebulone*) in the *Magnum Speculum Exemplorum*, ed. Major, ed. cit. *Virgo*, xxiii., which cites as a second authority, "Iacobus de Paradiso Carthusianus.." The text of Jacques de Vitry says clearly *ait vellet*, but it is evidently a clerical error for *nollet*.

CCLXXII. [fo. 145ᵛᵒ] A chaste but proud and talkative nun died and was buried. The custodian of the convent saw at night demons dragging from the tomb her body burned from the waist up, but the lower part intact.

Brit. Mus. MS. Harl. 463, fo. 22, col. 2.

Jacques de Vitry's source is St. Gregory's Dialogues, iv., 51 (Migne, *Patrol. Lat.*, vol. lxxvii., p. 412). Versions are also found in Roberd of Brunnè's *Handlyng Synne*, ed. cit., p. 50, attributed to St. Gregory, and in Herolt (Discipulus) *Promptuarium Exemplorum*, L. xix.

CCLXXIII. [fo. 146ʳᵒ] The sister of St. Bernard went with great magnificence of dress to visit her brothers, who were in a monastery. They, hearing of her splendid apparel, scorned her, and refused to see her. She exclaimed, sorrowfully: "If my brothers despise my flesh, may the servants of God not despise my soul"; and, laying aside her vain ornaments, she became a nun. Such are women who spend a great part of the day in dressing to appear in public, as in the ballad:

> 'When Aelis arose,
> And when she had washed,
> And the mass was sung,
> Devils have carried her away."

Brit. Mus. MS. Harl. 463, fo. 22 b.

Versions are found in Herolt (Discipulus), *Promptuarium Exemplorum*, S. xiv.; *Magnum Speculum Exemplorum*, ed. Major, *Conversio*, xxx. ("In vita S. Bernardi, lib. i., cap. 6"); and *El Libro de los Enxemplos*, ccxxx.

The French lines, cited in the text, refer to the heroine of a number of anonymous *pastourelles* of the twelfth century, which may be found in Bartsch's *Altfranzösische Romanzen und Pastourellen*, Leipzig, 1870, pp. 208, 209, 210. In these the fair Aelis is represented as adorning herself to meet her lover, and the preacher changed one of the versions to point his moral. The French poems begin generally: "Main se leva bele Aeliz." One of the shorter versions (Bartsch, p. 208), runs as follows:

> "Main se leva la bien faite Aelis;
> Bel se para et plus bel se vesti :
> Si prist de l'aigue en un doré bacin,
> Lave sa bouche et ses oex et son vis;
> Si s'en entra la bele en un gardin."

The *Hist. litt. de la France*, vols. xviii. p. 63, and xxiii. p. 254, says that Stephen Langton, Archbishop of Canterbury in 1207, in one of his Latin sermons commented upon a song then in fashion, and applied it to the Virgin. The song was the same as that mentioned above. Jacques de Vitry may have heard of this, and followed Langton's example.

The anecdote of St. Bernard's sister is found in the life by Abbot William, Migne, *Patrol, Lat.*, vol. 185, col. 244.

CCLXXIII [bis] [fo. 146vo]. Dancing women are compared to the instrument for catching quails, called in French *quailliers*.

CCLXXIII [ter] [fo. 146vo]. Vain women are compared to the peacock.

CCLXXIV. [fo. 146vo]. The fable of the stag, which admired the reflection of his horns in the water, and scorned his slender legs. When pursued by the hunters his legs carried him away well enough until his horns caught in the branches, and he was captured.

Brit. Mus. MS. Harl. 463, fo. 22 b.

*Fables Inédites* par A. C. M. Robert, ii., p. 18 (La Fontaine, vi., 9); *Œuvres de J. de la Fontaine*, par H. Regnier, ii., p. 28; Kirchhof, *Wendunmuth*, ed. Oesterley, 7, 47.

This Æsopian fable (ed. Furia, 66; Phaedrus, i., 12; Romulus, ed. Oesterley, iii., 7), is found in Vincent of Beauvais, *Speculum historiale*, iii., 4 (in Hervieux, op. cit., ii. 240); *Scala Celi*, fo. 76; Bromyard, *Summa Praedicantium*, D. ix., 20.

CCLXXV. [fo. 146ro] Gregory tells of a girl who saw the Blessed Virgin with a band of virgins, and longed to be with them. The Virgin said to her: "If you will not laugh for thirty days you shall be with us." The girl refrained from laughter for thirty days, and then died, receiving without doubt the promised glory.

Brit. Mus. MS. Harl. 463, fo. 22 b. Jacques de Vitry's source is St. Gregory's Dialogues, ed. cit. iv., 17.

This story occurs in *Miracles de Nostre Dame*, collected by Jean Millot, ed. cit., No. xxi., and I again cite Mr. Warner's notes. "The same Latin text (as in St. Gregory's Dialogues) occurs in Arund. MS. 346, fo. 67 b (Neuhaus, p. 42); and slightly different forms of it are found in Harl. MSS., 268, fo. 25, and 463, fo. 22 b, and in Add. MS., 18,364, fo. 85 b. In Harl. MS., 463, the Virgin's command is expressed in the simpler and somewhat more unreasonable phrase: 'Ne riseris per xxx dies et eris nobiscum.' Adgar's French version (Neuhaus, p. 42) closely follows St. Gregory."

The Arundel text mentioned by Mr. Warner has since been printed by Neuhaus in his *Die Lateinischen Vorlagen zu den Alt-Französischen Adgar'schen Marien-Legenden*, p. 54 (23). To Mr. Warner's note may be added the following mediæval versions of this legend: Herolt (Discipulus), *Promptuarium Exemplorum*, C. xi.; *Magnum Speculum Exemplorum*, ed. Major, *B. Maria Virgo* i. ("Gregory"); *El Libro de los Enxémplos*, xiv. ("Gregory"). For an Old-French version see Douhet, *Dictionnaire des Légendes* (Migne, *Troisième Encyclopédie Théologique*, vol. xl.), p. 919.

CCLXXVI. [fo. 146ro] A thief, in England, tried to rob a church of a statue of the Virgin holding her son in her arms, made of silver and precious stones. The thief shouldered the image, but found it too heavy to carry, and attempted to tear the figure of the Child from the Virgin's arms. The mother, who before had allowed herself to be borne away with the child, now refused to be parted from her son, and gave the thief such a blow that it felled him to the ground. The terrified thief abandoned his impious design, and was converted.

Brit. Mus. MS. Harl. 463, fo. 22 b.

Cited by Étienne de Bourbon, 429 (p. 373), with acknowledgment from Jacques de Vitry.

CCLXXVII. [fo. 146ro] A man and his wife vowed that they would drink no wine except upon great festivals, or when they had made a bargain. After they had drunk water a few days, the man said to his wife: "We cannot abstain to-day; let us make a bargain, so that we may drink wine." Then he sold his ass to his wife, and they drank. The next day the wife said: "Buy your ass back, and let us drink." And so every day they made a bargain in order to drink wine.

Brit. Mus. MS. Harl. 463, fo. 22 b.

The version in the *Scala Celi*, fo. 81, is somewhat more detailed. A man, who had consumed all his wealth by drinking is reproved by his confessor, who fixes the amount he shall drink, except in case of a sale. When the man sits down at table with his wife, and drinks the amount assigned him by his confessor, he is still thirsty, and then his wife suggests the expedient mentioned in the text.

There is a version in Pauli, *Schimpf und Ernst*, ed. Oesterley, 306, and in M. Scotus, *Mensa Philosophica*, p. 218; Pauli's is like Jacques de Vitry's; Scotus's version like *Scala Celi*.

CCLXXVIII. [fo. 146ro] Another man vowed that he would eat meat only when he had guests, and then invited some on all the days when he was wont to eat meat. So certain monks who were forbidden to eat meat unless it were game, hunted their hogs with dogs after the fashion of a chase.

Brit. Mus. MS. Harl. 463, fo. 22 b, col. 2.

CCLXXIX. [fo. 148ro]. A Cistercian monk heard many great men speak ill of the nuns of the order of secular Béguines. The monk prayed to God to tell him the true state of these women He was informed that they were firm in the faith and powerful in good works. After this the monk always defended them against their slanderers.

Brit. Mus. MS. Harl. 463, fo. 22 b, col. 2.

CCLXXX. [fo. 148ro] A monk was asked by his shoemaker if the shoes he had made for him had a good tongue. He answered that they had, for they disparaged and reviled no one. The spider is said to take from his prey only what is poisonous, and if he does not find any, what he does take is turned to venom in his belly. So with the slanderer.

CCLXXXI. [fo. 148ro] Jacques de Vitry heard of a woman who went in tears to her priest and told him that her daughter had refused to yield to the solicitations of a neighbour, who went away in anger and began to defame her. After this hardly would the poorest and meanest man ask for her hand, although before she had been sought in marriage by many.

Brit. Mus. MS. Harl. 463, fo. 22 b, col. 2.

CCLXXXII. [fo. 148ro] A pious matron and a monk, the guardian and treasurer of his monastery, frequently met in the church and talked over religious matters. The devil, envying their virtue and fame, tempted them and changed their spiritual into carnal love, so that they eloped taking with them the treasures of the church and the property of the husband. When the monks and the husband discovered their loss they pursued the fugitives, captured them with their plunder and threw them into prison. The scandal and harm caused by this sin were far greater than the sin itself. The monk and matron in prison soon came to themselves and began to invoke the aid of the Blessed Virgin, whose devoted worshippers they had always hitherto been. At last she appeared to them in great anger saying that she might obtain pardon for their sin from her Son, but what reparation could be made for so great a scandal, which was an almost irremediable injury. The pious Virgin overcome at last by their prayers summoned the demons who had caused the harm, and ordered them to remove the infamy which they had made. The demons could not resist her power and anxiously pondered upon the means of remedying the scandal. Finally they conveyed at night the monk to the church and restored the broken treasure-chest intact to the monastery; and likewise the matron to her own home, repairing and fastening the box from which she had taken her husband's money. When the monks found their treasure and the monk praying as usual, and the husband discovered his wife and property, they were amazed, and hastening to the prison found the monk and matron in chains as they had left them, at least it seemed so to them, for one of the demons had transformed himself into the figure of the monk, and another into the shape of the matron. When the whole city flocked to see this wonder, the demons cried in the hearing of all: "Let us depart, long enough have we deceived these people, and caused ill to be thought of religious persons." With these words they vanished and every one hastened to fall at the feet of the monk and matron and beg their pardon.

Brit. Mus. MS. Harl. 463, fo. 23 (printed in Wright's *Latin Stories*, 47); MS. 11,284, fo. 53 b. This story is cited from Jacques de Vitry by Étienne de Bourbon, 519 (p. 448). The editor mentions poetical versions in Rutebeuf, ed. Jubinal, i. 302; Méon, *Nouveau Recueil*, ii. 254; Gudin, *Hist. des Contes*, i. 65, comp. *Hist. littéraire de la France*, xxiii. 124, and prose versions in Cæsar of Heist., *Dial. Mirac.* vii. 34, and Wright as above cited. To these references may be added the following: Herolt (Discipulus) *Promptuarium de Miraculis B. M. V.*, after *Prompt. Exemp.*, ed. cit. xxi.; Mussafia, *Marienlegenden*, Vienna, 1887, p. 70 (Paris, MS. Lat. 18,134, xiii cent.); Roberd of Brunne's *Handlyng Synne*, p. 402; other old French versions are cited by Weber, *Vie des Anciens Pères*, p. 31 (Barbazon-Méon, *Fabliaux*, 1808, i. 242; Legrand d'Aussy, *Fabliaux et Contes*, Paris, 1827, t. iv., p. 1 of Appendix); Douhet, *Dictionnaire des Légendes*, ed. cit. p. 932.

CCLXXXIII. [fo. 149ro] The fable of the wolf and kid, which the mother warned not to leave the fold until her return from pasture. The wolf at evening approached the entrance of the fold and began to make a sound like a goat, and said to the kid: "I am your mother, come and meet me and I will suckle you." The incautious kid went out and was devoured by the wolf.

Brit. Mus. MS. Harl. 463, fo. 23, col. 2.

CCLXXXIV. [fo. 149ʳᵒ] A sinful woman would accept no penance from her confessor because she could not fast or endure any bodily pain. The priest finally taking pity upon her asked if there was anything in the world from which she could abstain. She answered that she loathed onions so that she could scarcely endure the sight of them. Thereupon the priest commanded her not to eat onions while she lived. She went home joyfully, but in passing through the square where onions were sold she was seized with such a longing for them that she bought some, took them home and ate them with great gusto. Then coming to herself she went back to the priest and said she knew that the devil was striving to destroy her soul since he had so tempted her to eat onions that she could not abstain. Then she asked the priest to prescribe for her any penance he wished, for she knew that unless she made a desperate fight she could not escape from the hands of the devil. She performed the penance prescribed her and henceforth persevered in well-doing.

Brit. Mus. MS. Harl. 463, fo. 23, col. 2.

There is a version of this story in Pauli's *Schimpf und Ernst*, ed. Oesterley, 317, the editor cites: *Scherz mit der Warheyt*, Frankfort, 1563, fo. 32; Herolt, *Sermones de tempore* (should be *Promptuarium Exemplorum*), O, 14; *Scala Celi*, fo. 153 (should be 155). In Pauli's version the woman takes such a liking to the forbidden vegetable that she continues to eat them in the future: "und darnach asz sie alwegen ziblen, das was rechte büsz gehalten, in hindersich wie die Krebs gon." In the *Scala Celi* the story is told of a wicked knight and ends as in Jacques de Vitry. Herolt's version begins very circumstantially with a *procurator* who betrays his lord's castle to the enemy and is spared as the reward of his treason; this was in the diocese of Cologne. The traitor goes to confession and the rest of the story is as to ending like Pauli: "Ille egressus allea tulit in horto, et temptatus concupivit, et illa cruda commedit, et non poterat prius bene proparata commedere."

CCLXXXV. [fo. 149ᵛᵒ] An unimportant variant of LXII.
Brit. Mus. MS. Harl. 463, fo. 23 b.

CCLXXXVI. [fo. 150ro] St. Bernard was wont, as he rode along in the morning and saw children in the fields keeping sheep, to say: "Let us greet these children, so that they may answer and bless us, and we may ride on in safety, defended by the prayers of these innocents."

Brit. Mus. MS. Harl. 463, fo. 23 b.

CCLXXXVII. [fo. 150ro] A man on his way to the gallows asked his father to kiss him, and bit his lips until they bled. This he did because his father had not chastised him in his youth for his faults, and so had been the cause of his bad end.

Brit. Mus. MS. Harl. 463, fo. 23 b, col. 2; MS. 11,284, fo. 39 ("refert Boethius, *De disciplina scholarium*"); MS. 27,336, fo. 2. See Pauli, *Schimpf und Ernst*, ed. Oesterley, 18, where a large number of versions are cited, among them the following, which I have verified: Bromyard, *Summa Praedicantium*, A. 3, 19; Martinus Polonus, ed. cit. *Prompt.*, cap. iv., H; Herolt (*Discipulus*), *Sermones*, ed. cit. xvi., F; Barcleta, *Sermones*, 1505, fo. 108 ("Boethius in doctrina scholarium"); *Libro de los Enxemplos*, cclxxiii.; *Shakespeare Jest-Books*, iii., *Certaine Conceyts and Jeasts*, p. 12, No. 26 (this work is a translation of M. Scotus, *Mensa Philosophica*, where this story is found, ed. cit. p. 235).

To Oesterley's references may be added: Étienne de Bourbon, 43 (p. 51), who cites Nicholas de Flavigny, archbishop of Besançon, and others; and *Liber de Abundantia Exemplorum*, ed. cit. fo. 34ro.

The story is first found in Boethius, *De Disciplina Scholarium*, chap. ii. (in Migne, *Patrol. Lat.*, vol. 64, col. 1227), where it is told of the son of Lucretius, the pupil of Zeno: "Aleis autem et meretricum cellulis semper inhiabat. Propio autem adhuc non destitutus pruritu, postea a parentibus ejectus, tandem ab amicis et consortibus destitutus, a creditoribus undique fatigatus, notis et ignotis furtim studuit assistere, crucis ab angustiis a patre creberrime redemptus, ultimo tamen parentis pecunia redimi non potuit. Cruci ergo adductus eundem ad se venire lacrymis compellebat osculumque voce querula petebat. Pietatis autem motio ad filii petitionem patrem erexit, erectique filius nasum morsu secuit acutissimo dicens: Quare a meis primis erroribus incastigatus evasi? Ut quid magistri mei documentis non obedivi, sociosque meos contempsi?"

CCLXXXVIII. [fo. 150vo] A wicked man made his old father lie in a stable, and gave him a shabby cloak to wear. Now this wicked man had a son of his own who felt very sorry for the ill-treatment his grandfather received, and going one day to his father, he said: "Father, buy me a cloak." His father answered: "Have you not good clothes; what do you wish with it?" "I shall keep it," he replied, "until you are old, and then I will give it to you, and do to you as you do to your father, who begot you and nourished you, and gave you all he had."

Brit. Mus. MS. Harl., 463, fo. 23 b, col. 2 ; MS. 11,254, fo. 65 b.

A variant of the famous story known as the "Housse partie," the extensive literature of which can best be consulted in Pauli, *Schimpf und Ernst*, ed. Oesterley, 463; Hagen, *Gesammtabenteuer*, No. 48, vol. ii., pp. lv., 391, iii. 729; and Clouston, *Popular Tales and Fictions*, vol. ii., p. 372, "The Ungrateful Son."

The story was a favourite one, and is found in a large number of the mediæval sermon-books; those that I have seen are the following: *Scala Celi*, fo. 99; Herolt (Discipulus) *Promptuarium Exemplorum*, F. 15 ("Guil. Lugd." i.e., Guilielmus Peraldus, *Summa Virtutum ac Vitiorum*, Cologne, 1629, vol. ii., p. 259); Martinus Polonus, ed. cit. *Prompt.*, cap. xvi. C; Étienne de Bourbon, 161 (p. 138), who cites Nicolas de Flavigny, Archbishop of Besançon; Peregrinus, *Sermones*, ed. cit., fo. 61vo (*Dom v. post octavam pent.*); the story in Odo de Ceritona (in Hervieux, op. cit. ii. 653) is not an exact parallel; the father gives his parent an old sheepskin to protect him against the cold, the grandson preserves the skin for his own father; a Spanish version is in *El Libro de los Enxemplos*, cclxxii.

French and English versions will be found in Robert of Brunne's *Handlyng Synne*, ed. cit., p. 37; *Recueil général et complet des Fabliaux*, ed. Montaiglon et Raynaud, i., p. 82, ii. 1 (see *Hist. litt. de la France*, vol. xxiii., p. 192); *Shakespeare Jest-Books*, ed. Hazlitt, i. *Mery Tales and Quicke Answeres*, p. 121, ciii.; iii. *Pasquil's Jests*, p. 60. There is a popular German version in Grimm's *Household Tales*, No. 78 (see Mrs. Hunt's translation in the Bohn Library, vol. i., p. 438).

CCLXXXIX. [fo. 150vo] A hard working God-fearing man, who made a scanty living, had a wife who remained idly at home and spent her husband's gains with dissolute companions. They both died, leaving an only daughter, who began to consider whether she should imitate the life of her father, or of her mother. The devil placed before her eyes the hard life of her father, who had always been in sorrow and poverty, and the joyful and happy life her mother had led. The girl was almost induced to despise the former and imitate the latter. The following night the angel of the Lord appeared to her in a dream, and led her to the place of torment, where she saw her mother in the midst of flames and serpents. The wretched mother warned her daughter against imitating her vile life; if she did, she could in no wise escape eternal torments. Then the angel led her to paradise, where she beheld her father shining brighter than the sun and crowned with glory and honour. Then the angel asked her which life she wished to imitate. The next day the girl gave all she had to the poor and withdrew to a cave, where she led a life of austerity.

Brit. Mus. MS. Harl. 463, fo. 23 b, col. 2; MS. 11,254, fo. 14 b ("Vitae Patrum").

Jaques de Vitry's source is the *Vitae Patrum*, vi. 1, 15 (Migne, *Patrol. Latina*, vol. lxxiii., col. 995—998), where the story is told in great detail. The conclusion is somewhat different from J. de V.'s, the girl simply determines to follow her father's example. Condensed versions are found in *Scala Celi*, fo. 150, ending as in *Vitae Patrum*, and in *Libro de los Enxemplos*, ccclxxx. The story is told at length from the *Vitae Patrum* in *Magnum Speculum Exemplorum*, *Conversio*, v.

French versions are in the *Vie des Anciens Pères* (Weber, p. 11; Tobler in *Jahrbuch für rom. und eng. Lit.* vii., 417; Paris, *Vie de St. Alexis*, p. 220; see *Hist. Litt. de la France*, xxiii., p. 119). There is an Italian version in Zambrini's *Dodici Conti morali d'Anonimo*, Bologna, 1862 (*Scelta di Cur. lett.* ix.), xi. (see Köhler, *Zeitschrift für rom. Phil.* i., p. 371). Some additional references are given by H. Gering in his note to an Icelandic version in *Islendzk Aeventyri*, ii., p. 129.


CCXC. [fo. 151ro] The mother of the wild goat, when she goes out in search of food, strikes the ground with her hoof and makes a sign to her kid not to go roaming about or to leave the spot. So obedient is the kid that, when men come, it will allow itself to be captured, rather than disobey its mother's command.

Brit. Mus. MS. Harl. 463, fo. 24.

CCXCI. [fo. 151ro] A hardhearted son, who has had all his father's property, refuses to give him, when old, wine to drink, although he has five casks of it in his cellar, alleging various frivolous excuses in regard to each cask.

Brit. Mus. MS. Harl. fo. 24, col. 2.

CCXCII. [fo. 151ro] The badger is a very cleanly animal which constructs with its teeth and claws an abode in the rock, and cannot endure any foul odour. The crafty fox befouls the dwelling of the badger, which straightway abandons it and the fox takes possession of an abode which he did not build, and for which he did not labor. So is it with God and the devil in the human heart.

Brit. Mus. MS. Harl. 463, fo. 24, col. 2.

The usual form of the name of the animal is *melota*, see Dr Cange under this word. where an example of *melos* is given. The peculiarity of the animal mentioned in the text is referred to in A. Neckam, *De Naturis Rerum*, ed. cit., p. 207, cap. cxxvii; Barthol. Glanville, *De Proprietatibus rerum*, ed. cit., lib. xviii., cap. 101.

CCXCIII. [fo. 151vo] Saint Bernard and all his brothers, save one, became monks. This one visited his brothers one day and St. Bernard said to him: "Thou shalt remain in the world and possess our father's estate, for we cannot own anything in this world." The youth deeply moved, said: "My brothers possess heaven, and I alone shall possess the earth; God willing, it shall not be so." Then he abandoned the world and became a monk with the rest of his brothers. The old father was left to bewail his children as though they were lost. One day St. Bernard visited him, and according to the custom of Burgundy, the father ordered a great log to be put on the fire together with some dry wood. The dry wood blazed up brightly, but the log only smoked. Then St. Bernard said: "Father, your sons are the dry wood burning brightly and you are the old log full of earth whom your sons cannot inflame, although they have set you an example. You do nothing but give off smoke." The father was moved at these words, and he, too, became a monk.

Brit. Mus. MS. Harl. 463, fo. 24, col. 2.

The first part of the story, the conversion of the brother, is found in the life of St. Bernard by Abbot William in Migne, *Patrol. Lat.* vol. 185, col. 236. The second part I cannot discover; in the life above cited it simply says: "pater quoque, qui solus domi remanserat, veniens ad filios suos, appositus est ad eos; qui cum aliquantulum tempus ibi fecisset, obiit in senectute bona."

CCXCIV. [fo. 152ro] Gregory tells of a blasphemous child who died in its father's arms and its soul was carried off by demons.

Brit. Mus. MS. Harl. 463, fo. 24 b; MS. 11,254, fo. 12 b.

The source of the story is St. Gregory's *Dialogues*, iv., 18 (ed. cit. 7, p. 349). There are versions in *Scala Celi*, fo. 25; Herolt (Discipulus), *Sermones*, ed. cit. cxxiii, H; *Magnum Speculum Exemplorum, Jurare,* i., and Robert of Brunne's *Handlyng Synne*, p. 153, all of which cite Gregory as their authority.

CCXCV. [fo. 152ro] Gregory also tells of a certain man who foolishly speaking to his servant said: "Come devil, off with my shoes." Immediately he perceived that the devil, with great speed, loosened the thongs of his shoes; and because he named the devil he found him ready, who is always on the watch.

Brit. Mus. MS. Harl. 463, fo. 24 b.

The source is St. Gregory's *Dialogues*, iii., 20 (ed. cit. p. 269). There are versions in Herolt (Discipulus), *Sermones*, xxxiii., G; *Magnum Speculum Exemplorum, Daemon,* i; *Libro de los Enxemplos,* xlii., all of which cite Gregory.

CCXCVI. [fo. 152ro] A man lost all his property at dice, and began to blaspheme God and invoke the devil. He applied to a wealthy Jew, who said to him: "Deny Christ, his mother, and the saints, and I will cause you to enjoy your former pleasures." The gamester professed his willingness to deny God and the saints but not the Virgin, and the Jew drove him angrily away. One day as he was passing before an image of the Virgin it bowed to him as if thanking him. A rich man who was in the church saw this, and when it occurred a second time he called the gamester, who was in rags, and looked like a ribald fellow, and asked him what this wonder meant. He answered: "I do not know, for I am a great sinner and have wasted my patrimony in riotous living and gaming." "How can that be?" asked the rich man. "Did you ever do the Blessed Mary a service?" He replied: "I have never served God, or her," and then remembering, he added: "A certain Jew wanted to enrich me if I would deny the Blessed Mary, but I preferred to remain poor to denying her." The rich man was deeply moved and said: "You did well," and gave him his daughter and great wealth with her hand.

Brit. Mus. MS. Harl. 463, fo. 24 b. A similar story, although not exactly parallel, is found in Cæsar of Heisterbach, *Dial. Mirac.* Dist. ii., cap. xii (ed. cit., i., p. 78). In this version the tempter is not a Jew, but "villicum, hominem quidem malignum, nomine, non re Christianum, et daemonum ministerio totum mancipatum." The interview between the tempter and his victim is given at great length; it occurs in a wood at night. In the church the Virgin intercedes with her son, but the image turns away its face. Finally, the Virgin lays the image on the altar and falls on her knees before it. The son relents and grants the mother's prayer. The remainder of the story is as above.

Caesarius's version is given with due acknowledgment in Herolt (Discipulus), *Promptuarium de Miraculis B.V.M,* ed. cit., xcvi., and in *Magnum Speculum Exemplorum,* ed. cit., *B. Maria Virgo,* xv.

Inedited versions are mentioned in Mussafia, *Marienlegenden,* p. 70, and by Warner in his note to *Miracles de Nostre Dame,* collected by Jean Mielot, No. xxxix., where are cited also; Vincent of Beauvais, *Spec. Hist.* vii., 105-106, and Caesarius.

Besides the French version in Mielot, others are mentioned by Weber, *Vie des Ancieus Pères,* p. 14, and in *Hist. Litt. de la France,* xxiii., 122 (Jubinal, *Nouv. rec,* i., p. 118; Le Grand d'Aussy, iv., p. 34.)

Finally, an Italian version of Caesarius's story may be found in Passavanti's *Lo Specchio della Vera Penitenzia,* ed. cit., i., p. 115, and a similar German version in Hagen's *Gesammtabenteuer,* No. lxxxiii., vol. iii., p. 521, see note, vol. iii., p. cxxv.

CCXCVII. [fo. 152ro] Those who confess their sins and straightway return to them make what is called in France " confessio Renardi," from the story that when Renard was on his way to the court of the lion to be hung he made a general confession of all his sins to the badger. On the same day he saw some hens near the house of a certain man and said to the badger: "That is our way, near that house." The badger answered: "Wretched creature, you confessed all your sins to me to-day, and among them that you had devoured many hens, and promised to refrain in the future." Renard replied: "You are right, but I had forgotten it."

Brit. Mus. MS. Harl. 463, fo. 14, col. 2.

A somewhat similar story, with omission of confession, is found in Pauli's *Schimpf und Ernst*, ed. Oesterley, 29. The editor cites Camerarius, *Fabulae Aesopicae*, Lips., 1570, 337; *Scherz mit der Wahrheyt*, Frankf., 1563, 34; and Memel, *Neuvermehrte Lustige Gesellschaft*, 1695, 491, 492.

CCXCVIII. [fo. 152ro] Jacques de Vitry remembered hearing the confessions of certain youths who had laid waste the fields of others, and taken grapes from others' vineyards. He enjoined them to make restitution and amends for the loss they had caused. They promised to refrain in the future, and to restore what they had carried off. Near the church, however, they saw some vineyards, and with a loud outcry rushed after the grapes and carried them away.

Brit. Mus. MS. Harl. 463, fo. 14, col. 2.

CCXCIX. [fo. 152ro] Jacques de Vitry heard of a man who was being absolved by the priest, who with one hand kept beating his bare breast, and catching sight of the priest's purse full of money cut it off with the other hand.

Brit. Mus. MS. Harl. 463, fo. 14, col. 2.

CCC. [fo. 153ro] Certain ones cease from their sins for a while and then return to them more eagerly. Like a crying child, who, after he had wept a long time, became silent. Those who were in the house rejoiced and said: "Now we shall have quiet." The child heard them and said: "I was tired and am resting a little in order that I may cry the more. I shall never let you sleep."

Brit. Mus. MS. Harl. 463, fo. 14, col. 2. There are versions in *Scala Celi*, fo. 158ro (credited to *Speculum Exemplorum*), and in Pauli's *Schimpf und Ernst*, ed. Oesterley, 594.

Wright in his *Latin Stories*, 37, gives "from a MS. at Oxford," a curious version which I copy here for reference. "Nota de Robineto, qui fuit in quadam domo in qua milites quidam quadam nocte hospitati sunt, et cum media nocte multum clamasset, et milites valde inquietasset et a sompno impedisset, tandem clamore fessus quievit. Et dixerunt milites ad invicem, 'Dormiamus modo, quia modo dormit Robinetus.' Quibus Robinetus respondit, 'Non dormio, sed quiesco, ut melius postea clamem.' Et dixerunt milites, 'Ergo non dormiemus hac nocte.'"

Wright says in his note: "It is the earliest known reference to the name of the personage of the popular creed named Robin Goodfellow, here introduced as the household goblin, the 'lubber fiend.'"

CCCI. [fo. 153ro] A certain clerk in France wept so at confession that he could not speak. The priest told him to write down his sins, and took the paper to the bishop to advise with him. When they opened the paper they found it blank. The priest went back to the penitent, and said: "Take heart, my son, thy sins are forgiven thee; lo, I found thy paper blank, and all thy sins blotted out!"

Brit. Mus. MS. Harl. 463, fo. 14, col. 2; MS. 11,254, fo. 18 b. Jacques de Vitry's version is cited by Lecoy de La Marche in Étienne de Bourbon, p. 157, note 1.

This story is found in Caesarius of Heisterbach, *Dial. Mirac.* Dist. ii., cap. x., who probably took it from a source common to himself and Jacques de Vitry. Caesarius's version is longer and more detailed. There are versions in *Scala Celi*, fo. 44ro ("in libro de septem donis spiritus sancti," *i.e.*, Étienne de Bourbon. It is not in Lecoy de la Marche's edition). Herolt (Discipulus), *Promptuarium Exemplorum*, C, xxxiv. (from Caesarius); *Magnum Speculum Exemplorum, Contritio*, iv. (from Caesarius); *El Libro de los Enxemplos*, i.; Passavanti, *Specchio della vera penitenza*, ed. cit. i., p. 150 (from Caesarius).

CCCII. [fo. 153ro] A man was once in great danger at sea, and had no priest to confess to. So he confessed his sins aloud in the hearing of all who were in the ship. Now the sin he confessed was so heinous that never before had he been willing to confess it from shame. When the tempest subsided, no one on board could remember the sin confessed in his hearing.

Brit. Mus. MS. Harl. 463, fo. 14 b.

Caesarius of Heisterbach tells the same story, op. cit. Dist. iii., cap. xxi., on the authority of "magister Johannes Xantensis," who told it to the people "in suis stationibus crucem praedicans."

Caesarius's version is copied by *Scala Celi*, fo. 47 (condensed), and Herolt, *Promptuarium Exemplorum*, T, 2.

CCCIII. [fo. 153ro] A man committed a great sin, and never dared to confess it. At the point of death, however, he wished to do so. The devil fearing that he would confess this sin, disguised himself in the form of a priest and heard the confession, telling the man that the sin was a heinous one, and might scandalise many, and enjoined him not to reveal it again in confession to any priest. After the man's death the devil claimed his soul, on the ground that he had never confessed his sin to a priest. The man's good angel, on the other hand, said that his good intention should save him, and the devil's fraud should not aid its author. God decided in favour of the man, and commanded his soul to return to his body to make confession and do penance.

Brit. Mus. MS. Harl. 463, fo. 14 b.

Jacques de Vitry's story is copied by *Scala Celi*, fo. 45, and *Recull de Eximplis*, ed. cit. cxlix. The version in Herolt (Discipulus), *Promptuarium Exemplorum*, C, xxiii., is attributed to Arnoldus (Geilhoven de Roterodamis, whose rare *Gnotosolitus sive Speculum Conscientiae*, Brux., 1476, 1479, I have not been able to consult). There is an Italian version in *Corona de' Monaci*, Prato, 1862, p. 61.

CCCIV. [fo. 22vo] Hypocrites and heretics are compared to the fox which stuck out its tongue and pretended to be dead. The birds approached to eat the red tongue, and were caught by the cunning fox.

The same story is found in Odo de Ceritona in Hervieux, *Les Fabulistes Latins*, ii., p. 629 (also in *Jahrbuch für romanische und englische Literatur*, ix., p. 137), and in *Libro de los Gatos*, No. LIII.

CCCV. [fo. 46ro] A monk asked why Christ did not descend from the Cross when they said to him: "Let him now come down from the Cross." A wise man replied: "That you should not leave your cloister, but continue steadfast in the cross of your religion."

CCCVI. [fo. 50ro] Certain weak-minded persons who yield to temptations rather than fight against them, are compared to the fool who burned his own house to destroy the flies which troubled him.

CCCVII. [fo. 63ro] Saint Ambrose tells of a virgin who was hastening to martyrdom, and was asked by a pagan whither she was going. She answered: "To my friend, who has invited me to his wedding feast." The pagan, deriding her, said: "Tell your friend to send me some of his roses." Shortly after her death a handsome youth, with a basket full of beautiful roses, appeared to the pagan, and said: "The friend of the woman, who just passed by, sends you some roses as you desired." Then he left the roses and disappeared. The pagan was converted and himself suffered martyrdom.

CCCVIII. [fo. 63ro] Those who are fervent at the beginning of their conversion, and afterwards grow lukewarm, are like the bird which the French call *bruer*,* which first catches larks and partridges, then sparrows and smaller birds, then beetles, flies, and worms, and finally allows itself to die of hunger.

CCCVIII bis. [fo. 77ro] Some are like the child whom the French call *chamium*,† who exhausts many nurses but profits not by his food.

CCCIX. [fo. 116ro] A certain person who sold horses was wont to give the buyer equivocal looks. If the horse turned out badly, he said: "I warned you not to buy it." If the horse turned out a good one, he said: "I advised you to buy it."

* Probably the *coq de bruyère*, or grouse.
† Changeling, from late Latin *camium* for *cambium*, from *cambiare*, French *changer*.

CCCX. [fo. 117ᵛᵒ] An innkeeper spilled the wine of a pilgrim, his guest, so that he should buy more. He pretended that he had stumbled by accident, and consoled the pilgrim with these words: "Do not mind the spilling of this wine; it is a sign of great abundance which you shall have this year." When he had gone out, the pilgrim drew the spigot from the cask and let all the wine run out, excusing himself afterwards to the host with his own words: "Host, this spilling foretells great abundance."

This story is quoted by Étienne de Bourbon, 433, p. 376. It is also found in Pauli, *Schimpf und Ernst*, 372, and in *Novellette*, etc. *di San Bernardino*, Bologna, 1868 (*Scelta di Curiosità*, Disp. xcvii.), p. 72, No. xxix. Oesterley, in his notes to Pauli, cites also Bernardinus de Bustis, *Rosarium Sermonum*, 2, 277, Z.

CCCXI. [fo. 130ʳᵒ] When Jacques de Vitry was a pilgrim and sailing in a merchant vessel, a great storm arose, and certain ribalds were terrified and tore their hair and clothes. When the storm was over they resumed their lewd life and stole the victuals of the pilgrims.

CCCXII. [fo. 130ʳᵒ] Other wicked sailors starve the pilgrims on their ships, or cast them upon desert islands, or even sell them to the Saracens. Jacques de Vitry knew of some who engaged a ship on condition that they were to pay for it only in case it reached port in safety. When near their destination they sunk the ship, escaping themselves in the small boats, and saving their own property and carrying off that of the pilgrims, who were drowned.

CCCXIII. [fo. 147ᵛᵒ] The Hebrews say that Pharaoh set a crown on Moses' head when a child. Moses, however, cast it on the ground, seeing in it the image of Jove. The king wished to kill the child whom the wise men declared would destroy Egypt. Some one delivered him by saying: "Let us see if he did it from childish ignorance." So they brought live coals and put them in his mouth, and his tongue was injured, and thereafter he could not speak fluently.

CCCXIV. [fo. 146ᵛᵒ] When a man does not want to lose his cow, he ties a bell to its neck. To this cow may be compared the woman who leads in the dance. When the devil hears the sound he is reassured, and says: "I have not yet lost my cow."

# THE EXEMPLA OF
# JACQUES DE VITRY.

## INDEXES.

# I.
# INDEX TO EXEMPLA.

| | PAGE |
|---|---|
| Abbot and Robber; Robber converted by visit to monastery. LXVIII. fo. 61vo. | 29 |
| Abbot before promotion ate small fishes, to eat large ones afterwards. LXV. fo. 63vo. | 31 |
| Acharius, St., undeceives man who thinks wife has been transformed into mare. See Demon deludes man into belief, etc. | |
| Adulterous soldier saved by confession from denunciation by demoniac. See Confession saves an adulterous soldier. | |
| Adultery of stork punished by male. See Stork detects and punishes adultery of female. | |
| Aholah and Aholibah, laymen and clergy compared to. XVIth. fo. 18vo. | 5 |
| Albigensian Heretics cannot make sign of cross. XXVI. fo. 30vo. | 9 |
| Androclus. CLXXXV. fo. 121vo. | 78 |
| Angel and Hermit (Parnell's "Hermit"). CIX. fo. 85vo. | 50 |
| Angels escort soul of pilgrim to heaven. See Pilgrim escorted by angels to heaven, etc. | |
| Anointing hand of venal judge. XXXVIII. fo. 34vo. | 15 |
| Anthony, St., cures ennui by praying for a time and then working for a time. LXIV. fo. 66vo. | 33 |
| Anthony's, St., reply to philosophers asking which was first, knowledge or letters. XXX. fo. 31vo. | 11 |
| Ape clings to young and is captured by hunters. XXV. fo. 28vo. | 9 |
| Ape revenges herself upon bear, which had devoured her young, by burning him while asleep. CXLIII. fo. 106vo. | 64 |
| Ape throws away nut on account of the bitter rind. CXXVII. fo. 99vo. | 58 |
| Apollo, council of demons held in temple of. See Jew passes the night in temple of Apollo. | |
| Apparition of dead scholar of Paris to friend neglecting to carry out his bequest. See Scholar of Paris gives a mattress at death to the poor. | |
| Apparition of dead scholar of Paris to master. See Scholar of Paris appears after death to master. | |
| Apparition of dead soldier to faithless executor. See Executor, faithless, pays penalty, etc. | |

Apple, slice of, used to prove sons' obedience by Charles, emperor. See Charles, emperor, proves obedience of sons, etc.
Ascalon, Templars tempted to relinquish siege of. See Templars are tempted to relinquish siege of Ascalon.
Ass, accustomed to remain in mill, would not leave it when on fire, and perished in the flames. CXXV. fo. 93⁰ . . . . . 57
Ass carries usurer's body to gibbet. See Usurer's body carried by ass to gibbet.
Ass of leper. Priests fond of banqueting compared to. See Priests fond of banqueting, etc.
Ass sold by husband to wife, and vice versâ, in order to elude vow not to drink wine. See Vow to drink no wine, etc.
Ass, which is created slothful and hardy, permits wolves to devour its loins without feeling wound. CXXVI. fo. 93⁰ . . . . . 68
Ass's voice. Priest thinks he has a fine voice; reminds parishioner of dead ass. LVI. fo. 40⁰ . . . . . . 27
Astrologer, Devil in guise of, at Emperor's court, denounces incestuous Roman widow. See Confession saves incestuous Roman widow.
Avaricious knight upbraids servant for not finding cloak; servant had known it for seven years. CLXXXI. fo. 123⁰ . . . 77
Avaricious man and envious man allowed to ask for anything they desire: one who asks first gets double. Envious man asks to lose one eye. CXCVI. fo. 128⁰ . . . . . . . 81
Avaricious priest refuses to bury mother of young man without pay. Dead mother in sack left with priest as pledge. See Dead mother in sack left as pledge, etc.
Avaricious rustic puts bad money into Church offerings: Priest slips a piece of bad money into his mouth instead of Host. CXCVIII. fo. 128⁰ . . . . . . . . 82
Avaricious woman during life gives nothing to poor. After her death her husband refuses to give anything for her soul. CLXXXII. fo. 124⁰ . 77

Bad money put into Church offerings by avaricious rustic: Priest slips a piece of it into his mouth instead of Host. See Avaricious rustic puts bad money into Church offerings, etc.
Bad news ("Maymutdo"). CCV. fo. 131⁰ . . . . . 85
Bargains, wine drunk at. See Vow to drink no wine, etc.
Bear burned while sleeping by ape, whose young he had devoured. See Ape revenges herself upon bear, etc.
Beggars, two, humble and proud, beg for grain with small and large sacks. Humble beggar becomes rich. LXXVII. fo. 68⁰ . . 35
Beggars, two, lame and blind, are healed against their will by relics of St. Martin. CXII. fo. 85⁰ . . . . . . 52
Belshazzar, king of Babylon, fears dead father may revive, has him cut to pieces and given to foxes. CLIX. fo. 5⁰ . . . 69

INDEX TO EXEMPLA.    275

|   | PAGE |
|---|---|
| Bernard, St., and all his brothers save one, are converted; brother follows example, and their father, too, becomes a monk. CCX. fo. 151ʳ | 123 |
| Bernard, St., protects his virtue by crying "thieves, thieves," and arousing house. CCXII. fo. 132ʳ | 83 |
| Bernard's, St., sister visits him in rich apparel. He will not see her; she is converted. CCLXXIII. fo. 146ʳ | 114 |
| Bernard, St., visits school of logic at Paris and judges a disputation. XXXII. fo. 32 | 13 |
| Bernard, St., was fond of greeting children, so as to obtain their blessings. CCLXXXVI. fo. 150ʳ | 120 |
| Bestial sinner does penance in bestial manner; eats grass. Is told he belongs not to order of angels, but to order of asses. LV. fo. 50ʳ | 21 |
| Bird called in French ____ ____ ily because slothful and dies of hunger. CCCVIII. fo. 82ʳ | 128 |
| Blasphemer, Christian, shocks Jew. See Jew shocked at Christian Blasphemer. | |
| Blasphemer punished by knight by a blow; knight rewarded by King. CCXIV. fo. 134ʳ | 91 |
| Blasphemer refuses to deny the Virgin at Jew's request; Virgin bows thanks to him, and makes him rich again. See Virgin, image of, bows to jailer, etc. | |
| Blasphemous child's soul carried off by demons. CCCXIV. fo. 152ʳ | 124 |
| Blind men are given a pig to kill on festal days. XLIII. fo. 40ʳ | 17 |
| Bolster, absence of, lamented by new monk who had never before used one. LXXXIV. fo. 72ʳ | 38 |
| Bones of the dead blessed and cursed by novice at abbot's order. See Novice is sent by abbot to bless, etc. | |
| Bride, upon return to home, showered with grain, people crying "Habundantia." CCLXV. fo. 145ʳ | 112 |
| Brothers, two, educated in monastery and world; the monk knows more deceits and cavillings than the other. XLIX. fo. 46ʳ | 19 |
| Butcher surprised that customer has lived seven years on his meat. CLXII. fo. 116ʳ | 70 |
| Butcher, who sold bad meat to pilgrims at Acre, asks release, when captured by Saracens, because he kills so many of Sultan's enemies. CLXIII. fo. 116ʳ | 70 |
| Cask, fool tries to fill, by drawing from bottom, etc. See Fool tries to fill, etc. | |
| Cat, roaming, kept at home by disfiguring her. CCIX. fo. 132ʳ | 87 |
| Cat set to guard cheese. See Fool puts cat to guard, etc. | |
| Cat, students at Paris game with a cat. See Students at Paris play a game, etc. | |
| Changeling, called in French chamium, exhausts many nurses, but does not thrive himself. CCCVIIIᵇⁱˢ. fo. 77ʳ | 129 |

|  | PAGE |
|---|---|
| Charity of hermit who gives away all he possesses, even to Bible. See Hermit who gives away, etc. | |
| Charity of John of Alexandria (Joannes Eleemosynarius). See John of Alexandria. | |
| Charity of noble lady in bestowing garment on poor woman; Priest miraculously prevented from continuing mass during lady's absence. XCIII. fo. 76ᵛ | 42 |
| Charity of noble lady to leper. Takes him into bed during husband's absence. Leper miraculously disappears. XCV. fo. 77ᵛ | 44 |
| Charity of Theobald, count of Champagne. See Theobald, count of C. | |
| Charles, emperor (Charlemagne), proves obedience of sons by slice of apple, and distributes kingdom accordingly. LXXIII. fo. 97ᵛ | 56 |
| Charm for driving mice from grain used in derision of concubines of priests. See Concubines of priests not given the kiss of peace, etc. | |
| Children's blessings desired by Saint Bernard. See Saint Bernard was fond of greeting children, etc. | |
| Christ, reason why, did not descend from the cross. CCCV. fo. 165ᵛ | 127 |
| Cistercian monk informed by God that the nuns of that order were firm in the faith and powerful in good works. CCLXXIX. fo. 118ᵛ | 116 |
| Cloak of avaricious knight cannot be found by servant. See Avaricious knight upbraids servant for not finding cloak. | |
| Commendation ("In manus omnium dominum") of soul of man who refuses to make restitution of goods unjustly acquired. CVI. fo. 81ᵛ | 49 |
| Concubine of priest allowed to sleep nowhere but in privy. CCXL. fo. 139ᵛ | 100 |
| Concubines of priests not given kiss of peace, and derided with charm used to drive mice from grain. CCXLII. fo. 139ᵛ | 101 |
| Concubine, priest relinquishes parish for; when he is poor, she leaves him. CCXLI. fo. 139ᵛ | 100 |
| "Confessio Renardi." On way to be hung Renard desires to take the way where he sees some hens. CCXCVII. fo. 152ᵛ | 125 |
| Confession of youths who laid waste the fields of others; do the same after confession. CCXCVIII. fo. 152ᵛ | 126 |
| Confession impossible from tears; penitent writes sins on paper; paper found blank. CCCI. fo. 153ᵛ | 126 |
| Confession in time of danger at sea forgotten by those who heard it. CCCII. fo. 153ᵛ | 126 |
| Confession saves an adulterous soldier from punishment. CCLXI. fo. 144ᵛ | 109 |
| Confession saves incestuous Roman widow denounced by devil in disguise of astrologer at Emperor's court. CCLXIII. fo. 144ᵛ | 110 |
| Confession to devil disguised as priest. CCCIII. fo. 153ᵛ | 127 |
| Confessor stops his nose on hearing a penitent's sins. Another spits in sinner's face. LXIII. fo. 52ᵛ | 25 |
| Confessors, Dominican, scandalised by frailties of nuns, etc. See Dominical confessors, etc. | |

# INDEX TO EXEMPLA. 277

|  | PAGE |
|---|---|
| Continence of hermit who will not touch his mother's flesh in carrying her across a river. See Hermit in carrying mother, etc. | |
| Corvées from vassals not repaid by lords. See Knights receive from their vassals services, etc. | |
| Council of demons held in temple of Apollo. See Jew passes the night in temple of Apollo. | |
| Courtesan weeps because she has not succeeded in stripping lover of his cloak also. CCC. fo. 130ᵛ | 83 |
| Cow vowed to St. Michael in moment of danger; pilgrims in safety will not give even the calf. See Pilgrims to St. Michael. | |
| Cripples cured by threat of burning the most deformed one. CCLIV. fo. 142ᵛ | 107 |
| Cross, Albigensian heretics cannot make sign of. See Albigensian Heretics. | |
| Crows, flocks of, carry away faithless executor. See Executor, faithless, pays penalty, etc. | |
| Crusade, preaching of, by J. de Vitry, moves a man to lower himself from a window and take the cross. See Preaching of the Crusade by Jacques de Vitry. | |
| Crusader, about to depart for Holy Land, sees his children to render his merit at departing greater. CXXIV. fo. 99ᵛ | 57 |
| Crusaders, Virgin seen offering her son to. See Virgin seen offering her son to Crusaders. | |
| Crusader weakened by immoderate fasting. LXXXV. fo. 73ᵛ | 38 |
| Crying child rests for a time in order to cry the more. CCC. fo. 158ᵛ | 126 |
| Curiosity detected by putting mouse in covered dish. XIII. fo. 15ᵛ | 4 |
| Curious wife enters oven against husband's command and is killed. CCXXXVI. fo. 138ᵛ | 93 |
| Custom of young dying in land as well as old. Son agrees to leave abbey, if father will reform custom. See Father threatens to burn abbey, etc. | |
| "Damocles, sword of." VIII. fo. 11ᵛ (See XLII. fo. 38ᵛ) | 3 |
| Dance, woman who leads compared to cow with bell: woman carries devil's bell. CCXIV. fo. 116ᵛ | 151 |
| Dancing women are compared to the instrument used to catch quails CCLXXIIIᵇⁱˢ. fo. 146ᵛ | 114 |
| Daughter in doubt whether to follow example of father's or mother's life. CCLXXXIX. fo. 150ᵛ | 121 |
| David sent by Lord to play harp, and induce pilgrim's son to leave body. See Soul of pilgrim ill in foreign parts, etc. | |
| Dead mother in sack left as pledge with avaricious priest. CXCVII. fo. 125ᵛ | 82 |
| Demon deludes man into belief that wife has been transformed into a mare. St ... undeceives him. CCLXII. fo. 144ᵛ | 110 |

U

|  | PAGE |
|---|---|
| Demon, in a certain man, preaches the truth in order that hearers, not following it, may become more wicked. CLI. fo. 109ᵛᵒ | 67 |
| Demon, in form of Ethiopian, shoots darts (carnal temptation) at "Father," who rudely reproved young man for similar temptation. See Temptation of young man diverted, &c. | |
| Demon tells man that one of his sons was the priest's. CCXXIII. fo. 138ᵛᵒ | 97 |
| Demoniac prevented from denouncing adulterous soldier by confession. See Confession saves an adulterous soldier. | |
| Demons carry off soul of blasphemous child. See Blasphemous child's soul carried off by demons. | |
| Demons, council of, held in temple of Apollo. See Jew passes the night in temple of Apollo. | |
| Demons delude woman into belief that she rides through the air at night. Priest heals her with crucifix. CCLXIX. fo. 145ᵛᵒ | 112 |
| Demons fill usurer's mouth with red-hot coins. See Usurer buried with third of property, etc. | |
| Demons, women given out for, to king's son. See King's son brought up in cave. | |
| Demons write letter to negligent prelate. See Letter written by demons, etc. | |
| Devil always ready when invoked. Master's address to servant: "Come, devil, off with my shoes." Devil loosens thongs. CCXCV. fo. 152ᵛᵒ | 124 |
| Devil covered with phials seen by Saint Macharius. See Saint Macharius. | |
| Devil deceives hermit, and makes him kill his father. See Hermit deceived by devil. | |
| Devil, disguised as priest, hears confession. See Confession to devil disguised as priest. | |
| Devil falls from woman's long train. CCXLIII. fo. 140ᵛᵒ | 101 |
| Devil fills sack with words and syllables of psalms not properly recited. XIX. fo. 20ᵛᵒ | 6 |
| Devil, in guise of astrologer at Emperor's court, denounces incestuous Roman widow. See Confession saves incestuous Roman widow. | |
| Devil swallowed by nun with lettuce. See Nun eats lettuce, etc. | |
| Devil writes down idle words spoken in church. CCXXXIX. fo. 139ᵛᵒ | 100 |
| Devil's nine daughters and their marriages. CCXLIV. fo. 140ᵛᵒ | 101 |
| Diana, Temple of. See Herostratus. | |
| Dog, sharpers make rustic believe lamb is. See Sharpers make rustic, etc. | |
| Dominican confessors scandalized by frailties of nuns; judge all equally bad. LXXX. fo. 71ᵛᵒ | 36 |
| Dormouse takes the habit when it finds a monastery of lax discipline. LXXI. fo. 63ᵛᵒ | 31 |
| Double Sight, husband deceived by pretence of. CCLI. fo. 142ᵛ | 105 |
| Drunken man beats wife with plough-share concealed in bag. CCXXV. fo. 138ᵛᵒ | 92 |

# INDEX TO EXEMPLA.

|  | PAGE |
|---|---|
| Drunken man causes wife's miscarriage by his embraces, CCXXVI. fo. 185ʳᵒ | 94 |
| Duel fought by husband for guilty wife. She forsakes him a second time, and he abandons her, CCLIX. fo. 143ʳᵒ | 109 |
| Emperor confides beautiful daughter to seneschal, who ill-treats her, XVI. fo. 18ʳᵒ | 6 |

Envious man asks to lose one eye in order that avaricious man may lose two. See Avaricious man and envious man, etc.

Ethiopian, demon in form of, shoots darts at "Father," who reproved rudely young man for carnal temptation. See Temptation of young man diverted, etc.

Exactions practised by the rich on the poor. See Goose-taken and feathers left.

Example of father or mother, daughter in doubt which to follow. See Daughter in doubt whether to follow example of father or mother.

| Executor, faithless, pays penalty for delaying to execute soldier's bequest to poor : is carried away by a flock of black crows. CXIV. fo. 90ʳᵒ | 52 |

Eye, monk rejoices at loss of one. See Monk rejoices at loss of one eye.

Eyes torn out by Nun. See Nun tears out eyes.

Fables :

| Ape asking fox for part of tail (Rom. iii. 17). CLXXI. fo. 120ʳ | 73 |
| Ass caressing master (Laf. iv. 5). XV. fo. 17ʳᵒ | 5 |
| Bat pretending to be bird or quadruped (Laf. ii. 5). CLIII. fo. 111ʳᵒ | 67 |
| Birds and statue of archer : birds soon loose fear of. V. fo. 8 | 2 |
| Bitch asked dog to lend her his kennel ; refuses to leave it (Phaed. i. 19). CLXI. fo. 115ʳᵒ | 70 |
| Camel asks for horns (Kirchhof, 7,57). XXXVII. fo. 34ʳᵒ | 14 |
| Cobbler and the banker (Laf. viii. 2). LXVI. fo. 59ʳᵒ | 27 |
| Cock and the pearl (Laf. i. 20). LIV. fo. 48ʳᵒ | 21 |
| Crab learned to walk backward from parents (Laf. xii. 10). XLIV. fo. 42ʳᵒ | 17 |
| Crow in borrowed plumage (Laf. iv. 9). CCXLIX. fo. 142ʳᵒ | 105 |
| Debate of the members and the stomach (Laf. iii. 2). LXXIII. fo. 65ʳᵒ | 33 |
| Dog and shadow of cheese in water (Laf. vi. 17). XVIII. fo. 18ʳᵒ | 6 |
| Eagle carries off the cubs of fox, which sets fire to tree and consumes eagle's young (Phaed. i. 28). CXLIV. fo. 106ʳᵒ | 64 |
| Flea and the fever (Laf. iii. 8). LIX. fo. 53ʳᵒ | 23 |

|  | PAGE |
|---|---|
| Fly and ant (Laf. iv. 3). CLXXXIX. fo. 126vo. | 79 |
| Fly annoys bald man (Rom. ii. 13). CXC. fo. 126vo | 80 |
| Fox and the stork (Laf. i. 18). CLXV. fo. 117vo | 71 |
| Fox asks mule's genealogy; is told to read it on hoof (Laf. vi. 7; xii. 17). XXXIII. fo. 33vo | 13 |
| Fox, crow, and the cheese (Laf. i. 2). XCI. fo. 75vo. | 42 |
| Fox persuades lean wolf to follow her through narrow opening into store-room. Wolf cannot get out (Laf. iii. 17). CLXXIV. fo. 121vo. | 74 |
| Frog and mouse (Laf. iv. 11). III. fo. 4vo | 1 |
| Frogs ask for king (Laf. iii. 4). XXIV. fo. 27vo | 8 |
| Frog bursts from pride (Laf. i. 3). XXIX. fo. 31vo. | 11 |
| Frog sets up for physician; cannot cure himself. CCLXVII. fo. 145vo. | 112 |
| Goose that laid an egg every day killed by owner, in hope of finding many eggs in her (Pauli, 53). CLXXXVII. fo. 126vo. | 78 |
| Horse and lion pretending to be a physician (Laf. v. 8). CLII. fo. 111vo. | 67 |
| Horse asking aid of man against stag (Laf. iv. 13). CX. fo. 88vo | 51 |
| Kite when well polluted sacrifices of the gods; when ill begs dove to intercede for him (Rom. i. 18). XLI. fo. 36vo | 16 |
| Larks make owl king to defend them. IV. fo. 6vo | 1 |
| Lion delivered from snare by mouse (Laf. ii. 11). CXLV. fo. 106vo. | 63 |
| Man and viper stiffened by cold (Laf. vi. 13). CLX. fo. 115vo. | 70 |
| Milkmaid and the pot of milk (Laf. vii. 10). LI. fo. 46vo | 20 |
| Mistresses, two, man with: one pulls out black, other white hairs (Laf. i. 17). CCI. fo. 130vo | 84 |
| Rustic's axe falls in water. Owner waits for river to flow by. XXXIV. fo. 33vo. | 14 |
| Sheep, goat, and mare in partnership with lion (Laf. i. 6). CLVI. fo. 113vo. | 68 |
| Sick lion insulted by the other animals (Laf. iii. 14). CLXXXIV. fo. 124vo | 77 |
| Stag admires horns but scorns his slender legs; caught by his horns (Laf. vi. 9). CCLXXIV. fo. 147vo. | 115 |
| Sun, marriage of (Laf. vi. 12). CLXII. fo. 106vo | 64 |
| Swallow urging little ones to destroy the hemp (Laf. i. 8). CI. fo. 80vo. | 47 |

INDEX TO EXEMPLA.

|  | PAGE |
|---|---|
| Town mouse and country mouse (Laf. i. 9). CLVII. fo. 113ro | 69 |
| Vessel asks to be released because she keeps house free from mice; devours bread also. CCXIII. fo. 132vo | 89 |
| Wolf and crane; extracts bone from wolf's throat (Laf. iii. 9). CXXVI. fo. 101ro | 61 |
| Wolf and kid: warned not to leave fold until mother's return; disobeys and is devoured. CCLXXXIII. fo. 149ro | 119 |
| Wolf and fox in partnership with lion (Kirchhof, 7, 24). CLVIII. fo. ... | 69 |
| Wolf and lamb at the brook (Laf. i. 10). CXXXV. fo. 104ro | 61 |
| Wolf, lean, and sleek dog (Laf. i. 5). CCXVII. fo. 134ro | 90 |
| Wolf licks yoke. XXI. fo. 22ro | 7 |
| Wolf offers services as midwife to sow (Kirchhof, 7, 174). CLXVI. fo. 117ro | 71 |
| Wolves propose peace to shepherds on condition of giving up dogs (Laf. iii., 13). XLV. fo. 42vo | 17 |

Fasting, immoderate, weakens crusader. See Crusader weakened by immoderate fasting.

Father bitten by son on way to gallows. See Son on way to gallows bites father's lip.

Father killed by son: a hermit deceived by devil in shape of angel. See Hermit deceived by devil.

Father threatens to burn abbey, if son does not return home. Son agrees if father will reform custom of young dying as well as old. CXVI. fo. 90vo . . . . . . . . . 53

Festivals known because rustic named Gocelinus wore red shoes. CLXXXIII. fo. 124vo . . . . . . . . . 77

Fingers burnt by monk to save himself from carnal temptation. See Monk burns fingers, etc.

Flatterers compared to serpent with rose in mouth. See Serpent carries rose in mouth, etc.

Fool burns house to rid it of flies. CCCVI. fo. 50ro . . . 128

Fool puts cat to guard cheese; cat eats both mice and cheese. XI. fo. 13ro . . . . . . . . . 4

Fool tries to fill cask by drawing from bottom and pouring in at top. X. fo. 13ro . . . . . . . . . 3

Fortune-teller predicts to mother success of son, student at Paris: he will become bishop. CCLXIV. fo. 145ro . . . . 111

Fortune-teller promises rich husband: has a poor one herself. CCLXVI. fo. 145ro . . . . . . . . . 112

Fox attempts to catch birds by feigning to be dead. CCCIV. fo. 22ro . 127

Fox attempts to catch bird called *mesange* by pretending that peace has been sworn between beasts and birds. XX$^{bis}$. fo. 22ro . . 6

Friends in need, parable of. CXX. fo. 93ro . . . 55
Furseus, legend of. XCIX. fo. 80ro . . . 46

Galteri, Saltus. See Saltus Galteri.
Goat, wild, obedience of, captured rather than disobey mother. CCXC. fo. 151ro . . . 121
Go-between, maid-servant beaten and thrown out of window by mistress for acting as. CCLII. fo. 142ro . . . 106
Gocelinus' red shoes indicate festivals. See Festivals known, because rustic, etc.
God as security for prisoner's ransom. Monk's horse taken to pay it. LXIX. fo. 62ro . . . 30
Gold adulterated by quicksilver. CXCII. fo. 127ro . . . 80
Goose taken and feathers left. CXXXVIII. fo. 104ro . . . 62
Grain hoarded to be sold in time of scarcity: Lord sends good harvests and owner hangs himself. CLXIV. fo. 116ro . . . 71
Grain showered upon bride. See Bride upon return home showered with grain.
Grandson rebukes father's ingratitude to parent. CCLXXXVIII. fo. 150ro . 121
Guinehochet, demon named, tells man one of his sons is priest's. See Demon tells man, etc.

Hell, pains of, infinite duration of, converts sinner from worldly life. CXCIX. fo. 128ro . . . 83
Hermit, angel and (Parnell's "Hermit"). See Angel and hermit.
Hermit and angel go to bury corpse; hermit stops his nose; angel afterwards stops his nose on meeting handsome but sinful youth. CIV. fo. 83ro . . . 48
Hermit and courtezan: he asks for more secret room. CCLVII. fo. 143ro . 108
Hermit and courtezan: one ashamed to sin in the market-place, the other in the desert. CCLVI. fo. 143ro . . . 108
Hermit assigns robber penance, then is envious when his soul goes to heaven; breaks his neck and own soul goes to hell. See Robber will accept no penance.
Hermit cured of love by stench of putrefying remains. CCXLV. fo. 140ro . 102
Hermit deceived by devil in shape of angel, kills father who visits him. LXXVI. fo. 67ro . . . 34
Hermit gives away all he has except Bible, finally sells that and gives price to poor. XCVIII. fo. 79ro . . . 46
Hermit, in carrying mother across a stream, will not touch her flesh. C. fo. 80ro . . . 46
Hermit proposes to move cell nearer to water; desists because he sees an angel measuring distance to proportion reward to hermit in next world. CXXVIII. fo. 100ro . . . 58

## INDEX TO EXEMPLA. 283

|  | PAGE |
|---|---|
| Hermit who heals others by his prayers will not heal himself. CV. fo. 83ro | 49 |
| Hermit who lives far from town still makes baskets and destroys them, so as not to be idle. CXCIV. fo. 128ro | 81 |
| Herostratus burns temple of Diana. XXVII. fo. 30ro | 10 |
| Hogs hunted by monks as if they were game. See Vow to eat meat only when guests were present. | |
| Horse taught to fall down when owner said: "Let us bow our knees." CCLVIII. fo. 143ro | 108 |
| Horses, three, black, white, and bay, fugitive pursued by, parable of LXXXVIII. fo. 79ro | 39 |
| Horsejockey makes equivocal signs when selling horses. CCCIX. fo. 116ro | 128 |
| Host impiously kept in woman's mouth for incantation purposes, turns to flesh and prevents her from speaking by adhering to palate. CCLXX. fo. 145ro | 113 |
| "Housse Partie." See Grandson rebukes father's ingratitude to parent. | |
| Hundredfold promised to him who gave all his goods to the poor. Son demands father's property given under this promise. XCVI. fo. 77ro | 45 |
| Husband, imprisoned, nourished by wife's milk. See Wife nourishes imprisoned husband, etc. | |
| Husband mutilates himself to spite his wife. XXII. fo. 24ro | 7 |
| Husband of avaricious woman refuses to give anything for her soul; she had never done anything for her own soul. See Avaricious woman during life gives nothing to poor, etc. | |
| Husband, rich, promised by fortune-teller. See Fortune-teller promises rich husband. | |
| Idle words spoken in church written down by devil. See Devil writes down idle words spoken in church. | |
| Incestuous Roman widow denounced by devil in guise of astrologer at Emperor's court; saved by confession. See Confession saves incestuous Roman widow. | |
| Inconsistency of knight in hearing sermons but leading a worldly life. He wishes to know what to do in case he is converted. CXXXIX. fo. 105ro | 63 |
| Infinite duration of pains of hell, thought of, converts sinner. See Hell, pains of, etc. | |
| Ingratitude of son to father in old age; refuses to give him wine. CCXCI. fo. 151ro | 122 |
| Innkeeper spills wine of guests. CCCX. fo. 117ro | 129 |
| Insane man dragged before image of Virgin: "I may adore thee, but I shall never love thee." Story applied to usurers. CLXXII. fo. 120ro | 73 |
| Intoxicated husband made to assume monastic habit by wily wife. See Monk, woman intoxicates husband, etc. | |
| Jew passes the night in the temple of Apollo, and witnesses council of demons. CXXXI. fo. 102ro | 59 |

Jew shocked at Christian blasphemer. CCXVIII. fo. 134ᵛᵒ . . . 95

Jew tempts ruined gamester to deny Virgin; he refuses, and Virgin's image bows to him and makes him rich again. See Virgin, image of, bows to gamester, etc.

John of Alexandria (Joannes Eleemosynarius), his charity. XCVII. fo. 79ᵛᵒ . . . . . . . 45

Judges, unjust in Lorraine. XXXV. fo. 38ᵛᵒ . . . . . 14

Judge, venal, hand anointed. See Anointing hand of venal judge

King and officer see at night, in a cellar, poor man and wife singing and dancing, parable. See Poor man singing and dancing.

King for a year. IX. fo. 11ᵛᵒ . . . . . . . 3

King's son brought up in cave likes demons (women) best. LXXX. fo. 71ᵛᵒ . . . . . . . . 37

Kiss on way to gallows; son bites father's lip because he did not reprove him in his youth. See Son, on way to gallows, bites father's lip.

Knight marries wife of userer who had ruined him. CLXXIII. fo. 120ᵛᵒ . 75

Knight punishes blasphemer by a blow; knight acquitted by King. See Blasphemer punished by knight.

Knight thinks priest says mass for sake of offerings. CXL. fo. 107ᵛᵒ . 62

Knight's illness make him a lamb from a lion. See Scholar of Paris refuses to pray for rich knight's recovery.

Knights receive from their vassals services called "corvées," and give them no bread in return. CXXXVII. fo. 103ᵛᵒ. . . . 62

Lamb, sharpers make rustic believe to be dog. See Sharpers make rustic believe, etc.

Latera crucifixi. Priest roasts sides of the crucified for fastidious cook. VI. fo. 10ᵛᵒ . . . . . . . . 2

Laughter for thirty days forbidden as a condition of girl being with the Virgin. CCLXXV. fo. 147ᵛᵒ . . . . . . 115

Lawyer accustomed to fraudulent delays begs in vain the Lord for delay of his death. XL. fo. 36ᵛᵒ . . . . . . 15

Lawyer hesitates to receive Eucharist. Bystanders not his peers. XXXIX. fo. 36ᵛᵒ . . . . . . . . 15

Lawyer, successful, becomes monk and loses all his cases, because he tells the truth. LII. fo. 48ᵛᵒ . . . . . . . 20

Lawyers, in hell, bathed in molten gold. See Nero in hell.

Leper, ass of, priests fond of banqueting compared to. See Priests fond of banqueting, etc.

Leper, charity of noble lady to; leper miraculously disappears on husband's return. See Charity of noble lady to leper.

Leper converses, after death, with the charitable Theobald, Count of C. See Theobald, Count of C.

Letter written by demons to negligent prelates. II. fo. 4ᵛᵒ . . 1

Lettuce eaten by nun, without sign of cross, causes her to swallow a devil. See Nun eats lettuce, etc.

"Lingua cras tibi," etc. See Scholar of Paris appears after death to master.

Lion delivers Christian virgin condemned to brothel. See Virgin, Christian, condemned, etc.

L. the, sign of, made by woman after she was thrown into the water. CCXXI. fo. 136<sup>vo</sup> . . . . . . . . . . 92

Lover tests mistress's sincerity by putting burning tow on her bare foot and his own; too engrossed in saving herself to think of him. CCII. fo. 129<sup>b</sup> . . . . . . . . . . 84

Lying, the only vice that cannot be cured by age. CCVII. fo. 131<sup>vo</sup> . . 86

Magdalene, S., see devil covered with phials. LXXV. fo. 67<sup>vo</sup> . . 34

Men, may believe that wife has been transformed into. See Demons delude man into belief, etc.

Mothers bear... and mothers of pilgrims. CCCXII. fo. 159<sup>v</sup> . . 130

Mariners grow penitent in a tempest; but become wicked again in good weather. CCCXI. fo. 159<sup>vo</sup> . . . . . . . . 129

Mark removed from woman's face by physician, and skin too. See Physician removes black mark, etc.

Martin, St., exchanges coat for poor man's; short sleeves miraculously lengthened. XLII. fo. 76<sup>vo</sup> . . . . . . . . 42

Martin's, St., relics heal two beggars against their will. See Beggars, two, lame and blind, etc.

Martin, St., tells travellers they will reach Paris at nightfall if they proceed slowly. They disregard him and break cart. CLXXXVIII. fo. 126<sup>vo</sup> . . . . . . . . . . . . 79

Mary Magdalene, presumptuous maid wishes not to resemble. See Presumptuous maid wishes not to resemble Mary Magdalene.

Mass said for sake of offerings, as knight thinks. See Knight thinks priest says mass for sake of offerings.

Matron and monk, who elope with treasures of monastery, saved by the Virgin. See Virgin saves matron and monk, etc.

"Matron of Ephesus." CCXXXII. fo. 137<sup>vo</sup> . . . . . 96

Meat to be eaten only when guests were present. See Vow to eat meat only when guests were present.

Melos, very cleanly animal which cannot endure any foul odors. CCXCII. fo. 151<sup>vo</sup> . . . . . . . . . . . 123

Mice run out of pie kept too long by miser. See Miser kept a pie so long that mice ran out of it.

Michael, St., pilgrim to, refuses to pay vow (cow) when in safety. See Pilgrim to St. Michael.

Minstrel at sea in tempest eats largely of salt meat, to prepare him for the great drinking before him. CCIII. fo. 130<sup>vo</sup> . . . 84

|  | PAGE |
|---|---|
| Minstrel revenges himself upon inhospitable pastor of illiterat monastery. LXVII. fo. 55<sup>vo</sup> | 28 |
| Mirror, diverts thief from tamares. See Thief stops to gaze in mirror, etc. |  |
| Miser says please bring that mule can carry it. CLXX. fo. 125<sup>vo</sup> | 70 |
| Mistress tells maid to attend preaching occasionally. CCXXIV. fo. 135<sup>vo</sup> | 93 |
| Mistress' sincerity tested by lover; pan containing coals on her foot and on his own. See Lover tests mistress' sincerity. |  |
| Monastic habit assumed in order to steal the sacred vessels. XLVI. fo. 45<sup>vo</sup> | 18 |
| Money, defended by woman, but not virtue. See Woman defends money, etc. |  |
| Monk and matron elope with treasures of monastery; saved by Virgin. See Virgin saves matron and monk |  |
| Monk burns fingers in candle to protect himself against carnal temptation. CCXLVI. fo. 140<sup>vo</sup> | 103 |
| Monk, chaste, can hold red-hot iron; unchaste loses the power. CCXLVII. fol. 140<sup>vo</sup> | 103 |
| Monk laments absence of bolster which he had never used in the world. See Bolster, absence of, lamented. |  |
| Monk rejoices at loss of one eye. CXI. fo. 88<sup>vo</sup> | 51 |
| Monk refuses to grant brother's request on ground that he is no longer in the world. CXVII. fo. 91<sup>vo</sup> | 54 |
| Monk tempted to eat meat kills peacock. Abbot discovers and forgives him. XIV. fo. 15<sup>vo</sup> | 5 |
| Monk, woman intoxicates husband and makes him become. CCXXXI. fo. 137<sup>vo</sup> | 96 |
| Monk's horse taken to pay prisoner's ransom. See God as security for prisoner's ransom, etc. |  |
| Monk's prompt obedience; leaves letter unfinished. LXXIX. fo. 69<sup>vo</sup> | 36 |
| Monks hunt hogs as if they were game in order to elude vow. See Vow to eat meat only when guests were present. |  |
| Monks, spendthrift, intend to cultivate land next year and pay debts; but forget their resolves. L. fo. 46<sup>vo</sup> | 19 |
| Monks, talkative, make signs with their feet when forbidden to use their hands. XLVIII. fo. 46<sup>vo</sup> | 19 |
| Moses dashes Pharaoh's crown to the ground; tongue burned with coals. CCCXIII. fo. 147<sup>vo</sup> | 131 |
| Mouse in covered dish, curiosity detected by. See Curiosity detected by putting mouse, etc. |  |
| Mud, woman lets herself fall into, in order to deceive husband and meet lover. CCXXX. fo. 137<sup>vo</sup> | 95 |
| Nepotism. Archdean so young that he befouls stall. I. fo 4<sup>vo</sup> | 1 |
| Nero in hell. XXXVI. fol. 34<sup>vo</sup> | 14 |
| Nicticorax, habits of. LXXXIII. fo. 72<sup>vo</sup> | 38 |
| Nightingale's advice. XXVIII. fo. 30<sup>vo</sup> | 10 |

Nose, hermit stops his, at smell of corpse; reveal at sight of handsome youth. See Hermit and angel; also Fairy rose.

Novice is sent by abbot to blessed fig tree; the bones of the dead; they are silent. CXVIII. fo. 91ᵛ ... 54

Nun concealed from pursuit of soldier, calls "cuca" to reveal her hiding place. XVII. fo. 51ᵛ ... 22

Nun, chaste but proud and talkative, buried after death, from waist up. CCLXXII. fo. 144 ... 113

Nuns, Cistercian, defended against slanderers. See Cistercian monk interfered by God, etc.

Nun eats lettuce without sign of cross, and swallows a devil. LXXX. fol. 169ᵛ ... 60

Nun has no mirror to cultivate patience of Job, etc. LXV. fol. 57ᵛ ... 26

Nun prevented from hanging herself by Virgin's Image, at last goes another way and is ruined. LX. fo. 53ᵛ ... 24

Nun tears out eyes because prince has fallen in love with them. LVII. fo. 51ᵛ ... 22

Nut thrown away by ape on account of bitter rind. See Ape throws away nut on account of bitter rind.

Obedience of sons proved by slice of apple. See Charles, emperor, proves obedience of sons, etc.

Obedience of wild goat to mother's commands. See Goat, wild, obedience of.

Obedience, prompt, of monk: letter unfinished. See Monk's prompt obedience.

Obstinacy, woman's: See 1. Louse, sign of, etc.; 2. Shears, sign of, etc.; 3. Obstinate wife, pierces finger, etc.; 4. Obstinate wife sought by husband, etc.

Obstinate wife pierces finger with nail. CCXXVIII. fol. 136ᵛ ... 94

Obstinate wife sought by husband up the stream. CCXXVII. fo. 136ᵛ ... 94

Onions, penance, not to be eaten for life. CCLXXIV. fol. 149ᵛ ... 119

Oven, curious wife enters, against husband's command; is killed. See Curious wife enters oven, etc.

Paper found blank in which sins had been written. See Confession impossible from tears.

Peacock, monk tempted to eat meat, kills, etc. See Monk tempted to eat meat, etc.

Penance not to eat onions for life. See Onions, penance, not to be eaten for life.

Penny from a farthing, thievish servant knows how to steal. CCVIII. fo. 130ᵛ ... 87

Phials, devil covered with, seen by Saint Macharius. See Saint Macharius.

Philosopher at banquet spits in king's face; can find no meaner spot. CXLIX. fo. 108ᵛ ... 66

Physician in spite of himself ("Le Médecin malgré lui"). CCXXVII. fo. 130ᵛ. . . . . . . . . 90

Physician removes black mark from woman's face, and skin also. CCXI. fo. 132ᵛ. . . . . . . . . 88

Pilgrim, escorted by angels to heaven, although he had been somewhat negligent; brother, not a pilgrim, has no escort. CXXXIII. to. 102ᵛ. . 79

Pilgrim to St. Michael promises his cow in moment of danger; forgets vow in safety. CII. fo. 82ᵛ . . . . . . . . . 45

Pit, man who fell into, parable of. CXXXIV. fo. 103ᵛ . . . 60

Plague, during, priest thrown into grave by parishioners. See Priest, bad omen to meet one.

Plough-share concealed in bag, wife beaten by drunken husband with. See Drunken man beats wife with plough-share, etc.

Poor man singing and dancing, parable of. LXXVII. fo. 68ᵛ . . 35

Poor man wraps himself in his single fur garment, and consoles himself with thought that he is better off than the rich in hell, etc. CVIII. fo. 86ᵛ 50

Porter of illiberal monastery punished for in hospitality by minstrel. See Minstrel revenges himself, etc.

Preaching of the Crusade by Jacques de Vitry moves a man to lower himself from a window and take the cross. CXXII. fo. 95ᵛ . 56

Pregnant wives, miscarriage caused by husband's embraces. CCXXIX. fo. 136ᵛ . . . . . . . . . . . 95

Presumptuous maid wishes not to resemble Mary Magdelene. Ruined by dissolute fellow. CCLXXI. fo. 143ᵛ . . . . . 113

Priest, bad omen to meet one; parishioners throw priest into grave during plague. CCLXVIII. fo. 143ᵛ . . . . . . 112

Priest beats with crucifix woman whom demons delude into belief that she rides through the air at night. See Demons delude woman into belief that she rides through the air at night.

Priest miraculously prevented from continuing mass during absence of charitable lady. See Charity of noble lady, etc.

Priest robbed of purse by penitent. CCXCIX. fo. 152ᵛ . . 126

Priest thrown into grave by parishioners during plague. See Priest, bad omen to meet one.

Priest will not pray for soul of father who was an usurer. See Usurer, priest will not pray for, etc.

Priests fond of banqueting compared to ass of leper. XVI. fo. 17ᵛ . 5

Prelates, negligent in Sicily, letter written by demons to. See Letter written by demons, etc.

"Renardi Confessio." See Confessio Renardi.

Restitution of goods, unjustly acquired, man refuses to make; priest commends soul "in manus omnium demonum." See Commendation of soul of man, etc.

| | PAGE |
|---|---|
| Robber and abbot. See Abbot and robber. | |
| Robber will accept no penance but bowing and repeating Lord's prayer and crossing himself. Robber of good soul goes to heaven. Envious herald's soul goes to hell. LXXII. fo. 65ᵛ | 34 |
| Sack filled ... devil with words from Psalms, etc. See Devil fills sack, etc. | |
| Sacraments ... an unworthy priest, who refuses to receive; in dream drinks ... stake water from a leper. CXXVIII. fo. 112ᵛ | 68 |
| Sadness, ought to die, of person should accept Christ's love. CXIX. fo. 95ᵛ | 54 |
| Sailor at sea only baptised, is sent in tempest to prepare him for great hacking before him. See Master at sea in tempest eats largely of salt meat. | |
| Selmes, Othbert. CXXI. fo. 123ᵛ | 89 |
| Saltus Tragedi, LC. fo. 70ᵛ | 41 |
| Scholar of Paris appears after death to master with cloak written over with sophisms ("Linquo ... vax rauis," etc.). XXX. fo. 52ᵛ | 12 |
| Scholar of Paris gives a mistress at death as gown. Friend neglects to fulfil request. Dead scholar appears afterwards lying on fiery bed, etc. CXV. fo. 90ᵛ | 53 |
| Scholar of Paris refuses to pray for sick knight's recovery, since his illness has made him a lamb from a lion. CIII. fo. 82ᵛ | 47 |
| Scolding woman engaged by man to withstand quarrelsome woman for him. She reviles him, and tells him to go elsewhere. CCVI. fo. 134ᵛ | 86 |
| Secret revealed by wife ("Papirius"). CCXXXV. fo. 158ᵛ | 98 |
| Selling the ass to raise money. Etc. fo. 1... | 66 |
| Seneschal ill-treats Emperor's daughter. See Emperor confides beautiful daughter, etc. | |
| Sermon-hater prays that by the grace of God he may escape one. CXXIX. fo. 109ᵛ | 59 |
| Serpent carries rose in mouth, and some, deluded by it, perish of serpent's venom. So flatterers destroy. CXLVII. fo. 108ᵛ | 65 |
| Servant, lazy ("Maymunche"). CCIV. fo. 133ᵛ | 85 |
| Servant made to carry heap of stones from one place to another, and then bring them back, so as not to be idle. CXCV. fo. 128ᵛ | 81 |
| Servant, thievish, knows how to steal a penny from a farthing. See Penny from a farthing, etc. | |
| Sharpers make rustic believe he is carrying to market a dog instead of a lamb. XX. fo. 20ᵛ | 6 |
| Shears, sign of, made by woman, after her tongue was cut out. CCXXII. fo. 134ᵛ | 92 |
| Shepherd forsaking flock compared to tortoise. XII. fo. 15ᵛ | 4 |
| Shoes have a good mouth, because they disparage and revile no one. CCLXXX. fo. 148ᵛ | 117 |

|   | PAGE |
|---|---|
| Shroud of dying husband, wife and servant sewing in; he cries out; he | |
| hides needle for cover up. See Wife and servant sewing up dying | |
| husband's shroud. | |
| Shroud of Saladin borne about just before his death. See Saladin about | |
| to be order's shroud, etc. | |
| Slanderer diffames girl who refused to yield to his solicitations. CCLXXXI. | |
| fo. 148ᵛ | 117 |
| Snake drives thorn into hoof of pilgrims' or crusaders' horses, and then | |
| buys them for a low price. CXCIII. fo. 127ᵛ | 80 |
| Soldier becomes monk; is sent to buy to buy or sell asses; tells the truth and fails | |
| to sell them. LIII. fo. 48ᵛ | 21 |
| Soldier of Christ addresses his soldiers on eve of battle. LXXXIX. fo. 75ᵛ | 41 |
| Soldier taken for Templar. LXXXVII. fo. 73ᵛ | 39 |
| Son agrees to leave abbey if father will reform custom of young dying as | |
| well as old in land. See Father threatens to burn abbey, etc. | |
| Son demands father's property given away on promise of bishop that he | |
| should receive a hundredfold. Grave opened, paper found in father's | |
| hands stating that promise is fulfilled. See Hundredfold promised to | |
| him who gave all his goods to the poor. | |
| Son on way to gallows bites father's lip because he did not reprove him in | |
| his youth. CCLXXXVII. fo. 150ᵛ | 121 |
| Son's ingratitude to father in old age; refuses to give him wine. See | |
| Ingratitude of son to father in old age. | |
| Soul of pilgrim ill in foreign parts will not leave body. Lord sends David | |
| to play harp, and soul departs with joy. CXXXII. fo. 102ᵛ | 59 |
| Spices, odour of, makes rustic faint. Smell of dunghill revives him. | |
| CXCI. fo. 127ᵛ | 80 |
| Stench of putrefying remains cures hermit of love of woman. See Hermit | |
| cured of love by stench of putrefying remains. | |
| Stones, heaps of, carried back and forth by servant to avoid idleness. See | |
| Servant made to carry heaps of stones, etc. | |
| Stork detects and punishes adultery of female. CCXXXIV. fo. 138ᵛ | 97 |
| Stork grows weak by nourishing young, but is nourished by them in old | |
| age. CCLX. fo. 145ᵛ | 109 |
| Students at Paris play a game with a cat. If cat loses it is killed and skin | |
| sold. XXIII. fo. 21ᵛ | 8 |
| Sun, selling the, to raise money. See Selling the sun to raise money. | |
| Swearing woman exhorted by priest to renounce habit. She swears she | |
| will. CCXX. fo. 131ᵛ | 91 |

| | |
|---|---|
| Templar, soldier taken for. See Soldier taken for Templar. | |
| Templars are tempted to relinquish siege of Ascalon: resist and conquer. | |
| LXXXVI. fo. 73ᵛ | 39 |
| Templar's leap. See Saltus Templarii. | |

## INDEX TO EXEMPLA. 291

| | PAGE |
|---|---|
| Temple of Apollo, council of demons held in. See Jew passes the night in temple of Apollo, etc. | |
| Temptation of young man diverted to a "Father" (hermit) who had rudely reproved him. LXXXI. fo. 71ro. | 36 |
| Theobald, count of Champagne, his charity: visits leper, who converses with him after death. XCIV. fo. 75ro. | 43 |
| Thief steals statue of Virgin and Child, tries to part the two; Virgin gives him a heavy blow; thief repents and is converted. CCLXXVI. fo. 147vo. | 115 |
| Threat of burning the greatest cripple to cure all the rest. See Cripples cured by threat of burning. | |
| Three caskets ("Merchant of Venice"). XLVII. fo. 41ro. | 18 |
| Three men on mountain, at forge, and by river Jordan (vain and proud, miserly and carnal sinners), parable of. CLIV. fol. 111vo. | 67 |
| Tiger stops to gaze in mirror; hunters escape. VII. fo. 10ro. | 2 |
| Tonsure, wife's hair cut in form of, by husband who finds her with priest. See Wife's hair cut in form of tonsure, etc. | |
| Tooth obtained by wife from husband for lover. CCXLVIII. fo. 140vo. | 104 |
| Tortoise, shepherd compared to. See Shepherd forsaking flock, etc. | |
| Tournaments, sinfulness of. CXLI. fol. 103vo. | 62 |
| Tow, burning, used to test mistress' sincerity. See Lover tests mistress's sincerity. | |
| Train, woman's, long, used by devils as carriage. See Devil falls from woman's long train. | |
| Tree on which to be hanged left to choice of condemned man. LXII. fo. 65ro. (See CCLXXXV. fo. 149vo.) | 25 |
| Trumpet blown before house of man sentenced to death, and "Sword of Damocles." XLII. fo. 38ro; (See VIII. fo. 11vo) | 16 |
| Tyrant's enemies are anger, impatience, and concupiscence. CXLVI. fo. 107ro. | 65 |
| | |
| Usurer buried with third of property: demons fill his mouth with red-hot coins. CLXVIII. fo. 120ro. | 72 |
| Usurer compared to a spider. CLXXV. fo. 121ro. | 74 |
| Usurer pays monks to envy him in church, but rises from tomb, attacks them, and says he is lost. CLXXVI. fo. 122ro. | 74 |
| Usurer, priest will not pray for soul of father who was. CCXVI. fol. 133vo. | 90 |
| Usurer refuses to make restitution, but leaves money at usury for benefit of soul. CLXIX. fo. 120ro. | 72 |
| Usurer's address to his soul. CLXX. fol. 120vo. | 72 |
| Usurer's body can be carried to the grave only by usurers. CCXVIII. fo. 122vo. | 75 |
| Usurers carried by ass to gibbet. CLXXVII. fo. 122vo. | 75 |
| Usurer's wife marries knight whom husband had ruined. See Knight marries wife of usurer, etc. | |

| | PAGE |
|---|---|
| Usurers refuse to rise in church when various trades are called upon. CLXXIX. fo. 122ro | 76 |
| Usury, money lent on, interest of not used but laid aside for restitution. CLXVII. fo. 119ro | 71 |
| Vain women are compared to the peacock. CCLXXIII. fo. 146 | 114 |
| Virgin, Christian, condemned to brothel, delivered by lion. LXIV. fo. 57ro | 26 |
| Virgin, Christian, condemned to brothel, rescued by nobleman. LXI. fo. 55 | 24 |
| Virgin enjoins girl not to laugh for thirty days and promises to receive her into her company. See Laughter for thirty days forbidden, etc. | |
| Virgin, image of, bows to gamester, who refused to deny her, and makes him rich. CCXCVI. fo. 152ro | 121 |
| Virgin, image of, cannot help wife against husband's mistress, because latter is devoted to worship of Virgin. CCXXIII. fo. 133ro | 92 |
| Virgin martyr sends roses by angel to pagan, who is thereby converted. CCCVII. fo. 63ro | 128 |
| Virgin saves matron and monk, who elope with treasures of monastery. CCLXXXII. fo. 148ro | 117 |
| Virgin seen offering her son to Crusader. CXXI. fo. 94ro | 55 |
| Virgin strikes thief, who tries to part her from image of Child. See Thief steals statue of Virgin and Child. | |
| Virgin's image prevents nun leaving convent. See Nun prevented from leaving convent, etc. | |
| Virtue not defended by woman as well as money. See Woman defends money, etc. | |
| Vow to drink no wine except upon festivals or bargains; husband and wife sell ass to each other to elude it. CCLXXVII. fo. 117ro | 116 |
| Vow to eat meat only when guests were present eluded by inviting some. CCLXXVIII. fol. 147ro | 116 |
| "Weeping Dog." CCL. fo 142ro | 105 |
| Widow, incestuous, Roman, denounced by devil in guise of astrologer. See Confession saves incestuous Roman widow. | |
| Wife and servant wrangle over dying husband's shroud ("Cort me le faites pour ne le croter"). CVII. fo. 84ro | 49 |
| Wife nourishes her imprisoned husband by her own milk. CCXXXVIII. fo. 139ro | 99 |
| Wife's hair cut in form of tonsure by husband, who finds her with priest. CCX. fo. 132ro | 88 |
| Wild cat, women who allow liberties to be taken with them likened to. CCLIII. fo. 142ro | 106 |
| Wine, vow to drink none except upon festivals or bargains. See Vow to drink no wine, etc. | |
| Wise man commands servant to say to him when he eats: "Thou shalt die." CXLII. fo. 89ro | 52 |

|  | PAGE |
|---|---|
| Wolf does not kill sheep at once, for fear of alarming shepherds. CCXV. fo. 143vo | 89 |
| Wolf stole children and suckled them, but would not let them walk upright. CLXXXVI. fo. 125vo | 78 |
| Woman defends money, but not her virtue. CCLV. fo. 142vo | 107 |
| Woman's wiles: See 1. Donalds Sight, husband deceived by pretence of; 2. Monk, woman intoxicates husband, etc.; 3. Mad, woman lets herself talk into, to deceive husband; 4. Tooth obtained by wife from husband for lover; 5. "Weeping dog." | |
| Women given out for demons to King's son. He likes them best. See King's son brought up in cave, etc. | |
| Xerxes told by philosopher that he should be destroyed by the very greatness of his armament. CXLVIII. fo. 108vo | 66 |

# II.

# INDEX TO NOTES.

Adgar, Marienlegenden, CCXXIII., 224; CCLXXV., 254.
Aesop, ed. Camerarius, CCXCVII., 265.
Aesop, ed. Corai, CLVI., 199.
Aesop, ed. Furia, XXXVII., 149; XLI., 150; XCI., 173; CI., 176; CX., 182; CXXXV., 192; CXXXVI., 192; CXLII., 193; CXLIV., 194; CXLV., 194; CLII., 197; CLIII., 197; CLVII., 199; CLVIII., 199; CLX., 201; CLXV., 202; CLXXXVII., 209; CC., 215; CCXVII., 221; CCXLIX., 239; CCLXXIV., 254.
Altdeutsche Blätter, CLVIII., 200.
Ambrose, De Virginibus, LXI., 160.
Arnason, Islenzkar Pjóðs, CCLI., 240.
Arnoldus Geilhoven, Gnotosolitus sive Speculum Conscientiae, XCV., 174; XCVI., 175; CCCIII., 267.
Avianus, Fabulae, CXCVI., 212.
Axon, Literary History of Parnell's 'Hermit,' CIX., 180.

Babrius, Fabulae, XCI., 173.
Bandello, Novelle, CXLIX., 196.
Barbazon et Méon, Fabliaux et Contes, CCXXXVII., 232; CCLXIII., 247; CCLXXXII., 257.
Bareleta, Sermones, LVI., 158; LXVI., 163; CXX., 186; CXXXIV., 191; CCXVII., 221; CCLXXXVII., 259.
Barlaam and Josaphat, IX., 137; XXVIII., 144; XLII., 150; XLVII.,

153; LXXVIII., 168; LXXXII., 170; CXX., 186; CXXXIV., 192.
Bartsch, Altfranzösische Romanzen und Pastourellen, CCLXXIII., 253.
Basile, Pentamerone, XXXVII., 149.
Bede, Historia Ecclesiastica, XCIX., 176.
Benfey, Pantschatantra, XV., 140; XVIII., 140; XX., 142; XXIV., 143; XXVIII., 144; XXXVII., 149; XLVII., 154; LI., 155; LXXIII., 167; CI., 176; CXXXIV., 191; CXLV., 194; CLX., 201; CXCVI., 212; CCL., 215; CCXXXII., 228.
Bernard, St., Vita et res gestae auctore Guillelmo, etc., CCXII., 220.
Bernardino, San, da Siena, Novellette, Esempi morali e Apologhi, XCIII., 173; CXLIII., 194; CCXIX, 222; CCCX., 269.
Bernardinus de Bustis, Rosarium Sermonum, CXLIX., 196; CCXXXVIII., 233; CCCX., 269.
Bertoldo, Astuzie sottilissime di, XIII., 139; LXII., 161; CXLIX., 195.
Biagi, Le Novelle Antiche, etc., CXLIX., 196.
Bladé, Contes populaires recueillis en Agenais, CCXXI., 223.
Boccaccio, Decameron, XLVII., 154; LXXXII., 170; CCXLVIII., 238.
Boethius, De Disciplina Scholarium, CCLXXXVII., 259.

Boissonade, Anecdota Graeca, IX.,
137; XXVIII., 144; LXXVIII., 168;
LXXXII., 170; CXXXIV., 191.
Bonaventure des Périers, Nouvelles
Recreations et Joyeulx Devis,
CCXXX., 227.
Boner, Edelstein, LIX., 159; CXXVII.,
188; CCIX., 219.
Bromyard, Summa Praedicantium,
III., 136; XI., 138; XVIII., 141;
XX., 142; XXVIII., 145; XXXIII.,
147; XXXVI., 148; XXXVIII., 149;
XLI., 150; XLII., 152; XLV., 152;
LII., 156; LIV., 157; LVII., 158;
LVIII., 159; LXVI., 163; LXVIII.,
164; LXXIII., 167; LXXVII., 168;
XCI., 173; CI., 176; CIV., 178;
CVII., 179; CVIII., 179; CXX.,
186; CXXIII., 187; CXXXV., 192;
CXXXVI., 192; CXLII., 194;
CXLIV., 194; CXLIX., 196; CLIII.,
197; CLVI., 199; CLVII., 199;
CLVIII., 200; CLIX., 200; CLX.,
201; CLXX., 204; CLXXVII., 206;
CLXXVIII., 206; CLXXIX., 207;
CLXXXII., 208; CLXXXIV., 208;
CLXXXV., 209; CLXXXIX., 210;
CXCVI., 212; CXCVIII., 214;
CXCIX., 214; CC., 214; CCIII.,
215; CCIV., 216; CCIX., 219;
CCXVII., 221; CCXLIX., 239;
CCLXI., 245; CCLXVIII., 250;
CCLXIX., 251; CCLXXIV., 254;
CCLXXXVII., 259.

Butler, Common School Speaker, CCV.,
217.

Caesar of Heisterbach, Dialogus Miraculorum, XIII., 139; XIX., 141;
LX., 160; XCIV., 174; CLXVIII.,
203; CCXXXIV., 230; CCXLIII.,
235; CCLXI., 245; CCLXXXII., 257;
CCXCVI., 264; CCCI., 266; CCCII.,
267.

Caspari, Homilia de Sacrilegiis,
CCLXVIII., 250.
Cassianus, Collationes, LXXXI., 169.
Cavalca, Trattato della Pazienza,
CCXLVI., 237.
Cent Nouvelles Nouvelles, CCXXX.,
227; CCLV., 243.
Cento Novelle Antiche, XXXII., 148;
XLVII., 154; CXLIX., 196.
Cervantes, Don Quixote, CCLV., 243.
Cessole, Jacopo de, Libro de' Costumi,
etc., XLII., 132.
Child, English and Scottish Popular
Ballads, LXIX., 165.
Clouston, Book of Sindibad, CCXXXII.,
228; A Group of Eastern Romances
and Stories, CCXXXI., 228; Popular
Tales and Fictions, XX., 142; LI.,
155; LVII., 158; CIX., 181; CCXXXII.,
229; CCL., 240; CCLXXXVIII., 260.
Comparetti, Libro de los Engaños,
CCL., 240.
Condé, Jean de, Dis dou Roi et des
Hermites, XLVII., 154.
Corona de' Monaci, XIX., 141; XLII.,
152; LXV., 162; LXVIII., 165;
LXXIV., 167; XCVI., 175; CXIX.,
185; CCXXXIX., 234; CCCIII., 267.
Corsini, Rosaio della Vita, CXLIX.,
196.
Crane, Italian Popular Tales, CIX.,
182; CCXXII., 223.
Cyrillus, Speculum Sapientiae, CXLV.,
195.

Dacier, Mémoires de l'Académie des
Inscriptions, CCXXXII., 229.
D'Ancona, Libro dei Sette Savj di
Roma, CCXXXII., 228; Studj di
Critica e Storia Letteraria, XXXIII.,
148; XLVII., 154; LXXXII., 170;
CXLIX., 196; CCXXXII., 228;
CCXXXV., 230.
Dennys, Folk-Lore of China, CCLXV.,
249.

De Trueba, Narraciones Populares, CIX., 182.

Dialogus Creaturarum, III., 136; XV., 140; XVIII., 141; XXVIII., 144; XXXVI., 148; XLV., 152; LI., 155; XCI., 173; CI., 176; CXXXV., 192; CXXXVI., 192; CXLIV., 194; CXLV., 195; CXLIX., 196; CLVI., 199; CLVII., 199; CLX, 201; CLXXXIV., 208; CLXXXV., 209; CLXXXVII., 209; CCXXI., 223; CCXXII., 223; CCXXXVIII., 226; CCXXXVIII., 233; CCXLIX., 239.

Douhet, Dictionnaire des Légendes, CCLXXV., 254; CCLXXXII., 257.

Du Méril, Poésies inédites du Moyen Age, CLXXIV., 205.

Dunlop, History of Fiction, translated by Liebrecht, XXVIII., 144; LX., 160; LXXXII., 170; CIX., 181; CCXXII., 223; CCXXXII., 228; CCXXXVII., 232.

Enxemplos, Libro de los, II., 135; III., 136; XIII., 139; XXVIII., 145; XXX., 145; XXXI., 146; XXXIII., 147; XXXVI., 148; XXXVIII., 149; XXXIX., 150; XL., 150; XLII., 151; XLIII., 152; XLV., 152; LVII, 158; LXII., 161; LXXV., 167; LXXVI, 168; LXXVIII., 168; LXXXII., 170; XCI., 173; XCVI., 175; XCIX., 176; C., 176; CIV., 178; CIX., 181; CXIV., 183; CXIX., 185; CXX., 186; CXXX., 189; CXXXI., 190; CXLIX., 196; CLXVIII., 203; CLXXV., 209; CXCI., 211; CXCVI., 212; CCIV., 216; CCV., 217; CCVII., 218; CCXII., 220; CCXVII., 221; CCXIX., 222; CCXXXI., 228; CCXXXV., 230; CCXXXVI., 231; CCXXXVIII., 233; CCXLIII., 235; CCXLVI., 237; CCLXI., 245; CCLXIII., 248; CCLXXIII., 253; CCLXXV., 254; CCLXXXVII., 259; CCLXXXVIII., 260; CCLXXXIX., 261; CCXCV., 263; CCCI., 266.

Étienne de Bourbon, Tractatus de diversis materiis praedicabilibus, XI., 138; XIII., 139; XVIII., 140; XIX., 141; XX., 142; XXXI., 146; XXXVIII., 149; XXXIX., 150; XL., 150; XLVII., 154; LI., 155; LII., 156; LIII., 156; LVII., 158; LVIII., 159; LX., 160; LXVI., 163; LXVIII., 164; LXXXV., 171; XCIII., 173; XCIV., 174; XCV., 174; XCVI., 175; CII., 177; CIII., 177; CIX., 181; CXVI., 184; CXIX., 185; CXXI., 186; CLVIII., 200; CLX., 201; CLXIII., 202; CLXX., 204; CLXXX., 207; CLXXXI., 207; CLXXXIII., 208; CLXXXV., 209; CXCI., 211; CXCIII., 211; CCI., 215; CCVI., 218; CCVIII., 219; CCXIV., 221; CCXIX., 222; CCXX., 222; CCXXVII., 225; CCXXX., 227; CCXXXI., 227; CCXXXII., 229; CCXXXIV., 230; CCXXXIX., 233; CCXLIII., 235; CCLV., 243; CCLXIX., 251; CCLXXVI., 255; CCLXXXII., 257; CCLXXXVII., 259; CCLXXXVIII., 260; CCCI., 266; CCCX., 269.

Eusebius, Historia Ecclesiastica, LXVIII., 164.

Fiore di Virtù, XLII., 152; LIII., 156; LVII., 158; LXXII., 166; LXXXII., 170; XCI., 173; CIX., 181; CXCVI., 212; CCXLIV., 236.

Francisco de Osuna, Norte de los Estados, CCLV., 243.

Gatos, Libro de los, XL., 138; CXXVII., 188; CXXXIV., 191; CLVII., 199; CLVIII., 200; CCCIV., 267.

Gautier d'Arras, Eraclius, CCXXX., 227.

Gautier de Cluny (Compiègne), De

# INDEX TO NOTES. 297

Miraculis Beatae Virginis Mariae, CCXXIII., 224.

Gautier de Coincy, Miracles de Nostre Dame, CCXXIII., 224; CCLXIII., 248.

Geiler von Keisersberg, Evangelibuch, LXXI., 166.

Gering, Islendzk Aeventyri, CIX., 180; CLXXXIX., 261.

Gesta Romanorum, IX., 138; XV., 139; XVII., 140; XX., 142; XXVIII., 144; XLII., 151, 152; XLVII., 153, 154; CIX., 180; CXX., 186; CXXIV., 191; CLV., 198; CLX., 201; CLXXXV., 208; CCXXXIV., 230; CCXXXV., 230; CCXXXVIII., 233; CCL., 240; CCLXIII., 247.

Gibb, History of the Forty Vezirs, CIX., 182.

Girart de Rosillon, XLVII., 154.

Glanville, Bartholomew, De Proprietatibus Rerum, VII., 137; LXXXIII., 171; CCXXXIV., 230; CCLX., 245; CCXCII., 262.

Gobii, Joannes Junior, Scala Celi, III., 136; IX., 138; XIII., 139; XVIII., 141; XXVIII., 145; XXXI., 146; XXXVI., 148; XLII., 152; LII., 156; LVI., 158; LVII., 158; LIX., 159; LXIV., 162; LXVI., 163; LXVII., 164; LXVIII., 164; LXIX., 165; LXXVI., 167; LXXVII., 168; LXXXI., 169; LXXXII., 170; LXXXIX., 172; XCI., 173; XCIII., 173; XCV., 174; XCVI., 175; C., 176; CII., 177; CIV., 178; CIX., 181; CXIV., 183; CXX., 186; CXXI., 186; CXXIV., 188; CXXXI., 190; CXXXIII., 191; CXXXIV., 191; CXLII., 194; CXLV., 195; CXLIX., 196; CLIII., 197; CLX., 201; CLXX., 204; CLXXI., 204; CLXXVII., 206; CLXXVIII., 206; CLXXIX., 207; CLXXXI., 207; CLXXXII., 208; CLXXXV., 209; CXCI., 211; CXCVI., 212; CC., 214; CCXVII., 221; CCXXVII., 226; CCXXXI., 227; CCXXXII., 229; CCXXXIV., 230; CCXXXV., 230; CCXXXVIII., 233; CCXXXIX., 234; CCXLV., 236; CCXLIX., 239; CCL., 240; CCLVI., 243; CCLXI., 245; CCLXII., 246; CCLXIII., 248; CCLXX., 251; CCLXXIV., 254; CCLXXVII., 255; CCLXXXIV., 258; CCLXXXVIII., 260; CCLXXXIX., 261; CCXCIV., 263; CCC., 265; CCCI., 266; CCCII., 267; CCCIII., 267.

Goedeke, Every-Man, IX., 138; CXX., 186; CXXXIV., 191; Orient und Occident, LIX., 159; CXCI., 211; CXCVI., 212; CCXXII., 229.

Gonzenbach, Sicilianische Märchen, CIX., 182.

Gottschick, Zeitschrift für deutsche Philologie, LIX., 159; CCIX., 219.

Graf, Roma nella Memoria e nelle Immaginazioni del Medio Evo, XXXVI., 148.

Gregory, Dialogues, CXXX., 189; CXXXI., 189; CCLXXII., 252; CCLXXV., 254; CCXCIV., 263; CCXCV., 263.

Grimm, Household Tales, CCLXXXVIII., 260; Reinhart Fuchs, CLVIII., 200.

Grisebach, Die treulose Wittwe, CCXXXII., 229.

Gritsch, Quadragesimale, XLV., 152; CXXXV., 192; CLX., 201; CXCVI., 212; CCXXXV., 230.

Guerrini, La Vita e le Opere di G. C. Croce, XIII., 139; LXII., 161; CXLIX., 195.

Guibert de Nogent, Liber de Laude S. Mariae, CCXXIII., 224.

Hagen, von der, Gesammtabenteuer, LXXII., 170; CCLXXXVIII., 260; CCXCVI., 264.

Hauréau, Les Récits d'Apparitions

dans les Sermons du Moyen Age, XXXI., 146.

Hobel, Erzählungen des rheinlandischen Hausfreundes, CCV., 217.

Heider, Physiologus, LXXXIII., 170.

Henderson, Notes on the Folk-Lore of the Northern Counties, CCLXV., 249.

Herolt (Discipulus), Promptuarium Exemplorum, XIX., 141; XXXVI., 148; XXXVIII., 149; XL., 150; LXI., 161; LXIV., 161; XLVI., 163; LXXII., 166; LXXV., 167; LXXIX., 169; LXXXII., 170; XCV., 173; XCVI., 173; CII., 177; CXII., 182; CXVI., 184; CXIX., 185; CXXI., 186; CXXX., 189; CLXXVI., 206; CXCVI., 212; CXCIX., 214; CCXXXI., 228; CCXXXVI., 231; CCXXXIX., 234; CCXLIII., 235; CCXLVII., 238; CCL., 240; CCLXXII., 252; CCLXXIII., 253; CCLXXV., 254; CCLXXXIV., 258; CCLXXXVIII., 260; CCCI., 266; CCCII., 267; CCCIII., 267; Promptuarium de Miraculis B. M. V., CCLXXXII., 257; CCXCVI., 264; Sermones de Tempore, XIII., 139; LVII., 158; LXV., 162; LXXII., 166; CIII., 177; CVI., 178; CIX., 181; CLXX., 204; CLXXVII., 206; CCXXXVIII., 233; CCXLIII., 235; CCLXXXVII., 259; CCXCIV., 263; CCXCV., 263.

Hervieux, Les Fabulistes Latins, III., 136; XI., 138; XIII., 139; XV., 140; XVIII., 140; XXV., 143; XXIX., 145; XLI., 150; LXXIII., 167; XCI., 173; CIX., 181; CXIV., 183; CXVI., 184; CXVIII., 185; CXXVII., 188; CXXXIV., 191; CXXXV., 192; CXXXVI., 192; CXLIV., 194; CXLV., 194; CLIII., 197; CLVI., 199; CLVII., 199; CLVIII., 200; CLX., 201; CLXVI., 202; CLXXI., 204; CLXXXIV., 208; CLXXXIX., 210; CXC., 210; CCI.,

213; CCIX., 219; CCXVII., 224; CCXXXII., 229; CCXLIX., 239; CCLXXIV., 254; CCCIV., 267.

Hintz, Die gute alte Sitte in Altpreussen, CCLXX., 251.

Histoire Littéraire de la France, XXXVIII., 149; CXXXIV., 191; CXCVI., 212; CCXXXII., 229; CCXLVI., 237; CCLVI., 244; CCLXXIII., 253; CCLXXXII., 257; CCLXXXVIII., 260; CCLXXXIX., 261; CCXCVI., 264.

Holhouse, Historical Illustrations of the Fourth Canto of Childe Harold, CCXXXVIII., 233.

Holkot, In Librum Sapientiae Regis Salomonis, XV., 140; XLII., 152; XLV., 152; CXCVI., 212; CCXXXII., 225.

Hollen, Preceptorium, XV., 140; XXIV., 143; LIII., 156; LVI., 158; LVII., 158; CCXXVII., 226; Sermones, LVI., 158; CXXXVI., 192; CXCVI., 212; CCXXII., 223.

Hommel, Die Aethiopische Uebersetzung des Physiologus, LXXXIII., 171.

Horace, Epistles, LXVI., 162.

Jahrbuch für romanische und englische Literatur, XLII., 151, 152; CCCIV., 267.

John of Salisbury, Polieraticus, CCXXXII., 229.

Joly, Histoire de deux Fables de La Fontaine, LI., 155.

Jubinal, Nouveau Recueil de Contes, Dits, Fabliaux, etc., CCXLIV., 236; CCLXIII., 248; CCXCVI., 264.

Kathâ Sarit Sâgara, LVII., 158; CCL., 240.

Keller, Dyocletianus Leben, CCXXXII., 228; Li Romans des Sept Sages, CCXXXII., 228; Zwei Fabliaux einer

# INDEX TO NOTES.

Neuenburger Handschrift, CCXLVI., 237.
Kirchhof, Wendunmuth, III., 136; XVIII., 140; XXIV., 143; XXXIII., 144; XXXIX., 115; XXXVII., 149; XLIII., 152; XLV., 152; LI., 155; LII., 156; LV., 157; LXVI., 163; XCI., 173; CI., 176; CX., 182; CXXIII., 188; CXXXV., 192; CXXXVI., 192; CLIV., 194; CXLV., 194; CLII., 197; CLVI., 199; CLVII., 199; CLXVI., 200; CLX., 201; CLXV., 202; CLXVI., 202; CLXXIV., 205; CLXXXVI., 208; CLXXXV., 208; CLXXXIX., 210 ; CCL., 215; CCXLIX., 239; CCLXXIV., 254.
Kunst, Gualt. i Burlaei, Liber de Vita et Moribus Philosophorum, CXLIX., 196.
Koehler, Jahrbuch für romanische und englische Literatur, IX., 138; XLVII., 154; CCXXXVIII., 233; Zeitschrift für romanische Philologie, CXXX., 189; CCXLVI., 237; CCLXXXIX., 261.
Koran, CIX., 181.

La Fontaine, Contes, CCXXX., 227; Fables, III., 135; XV., 139; XVIII., 140; XXIV., 143; XXXIII., 147; XLIV., 152; XLV., 152; LI., 155; LIV., 157; LIX., 159; LXVI., 163; LXXIII., 167; XCI., 173; CI., 176; CX., 182; CXXV., 192; CXXXVI., 192; CXLIII., 193; CXLV., 194; CLII., 197; CLIII., 197; CLVI., 199; CLVII., 199; CLX., 201; CLXV., 202; CLXXIV., 205; CLXXXIV., 208; CLXXXVII., 209; CLXXXIX., 210; CCL., 215; CCXVII., 221; CCXXVII., 225; CCXLIX., 239; CCLXXIV., 254.
Landau, Quellen des Dekameron, LXXXII., 170; CCXLVIII., 238.
Le Grand d'Aussy, Fabliaux, CXCI., 211; CCXXII., 223; CCXXXVII., 232;
CCLIV., 242; CCLXXXII., 257; CCXCVI., 264.
Liber de Abundantia Exemplorum, XXXI., 146; XLII., 151; CII., 177; CXXIV., 191; CLXX., 204; CCLXXXVII., 259.
Liber de Septem Sapientibus, CCXXXII., 229.
Liebrecht, Barlaam und Josaphat, IX., 137; XXVIII., 144; XLII., 151; LXXVIII., 168; LXXXII., 170; CXX., 186; CXXIV., 191; Zur Volkskunde, CCXXX., 227; CCXLVIII., 238; CCLI., 240.
Lippomanus, Vitae Sanctorum, IX., 137.
Loiseleur Deslongchamps, Essai sur les Fables indiennes, XVIII., 140; XXVIII., 144; CCL., 215; CCXXXII., 228; CCLI., 240.
Luzel, Légendes chrétiennes de la Basse-Bretagne, LIII., 156; LXXII., 166; CIX., 182.

Malespini, Ducento Novelle, CCLV., 243.
Martinus Polonus, Sermones, XVIII., 141; XXXIII., 147; CLXX., 204; CLXXXVIII., 201; Promptuarium, XXXI., 146; LX., 160; CII., 177; CXIX., 185; CXX., 186; CCLXXXVII., 259; CCLXXXVIII., 260.
Massmann, Eraclius, CCXXX., 227.
M nch, Neuvermehrte Lustige Gesellschaft, CCXCVII., 265.
Michel, Miracles de Nostre Dame, LX., 160; CCXXIII., 224; CCLXIII., 247; CCLXXV., 254; CCXCVI., 264.
Miracles de Nostre Dame (Société des Anciens Textes Français), LX., 160.
Molière, Le Médecin malgré lui, CCXXXVII., 232; CCLIV., 241.
Montaiglon et Raynaud, Recueil général et complet des Fabliaux, XXXVIII., 149; CXCI., 211; CCXXII.,

233; CCXXXVII., 232; CCLXXXVIII.,
260.

Moyen de Parvenir, CCLV., 243.

Müller, Chips from a German Workshop, LI., 155.

Mussafia, Studien zu den mittelalterlichen Marienlegenden, LX., 160;
CCXXIII., 224; CCLXXXII., 257;
CCXCVI., 264.

Neckam, De Laudibus Divinae Sapientiae, VII., 137; De Naturis
Rerum, CCXXXIV., 230; CCLX., 245;
CCXCII., 262.

Neuhaus, Die lateinischen Vorlagen
zu den Alt-Französischen Adgar'schen Marien-Legenden, CCLXXV.,
254.

Nicholas de Troyes, Grand Parangon
des Nouvelles Nouvelles, LIII., 156.

Noël du Fail, Contes d'Eutrapel,
CCXXX., 227.

Notes and Queries, CCLXV., 250.

Odo de Ceritona, Fabulae, XI., 138;
XIII., 139; XXV., 143; CIX., 181;
CXIV., 183; CXVI., 184; CXVIII.,
185; CXXVII., 188; CXXXIV., 191;
CXXXV., 192; CXXXVI., 192; CLVII.,
199; CLVIII., 200; CLX., 201;
CCIX., 219; CCXLVI., 237; CCXLIX.,
239; CCLXIII., 248; CCLXXXVIII.,
260; CCCIV., 267.

Otte (Otto of Freysingen), Eraclius,
CCXXX., 227.

Paley, Greek Wit, CXLIX., 195.

Papanti, Catalogo dei Novellieri
Italiani in prosa, CXLIX., 195.

Paratus, Sermones de Tempore, IX.,
138; XLII., 151; CXCVI., 212.

Paris, L'Ange et l'Hermite, CIX.,
180; Le Lai de l'Oiselet, XXVIII.,
144; Vie de St. Alexis, CCXLVI.,
237; CCLVII., 244; CCLXXXIX.,
261.

Passavanti, Lo Specchio di vera
Penitenza, XXXI., 146; CXCIX., 214;
CCLVII., 244; CCLXI., 245; CCXCVI.,
264; CCCI., 266.

Pauli, Schimpf und Ernst, XI., 138;
XII., 139; XVIII., 140; XX., 142;
XXVII., 143; XXXIII., 147; XXXVIII.,
149; XLI., 150; XLV., 152; LII., 156;
LIII., 156; LVI., 158; LVII., 158;
LVIII., 159; LXII., 161; LXVII., 164;
LXIX., 165; LXXI., 166; LXXIII.,
167; LXXVII., 168; CII., 177; CIX.,
181; CXXIII., 187; CXXX., 189;
CXLII., 193; CXLIX., 195; CLX.,
201; CLXXVII., 206; CLXXVIII.,
206; CLXXIX., 207; CLXXXVII.,
209; CLXXXVIII., 210; CXCVI.,
212; CXCVII., 213; CXCVIII., 214;
CC., 214; CCIII., 215; CCXIV.,
221; CCXVII., 221; CCXXI., 223;
CCXXVII., 225; CCXXVIII., 226;
CCXXXV., 230; CCXXXVI., 231;
CCLV., 243; CCLXVII., 255;
CCLXXXIV., 258; CCLXXXVII., 259;
CCLXXXVIII., 260; CCXCVII., 265;
CCC., 265; CCCX., 269.

Pelbartus, Sermones, LXXIII., 167.

Peraldus, Summa Virtutum ac Vitiorum, XXXVI., 148; CXLIX., 195;
CXCVI., 212; CCLXXXVIII., 260.

Peregrinus, Sermones, IX., 138; CXX.,
186; CCLXXXVIII., 260.

Petrus Alphonsi, Disciplina Clericalis,
XVII., 140; XXVIII., 144; XXXIII.,
147; CLX., 201; CCIV., 216; CCV.,
217; CCL., 240.

Petrus Comestor, Historia Scholastica,
CLIX., 200.

Phaedrus, Fabulae, XCI., 173; CI.,
176; CX., 182; CXXXV., 192; CXLII.,
193; CXLIV., 194; CXLV., 194;
CLVI., 199; CLX., 201; CLXI., 201;
CLXV., 202; CLXVI., 202; CLXXI.,
204; CLXXXV., 208; CLXXXIX.,
210; CXC., 210; CC., 215; CCXVII.,

# INDEX TO NOTES. 301

224; CCXXXII., 229; CCXLIX., 239; CCLXXIV., 254.

Pitré, Fiabe, Novelle e Racconti, CCXLIII., 235; Novelle popolari toscane CCLIV., 242.

Poggio Bracciolini, Facetiae, CCLIV., 241.

Rabelais, Pantagruel, XII., 139.

Rambaud, Histoire de la Civilisation Française, XLIII., 152.

Récits d'un Ménestrel de Reims, LXIX., 185.

Renault de Montauban, XIX., 141; XXXI., 146; XXXII., 148; XXXIV., 150; XL., 150; LII., 156; LIV., 158; LVII., 158; LXVI., 163; LXVII., 164; LXVIII., 165; LXIX., 165; LXXVII., 168; XCV., 175; XCVI., 175; CIII., 177; CIX., 181; CXXI., 186; CXXII., 187; CXXIII., 187; CLV., 198; CLVII., 200; CLXX., 204; CLXXVII., 206; CLXXVIII., 206; CLXXIX., 207; CLXXXI., 208; CLXXXVII., 209; CLXXXVIII., 210; CXCVIII., 214; CXCIX., 214; CCXXXIX., 234; CCCIII., 267.

Ritter vom Thurn, Buch von den Exempeln der Gottesfurcht und Ehrbarkeit, CCXXXIX., 234.

Robert of Brunne, Handlyng Synne, LXXXI., 169; XCIX., 176; CXXXI., 190; CXLI., 193; CCXXXIX., 234; CCXLIII., 235; CCLXII., 252; CCLXXII., 257; CCLXXXVIII., 260; CCXCIV., 263.

Robert, Fables inédites, III., 135; XV., 139; XVIII., 140; XXIV., 143; XXXIII., 147; XLI., 150; XLIV., 152; XLV., 152; LI., 155; LIV., 157; LIX., 159; LXVI., 163; LXXIII., 167; XCI., 173; CL., 176; CX., 182; CXXXV., 192; CXXXVI., 192; CXLII., 193; CXLV., 194; CLII., 197; CLIII., 197; CLVI., 199; CLVII., 199; CLVIII., 200; CLX., 201; CLXV., 202; CLXXIV., 205; CLXXXIV., 204; CLXXXIX., 210; CCI., 215; CCXVII., 221; CCXXVII., 225; CCXXXII., 228; CCXLIX., 239; CCLXXIV., 254.

Romulus, Fabulae, LXI., 160; XCI., 173; CI., 176; CX., 182; CXXXV., 192; CXLII., 193; CXLIV., 194; CXLV., 194; CLII., 197; CLIII., 197; CLVI., 199; CLVII., 199; CLX., 201; CLXI., 201; CLXV., 202; CLXVI., 202; CLXXI., 204; CLXXXIV., 208; CLXXXV., 208; CLXXXIX., 210; CXC., 210; CCXVII., 221; CCXLIX., 239; CCLXXIV., 254.

Ruinart, Acta Martyrum, LXI., 161.

Sachs Hans, LXVII., 164.

Scherz mit der Warheyt, CCLV., 243; CCLXXIV., 258; CCXCVII., 265.

Schmidt, Beiträge zur Geschichte der romantischen Poesie, LXXXVII., 170.

Scotus, Mensa Philosophica, XXXIX., 150; XL., 150; LII., 156; CIII., 177; CVI., 178; CLXVIII., 203; CLXXVII., 206; CLXXIX., 207; CCL., 215; CCIII., 215; CCXXX., 227; CCXXXIII., 230; CCXXXVII., 232; CCXXXVIII., 233; CCXLI., 234; CCLIV., 242; CCLVIII., 244; CCLXXVII., 255; CCLXXXVII., 259.

Seven Wise Masters, CCXXXII., 229; CCL., 239.

Shakespeare, Merchant of Venice, XLVII., 153.

Shakespeare Jest-Books, XX., 142; LVI., 158; LXII., 161; CLXVIII., 203; CLXXIX., 207; CCIII., 216; CCXXVII., 226; CCXXXV., 230; CCXLI., 234; CCLIV., 242; CCLXXXVII., 259; CCLXXXVIII., 260.

Simrock, Die deutschen Volksbücher, CCLIV., 242.

Speculum Exemplorum, IX., 138;
XLII., 152; LVII., 158; LXVI., 163;
CIX., 181; CXX., 186; CXXX., 189;
CXXXIV., 191; CLXVIII., 203;
CCLXXI., 252.

Speculum Exemplorum, Magnum, ed.
Major, IX., 138; XIX., 141; XXXI.,
146; XXXII., 147; XXXIX., 150;
XLVI., 151; LVI., 158; LVII., 158;
LXV., 162; LXVI., 163; LXVIII.,
164; LXXIV., 167; LXXV., 167;
LXXIX., 169; LXXXI., 169; XCV.,
174; XCVIII., 176; CIV., 178; CIX.,
181; CXIV., 183; CXVI., 184;
CXIX., 185; CXX., 186; CXXVIII.,
189; CXXX., 189; CXXXI., 190;
CXXXII., 190; CXXXIII., 191;
CXXXIV., 191; CLXVIII., 203;
CXCVI., 212; CCXII., 220; CCXXII.,
223; CCXXVII., 226; CCXXXIX.,
234; CCXLV., 236; CCXLVI., 237;
CCXLVII., 238; CCLVI., 243;
CCLXII., 246; CCLXIII., 248;
CCLXXI., 252; CCLXXIII., 253;
CCLXXV., 254; CCLXXXIX., 261;
CCXCIV., 263; CCXCV., 263;
CCXCVI., 264; CCCL., 266.

Stobaeus, Florilegium, LXVI., 163.

Stokes, Three Middle-Irish Homilies,
LVII., 158.

Straparola, Piacevoli Notti, XLVII.,
154.

Thaun, Philippe de, Bestiaire,
LXXXIII., 170.

Thomas Cantipratanus, Bonum universale de Apibus, XCIV., 174;
XCV., 174; CXIV., 183; CCXLV.,
236; CCXLVII., 238.

Tobler, Jahrbuch für romanische und
englische Literatur, CIX., 181;
CXXX., 189; CCI., 215; CCXLIII.,
235; CCXLVI., 237; CCLVII., 244;
CCLXXXIX., 261.

Töppen, Aberglauben aus Masuren,
CCLXX., 251.

Tre Novelline Antiche, CXCVI., 212.

Tre Pie Narrazioni, CCXLI., 237.

Valerius Maximus, XXVII., 144;
CCXXXVIII., 232.

Vincent of Beauvais, Speculum
Doctrinale, III., 136; XV.,
140; XVIII., 140; LXXIII., 167;
XCI., 173; Speculum Historiale,
III., 136; IX., 138; XV., 140;
XVIII., 140; XLVI., 151; LIII.,
156; LXXIII., 167; XCI., 173;
CXX., 186; CXXXV., 192; CXXXVI.,
192; CXLV., 194; CLIII., 197;
CLVI., 199; CLXXI., 204; CLXXXIV.,
208; CLXXXIX., 210; CCXVII., 221;
CCXXIII., 224; CCXLIX., 239;
CCLXIII., 247; CCLXXIV., 254;
CCXCVI., 264; Speculum Morale,
IX., 138; LII., 156; LIII., 156;
LXXIII., 167; CXXVIII., 188; CXCVII.,
213.

Vitae Patrum, IX., 138; XXX., 145;
XLII., 151; LVII., 158; LXV., 162;
LXIV., 167; LXXV., 167; LXXIX.,
169; LXXXI., 169; LXXXII., 170;
XCVIII., 176; C., 176; CIV., 178;
CXXVIII., 188; CXXXIII., 190;
CCXLV., 236; CCXLVI., 237;
CCLVI., 243; CCLVII., 244; CCLXII.,
246; CCLXXIX., 261.

Voragine, Jacobus de, Legenda Aurea,
IX., 138; XXVIII., 144; XXXI.,
146; CXXXIV., 191.

Weber, Albrecht, Indische Studien,
XV., 140; XVIII., 140; XXIV., 143;
CXXXVI., 192; CXLV., 194.

Weber, Alfred, Handschriftliche
Studien, CIX., 181; CXXX., 189;
CCXLVI., 237; CCLVII., 244;
CCLXXXII., 257; CCLXXXIX., 261;
CCXCVI., 264.

Wright, Latin Stories, XIX., 111; XV., 142; XXXVIII., 149; XLII., 151; XLVII., 154; LIII., 156; LVIII., 158; LXI., 160; LXVI., 162; LXVII., 164; LXVIII., 164; LXX., 165; LXXVII., 168; LXXVIII., 168; LXXXII., 170; LXXXVIII., 172; LXXXIX., 174; XC., 172; CII., 177; CIV., 178; CVII., 179; CIX., 181; CXX., 186; CXXII., 187; CLXIII., 200; CLXXXII., 208; CXCII., 212; CCII., 215; CCVIII., 219; CCXIV., 221; CCXX., 222; CCXXI., 225; CCXXII., 225; CCXXVI., 225; CCXXVIII., 226; CCXXX., 227; CCXXXI., 228; CCXXXIII., 235; CCXLI., 235; CCXLIII., 236; CCXLVI., 237; CCXLVIII., 238;
CCXLIX., 239; CCL., 239; CCLI., 240; CCLV., 243; CCLXI., 245; CCLXIII., 247; CCLXIV., 249; CCLXV., 249; CCLXVI., 250; CCLXVIII., 250; CCLXIX., 251; CCLXXXII., 257; CCCI., 260; Popular Treatises on Science, LXXVIII., 170.
Wuttke, Deutsche Volksaberglaube der Gegenwart, CCLXX., 251.

Zambrini, Dodici Conti Morali, CXXX., 189; CCXLVI., 207; CCLXXXIX., 261; Libro di Novelle Antiche, XLII., 152; CXLIX., 196.
Zeitschrift für deutsches Alterthum, CLXXI., 04.
Zeitverkürzer, CCLV., 243.

WESTMINSTER:
PRINTED BY NICHOLS AND SONS,
25, PARLIAMENT STREET.